命式が読める

四柱推命

LESSON BOOK

林 秀静

池田書店

私の名前は梨華
最近、仕事に
悩むことが
多くなってきた
ハァ〜
このまま
家に帰っても
落ち着かない!
ちょっと
寄り道しちゃお
?
何この
いい香り…
ここだ!
こんなお店あったかな
ちょっと
入ってみよ〜
台湾茶屋
こんにちは…
ようこそ
お越し
ください
ました!
台湾茶屋
オーナーの
リーです!!

えっと はじめまして
元気なんだな〜
今のあなたにはこのお茶がおすすめ
ありがとうございます でも、どうして？
落ち込んでる様子だから元気が出るお茶だよ 悩みでもあるのかい？
実は… 仕事でうまくいかないことばっかりで本当に向いてるのか悩んでたんです
ふむふむ
そんな時はパーッと占ってみましょう！
中国の占い『四柱推命』で!!
えっ！お茶屋さんなのに占い!?
私も若い頃人生に迷って占いに救われたことがあってね

四柱推命は「中国占術の王」と言われるほどの的中率を誇る占いなんだ
すごい！
1000年
その歴史は千年以上!! 伝統的な占いだよ
そんなに古い占いが今の私たちにも通用するんですか？
ずい
もちろん！根底にある思想は現代人にとってもすごく身近だよ
四柱推命のベースは「陰《いん》陽《よう》五《ご》行《ぎょう》説《せつ》」
自然界のあらゆる現象に応用されている
ライフスタイルや考え方においてもいかに自然と調和して生きるかを重視するよ
詳しくは
CHAPTER
壱

へぇ〜
どんなことが
占えるんですか？
フフフ
それはね
…
その人が
持って生まれた
性格や
才能は
もちろん
運勢の吉凶も
ズバリと
言い当てて
くれるんだ
吉
凶
吉凶!?
知りたいような
少し怖いような
そんなこと
ないよ
進むべき道に
迷ったり
人生に
行き詰まったり
した時
よりよい
方向に
導いてくれる
んだから
コッチだよー
今の私に
ぴったりな
気がします
どんなふうに
占うんですか？
まあまあ
落ち着いて

	時柱	日柱	月柱	年柱
天干の通変星	劫財		傷官	傷官
天干(五行)	時干 丙 [火]	日干 丁 [火]	月干 戊 [土]	年干 戊 [土]
地支(五行)	時支 午 [火]	日支 酉 [金]	月支 午 [火]	年支 寅 [木]

	時柱			日柱			月柱			年柱		
地支の蔵干(五行)	己 [土]	[ ]	丁 [火]	庚 [金]	[ ]	辛 [金]	己 [土]	[ ]	丁 [火]	戊 [土]	丙 [火]	甲 [木]
区分	余気	中気	本気	余気	中気	本気	余気	中気	本気	余気	中気	本気
地支の通変星	食神		比肩	正財		偏財	食神		比肩	傷官	劫財	印綬

名前:土橋　梨華
生年月日:1998年6月19日
出生時間:12時05分生まれ(東京都)
時差修正後:12時24分

漢字が多くて難しいな〜
大丈夫! こんなふうに上は十干《じっかん》 下は十二支《じゅうにし》の組み合わせで グルグルと 回っているだけなんだ
十干
年 月 日 時
十二支
年 月 日 時
スロットみたいね!
向いてる仕事
性格
未来
まずは中心になる「日干《にっかん》」から性格を見よう
ひのと 丁 と読むよ!
梨華さんは「丁」だから おとなしそうに見えて 本当はすごく情熱的! 創造力も豊かな アーティストタイプだね
そこを見るだけで わかるんですね! 実は私、もともと イラストレーターに なりたかったんです
illustration
見るところは 他にもたくさんあるよ 例えば「格局《かっきょく》」を出すと 価値観や才能がわかるんだ 梨華さんの場合は… 「建禄格《けんろくかく》」だから 独立心が旺盛 人と同じことをするのが 苦手な芸術家肌だね
詳しくは CHAPTER 貳
あれ? イラストレーター 向いてるんじゃ ない?
本当!?

もう1回
挑戦してみよう
かな…なんて！
でも今の仕事もあるし
これからどうしたら
いいんだろう…
そんなに
焦らないで！
運気の流れ
流年
1年
10年単位 大運
四柱推命では
1年ごとの運勢「流年《りゅうねん》」や
10年ごとの大きな流れを見る
「大運《だいうん》」も出せるんだ
詳しくは
CHAPTER
参

じゃあ、転職とか結婚なんかのタイミングも…？
そう！
それぞれに適した時期がわかるよ
すごい！四柱推命で人生設計を立てられそう！
命式通り、情熱的だね！四柱推命では相性診断もできるよ
詳しくは CHAPTER 肆
相性!? 実は上司とそりが合わなくて今日も…
おっと
それじゃあまずは自分の手で命式を作ってみることから始めよう!!

はじめに

四柱推命は「中国占術の王」と言われる、的中率の高さを誇る占いです。持って生まれた性格や才能、宿命を教えてくれるのはもちろんのこと、運勢の吉凶をずばり言い当てることができます。そして、進む道に迷った時、人生に行き詰まった時にあなたが進むべき方向をはっきりと照らし、導いてくれるのが、四柱推命なのです。

この占いでは、生年月日時から「命式」を作ります。しかし、命式を割り出す難しさと、命式全体を読み解くにはある程度の経験が必要になることから、初心者にとっては扱いにくい占術と言われてきました。雑誌等で扱う際には、理論の一部だけを用いた略式の方法が紹介されたりもしますが、そのせいで「当たっていない」と感じて敬遠してしまう方も多いようです。

本書では、中国古来のやり方に従った本格的な四柱推命を、とにかくわかりやすくお伝えすることにページを割きました。CHAPTER 1から読み進めば、別冊付録の「個人データ表」の空欄は確実に埋められます。一度、命式の作り方の手順がわかれば、次からは断然スピードもアップします。もし難しかったら16ページのWEBサイトから簡単に出すこともできます。

中国占術は社会の中における個人の役割を重視します。あなたの中の突出した才能を見極めることも大切ですが、自分の中に欠けているものを補う、つまり、バランスのとれた人生にすることが重要なのです。あなたは1人で生きているわけではなく、運の良し悪しも、環境や他人があってのものなのです。

本書を通じて、自分自身とその周囲をもう一度見直すことで、調和への理解に至り、幸せを手にすることができるでしょう。

さあ、四柱推命のレッスンをこれから一緒に始めましょう。

林 秀靜

CONTENTS

CHAPTER 参 運気の流れをつかもう

CHAPTER 肆

相性を診断してみよう

Q&A

別冊付録

本書の使い方

四柱推命では、別冊の「個人データ表」のような「命式」や「大運」「流年」という表を用います。CHAPTER 1からしっかり手順を踏んで読み進めることで、これらの表を自分の手で埋めることができます。一度流れを把握すれば、次からはスムーズに表を導き出せるようになるでしょう。

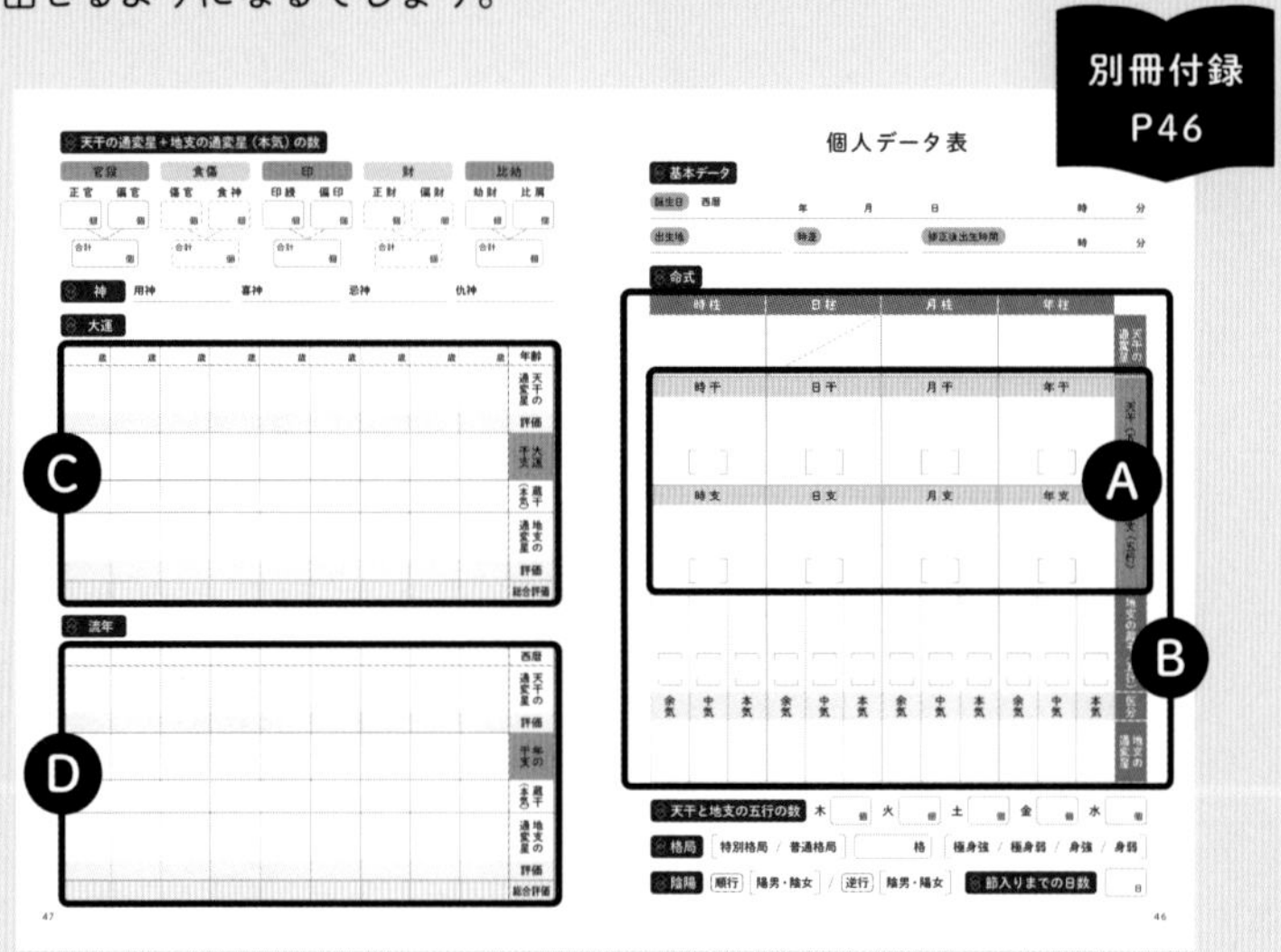

各章でわかること

CHAPTER 1 命式のⒶの部分が埋まり、P62以降の**個人の本質を診断**できます。

CHAPTER 2 命式全体Ⓑが完成し、P116以降の**個人の才能と人生**、P150以降の**運気の波**について診断することができます。

CHAPTER 3 大運Ⓒと流年Ⓓの表が完成し、P180以降の**運勢についての診断結果**がわかります。

CHAPTER 4 相性を知りたい相手の命式Ⓐの日干が出せれば、P212から**相性を診断**することができます。ただし、詳しい診断には身《み》強《きょう》・身《み》弱《じゃく》の判定（P89以降参照）もポイントとなるので、じっくり読み解きましょう。

WEBでわかること

こちらのWEBサイトで自分の出生データを入力すると、**命式を自動で算出することができます**。ただし、まずは本書を読みながら自分の手で命式を出し、四柱推命への理解を深めることが大切です。命式を自力で出せたら、答え合わせとしてWEBで確認してみてください。

http://www.ikedashoten.co.jp/space/fourpillarsastrology5827

CHAPTER 壱

四柱推命の基本を知り、命式を作ろう

まずは四柱推命のベースにある、古代中国の世界観を説明します。それを知れば、四柱推命への理解がグッと深まるでしょう。基本をおさえたら、あなた自身の命式を作ります。

そういえば
リーさんも
四柱推命に
救われたって
言ってましたよね
そうなんだよ
仕事に
悩んだり
好きな人が
できたり
未来を知りたい!
なんて
思った時にね
これだけのことが
あの命式を見るだけで
わかっちゃうよ!
四柱推命でわかること
生まれ持った本質
(先天的な気質や体質、才能)
自分に適した分野や職業
人生を方向づける価値観
家族や周りの人たちとの相性
運のよい時期、悪い時期
運気アップの方法
わあっ
すごい!

どう?
こういうことって
皆が知りたくて
悩んでいることじゃない?
ぬっ
他人との相性
これから手にするもの
持って生まれたもの
だから昔から
使われ続けて
きたんですね!
四柱推命の考え方は
いかに社会の中で
個の才能を活かすかを
重視する
これからの時代
ますます必要に
なってくるよね

例えば梨華さんは仕事で悩んでるんだって？
ボー
今の会社で働き始めて5年も経つのに将来の目標が見つからないんです上司とも折り合いが悪いし…
趣味で絵を描いてる時は楽しいんだけど…
それじゃあ四柱推命のもう1つの側面に注目してみようか
社会性？
ふむふむ
それは**社会性を大事にする占い**ということ！
ん？
もちろん個性は大事だよでもやみくもに主張するだけではダメ大自然と調和し社会の中で才能を活かしてこそと考えるんだ
国も人間もね

社会といっても仕事に限らなくて友達づき合いに恋愛趣味の仲間にご近所づき合い…
四柱推命を使えば〝人＝社会〟と関わるあらゆることをよい方向に導くことができるよ
占いってもっと個人的なものかと…！
ほぉ
そういうところが個性を重んじる西洋占星術とか自分のカルマを知って魂を成長させるインド占星術とは違う四柱推命の特徴だね
どうすれば社会で個性を活かせるかという考えがベースにあるんだよ
さらにその背景には古代中国の自然思想があって…
まずは成り立ちから一緒に勉強してみようか！
はいっ！

四柱推命

LESSON 1

四柱推命の背景に流れる自然思想

生年月日時を表す十干と十二支の組み合わせ

四柱推命では、生年月日時を十《じっ》干《かん》と十二支《じゅうにし》に変換します。

十干は甲《きのえ》、乙《きのと》、丙《ひのえ》、丁《ひのと》、戊《つちのえ》、己《つちのと》、庚《かのえ》、辛《かのと》、壬《みずのえ》、癸《みずのと》の総称で、十二支は子《ね》、丑《うし》、寅《とら》、卯《う》、辰《たつ》、巳《み》、午《うま》、未《ひつじ》、申《さる》、酉《とり》、戌《いぬ》、亥《い》の総称です。

十干と十二支の組み合わせは全60通りあり、それを六十干支《ろくじっかんし》といいます。基本はこの組み合わせで運勢を読み解きます。

この全60通りの組み合わせについては、26ページを参照してください。

なお、十干十二支を略して「干《かん》支《し》」と言いますが、日本で十二支のことだけ指す干支《えと》とは意味が異なるので気をつけましょう。

干支（十干十二支）は、もともと中国やアジアの文化圏で月日や時間、方角などを表すのに使われた記号でした。それが後述する陰《いん》陽五行説《ようごぎょうせつ》と結びつき、四柱推命をはじめとする多くの占術で用いられるようになったのです。

四柱推命の基本概念 陰陽説と五行説

これら十干十二支のベースには、陰陽五行説という思想があります。陰陽説と五行説は別々に成立した思想ですが、戦国時代に斉《せい》の鄒衍《すうえん》により1つとなりました。

そして、古代中国のあらゆる考えの根本理論となっています。

万物の栄枯盛衰を起こす陰と陽の働き

古代中国では、宇宙の始まりは混沌とした状態でしたが、やがて陰と陽に分かれ、あらゆる事物が生まれたとされています。

この陰と陽の働きによって、万物の栄枯盛衰が起こるとみなすのが陰陽説で、この世の森羅万象をまとめて解釈するために生み出された統一的な原理です。

陽は積極的なもの、陰は消極的なものを象徴しますが、それぞれは対立しているわけではありません。万物は対照的な異なるものの助け合いで成り立ち、互いに排除し合うことはないと考えられています。また、それを表した以下の図を「太極図《たいきょくず》」と呼びます。

「陰と陽が表すもの（太極図）」

陽

- 明るい
- 熱い
- 軽い
- 速い
- 喜び
- 天
- 大人
- 男
- 兄　など

陰

- 暗い
- 寒い
- 重い
- 遅い
- 悲しみ
- 地
- 子ども
- 女
- 弟　など

万物の根源をなす五行の性質とは？

古代中国ではあらゆるものが「木《もく》、火《か》、土《ど》、金《こん》、水《すい》」の五元素で構成されているとし、それらが互いに影響を与え合い、万物が生まれて消え、さらに循環していくと考えました。

もともと「行」とは「めぐる」「運行する」という意味で、五行は「5つのめぐるもの」を指します。この五行の相互の関係性を解明したのが五行説です。

また、五行の5つの気には「相《そう》生《しょう》」と「相剋《そうこく》」という2つの関係性があるので、以下と25ページ下部の図を参照してください。

五行の5つの気には、お互いの関係に良し悪しがあります。ある五行が特定の五行によい影響を与えたり、働きを強めたりするような促進の関係は「相生」と言います。

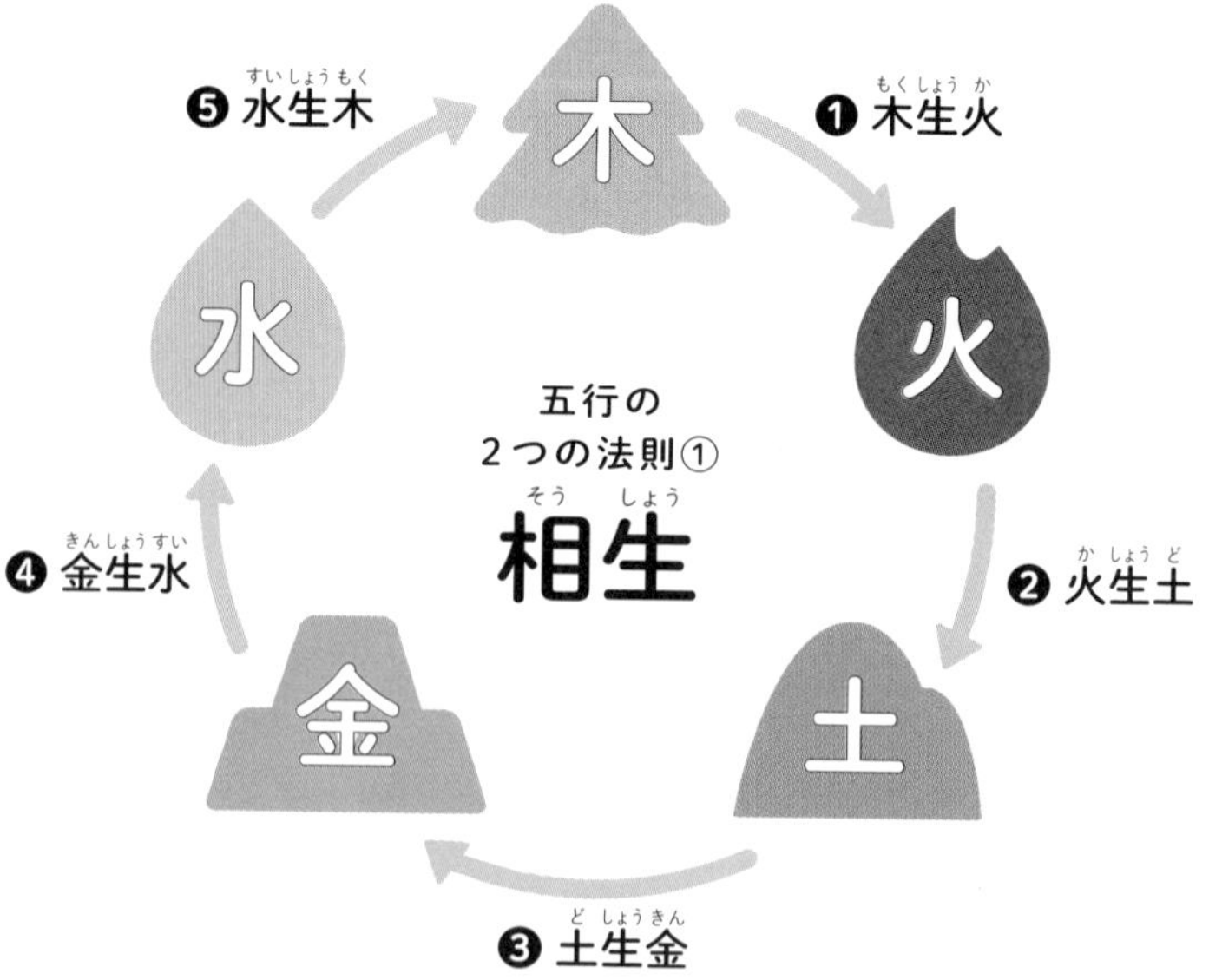

❶ **木生火**…木は燃えて火を生み出すことから、木は火を生じる。
❷ **火生土**…火によって物質が燃え尽きると灰が残る。灰は土の気であり、火は土を生じる。
❸ **土生金**…鉱物や金属は土の中に眠り、大地から掘り出される。よって、土は金を生じる。
❹ **金生水**…金属を冷やすと表面に水滴がつく。よって、金は水を生じる。
❺ **水生木**…植物は水を吸って成長することから、水は木を生じる。

陰陽五行説と十干十二支の結びつき

こうした陰陽五行説と十干十二支は、時を経て結びつきました。例えば十干の「甲《きのえ》」は「木《き》の兄《え》」とも表され、五行「木」と陰陽の「陽」の性質を持ちます。一方、「乙《きのと》」は「木《き》の弟《と》」で、「木」の「陰」となります。

そして、十干十二支と陰陽五行の法則を細かく応用してまとめると、27ページの表のようになります。

これらの思想は、中国や日本の暦法や暦数、方位を用いる術などに応用されています。

五行同士が攻撃し合い、相手から自分の働きを抑えられたり、逆に相手の働きを抑えたりして、お互いの力を弱める抑制の関係を「相剋」と言います。

❶ **木剋土** … 木は土に根を張り、土の養分を奪う。よって、木は土を剋す。
❷ **土剋水** … 土は水を吸収し、水の流れをせき止める。よって、土は水を剋す。
❸ **水剋火** … 水は火を消すことから、水は火を剋す。
❹ **火剋金** … 火は金属を溶かすことから、火は金を剋す。
❺ **金剋木** … 斧（金）は木を切り倒す。よって、金は木を剋す。

十干と十二支の組み合わせ

ここで、六十干支の組み合わせと読み方をご紹介します。
十干と十二支を配すると60で一巡し、最初の甲子に戻ります。
五行の欄は、それぞれの干支に対応する五元素を表します。

順番	干支	五行	順番	干支	五行	順番	干支	五行
1	甲子《きのえね》	木水	21	甲申《きのえさる》	木金	41	甲辰《きのえたつ》	木土
2	乙丑《きのとうし》	木土	22	乙酉《きのととり》	木金	42	乙巳《きのとみ》	木火
3	丙寅《ひのえとら》	火木	23	丙戌《ひのえいぬ》	火土	43	丙午《ひのえうま》	火火
4	丁卯《ひのとう》	火木	24	丁亥《ひのとい》	火水	44	丁未《ひのとひつじ》	火土
5	戊辰《つちのえたつ》	土土	25	戊子《つちのえね》	土水	45	戊申《つちのえさる》	土金
6	己巳《つちのとみ》	土火	26	己丑《つちのとうし》	土土	46	己酉《つちのととり》	土金
7	庚午《かのえうま》	金火	27	庚寅《かのえとら》	金木	47	庚戌《かのえいぬ》	金土
8	辛未《かのとひつじ》	金土	28	辛卯《かのとう》	金木	48	辛亥《かのとい》	金水
9	壬申《みずのえさる》	水金	29	壬辰《みずのえたつ》	水土	49	壬子《みずのえね》	水水
10	癸酉《みずのととり》	水金	30	癸巳《みずのとみ》	水火	50	癸丑《みずのとうし》	水土
11	甲戌《きのえいぬ》	木土	31	甲午《きのえうま》	木火	51	甲寅《きのえとら》	木木
12	乙亥《きのとい》	木水	32	乙未《きのとひつじ》	木土	52	乙卯《きのとう》	木木
13	丙子《ひのえね》	火水	33	丙申《ひのえさる》	火金	53	丙辰《ひのえたつ》	火土
14	丁丑《ひのとうし》	火土	34	丁酉《ひのととり》	火金	54	丁巳《ひのとみ》	火火
15	戊寅《つちのえとら》	土木	35	戊戌《つちのえいぬ》	土土	55	戊午《つちのえうま》	土火
16	己卯《つちのとう》	土木	36	己亥《つちのとい》	土水	56	己未《つちのとひつじ》	土土
17	庚辰《かのえたつ》	金土	37	庚子《かのえね》	金水	57	庚申《かのえさる》	金金
18	辛巳《かのとみ》	金火	38	辛丑《かのとうし》	金土	58	辛酉《かのととり》	金金
19	壬午《みずのえうま》	水火	39	壬寅《みずのえとら》	水木	59	壬戌《みずのえいぬ》	水土
20	癸未《みずのとひつじ》	水土	40	癸卯《みずのとう》	水木	60	癸亥《みずのとい》	水水

「十干・十二支・五行・陰陽・季節・期間の関係」

前漢時代、干支紀年法が制定され、年にも十干十二支が配当されるようになりました。
それ以降、いっそう細かく応用されています。
命式を作るにあたり、干支に対応する五行を調べる際など参照してください。

十干	十二支	五行	陰陽	季節	期間※1
甲《こう》 きのえ	寅《とら》	木	陽	春	2月4日～4月17日
乙《おつ》 きのと	卯《う》	木	陰	春	2月4日～4月17日
丙《へい》 ひのえ	午《うま》	火	陽	夏	5月6日～7月20日
丁《てい》 ひのと	巳《み》	火	陰	夏	5月6日～7月20日
戊《ぼ》 つちのえ	辰《たつ》 戌《いぬ》	土	陽	土用※2	4月18日～5月5日 7月21日～8月7日 10月21日～11月7日 1月17日～2月3日
己《き》 つちのと	丑《うし》 未《ひつじ》	土	陰	土用※2	4月18日～5月5日 7月21日～8月7日 10月21日～11月7日 1月17日～2月3日
庚《こう》 かのえ	申《さる》	金	陽	秋	8月8日～10月20日
辛《しん》 かのと	酉《とり》	金	陰	秋	8月8日～10月20日
壬《じん》 みずのえ	子《ね》	水	陽	冬	11月8日～1月16日
癸《き》 みずのと	亥《い》	水	陰	冬	11月8日～1月16日

※1 期間は、年によって多少前後します。
※2 土用は各季節の終わりの18日間とされ、1年に4回あります。

四柱推命
LESSON
2 四柱推命の命式は何を表す？

命式の構造

	年柱《ねんちゅう》	月柱《げっちゅう》	日柱《にっちゅう》	時柱《じちゅう》
天干《てんかん》	年干《ねんかん》	月干《げっかん》	日干《にっかん》	時干《じかん》
地支《ちし》	年支《ねんし》	月支《げっし》	日支《にっし》	時支《じし》

中国では「八字《パーツー（はちじ）》」が正式名称

四柱推命では十干十二支を用いた「干支暦《かんしれき》」を使います。これは個人の生年月日時を、十干十二支の記号に変換し、個人の宿命図である命式を作るためです。

命式は、上の図のように生年月日時を上下段に分けた4つの項目からなり、上段に十干、下段に十二支が入ります。詳細は後述しますが、個人の宿命はこの八文字（年干《ねんかん》、月干《げっかん》、日干《にっかん》、時干《じかん》、年支《ねんし》、月支《げっし》、日支《にっし》、時支《じし》）で表されます。

そのため中国では四柱推命を「八字《パーツー（はちじ）》」と呼びます。八字が日本に伝わったのは江戸時代後期、儒学者の桜田虎門（1774－1839年）により『推命書』が著され、以来、四柱推命として日本に広まりました。八字と日本式の四柱推命では判断法が大きく異なるため、相違点を次のページで解説しています。

なお、本書では中国式を採用しています。まずは中国本来の八字をしっかり覚えましょう。

日本と中国の四柱推命の違い

日本式 四柱推命	中国式 四柱推命（八字）
出生時間を重視せず、三柱推命でもよい。	正確な判断のため、出生時間は必須条件。
通変星、吉凶星（※1）、十二運（※2）など部分的な判断が多い。	日干の強弱、五行のバランスなど全体を見て判断する。
吉凶判断はできず、運の良し悪しもわからない。	吉凶判断ができ、運の良し悪しもわかる。
1日の起点は23時で、23時以降は翌日の干支になるという流派もある。	1日の起点は0時とし、子刻《ねのこく》を23～0時（晩《おそ》子刻《ねのこく》）と0～1時（早子刻《はやねのこく》）に分ける。
干合したら、必ず化す。	干合しても、条件を満たさなければ化さないこともある。
大運の歳運の区切りは10年とは限らない。	大運の歳運の区切りは10年ごとである。
空亡《くうぼう》（天中殺《てんちゅうさつ》）を大凶とする（※3）。	空亡（天中殺）は、ついた柱の意味を弱めるもので、凶とは限らない。
通変星の劫財《ごうざい》、傷官《しょうかん》、偏官《へんかん》、偏印《へんいん》を凶星とする。	通変星の劫財、傷官、偏官、偏印を凶星と限定せず、大吉星にもなるとする。
通変星の食神《しょくじん》、正財《せいざい》、正官《せいかん》、印綬《いんじゅ》を吉星とする。	通変星の食神、正財、正官、印綬を吉星と限定せず、大凶星にもなるとする。
十二運の長生《ちょうせい》、冠帯《かんたい》、建禄《けんろく》、帝旺《ていおう》を吉とする。	十二運の長生、冠帯、建禄、帝旺を吉と限定せず、凶のこともあるとする。
十二運の死、墓《ぼ》、絶《ぜつ》を凶とする。	十二運の死、墓、絶を凶と限定せず、吉のこともあるとする。

※1 天乙貴人《てんいつきじん》などの「吉凶星（神煞《しんさつ》）」は、命式全体を判断できなくても、誰でも吉凶を判断できる平易な方法として用いられています。
※2 長生、沐浴《もくよく》、冠帯、建禄、帝旺、衰《すい》、病、死、墓、絶、胎、養《よう》で吉凶を判断します。
※3 空亡（天中殺）で運勢を判断します。
※1～3は「八字」では枝葉にあたるため本書では触れていませんが、日本では一般的に広まっています。

命式の構造と意味

命式の構造をさらに詳しく説明すると、まず4つの柱に大別できます。生年の欄は「年柱《ねんちゅう》」、月は「月柱《げっちゅう》」、日は「日柱《にっちゅう》」、時刻は「時柱《じちゅう》」です。そして各柱は、十干が入る上段の「天干《てんかん》」、十二支が入る下段の「地支《ちし》」に分かれます。この時、年柱の天干は「年《ねん》干《かん》」、地支は「年支《ねんし》」と呼び、月は「月干《げっかん》」と「月支《げっし》」、日は「日《にっ》干《かん》」と「日支《にっし》」、時は「時干《じかん》」と「時支《じし》」となります。

年柱、月柱、日柱、時柱の4つの柱は、その人個人をめぐる人間関係や、人生で起こり得る様々な出来事を表しています。そのなかでも、天干は表面に現象として表れてくるものを意味し、他人から見てもはっきりとわかる性格や才能、人間関係、人生の明らかな成果や過失を表します。

一方で、地支は表には表れない内在するものを意味し、他人から見てもわからない隠れた性格や隠された才能などを表します。

さらに年柱（年干と年支）と月柱（月干と月支）は人生の前半の運命を表し、日柱（日干と日支）と時柱（時干と時支）は人生の後半の運命を表します。

これらをまとめると、次のページの図のようになります。

※類書では、十二（長生）運を必ず掲載していますが、本書では採用しません。例えば、日干甲で亥の十二運は「長生」、日干乙で亥の十二運は「死」という風に、陽干と陰干で、意味が著しく異なるからです。

「命式の意味すること」

人生の前半部分 → ／ ← 人生の後半部分

	年	月	日	時
	年《ねん》柱《ちゅう》 先祖or両親、目上、上司、 家、不動産 初年運（0～20歳） 物事の序盤	月《げっ》柱《ちゅう》 両親or兄弟、友人、同僚、 性格、才能 青年運（20～35歳） 物事の中盤	日《にっ》柱《ちゅう》 配偶者、パートナー、 結婚、SEX 中年運（35～50歳） 物事の終盤	時《じ》柱《ちゅう》 子ども、子孫、目下、部下、 弟子、事業運 晩年運（50歳～） 物事の結末
天《てん》干《かん》 表面に表れた事柄、外面、 開花する才能、 外在するもの、成果	年《ねん》干《かん》 祖父or父 初年期に顕著な 傾向と出来事	月《げっ》干《かん》 父or兄 青年期に顕著な 傾向と出来事	日《にっ》干《かん》 自己 中年期に顕著な 傾向と出来事	時《じ》干《かん》 男の子ども 晩年期に顕著な 傾向と出来事
地《ち》支《し》 裏に隠された事柄、内面、 内に秘めた能力、 内在するもの、エネルギー	年《ねん》支《し》 祖母or母	月《げっ》支《し》 母or姉	日《にっ》支《し》 配偶者	時《じ》支《し》 女の子ども

奥深い占いなんですね
だんだん
わかってきた
気がします！
知れば知るほど
気になってくるでしょ
ワタシも
そう！
実際に
命式を出してみると
もっと楽しく
なってくるよ！
命式
私にも自分で
出したり読んだりできるかな？
大丈夫！
難しいことは
わからなくても
ここまでの基本が
わかっていればOK
途中で迷ったら
五行のバランスに
注目すること！
木
火
土
金
水
五行の
バランス
ほぉ…

「木」が多いとか
「火」が少ないとか？
そうそう
中国思想では物事を単純に「正」「反」では割り切らない
すべてのバランスを重視して均衡を保つようにするそして**究極の吉**を目指していくんだよ
究極の吉！
木
火
土
金
水
均衡を重んじて不足を補完していく
私も目指したい！
まずは欠けている性質を見極めそこから**何をどう補うか**考えるんだ
自分に足りない「気」があるかもしれないしそれを補う役目はパートナーが担ってくれるかもしれない
それじゃあいよいよ命式を作ってみよう！
おー！！

命式の出し方

1

生まれた年から年柱を求める

「年柱を求める手順」

❶生まれた年の干支を調べる

別冊の「干支暦」の西暦の右にある六十干支（十干・十二支）を調べます。ただし、２月の立春以前に生まれた人は、前年の六十干支を見てください。

1985年（昭和60年）**乙丑**

31日	30日	29日	28日	27日	26日	25日	24日	23日	22日	21日	20日	19日	18日	17日	16日	15日	14日	13日	12日	11日	10日	09日	08日	07日	06日	05日	04日	03日	02日	01日	節入り日時			月干支	月
庚午	己巳	戊辰	丁卯	丙寅	乙丑	甲子	癸亥	壬戌	辛酉	庚申	己未	戊午	丁巳	丙辰	乙卯	甲寅	癸丑	壬子	辛亥	庚戌	己酉	戊申	丁未	丙午	乙巳	甲辰	癸卯	壬寅	辛丑	庚子	35分	18時	05日	丁丑	1月
			戊戌	丁酉	丙申	乙未	甲午	癸巳	壬辰	辛卯	庚寅	己丑	戊子	丁亥	丙戌	乙酉	甲申	癸未	壬午	辛巳	庚辰	己卯	戊寅	丁丑	丙子	乙亥	甲戌	癸酉	壬申	辛未	12分	06時	04日	戊寅	2月
己巳	戊辰	丁卯	丙寅	乙丑	甲子	癸亥	壬戌	辛酉	庚申	己未	戊午	丁巳	丙辰	乙卯	甲寅	癸丑	壬子	辛亥	庚戌	己酉	戊申	丁未	丙午	乙巳	甲辰	癸卯	壬寅	辛丑	庚子	己亥	16分	00時	06日	己卯	3月
	己亥	戊戌	丁酉	丙申	乙未	甲午	癸巳	壬辰	辛卯	庚寅	己丑	戊子	丁亥	丙戌	乙酉	甲申	癸未	壬午	辛巳	庚辰	己卯	戊寅	丁丑	丙子	乙亥	甲戌	癸酉	壬申	辛未	庚午	14分	05時	05日	庚辰	4月
庚午	己巳	戊辰	丁卯	丙寅	乙丑	甲子	癸亥	壬戌	辛酉	庚申	己未	戊午	丁巳	丙辰	乙卯	甲寅	癸丑	壬子	辛亥	庚戌	己酉	戊申	丁未	丙午	乙巳	甲辰	癸卯	壬寅	辛丑	庚子	43分	22時	05日	辛巳	5月
	庚子	己亥	戊戌	丁酉	丙申	乙未	甲午	癸巳	壬辰	辛卯	庚寅	己丑	戊子	丁亥	丙戌	乙酉	甲申	癸未	壬午	辛巳	庚辰	己卯	戊寅	丁丑	丙子	乙亥	甲戌	癸酉	壬申	辛未	00分	03時	06日	壬午	6月
辛未	庚午	己巳	戊辰	丁卯	丙寅	乙丑	甲子	癸亥	壬戌	辛酉	庚申	己未	戊午	丁巳	丙辰	乙卯	甲寅	癸丑	壬子	辛亥	庚戌	己酉	戊申	丁未	丙午	乙巳	甲辰	癸卯	壬寅	辛丑	19分	13時	07日	癸未	7月

❷年干と年支を調べて「個人データ表」の命式に記入する

❶で求めた年の六十干支は、最初の文字が「年干」で、次の文字が「年支」を表します。「乙丑」なら、年干は「乙」、年支は「丑」。年柱がわかったら、別冊の「個人データ表」に記入します。この時、それぞれの干支に対応する五行も、P27を参照して記入しましょう。

	年干	
	[　]	天干（五行）
	年支	
	[　]	地支（五行）

生年の干支から年柱を求める

まず別冊の「干支暦」からあなたの生まれた年を探し、その年の十干十二支を調べます。２文字の漢字の最初に書かれているのが年の十干「年干」で、次の文字が年の十二支「年支」になります。

ただし、干支暦の新年は１月１日からではなく立春（２月４日頃・節入り）からになります。そのため、立春より前に生まれた人は、前の年の「干支暦」を見てください。

なお立春は年によって前後します。立春のぎりぎりに生まれた人は、特に注意が必要です（左の例を参照）。

例 1985年5月8日生まれの人の場合

❶ 別冊の「干支暦」の生まれ年（1985年）を見ます。

❷「1985年（昭和60年）」の右に書かれた「乙丑」が年柱の干支になります。

❸ 別冊の「個人データ表」の命式に年柱を記入します。年干に左の「乙」を、年支に右の「丑」を記入します。さらにそれぞれに対応する五行（乙＝木、丑＝土）も記入します。

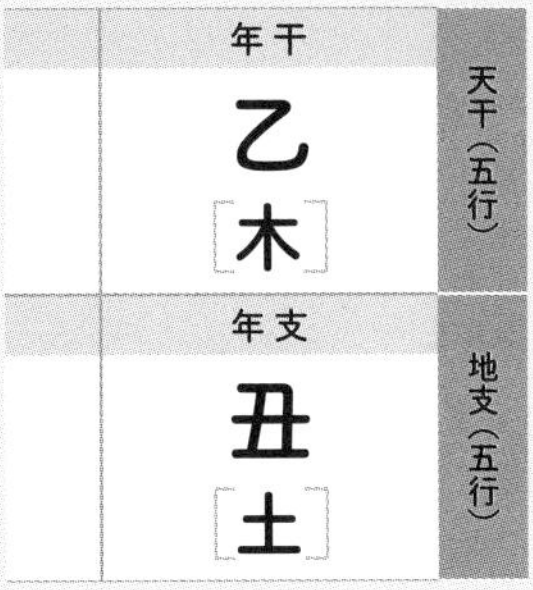

年干
乙
木
天干（五行）
年支
丑
土
地支（五行）

例 1985年2月3日生まれの人の場合

❶ 別冊の「干支暦」の生まれ年（1985年）を見ます。この時、1985年の立春は2月4日06時12分であることから、2月3日生まれは前の年の1984年生まれと考えます。

❷ 1984年の干支暦を見ます。

❸「1984年（昭和59年）」の右に書かれた「甲子」が年柱の干支になります。

❹ 別冊の「個人データ表」の命式に年柱を記入します。年干に左の「甲」を、年支に右の「子」を記入します。さらにそれぞれに対応する五行（甲＝木、子＝水）も記入します。

1985年（昭和60年）乙丑
11日 10日 09日 08日 07日 06日 05日 04日 03日 02日 01日 節入り日時 月干支 月
庚戌 己酉 戊申 丁未 丙午 乙巳 甲辰 癸卯 壬寅 辛丑 庚子 35分 18時 05日 丁丑 1月
辛巳 庚辰 己卯 戊寅 丁丑 丙子 乙亥 甲戌 癸酉 壬申 辛未 12分 06時 04日 戊寅 2月
己 戊 丁 丙 乙 甲 癸 壬 辛 庚 己 16 00 06 己 3

1984年（昭和59年）甲子
11日 10日 09日 08日 07日 06日 05日 04日 03日 02日 01日 節入り日時 月干支 月
甲辰 癸卯 壬寅 辛丑 庚子 己亥 戊戌 丁酉 丙申 乙未 甲午 41分 12時 06日 乙丑 1月

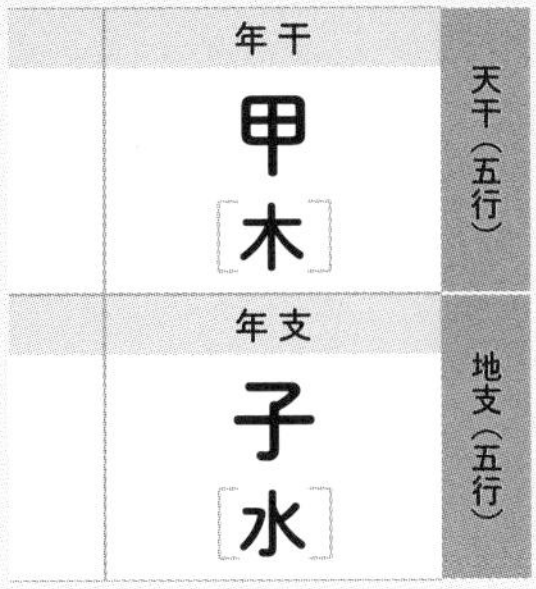

年干
甲
木
天干（五行）
年支
子
水
地支（五行）

命式の出し方
2
生まれた月から月柱を求める

例　1985年5月8日生まれの人の場合

❶ 別冊の1985年の干支暦で、生まれ月の5月の節入り日時を確認します。

❷ 節入り日時は5月5日22時43分なので、節入り日より後生まれとなり、5月の干支「辛巳」がこの人の月柱の干支になります。

07日	06日	05日	04日	03日	02日	01日	節入り日時			月干支	月
丙午	乙巳	甲辰	癸卯	壬寅	辛丑	庚子	35分	18時	05日	丁丑	1月
丁丑	丙子	乙亥	甲戌	癸酉	壬申	辛未	12分	06時	04日	戊寅	2月
乙巳	甲辰	癸卯	壬寅	辛丑	庚子	己亥	16分	00時	06日	己卯	3月
丙子	乙亥	甲戌	癸酉	壬申	辛未	庚午	14分	05時	05日	庚辰	4月
丙午	乙巳	甲辰	癸卯	壬寅	辛丑	庚子	43分	22時	05日	辛巳	5月
丁丑	丙子	乙亥	甲戌	癸酉	壬申	辛未	00分	03時	06日	壬午	6月

❸ 別冊の「個人データ表」の命式の月干に上の「辛」を、月支に下の「巳」を記入します。さらにそれぞれに対応する五行（辛＝金、巳＝火）も記入します。

月干	年干	
辛 [金]	乙 [木]	天干（五行）
月支	**年支**	
巳 [火]	丑 [土]	地支（五行）

生まれた月の干支を調べる

続いて月柱の天干（月干）と地支（月支）を「干支暦」で調べます。月の始まりのことを「節入《せつい》り」と言い、干支暦では毎月の始まりは1日ではなく、「節入り日時」が基準となります。節入り日時まではまだ前の月というわけです。

月柱（月干と月支）を調べるには、まず「干支暦」で生まれた月の節入り日時を確認します。その日より後が誕生日なら、その月の干支がそのままあなたの月柱になります。一方で、誕生日が節入り日時より前なら、前の月を見て干支を調べてください。

命式の出し方

3

生まれた日から日柱を求める

例　1985年5月8日生まれの人の場合

❶ 別冊の1985年の干支暦で、生まれた日の5月8日の欄を見ます。

❷ そこにある「丁未」が日柱の干支になります。

9日	08日	07日	06日	05日	04日	03日	02日	01日	節入り日時			月干支	月
戊申	丁未	丙午	乙巳	甲辰	癸卯	壬寅	辛丑	庚子	35分	18時	05日	丁丑	1月
己卯	戊寅	丁丑	丙子	乙亥	甲戌	癸酉	壬申	辛未	12分	06時	04日	戊寅	2月
丁未	丙午	乙巳	甲辰	癸卯	壬寅	辛丑	庚子	己亥	16分	00時	06日	己卯	3月
戊寅	丁丑	丙子	乙亥	甲戌	癸酉	壬申	辛未	庚午	14分	05時	05日	庚辰	4月
戊申	丁未	丙午	乙巳	甲辰	癸卯	壬寅	辛丑	庚子	43分	22時	05日	辛巳	5月
己卯	戊寅	丁丑	丙子	乙亥	甲戌	癸酉	壬申	辛未	00分	03時	06日	壬午	6月

❸ 別冊の「個人データ表」の命式の日干に上の「丁」を、日支に下の「未」を記入します。さらにそれぞれに対応する五行（丁＝火、未＝土）も記入します。

日干	月干	年干	
丁［火］	辛［金］	乙［木］	天干（五行）
日支	**月支**	**年支**	
未［土］	巳［火］	丑［土］	地支（五行）

生まれた日の干支を調べる

命式の中心となるのが日柱の日干で、これを基準に「通変星」（後述）などが決まります。

日柱を求めるには、まず生まれた年の「干支暦」で、生まれた日の天干（日干）と地支（日支）を調べます。

日柱は節入りなどの条件がなく、立春前に生まれた人も、前年ではなく生まれた年の干支暦の自分の誕生日の欄を見ます。日柱（日干と日支）と、それぞれの干支に該当する五行を調べたら、別冊の「個人データ表」の命式に記入しておきましょう。

命式の出し方 4

生まれた時間から時柱を求める

出生時間の求め方チャート

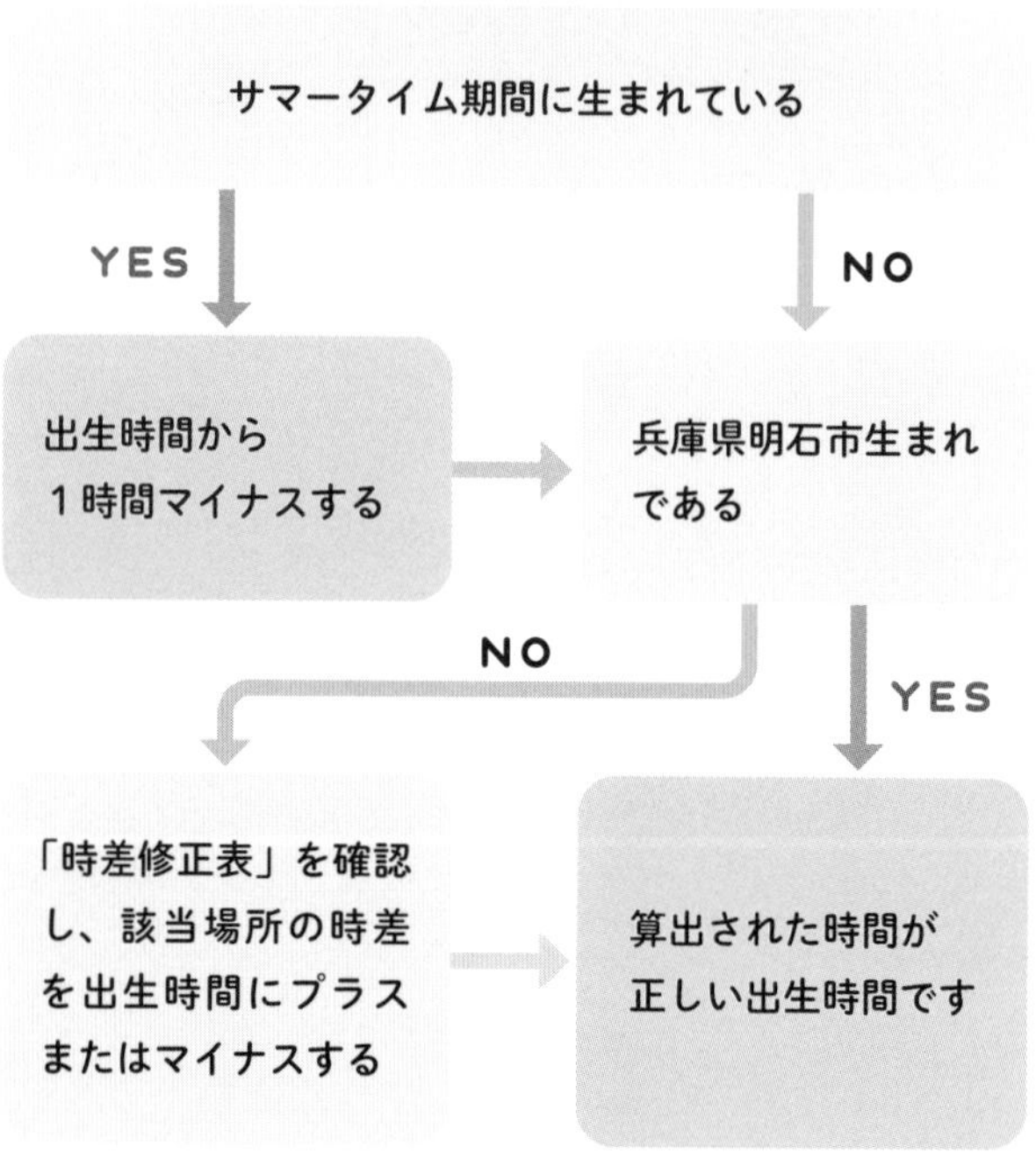

サマータイム期間に生まれている
YES
NO
出生時間から1時間マイナスする
兵庫県明石市生まれである
NO
YES
「時差修正表」を確認し、該当場所の時差を出生時間にプラスまたはマイナスする
算出された時間が正しい出生時間です

正しい出生時間を求めたら、別冊の「個人データ表」に記入しておきましょう。

出生時間を標準時間にする

時柱を調べるには、正しい出生時間を算出する必要があります。正しい出生時間とは、後述するサマータイム実施期間の時差や日本の標準時の基準値である兵庫県明石市との時差を修正したものです。まずは上のチャートで求め方の流れを確認してください。

はじめに、サマータイム実施期間に生まれた人は、出生時間から1時間マイナスし、本来の時間に修正します。次に、兵庫県明石市以外で生まれた人は「時差修正表」で出生地との時差を確認し、自分の出生時間に加減します。次の表を参考に求めましょう。

サマータイム期間

1948（昭和23）年5月2日1時〜9月12日1時（いずれも午前）

1949（昭和24）年4月3日1時〜9月11日1時（いずれも午前）

1950（昭和25）年5月7日1時〜9月10日1時（いずれも午前）

1951（昭和26）年5月6日1時〜9月9日1時（いずれも午前）

サマータイムとは、日照時間の長い季節に採用される夏時間のことで、中央標準時よりも1時間進めた時間が用いられます。日本では左記日程で実施されました。例えば、1951（昭和26）年8月9日06時54分生まれの場合、サマータイムに該当するため、06時54分−1時間で、05時54分が正しい出生時間です。

時差修正表

地名	分	秒
北海道		
釧路市	+37’	33”
帯広市	+32’	48”
旭川市	+29’	28”
札幌市	+25’	26”
青森県		
青森市	+23’	00”
岩手県		
盛岡市	+24’	36”
秋田県		
秋田市	+20’	25”
宮城県		
仙台市	+23’	32”
山形県		
山形市	+21’	22”
福島県		
福島市	+21’	55”
栃木県		
宇都宮市	+19’	33”
群馬県		
前橋市	+16’	16”
茨城県		
水戸市	+21’	54”
埼玉県		
さいたま市	+18’	36”
千葉県		
千葉市	+20’	25”
東京都		
東京都	+19’	04”
神奈川県		
横浜市	+18’	34”
新潟県		
新潟市	+16’	12”

地名	分	秒
富山県		
富山市	+08’	52”
石川県		
金沢市	+06’	38”
福井県		
福井市	+04’	52”
長野県		
長野市	+12’	44”
山梨県		
甲府市	+14’	16”
静岡県		
静岡市	+13’	32”
岐阜県		
岐阜市	+07’	00”
愛知県		
名古屋市	+07’	38”
滋賀県		
大津市	+03’	28”
三重県		
津市	+06’	02”
京都府		
京都市	+03’	05”
大阪府		
大阪市	+02’	01”
奈良県		
奈良市	+03’	20”
和歌山県		
和歌山市	+00’	42”
兵庫県		
神戸市	+00’	40”
鳥取県		
鳥取市	-03’	03”

地名	分	秒
島根県		
松江市	-07’	48”
岡山県		
岡山市	-04’	20”
広島県		
広島市	-10’	10”
山口県		
山口市	-14’	06”
徳島県		
徳島市	-01’	46”
香川県		
高松市	-03’	48”
愛媛県		
松山市	-08’	56”
高知県		
高知市	-05’	52”
福岡県		
福岡市	-18’	24”
大分県		
大分市	-13’	36”
佐賀県		
佐賀市	-18’	47”
長崎県		
長崎市	-20’	20”
熊本県		
熊本市	-17’	08”
宮崎県		
宮崎市	-14’	19”
鹿児島県		
鹿児島市	-17’	47”
沖縄県		
那覇市	-29’	17”

出生地の記載がない場合は、一番近い場所を見てね！

05時54分生まれの人が神奈川県川崎市生まれだった場合、まず左の表で生まれた場所に1番近い「神奈川県横浜市」の時差を確認しましょう。時差は「＋18’34”」（＋18分34秒）なので、出生時間の05時54分に18分34秒を足します。算出された06時12分34秒が正しい出生時間です。秒数は四捨五入します。

修正後の出生時間を干支に直し時柱を求める

出生時間がわからない人は、左ページを参照してください。

出生時間の修正が終わった人は、以下の「出生時間・干支対応表」で修正後の出生時間と37ページで求めた「日干」が交わる欄を見ます。この干支が「時柱」で、左の文字が「時干」、右の文字が「時支」となります。

さらに、別冊の「個人データ表」に出生時間や時干と時支に対応する五行を記入しておきましょう。

これで年柱、月柱、日柱、時柱のすべてが埋まり、命式の完成です。

出生時間・干支対応表

戊・癸	丁・壬	丙・辛	乙・庚	甲・己	日干／出生時間
壬子	庚子	戊子	丙子	甲子	00時00分～01時00分
癸丑	辛丑	己丑	丁丑	乙丑	01時00分～03時00分
甲寅	壬寅	庚寅	戊寅	丙寅	03時00分～05時00分
乙卯	癸卯	辛卯	己卯	丁卯	05時00分～07時00分
丙辰	甲辰	壬辰	庚辰	戊辰	07時00分～09時00分
丁巳	乙巳	癸巳	辛巳	己巳	09時00分～11時00分
戊午	丙午	甲午	壬午	庚午	11時00分～13時00分
己未	丁未	乙未	癸未	辛未	13時00分～15時00分
庚申	戊申	丙申	甲申	壬申	15時00分～17時00分
辛酉	己酉	丁酉	乙酉	癸酉	17時00分～19時00分
壬戌	庚戌	戊戌	丙戌	甲戌	19時00分～21時00分
癸亥	辛亥	己亥	丁亥	乙亥	21時00分～23時00分
甲子	壬子	庚子	戊子	丙子	23時00分～00時00分

※出生時間の「○時00分～△時00分」とは、○時以上△時未満のことです。例えば、00時59分59秒生まれは00時00分～01時00分、1時ちょうど生まれは01時00分～03時00分の欄を見てください。

「出生時間がわからない場合の占い方」

自分の出生時間がわからない場合は、以下の2つの方法で割り出します。それぞれ時刻が4パターン出てくるので、すべてのパターンで占ってみて、最もあてはまるものを選びましょう（時差修正の必要はありません）。

1. つむじの位置から求める方法

Ⓐ つむじが体の正中線《せいちゅうせん》上にある人
23～1時、5～7時、11～13時、17～19時生まれ

Ⓑ つむじが体の正中線上から少しそれる人
3～5時、9～11時、15～17時、21～23時生まれ

Ⓒ つむじが体の正中線上から大きくそれる人、またはつむじが2～3個ある人
1～3時、7～9時、13～15時、19～21時生まれ

2. 寝相から求める方法

Ⓐ 仰向けに寝ることが多い人
23～1時、5～7時、11～13時、17～19時生まれ

Ⓑ 横向きに寝ることが多い人
3～5時、9～11時、15～17時、21～23時生まれ

Ⓒ うつぶせに寝ることが多い人
1～3時、7～9時、13～15時、19～21時生まれ

例　1985年5月8日06時12分神奈川県生まれの人の場合

❶ P38「出生時間の求め方チャート」に従い、正しい出生時間を求めます。神奈川県生まれはP39「時差修正表」によれば「+18分34秒」。よって、正しい出生時間は06時30分34秒になり、秒数を四捨五入して「06時31分」になります。

❷ 右ページの「出生時間・干支対応表」から、日干の「丁」の欄と、出生時間に該当する「05時00分～07時00分」が交差するところを見ます。

❸ そこにある干支の「癸卯」が時柱の天干と地支になります。

❹ 別冊の「個人データ表」の命式の時干に左の「癸」を、時支に右の「卯」を記入します。さらにそれぞれに対応する五行（癸＝水、卯＝木）も記入します。

時干	日干	月干	年干	
癸 [水]	丁 [火]	辛 [金]	乙 [木]	天干（五行）
時支	日支	月支	年支	
卯 [木]	未 [土]	巳 [火]	丑 [土]	地支（五行）

四柱推命

LESSON

3 命式が変化する特殊な例とは？

干合《かんごう》・支合《しごう》があったら注意

命式には天干に相性のよい十干が並ぶ「干合」や、地支に相性のよい十二支が並ぶ「支合」があります。しかも、これらは特殊な条件を満たすと変化します。ただし、干合や支合があっても変化しない場合や特殊な条件も複数あるので、次のページから順を追って確認していきましょう。

なお、干合や支合があり、命式が条件を満たして変化することを「合《ごう》して化《か》す」といいます。一方、干合や支合があっても、命式が条件を満たさず変化しない場合は「合して化さず」といいます。「合して化さず」の例には、1つの干が2つの干から同時に干合される「妬合《とごう》」というものがあります。また、1つの地支が2つの地支から同時に支合されたり、「支冲《しちゅう》」という地支の配列が同時にあったりしても、命式は変化しません。

※「合して化す」の条件は流派によって異なります。本書では台湾で一般的な法則を説明します。

命式の変化 1

天干が干合の関係にある場合

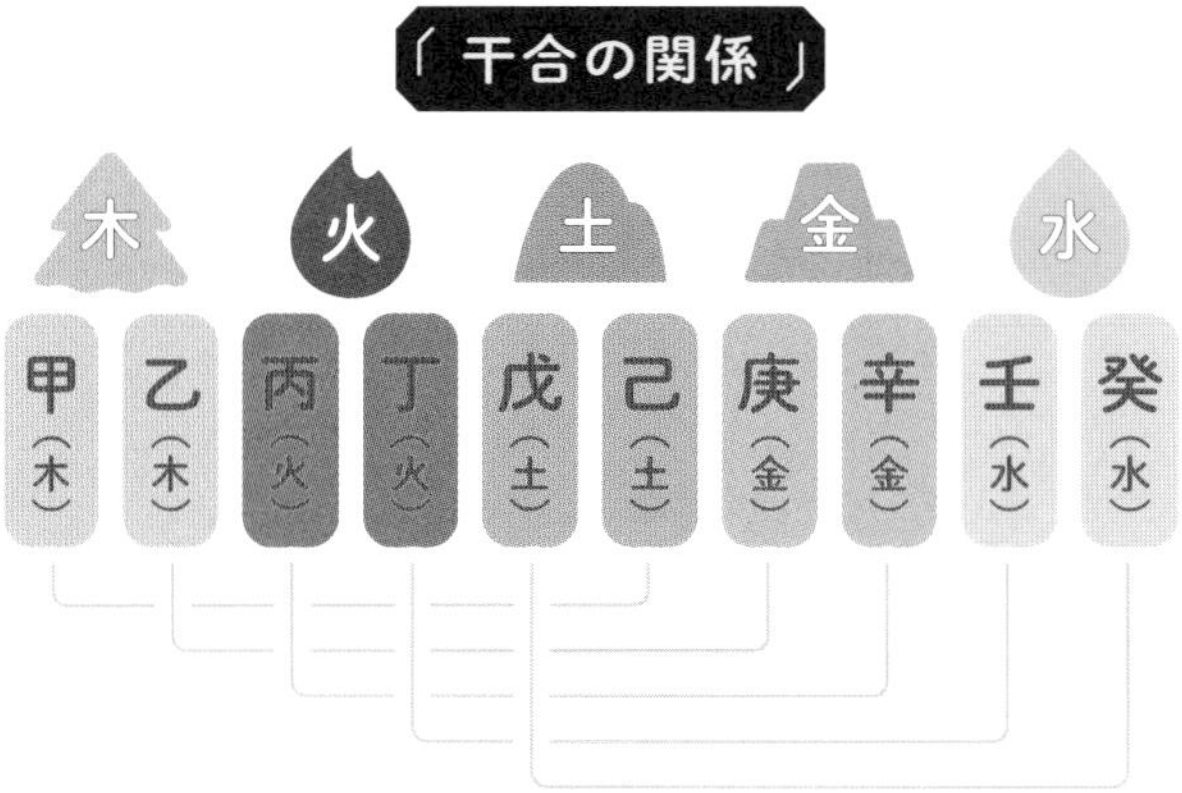

十干を並べた時に6番目の十干に注目

干合とは、ある十干とそこから数えて6番目の十干との組み合わせのことで、上の図のように「甲己」、「乙庚」、「丙辛」、「丁壬」、「戊癸」の5種類があります。これは十干を五行にした時に相剋の関係（25ページ参照）にあたりますが、この十干同士はとても結びつきが強いため、剋し合う（弱め合う）関係にはなりません。

なお、命式の中で干合が成立するのは、天干のうち「年と月」、「月と日」、「日と時」という隣り合う3ヵ所だけです。例えば、年干が「甲」で日干が「己」の場合は、「甲己」でも隣り合わないので干合にはなりません。

干合するのは、45ページの「プラスαの変化の条件」を満たし、さらに46ページの「妬合」がない場合のみです。それ以外は、干合があっても実際には命式は変わりません。とはいえ、まずは干合があることが前提条件なので、自分の命式を確認していきましょう。

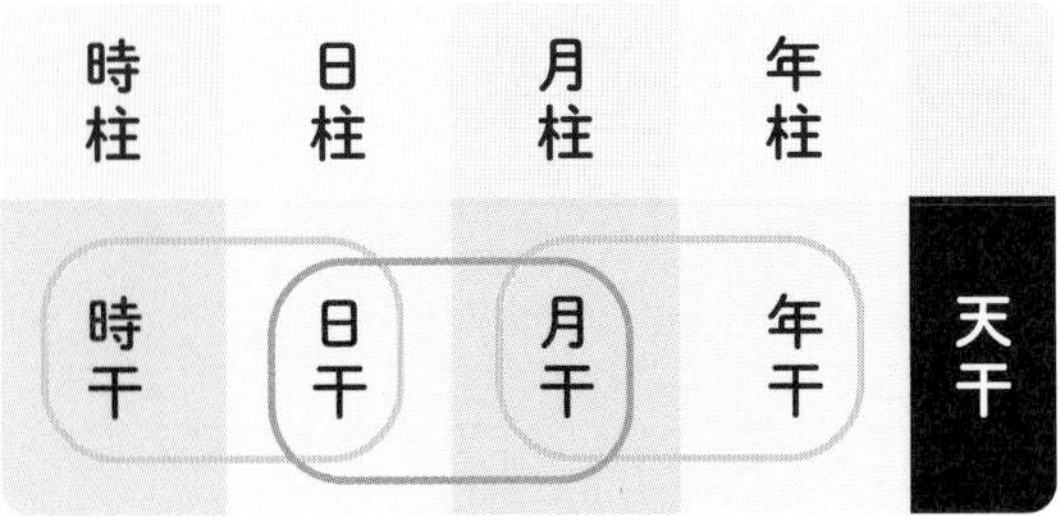

命式の中で干合が成立する場所

干合が成立するのは、天干のうち年月、月日、日時の隣り合った3か所です。

「干合によって何に変化するか」

※十干の並び方は左右逆でも構いません。

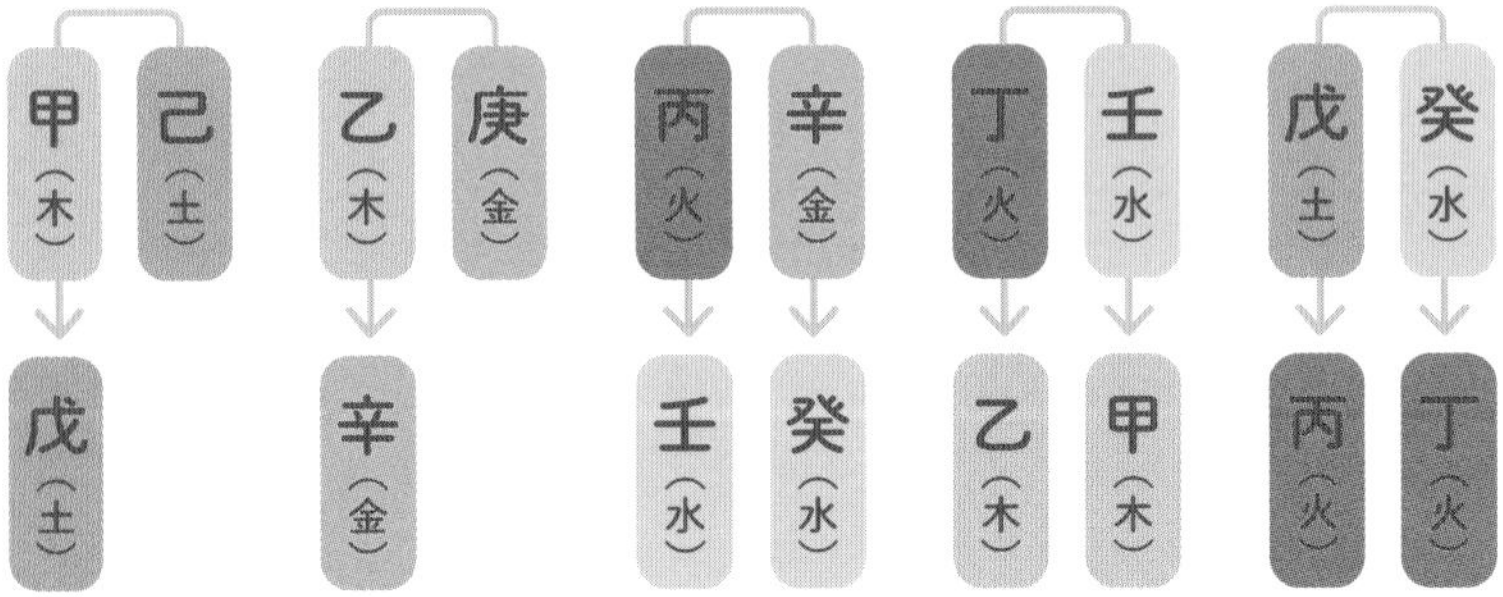

甲（木）+己（土）の組み合わせの時、甲が戊（土）に変化

乙（木）+庚（金）の組み合わせの時、乙が辛（金）に変化

丙（火）+辛（金）の組み合わせの時、丙が壬（水）、辛が癸（水）に変化

丁（火）+壬（水）の組み合わせの時、丁が乙（木）、壬が甲（木）に変化

戊（土）+癸（水）の組み合わせの時、戊が丙（火）、癸が丁（火）に変化

例　干合（日干・月干）

時干	日干	月干	年干	
戊（土）	甲（木）	己（土）	辛（金）	天干（五行）
時支	日支	月支	年支	
辰（土）	午（火）	丑（土）	酉（金）	地支（五行）

➡ 変化（日干）

時干	日干	月干	年干	
戊（土）	戊（土）	己（土）	辛（金）	天干（五行）
時支	日支	月支	年支	
辰（土）	午（火）	丑（土）	酉（金）	地支（五行）

天干を確認すると、日干の「甲」と月干の「己」が干合しています。さらに、月支が「丑」であり、命式に土の気の干支（戊、己、丑、辰）が多く、干合する日干の「甲」以外に木の気の干支がないので、次の「プラスαの変化の条件」に該当し、「甲」が「戊」に変化します。ただし、P46の例外の条件に当てはまらないかどうかも確認しましょう。

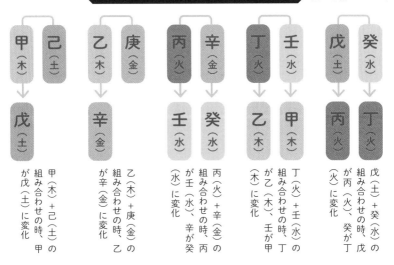

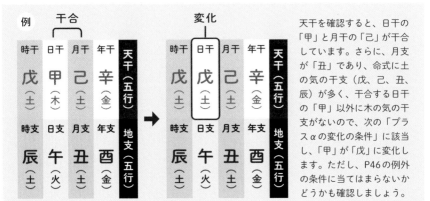

プラスαの変化の条件

干合する関係があったら、以下の条件も見てみましょう。
あてはまったら命式が変化する可能性が高まりますが、
最後に次のページの場合も確認してください。

干合	条件1		条件2		条件3		結果
甲・己の干合	月支に 丑・辰・未・戌・ 巳・午がある	＋	命式に 土の気の干支 （戊・己・丑・辰・ 未・戌）が多い	＋	命式に 木の気の干支 （甲・乙・寅・卯） がない ※干合する場合は 除く	＝	合《ごう》化《か》土《ど》 甲は戊に 変化する （己は不変）
乙・庚の干合	月支に 申・酉・丑・辰・ 未・戌がある	＋	命式に 金の気の干支 （庚・辛・申・酉） が多い	＋	命式に 火の気の干支 （丙・丁・巳・午） がない	＝	合《ごう》化《か》金《きん》 乙は辛に 変化する （庚は不変）
丙・辛の干合	月支に 子・亥・申・酉・ 丑・辰がある	＋	命式に 水の気の干支 （壬・癸・子・亥） が多い	＋	命式に 土の気の干支 （戊・己・丑・辰・ 未・戌）がない ※月支の丑、辰は 除く	＝	合《ごう》化《か》水《すい》 丙は壬に 辛は癸に 変化する
丁・壬の干合	月支に 寅・卯・子・亥・ 辰・未がある	＋	命式に 木の気の干支 （甲・乙・寅・卯） が多い	＋	命式に 金の気の干支 （庚・辛・申・酉） がない	＝	合《ごう》化《か》木《もく》 丁は乙に 壬は甲に 変化する
戊・癸の干合	月支に 巳・午・寅・卯・ 未・戌がある	＋	命式に 火の気の干支 （丙・丁・巳・午） が多い	＋	命式に 水の気の干支 （壬・癸・子・亥） がない ※干合する場合は 除く	＝	合《ごう》化《か》火《か》 戊は丙に 癸は丁に 変化する

命式の変化 1 例外

干合しても変化しない妬《と》合《ごう》

「妬合する場合」

妬合は1つの天干が両隣の天干から同時に干合されることをいいます。結びつきの力が弱まるため、干合しても変化しないので注意しましょう。

甲(木)＋己(土)＋甲(木)

己(土)＋甲(木)＋己(土)

乙(木)＋庚(金)＋乙(木)

庚(金)＋乙(木)＋庚(金)

丙(火)＋辛(金)＋丙(火)

辛(金)＋丙(火)＋辛(金)

丁(火)＋壬(水)＋丁(火)

壬(水)＋丁(火)＋壬(水)

戊(土)＋癸(水)＋戊(土)

癸(水)＋戊(土)＋癸(水)

例　1989年10月16日生まれの人の場合

妬合（日干・月干・年干）

日干	月干	年干	
己（土）	甲（木）	己（土）	天干（五行）
日支	月支	年支	
酉（金）	戌（土）	巳（火）	地支（五行）

変化しない ➡

日干	月干	年干	
己（土）	甲（木）	己（土）	天干（五行）
日支	月支	年支	
酉（金）	戌（土）	巳（火）	地支（五行）

天干の両隣に干合する同じ十干があれば妬合

妬合とは、1つの十干が両隣の2つの十干から同時に干合されることをいいます。

上記の例の組み合わせでは、「甲」が右隣の「己」と干合して結びつきが強まり、本来であれば「甲」が「戊」に変化します。しかし、左隣の「己」からも引き寄せられ、結果的に天干同士の結びつきが弱まります。よって、「己・戊・己」とはなりません。

このような妬合の組み合わせは全部で10パターンあるので、上の図で確認してください。

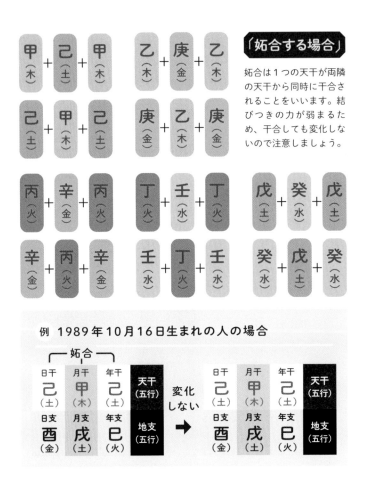

命式の変化 2

地支が支《し》合《ごう》の関係にある場合

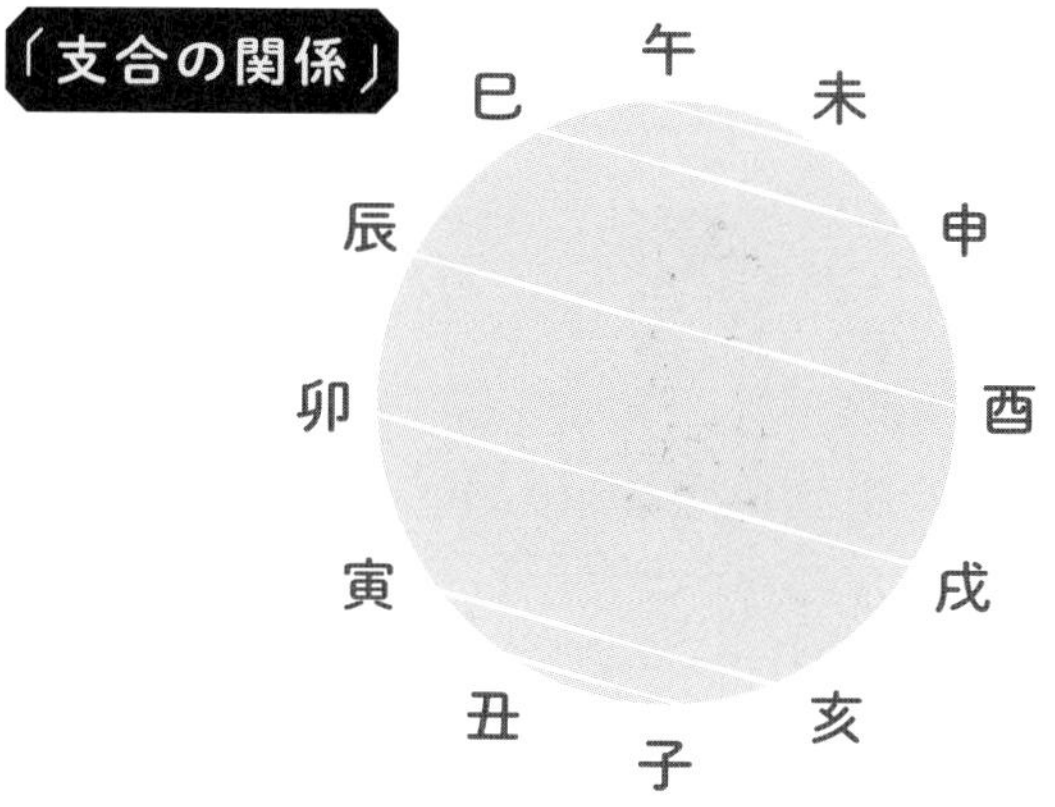

十二支の五行を強める支合の条件とは？

支合とは、五行を強める十二支の組み合わせです。命式の地支を見た時に、上の図のように線で結ばれた十二支同士があれば、支合の関係となります。支合には、「子丑」の合、「亥寅」の合、「卯戌」の合、「辰酉」の合、「巳申」の合、「午未」の合の6種類があります。

ただし、単に支合があるだけでは命式は変化しません。さらに49ページの「プラスαの変化の条件」を満たしていること、50ページの条件にあてはまらないことの両方に該当して、初めて命式が変化します。命式の中で支合が成立するのは、地支のうち「年と月」、「月と日」、「日と時」の隣り合った3カ所です。

注意したいのは、支合は十二支が別の十二支に変わるわけではなく、十二支が帯びる五行の力量だけが変化するということ。変化の法則は次の通りです。詳しくは次のページの図を見てください。

- **子、丑は土に変化する**
- **亥、寅は木に変化する**
- **卯、戌は火に変化する**
- **辰、酉は金に変化する**
- **巳、申は水に変化する**
- **午、未は火に変化する**

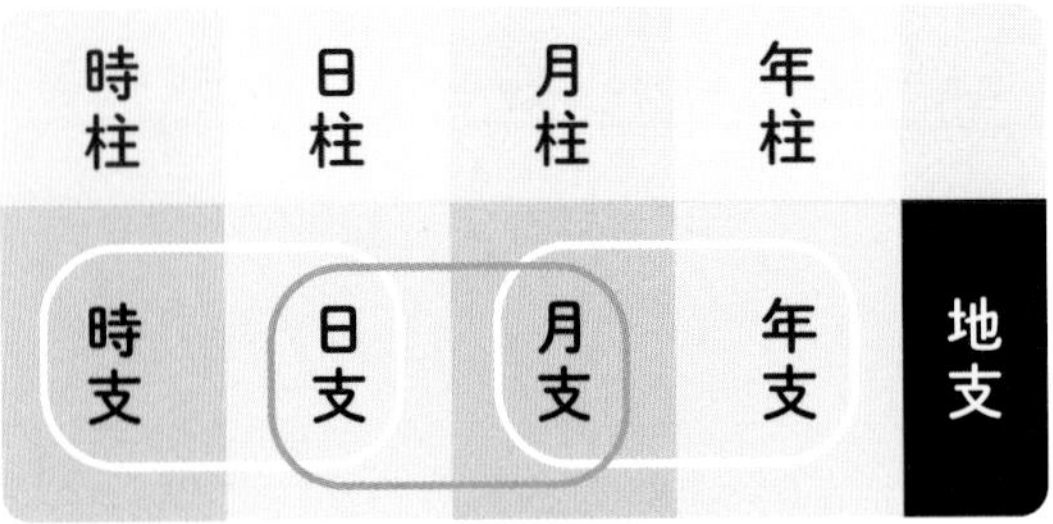

命式の中で支合が成立する場所

支合が成立するのは、地支のうち年月、月日、日時の隣り合った３カ所です。

支合によってどう変化するか

※十二支の並び方は左右逆でも構いません。

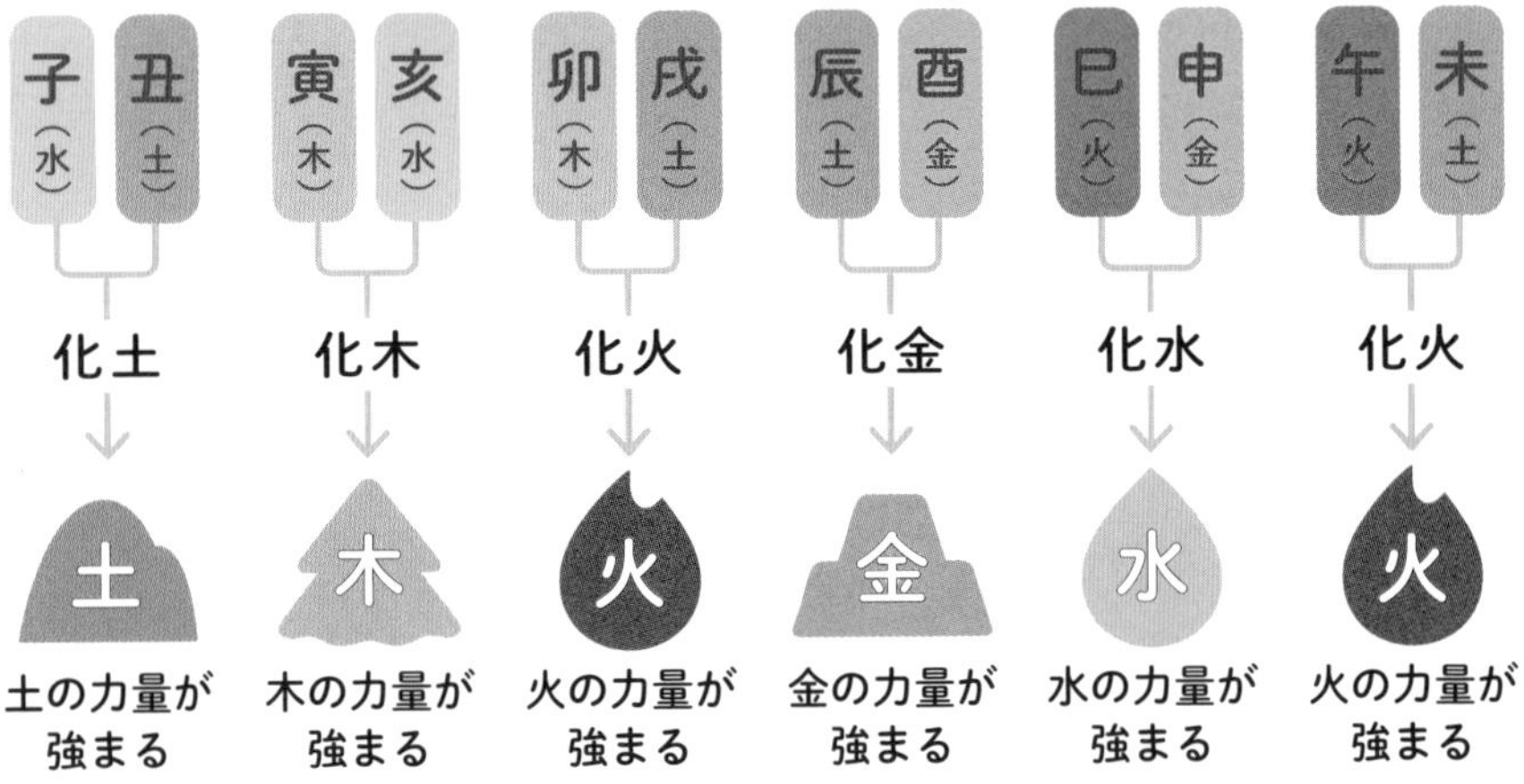

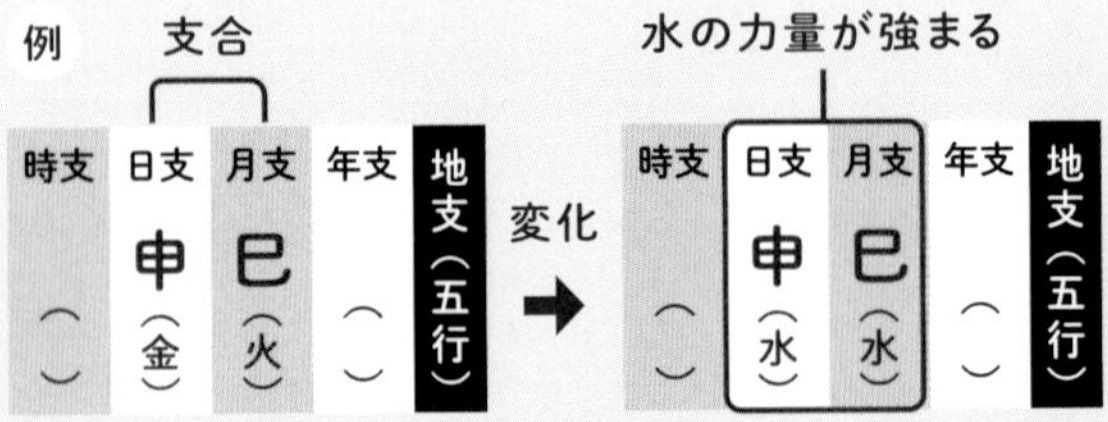

地支を確認すると、月支の「巳」と日支の「申」が支合し、「水」の力量が強まるので、命式の五行は「水」になります。ただし、実際に命式が変化するかは、P49以降の条件にもよるので注意してください。

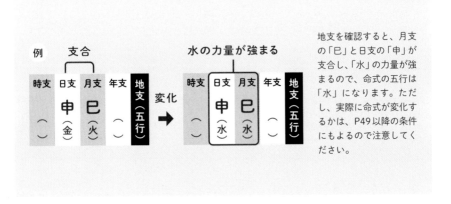

プラスαの変化の条件

支合する関係があったら、以下の条件も見てみましょう。
あてはまったら命式が変化する可能性が高まりますが、
最後に次のページの場合も確認してください。

子・丑の支合	子と丑の天干には戊・己・丙・丁がある	＋	子と丑の天干が他柱の天干と干合していない	＝	子《ね》丑《うし》合《ごう》化《か》土《ど》 土の力量が強まる
亥・寅の支合	亥と寅の天干には甲・乙・壬・癸がある	＋	亥と寅の天干が他柱の天干と干合していない	＝	亥《い》寅《とら》合《ごう》化《か》木《もく》 木の力量が強まる
卯・戌の支合	卯と戌の天干には丙・丁・甲・乙がある	＋	卯と戌の天干が他柱の天干と干合していない	＝	卯《う》戌《いぬ》合《ごう》化《か》火《か》 火の力量が強まる
辰・酉の支合	辰と酉の天干には庚・辛・戊・己がある	＋	辰と酉の天干が他柱の天干と干合していない	＝	辰《たつ》酉《とり》合《ごう》化《か》金《きん》 金の力量が強まる
巳・申の支合	巳と申の天干には壬・癸・庚・辛がある	＋	巳と申の天干が他柱の天干と干合していない	＝	巳《み》申《さる》合《ごう》化《か》水《すい》 水の力量が強まる
午・未の支合	午と未の天干には丙・丁・甲・乙がある	＋	午と未の天干が他柱の天干と干合していない	＝	午《うま》未《ひつじ》合《ごう》化《か》火《か》 火の力量が強まる

命式の変化
2 例外
支合しても変化しない場合

「1つの地支が2つの地支から同時に支合される場合」

1つの地支が両隣の地支から同時に支合される場合、
地支の結びつきの力が弱まり、変化はしないので注意しましょう。

子（水）＋丑（土）＋子（水）　丑（土）＋子（水）＋丑（土）　辰（土）＋酉（金）＋辰（土）　酉（金）＋辰（土）＋酉（金）

亥（水）＋寅（木）＋亥（水）　寅（木）＋亥（水）＋寅（木）　巳（火）＋申（金）＋巳（火）　申（金）＋巳（火）＋申（金）

卯（木）＋戌（土）＋卯（木）　戌（土）＋卯（木）＋戌（土）　午（火）＋未（土）＋午（火）　未（土）＋午（火）＋未（土）

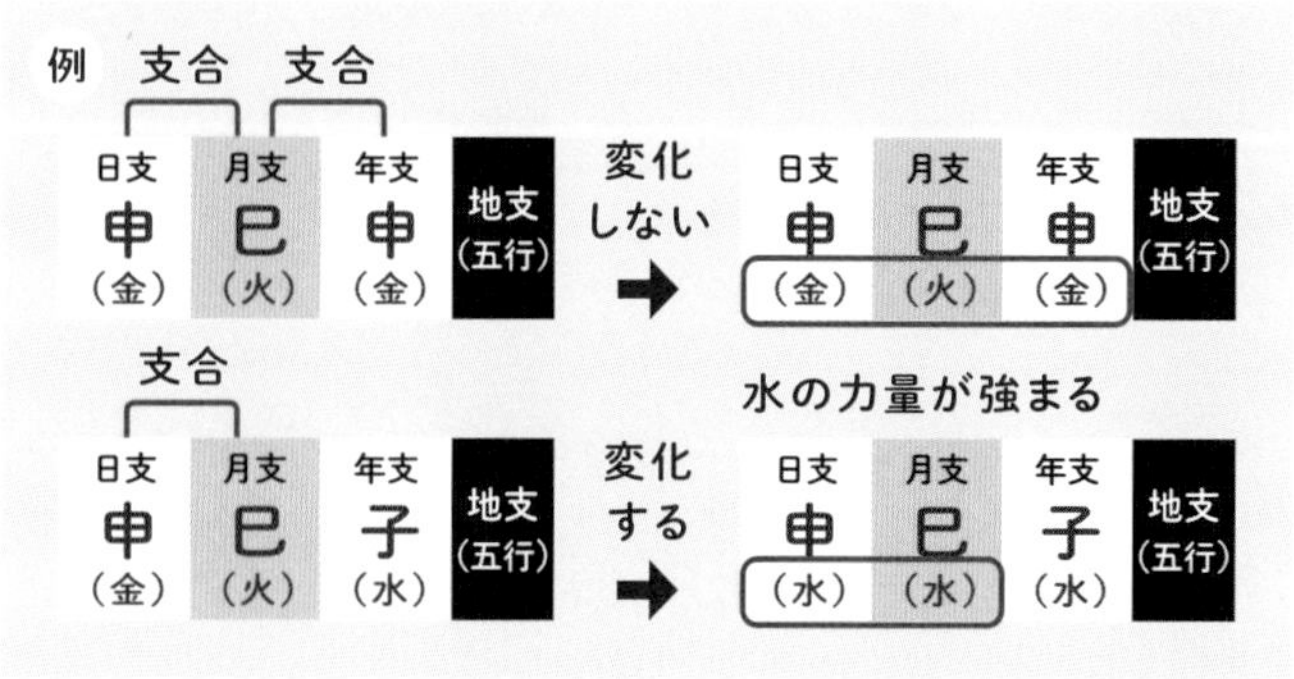

1つの地支が両隣と支合する場合

1つの地支が両隣の2つの地支から同時に支合されている場合、結びつきの力が弱まるため、命式は変化しません。例えば「子丑」の場合、「子・丑・子」と「丑・子・丑」の組み合わせがあります。全部で12パターンあるので、上の図で確認してください。

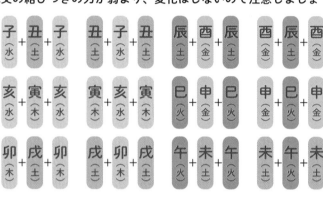

支合する地支の隣に支冲する地支がある場合

地支の配列には「支冲《しちゅう》」という関係もあります。これは、ある十二支とそこから数えて7番目の十二支で、お互いに反発し合う性質を持ちます。51ページの図のように、時計形に十二支を配した

支冲の関係

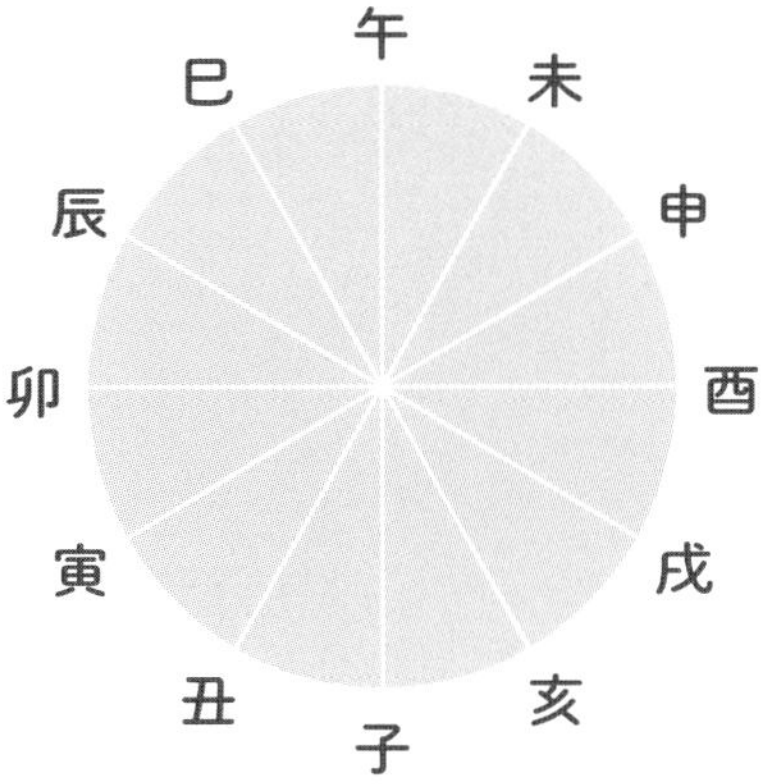

※十二支の並び方は左右逆でも構いません。

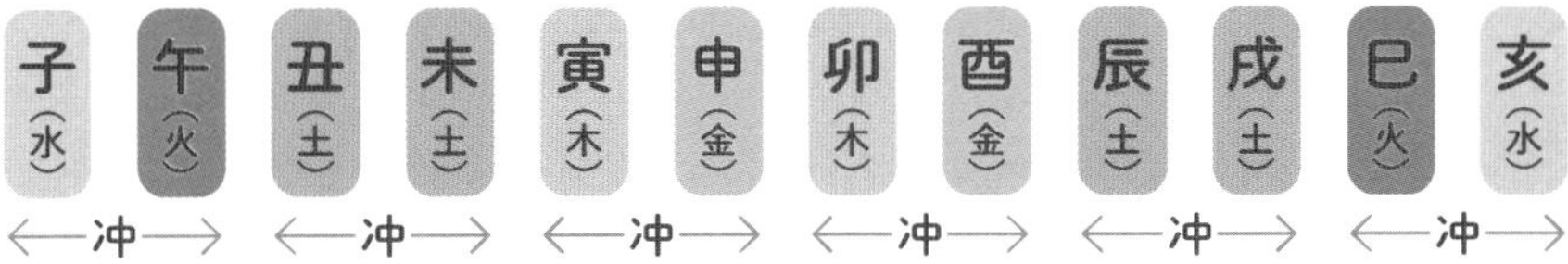

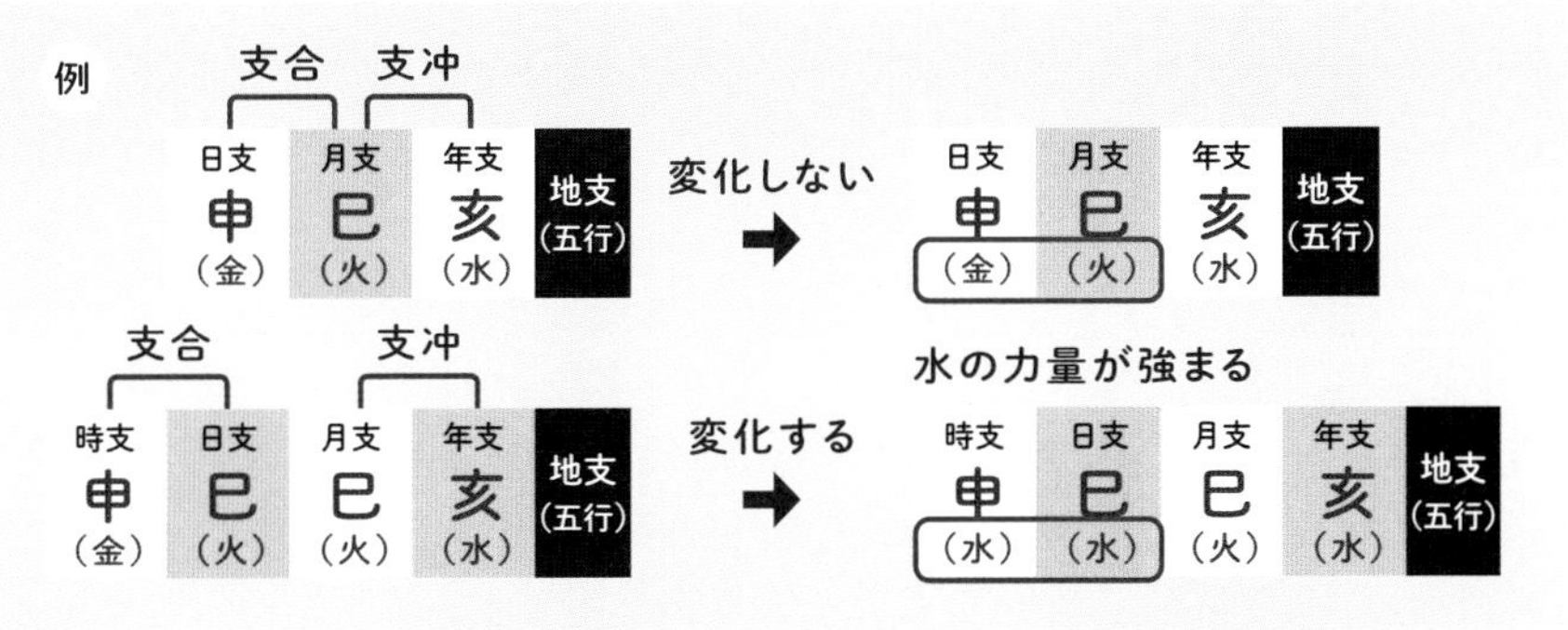

時、対面に位置する十二支が支冲に該当し、「子午」の冲、「丑未」の冲、「寅申」の冲、「卯酉」の冲、「辰戌」の冲、「巳亥」の冲の6種類あります。

隣り合った地支にこれらの支冲があると、支合があっても変化しません。例えば地支に「丑・子・午」が並んだ場合、本来「子丑」は支合となりますが、「子午」の冲が同時にあるため変化しません。

なお、支冲とは通常お互いに攻撃し合い、五行の力量を弱める関係を意味しますが、干合のように五行の性質自体が別のものに変化するわけではありません。

ただし、同じ「土」の気が対立する「丑未」と「辰戌」の冲は、土の気を増やす作用が働きます。

COLUMN 1

五行のバランスと体質

五行説は、ここまで説明した以外にも広く応用されています。なかでも五味と五臓、五腑に注目すると、体質改善のヒントが見つかります。五行のバランスと体質を整えながら、運気を高めていきましょう。

五行説と五味《ごみ》・五臓《ごぞう》・五腑《ごふ》それぞれの関係性

中国医学では、食べ物を五行に基づいて5つの味（五味）に分類します。そして、五味が五臓を補うと考えられています。五臓とは、具体的な臓器を指すわけではなく、その臓器を中心とする機能や役割を表します。例えば、「土」の五味は「甘」で、五臓は「脾《ひ》」なので、「甘い薬草は脾の気を補うのに効く」と見当がつけられます。そして、五行説の相生・相剋の関係を五臓にあてはめることで、臓器同士が協調するバランスを探ることができるのです。

さらに、五臓と相互関係にあるのが五腑という内臓です。例えば、「木」の臓である「肝《かん》」が不調になると、「木」の腑である「胆《たん》のう」にも影響を与えます。

こうして、五味・五臓・五腑は、五行説の相生と相剋の関係で、相互に影響を与え合っているのです。五行と五味・五臓・五腑との対応の詳細は、以下の表を参照してください。

五行	五味	五臓	五腑
木	酸《さん》	肝	胆のう
火	苦《く》	心	小腸
土	甘《かん》	脾	胃
金	辛《しん》（香辛料のようなピリッとした辛味）	肺	大腸
水	鹹《かん》（自然塩のにがりのような塩辛い味）	腎	膀胱

五行のバランスを整えて体調と運気の回復をはかる

自分の五行のバランスを知ることで、だいたいの体質の特徴がつかめます。命式の中で最も強い気と相剋の関係にある気の働きは、体質的にも弱い部分です。次の図と表を参考に食べ物で内側から補い、強化するとよいでしょう。

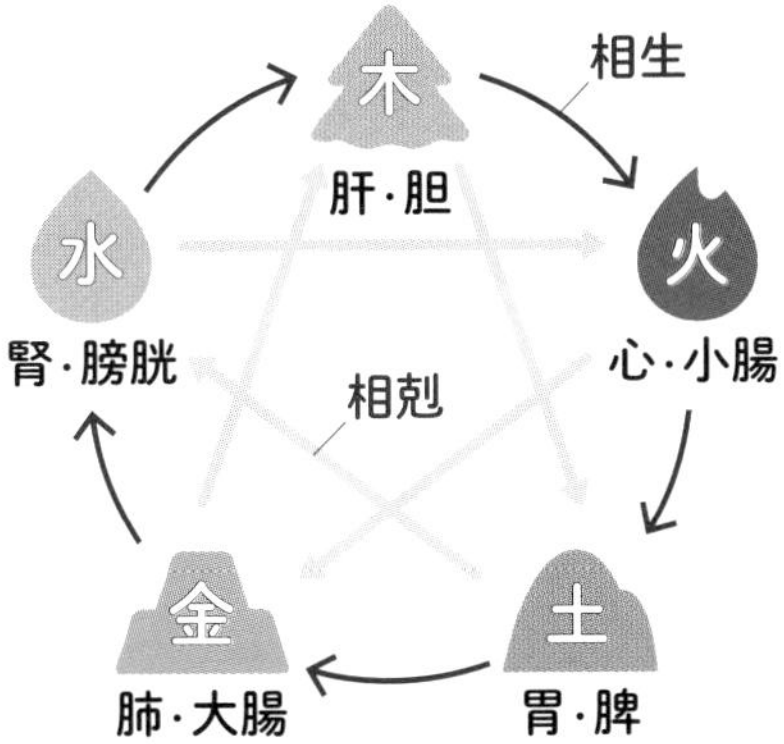

木の気が強い人

胃や脾が弱く、イライラしやすい。甘味や米、鮭をとるとよい。

火の気が強い人

肺や大腸が弱く、集中力が低下しやすい。鶏肉や大豆をとるとよい。

土の気が強い人

腎や膀胱が弱く、むくみやすい。黒豆や黒ゴマ、長いもをとるとよい。

金の気が強い人

肝や胆のうが弱く、栄養が循環しにくい。酸味やレバーをとるとよい。

水の気が強い人

心や小腸が弱く、血流が悪くなりやすい。羊肉やスパイス類をとるとよい。

また、もし身体に不調を感じる場合は、現在の身体の状態をよく判断し、弱っている五臓の働きを強める食べ物をとることが効果的です。次の症状別項目を参考に、必要な食べ物を取り入れてください。

健康状態がよくなれば、それにつれて運気も自然と高まっていくでしょう。

症状 1 少食、やせすぎ

土気が弱く、食が細い、食べてもストレスが原因で太れない、やせすぎなどの場合は、胃や脾の働き（土行）を強める。

＼効果的な食べ物／

白米、うなぎ、あじ、牛肉、じゃがいも、里いも、落花生、さつまいも、かぼちゃ、りんご

症状 2 下痢、便秘

金気が弱く、大腸の働きが鈍い、下痢や便秘をする場合は、腸の働き（金行）を強める。

＼効果的な食べ物／

- **整腸・下痢を止める**……しょうが、梅、ニラ、納豆、りんご
- **便秘を解消する**……バナナ、プルーン、小松菜、牛乳、しいたけ

症状 3 気管が弱い、咳が出る

金気が弱く、咳が出やすい、ぜんそくや気管支炎になりやすいなどの場合は、肺の働き（金行）を強める。

＼効果的な食べ物／

大根、春菊、レンコン、かぶ、セリ、ほうれん草、ねぎ、梨、びわ、はちみつ、きんかん、ゆり根、かりん

症状 4 シミ、皮膚病

木気が弱く、白目や皮膚が黄色い、シミが増えた、湿疹やジンマシンができやすい場合は、肝臓の解毒作用（木行）を強める。

＼効果的な食べ物／

あさり、しじみ、枝豆、アスパラ、人参、ブロッコリー、プルーン、あわび、いちご、豚・牛・鶏のレバー

症状 5 血色が悪い、低血圧

火気が弱く、顔色が白い、午前中は頭が働かない、夕方に下半身がむくむなどの場合は、心臓の働き（火行）を強める。

＼効果的な食べ物／

豚・鶏の心臓、サバ、サンマ、鯛、ウニ、ピーマン、玉ねぎ、らっきょう、唐辛子、桃、ぶどう、赤ワイン

症状 6 冷え、性欲減退、目覚めが悪い

水気が弱く、冷え性で足腰がだるい、朝の目覚めが悪い、性欲減退などの場合は、腎の働き（水行）を強める。

＼効果的な食べ物／

もち米、羊肉、山羊肉、鹿肉、うなぎ、栗、シナモン、エビ、玉ねぎ、ニラ、にんにく、八角、酒

症状 7 身体が無力、だるい、老化

水気が弱く、身体に力が入らない、腰がだるく痛みがある、実年齢より老けて見えるなどの場合は、腎の働き（水行）を強める。

＼効果的な食べ物／

黒ゴマ、黒豆、わかめ、ひじき、黒きくらげ、しじみ、黒米、黒ナツメ、豚足、なまこ、牡蠣、クルミ

CHAPTER 貳

基本性質を読み解こう

命式の読み解き方を解説します。
まずは「日干」から基本性質を探りましょう。
さらに命式を発展させ、
「格局」や「用神・忌神」から
さらなる本質を分析していきます。

私にも命式が
出せました！

注目しよう

命式の中心になる
日干を見ると

五行にはこんなふうに
それぞれのイメージが

【日干が「木」（甲《きのえ》・乙《きのと》）は、こんな人！】

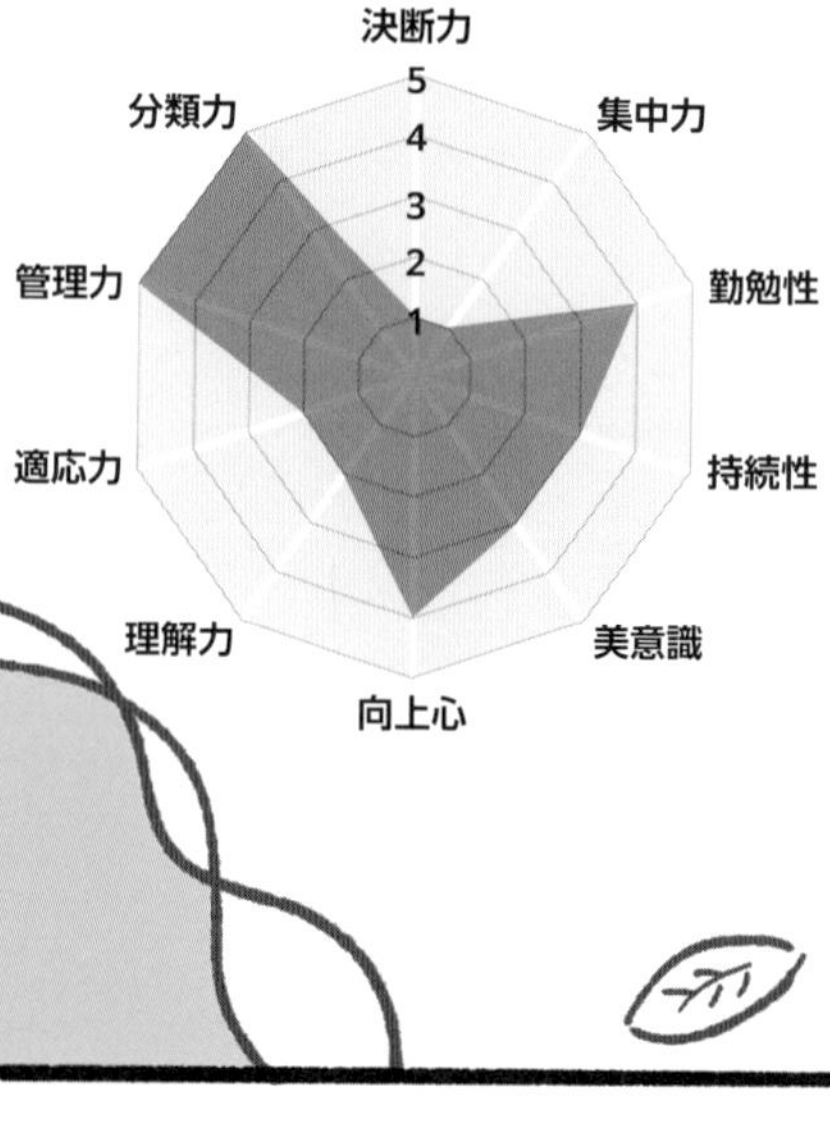

木は「仁《じん》」を司る。
温かく、大らかな性格。
前向きでやる気のあるタイプ。
優しさと慈しみにあふれ、
困っている人を放っておけない
世話好きなところも。

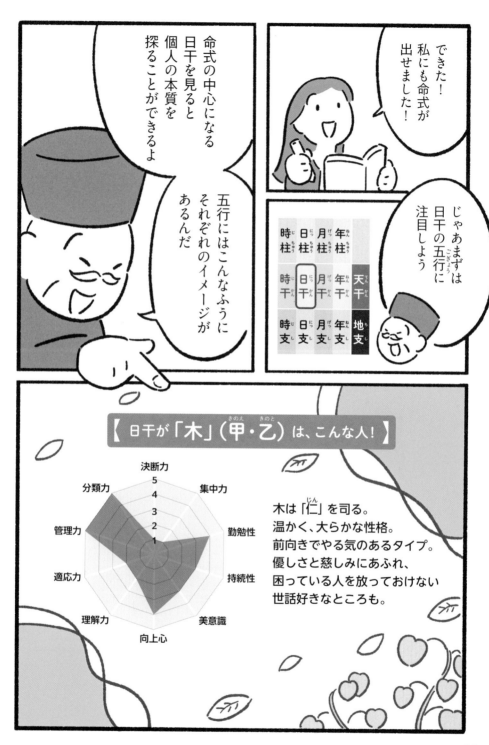

【日干が「火」（丙《ひのえ》・丁《ひのと》）は、こんな人！】

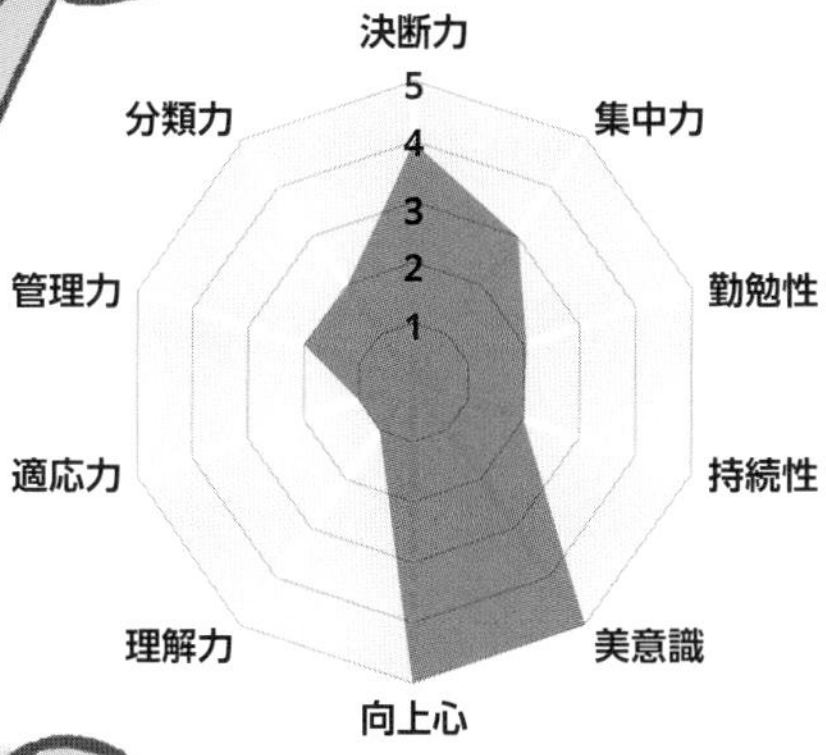

火は「礼」を司る。
向上心あふれる情熱家。
明るく陽気で、
目立つことも大好き。
美と華やかさを愛し、
芸術的センスも抜群。
開放的で隠し事は
できないタイプ。

【日干が「土」（戊《つちのえ》・己《つちのと》）は、こんな人！】

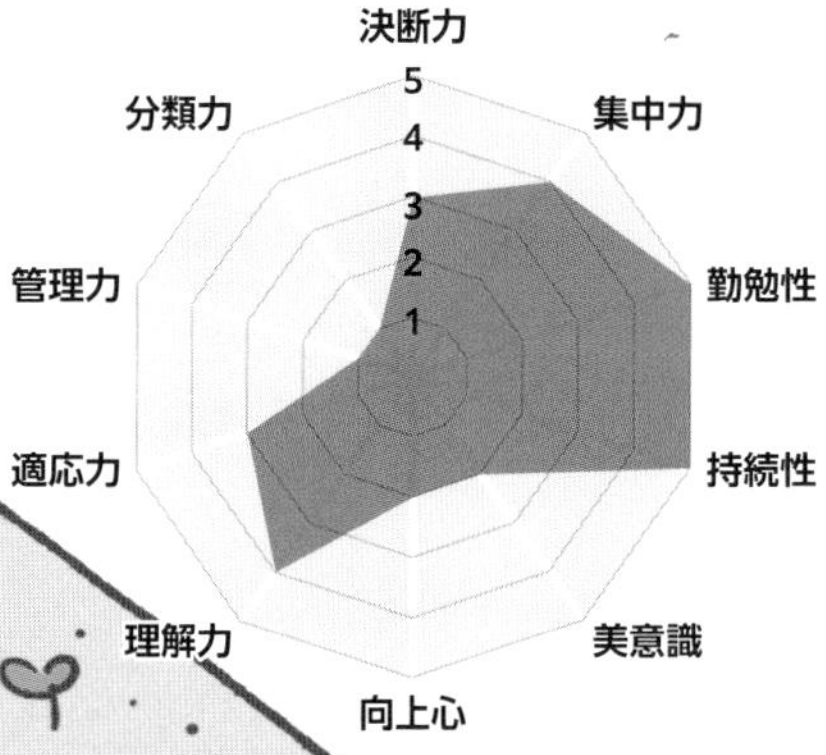

土は「信」を司る。
大地のような
落ち着きと安心感がある。
懐が深く、包容力は随一。
人間味あふれる温厚な人。
自分の考えをしっかりと
持ち、行動は慎重派。

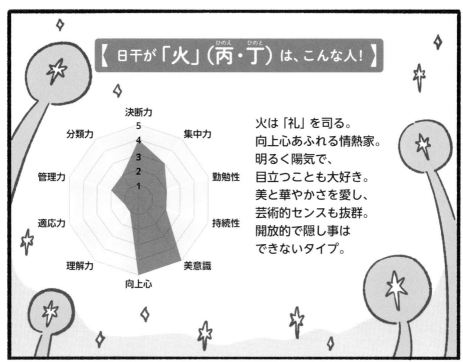

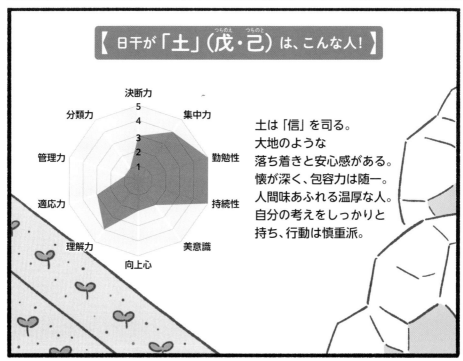

【日干が「金」（庚《かのえ》・辛《かのと》）は、こんな人！】

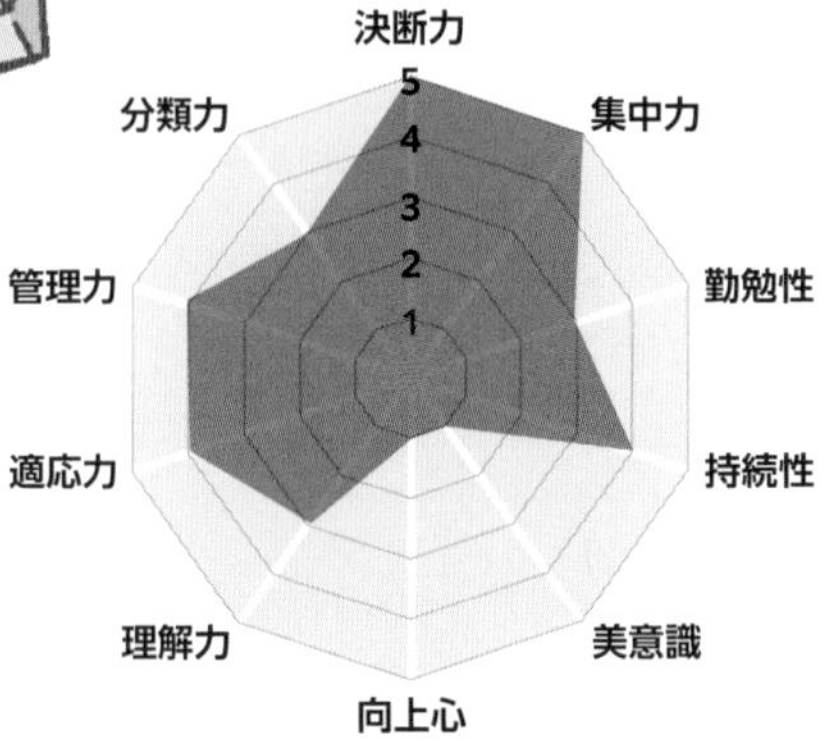

金は「義」を司る。
正義感が強くて勇敢。
クールでさっぱりした
性格の持ち主。
集中力があり、決めたことは
最後までとことん取り組む。
負けず嫌いな一面も。

【日干が「水」（壬《みずのえ》・癸《みずのと》）は、こんな人！】

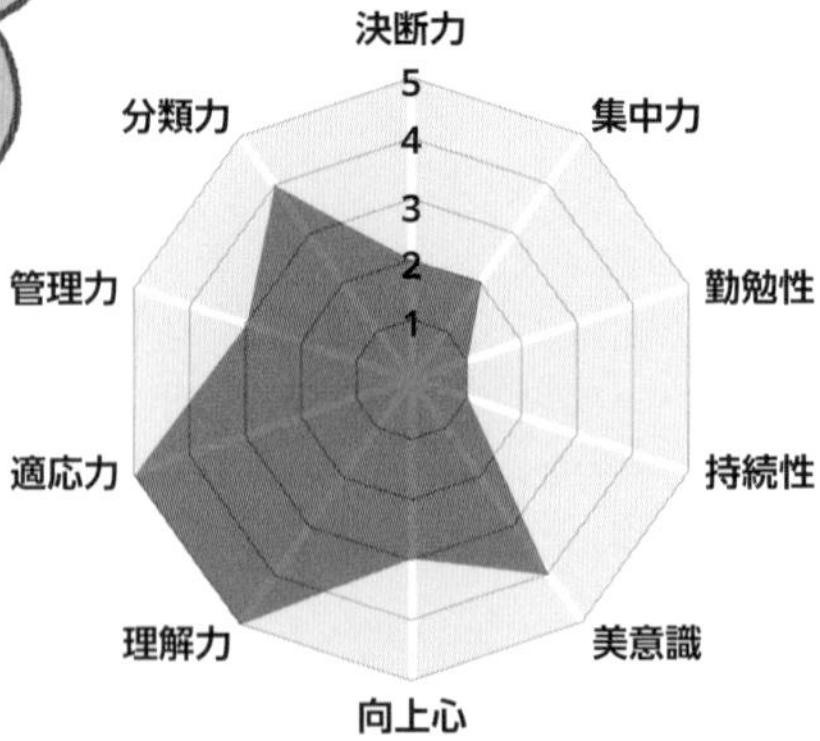

水は「智」を司る。
聡明で明るく、
調和を重んじるタイプ。
知恵があり、臨機応変な対応も
得意。好奇心旺盛で、
じっとしているのが苦手な
行動派。

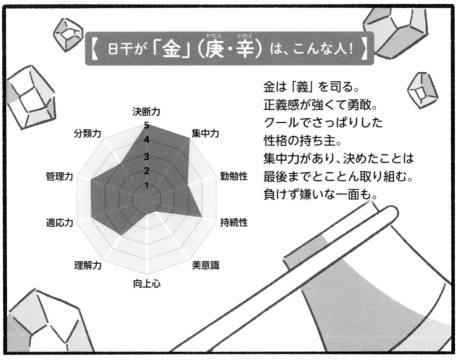

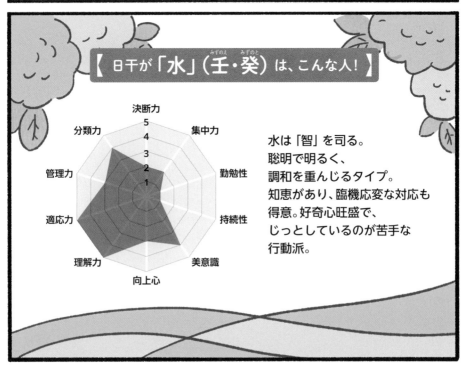

例：梨華の命式

	時柱			日柱			月柱			年柱		
天干の通変星	劫財						傷官			傷官		
天干（五行）	時干 丙 火			日干 丁 火			月干 戊 土			年干 戊 土		
地支（五行）	時支 午 火			日支 酉 金			月支 午 火			年支 寅 木		
地支の蔵干（五行）	己 土		丁 火	庚 金		辛 金	己 土		丁 火	戊 土	丙 火	甲 木
区分	余気	中気	本気	余気	中気	本気	余気	中気	本気	余気	中気	本気
地支の通変星	食神		比肩	正財		偏財	食神		比肩	傷官	劫財	印綬

※「地支の蔵干」以下の求め方は後述

四柱推命

LESSON 1

日干と命式のバランスで本質を診断

命式の中心ともいうべき日干で個人の本質を探る

本格的な四柱推命の診断では、命式全体のバランスなどから多角的にその人の個性や運命をひもときます。

ただ、それには十分な知識と慣れが必要なので、まずは導入として、命式の中心となる日干を基準に、それぞれの本質を探っていきます。

性格診断の代表的な方法には、次の４つがあります。

❶ 日干（日柱の天干）で診断
❷ 五行のバランスで診断
❸ 用神《ようじん》から診断
❹ 忌神《ぎじん》から診断

日本では日干と日支を用いる方法が広く知られていますが、台湾や香港では❶から❹を同時に用いるのが一般的です。また、これ以外に、月支を用いる判断方法や通変星（後述）などからひもとく方法があります。

ここでは、はじめに❶と❷を紹介します。そして、82ページ以降から用神や通変星なども見ていきましょう。

まずは、命式の「日干」に何の十干《じっかん》が入っているかを確認します。日干はその人自身の現在や本質的な性格を表します。本格的に占うには、この日干を中心に、他の天干や地支との関係も見ていく必要があります。ここではあくまで個人の本質や、自分は本当はどういった性格なのかを理解するのに役立ててください。

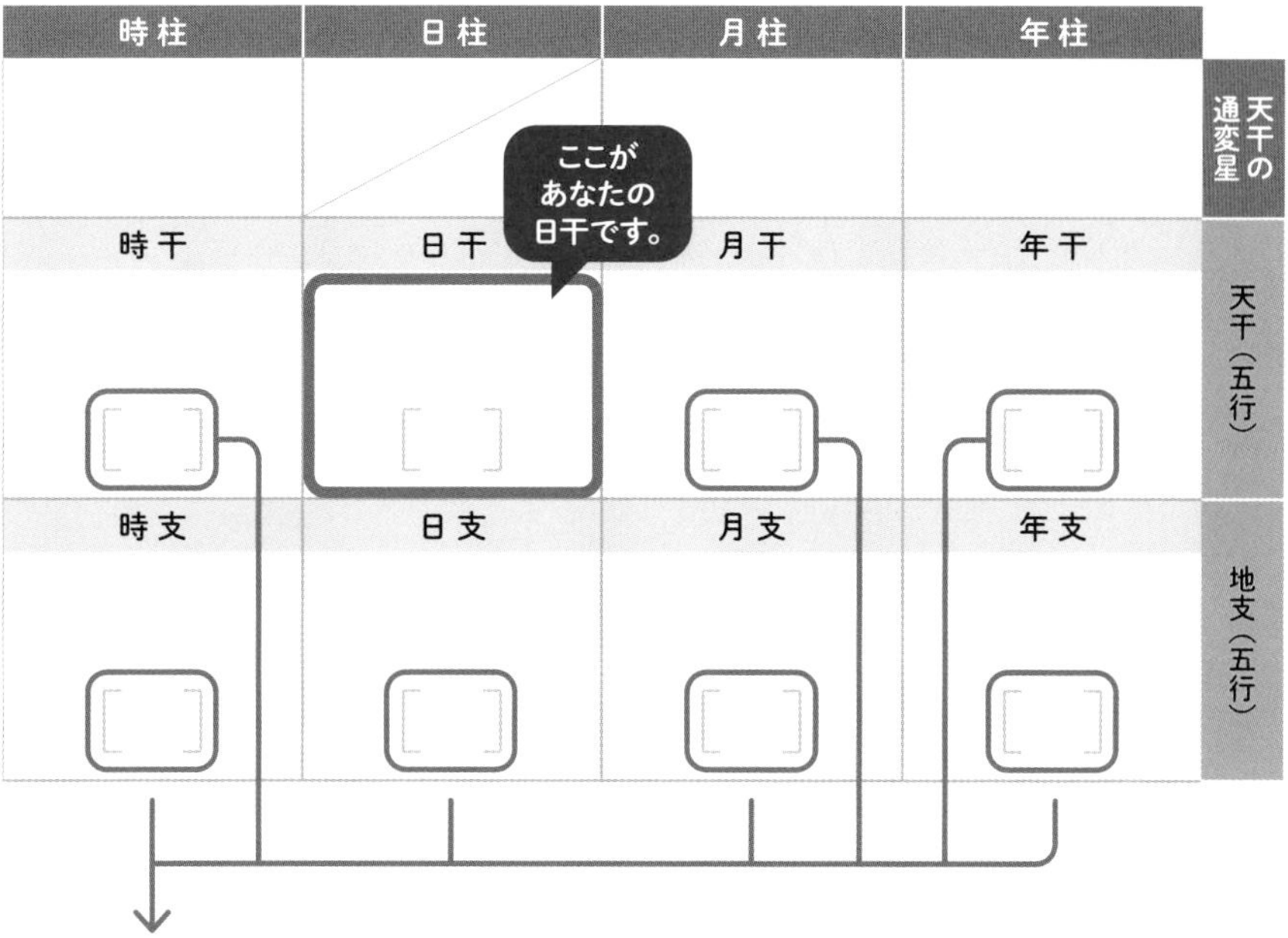

●天干+地支の五行の数　※日干の五行は数えません。

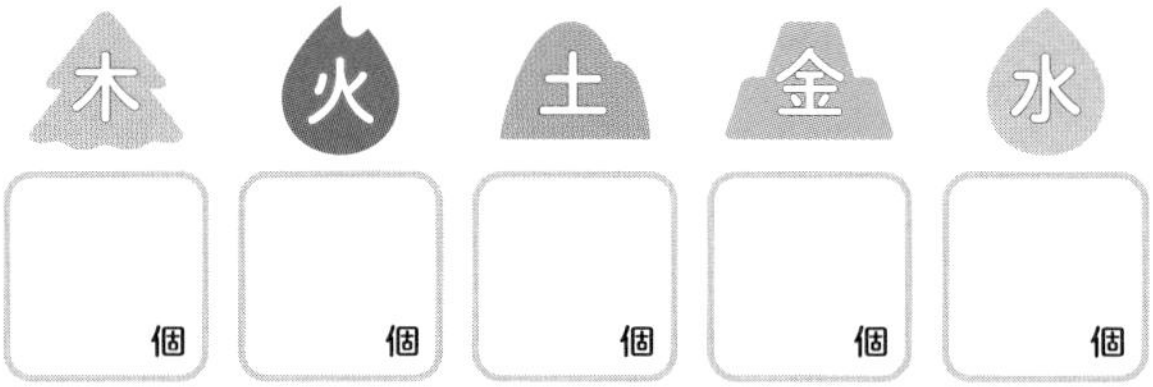

●最も多い五行

同数の場合は地支の数が多いほうを優先します。

五行のバランスから長所と短所を分析

日干そのものだけでなく、命式の五行のバランスも重要です。何に偏っているかで、日干による性格が強まったり弱まったりするのです。長所と思える性格も、五行がそれを強めると、度がすぎて弱点になることがあります。

そこで、続く診断結果では「五行のバランスで見る長所と短所」も紹介しています。確認方法は、命式を見て日干を除いた五行の数を数えるだけ。合計が同じになった場合は、地支の数が多い方を優先し、それも同数なら両方の診断を読みましょう。

長所の活かし方と短所の補い方の参考にしてください。

BASIC PERSONALITY

日干が甲《きのえ》の人

親切と道徳心で皆を引っ張る圧倒的リーダー

基本性格

甲は陰陽《いんよう》五行《ごぎょう》の「陽の木」にあたり、大地に根をしっかり張って、空に向かって伸びる大樹を表します。性格も木の性質の「仁」を根底に持つため、思いやりと優しさにあふれた人。実直で質実剛健な面もあり、曲がったことや嘘を嫌います。根性のある人が多く、困難があっても最後まで意志を貫くでしょう。

基本的には親分肌で人を牽引するタイプ。頼られることも多く、困っている人を放っておけません。度がすぎてお節介に思われることも。道徳を重んじて妥協を許さず、少しまじめすぎる部分もあります。

恋愛

恋愛は能動的。性的な関心も強く、恋愛話は多い傾向にあります。とはいえ理性的で自尊心が高いため、身も心も投げ出すような恋に溺れることはありません。プライドが邪魔をしてなかなか相手に従えない場合も。自分から媚びるようなこともないので、怒ってケンカ別れしたり、頑固さからトラブルに発展したりすることもあるでしょう。恋愛経験が多くても、結婚にはなかなか発展しない傾向もありそう。

ただ、相手に悪質なことは決してしません。人柄も見た目も、人間的な魅力にあふれた人が多いでしょう。

仕事

天に伸びる樹木のように、向上心やチャレンジ精神にあふれ、現状をよりよくしたいと努力するタイプ。堅実に仕事をこなし、ずる賢くもうけるようなこともありません。

人からの制約を嫌い、強い指導力を発揮するので、世の中を啓蒙するリーダー的立場がぴったり。人に使われるより、人を使う立場になったほうが実力を発揮できます。実際、早い段階で出世コースに乗れるはず。思想家や政治家に向き、団体や企業などの組織の長としての素質も抜群です。特に女性は職場で才能を発揮し、評価されるでしょう。

五行のバランスで見る長所と短所

木が多い人 主体性のあるリーダータイプ

芯が強くて挫折しにくく、頑張りがきくので、甲のなかでも特にリーダーに向いています。自尊心が高く、やや頑固なため、人に合わせにくいという傾向も。とはいえ、慈しみの心や親切心が深いので、人に情けをかけるよいリーダーとなれるでしょう。

土が多い人 地に足がついた堅実なタイプ

実際的な人で、現実に即したものを重んじます。金融関連の仕事が適職。ただ、人がよいため相手を信じすぎてだまされることも。男性はマメで女性受けがよく、女性は社会で活躍し成功します。男女とも努力家ですが、目先の利益を重視しがちな一面も。

火が多い人 おしゃべりなロマンチスト

クリエイティブな才能に恵まれます。頭がよくておしゃべりでもあり、夢見がちなロマンチストの一面も。生活感は希薄で、華やかな雰囲気に包まれているでしょう。命式に「火」の気が多すぎると、波乱万丈でアーティストのような人生を送る人もいそうです。

水が多い人 好奇心が旺盛な知識人

学習意欲が高く、本に囲まれた生活を理想とするタイプ。常に冷静な反面、物事を悲観的に捉えやすく、やや明るさに欠けることも。命式に「水」が多すぎると、祖母や母親に過保護に育てられ、箱入り娘・息子になりやすい傾向があります。

金が多い人 伝統を重んじる忠実な人

目上に忠実なタイプです。目下の面倒見もよく周囲から慕われます。ステータスや格式を重視する傾向があるため封建的な環境や縦社会が合いますが、やせ我慢の心配も。女性は地位の高い人に縁がありますが、道ならぬ恋の可能性もあるので気をつけて。

BASIC PERSONALITY

日干が乙《きのと》の人

優しく忍耐強い
慈愛に満ちた
アシスタント

基本性格

乙は陰陽五行の「陰の木」で、草花のように可憐でキュートなタイプ。雨にあたっても柔らかく身体を曲げて伸びていく植物のような忍耐強さがあります。慈愛に満ちた性格ですが、優しすぎて時に自信を喪失し、人に依存することも。基本的には人に従うことが多く、マスコット的な存在になりやすいので、人間関係でのトラブルの心配はありません。

　ただ、はかなげな印象とは裏腹に、執念深い一面もあり、相手によって態度が変わることもありそうです。金銭感覚は鋭く、浪費せず、コツコツ貯金するタイプでしょう。

恋愛

恋愛では、自分からリードするよりも、相手にリードされるのを好みます。また、風にそよぐ葉っぱのように、ささいなことで相手に心を動かされる傾向があり、一目惚れも多いでしょう。

　はたからは、遠慮がちで内気な恋愛をしているように見えますが、内心はとても嫉妬深く、相手を独占しないと落ち着きません。そのため、やや重たい恋になりやすく、依存することで相手を苦しめてしまうことも。また、誘惑に弱く、だまされやすい一面があるので、浮気や詐欺には気をつけてください。

仕事

乙の性質は、大木に巻きつきながら伸びるツタにも例えられます。つまり、サブ的な役割が向いているのです。トップに立って人を支配したり、仕事を切り盛りしたりするのではなく、頼れる人の参謀やアシスタントになったり、職業ならコンサルタントや秘書などが適職です。

　一方、周囲の意見に流されやすく、行動が他人に制限されがちなのが玉にきず。とはいえ、適応力や順応力が高く、どんな環境にもすぐに慣れるでしょう。表現力が豊かで企画力もあるので、アイデアマンとして優れた才能を発揮できます。

五行のバランスで見る長所と短所

木が多い人 忍耐強い頑張り屋さん

自我が強く、頑張りがきくようになるので、つらいことや過酷な環境にもよく耐えます。とても健気で打たれ強く、転んでもすぐに起き上がることができるでしょう。協力者に恵まれますが、人によっては迷惑な友人やライバルが多くなる傾向も。

土が多い人 人望の厚い誠実な働き者

マメでよく働き、気遣いもこまやかですが、働きすぎて疲れやすいでしょう。浪費をせず質素な生活を好む一方、おいしい話に乗りやすい一面も。愛嬌《あいきょう》があるので、男女問わず周囲の人を惹きつけますが、恋愛では相手に尽くしがち。遊ばれないよう気をつけて。

火が多い人 娯楽を重視する華やかな芸術家

芸術家気質が強まり、趣味や遊びを重んじます。その分、遊び人になりやすく、つい火遊びしてしまう可能性も。恋に盲目的になりやすいので、突っ走らないよう要注意。そのエネルギーを芸術に転換すれば、豊かな才能が花開き、成功を収められるでしょう。

水が多い人 温厚かつ芯の強い人

ソフトな印象ですが、内面にはブレない強さを持っています。勉強を好み、知識をどんどん吸収する一方、つい家にこもりがちになり、仕事を怠ってしまう人も。内向的で思い込みも強くなりやすいので、周りの人に依存しないよう気をつけて。

金が多い人 学びと休息のバランス型

ステータス志向が強くなる分、周囲からのやっかみや攻撃には注意が必要です。体力や気力が弱まることで苦境に陥りやすいので、基本的な食事や休息をしっかりとることが大切。よく学んで力をつければ、高い評価と地位を得られるでしょう。

BASIC PERSONALITY

日干が丙《ひのえ》の人

**いつも明るく
裏表のない
タレントタイプ**

基本性格

丙は陰陽五行の「陽の火」で、太陽を表します。光や熱があらゆる生物を育み、周囲を明るく照らすように、性質は全タイプで最も陽性。いつも明るく、行動的かつ積極的なので、集団の中にいても目立つ存在です。人間関係では皆と平等に裏表なくつき合い、裏で人を操るようなことは決してしないでしょう。

気分で態度が変わることもありますが、さっぱりした気性で小さなことにはこだわりません。ただ、金銭にも執着がなく浪費しがち。短気でせっかちなため、結論を急いだり、白黒をはっきりさせたがる一面も。

恋愛

恋愛面ではとても情熱的で、身も心も炎のように燃やすタイプです。そのため、華麗な恋の炎に身を投じますが、焼き尽くされても、それはそれで本望というような激しい燃え上がり方をします。いつも陽気で、感情表現も豊かなうえに、親切で寛大な性格のため、相手から好感を持たれやすいタイプです。

心身ともにバイタリティは十分ですが、男性は恋愛が持続しない傾向があり、女性も絶えず変化を求めがち。ただし、物事に執着しないので、嫌なことはすぐ忘れ、失恋を引きずることはありません。

仕事

日干が丙の人は、どんな職種でも関係なく、派手で目立つ、華やかな環境が向いています。組織に埋没するよりも、自分の力がモノをいうような場のほうがふさわしいタイプ。そのため、公務員や事務系よりは、フリーの仕事やタレント、モデルといった、実力主義の人気稼業に就くとよいでしょう。かなりの行動派で積極性もあるので、仕事をどんどんこなせるでしょう。

特に女性の場合、カリスマ性を活かしてタレント活動をしたり、大衆のなか、目立つ立場でバリバリ働いたりする人が多いのも特徴です。

五行のバランスで見る長所と短所

木が多い人　さっぱりとしたインテリタイプ

火に薪をくべるような状態になるので、陽気でさっぱりした性質が強まります。インテリな雰囲気も増しますが、異性に対してシャイで甘えん坊な面も。気分の浮き沈みが激しいところがあるので、周囲を振り回さないよう気をつけましょう。

土が多い人　意志の強いアーティスト

創造力が増し、企画や芸術方面で成果をあげられそう。ただ、頑固な性格が際立ち、周囲からは理解しにくい人と言われることも。一度決めた意見は変えず、好き嫌いもはっきりしているため、うまく適所にはまらないと能力を発揮しにくいでしょう。

火が多い人　友達思いの頑張り屋さん

前向きで快活な努力家。へこたれにくく、頼りがいがあります。人の気持ちに鈍感な面もありますが、誰に対しても友好的で、友達思いでしょう。ただ、おごり体質で散財しやすいのが難点。賭け事も好きで、後先構わずお金を使いやすいので注意が必要です。

水が多い人　忍耐力のあるクールな努力家

命式に「水」が多すぎると、「火」を消して吉凶相半ばとなり、持ち前の明るさを発揮しにくくなります。とはいえ、努力を惜しまず、苦しみにもよく耐える我慢強いタイプ。ストレスから病気にならないよう、遊びや息抜きも大切にしましょう。

金が多い人　現実的かつ計画的な働き者

商売センスのある人が多く、お金もうけが上手です。ただ、命式に「金」が多すぎると働きバチとなったり、お金に過剰に執着してしまう可能性も。とはいえ、基本的な考え方は堅実なので、危ない投資などには手を出さず、計画的で着実な人生を送るでしょう。

BASIC PERSONALITY

日干が丁《ひのと》の人

じんわり情熱を燃やし続けるアーティスト

基本性格

丁は陰陽五行の「陰の火」にあたり、松明の火を表します。普段はロウソクの明かりのように周りをほのかに温める、インテリタイプ。ただ、一度心に火がつくと情熱的なタイプに変貌します。人づき合いでは身近な人には親身に愛情を注ぐ一方、他人にはドライに接し、敵とみなすと攻撃しがち。神経質で疑り深い人ですが、腹黒さはありません。

また、ストレスがたまっても周囲に気づかれにくく、一気に激情を爆発させて騒ぎを起こしてしまうこともありそうです。気分屋であまり反省しないところも玉にきず。

恋愛

静かな雰囲気からは思いもよらないほど、底知れぬ情熱とひたむきな愛を秘めています。そのため、愛情も性欲も人一倍、というタイプが多いのが特徴です。

さらに、丁は「陰の火」なので、激しいものの燃え尽きるのが早い「陽の火」の丙とは異なり、炭火のように永続的な情熱を持ち合わせています。そのため、周囲に気づかれないところで、片思いの相手を思い続けるような恋をしがち。ただ、礼儀正しくこまやかな気配りができるので、一度恋人同士になれば長く愛し、愛されることとなるでしょう。

仕事

知的で美しい外見と、多彩な才能の両方を兼ね備えています。そのため、組織の中に入るより、一匹狼となって独自の世界でアイデアを発揮するほうがよいでしょう。また、文筆や絵画、研究など、ひらめきの才能もあるため、研究職やジャーナリスト、アーティストやデザイナー、作家、芸能人といった職業で成功する人が多いのも特徴です。

また、考え方が緻密で思慮深いので、劇的な改革は望みません。用意周到に段取りをして好機をじっくり待つタイプなので、致命的な失敗やうっかりミスは少ないでしょう。

五行のバランスで見る長所と短所

木が多い人
知性と情熱を併せ持った人

「木」が補われるため、火が長く燃えることができます。つまり、より長く情熱を保てるようになるのです。インテリで勉強が好きな一方で、内向的で世間知らずになりがちな点には注意が必要でしょう。危険な恋の炎に身を投じる可能性もありそうです。

土が多い人
センスあふれる初志貫徹タイプ

言い出したら聞かない頑固な性格が強まりますが、初志貫徹できます。感覚に優れ、美しいもの、おいしいものへの嗅覚は抜群。一方、反体制的で目上にたてつきやすく、トラブルを起こすことも。もし命式に「水」がなければ、頑固さが際立ち、他人と衝突しがちに。

火が多い人
エネルギッシュで頼れる好人物

向上心と実行力のあるタイプです。情熱的で明るく、頼りになりますが、感情で動く気分屋な一面も。仕事や創作活動など、有益なことでエネルギーをうまく燃やしましょう。一度爆発すると手に負えず、別人のように怒り出すこともあります。

水が多い人
クールな一面を持つ人気者

冷静でおとなしく、落ち込みやすいので、あまり丁らしく見えません。恋愛では思いを寄せられることも多いのですが、断り切れず、負担に感じてしまうことも。目上の言うことはよく聞き恩恵も多く、相手にステータスがあるほど従順になる傾向があります。

金が多い人
人づき合いの上手な商売人

親切でマメなため、人間関係が広く、老若男女を惹きつけます。交渉事に長けているうえ、財テクに勤しむタイプで、生涯お金に困りません。ただ、命式に「金」が多すぎると、あくせく働いて、休む暇がない生活になりやすいのでほどほどに。

BASIC PERSONALITY

日干が戊《つちのえ》の人

楽天的かつ落ち着きのある器の大きな大人物

基本性格

戊は陰陽五行の「陽の土」にあたり、岩石や堤防を意味します。どっしりと落ち着いた性質が特徴で、温厚かつ楽天的。優しくて情に厚く、人の世話を焼きたがります。軽率なことはせず、素朴で実直なので信用度も高いでしょう。何事も時間をかけてマイペースを貫くタイプです。

その分、物事に固執し変化を嫌うので、地味な人に見られがち。自分の主張を押し通し、言い出したら聞かない頑固な一面もあります。人間関係では頑固さからトラブルになることがありますが、相手を攻撃したり、卑怯なマネはしないでしょう。

恋愛

ムードに弱く、ドラマティックな恋愛を好みます。そのため、相手がどんな人でも、出会った状況や告白された時の雰囲気しだいで激しい恋愛に進んでしまうことがあるでしょう。あなた自身、周囲から頼りがいのある部分が好感を持たれやすく、強力な恋愛運の持ち主でもあります。ただ、命式に「水」の気が強すぎると、1人の異性で満足できず、多情多淫型になる人も。

セックスでも変化を求めたがるので、技巧派が多いかもしれません。ただ、度がすぎると相手を困らせてしまうので、気をつけましょう。

仕事

人間的に器が大きく、積極的で実行力もあるため、思い描いた通りのビジョンを実現できます。粘り強く、協調性もあるうえに仕事の処理能力が高いので、どんな分野でも成功できるでしょう。特に貿易商社など海外事業で成功するケースが多く、国際性の豊かな分野への進出がおすすめ。囲碁や将棋などの勝負と技能の世界でも能力を発揮しそう。とにかく大物が多いタイプです。

ただ、柔軟な発想や臨機応変な対応は苦手な傾向が。一度信じ込むと疑うことがないため、人にだまされることもありそうです。

五行のバランスで見る長所と短所

木が多い人　胆力があり信頼できる人

性別に関係なく男気があり、忠実で器が大きく、信頼できる人物です。苦しみに耐え、目上の言うことをよく聞き、役割を守ろうとします。ただ、ステータス志向が強くなりすぎると無茶をしがち。多少ならプラスに働きますが、無理のしすぎは禁物です。

土が多い人　素朴でピュアな心の持ち主

きまじめで信頼できる人。物事の裏を読むこともないので、素朴で人を信じやすく、だまされやすい傾向も。とはいえ、相性のよい人以外の説得は、ほとんど聞き入れません。変化を好まず、時流にも乗り遅れがち。周囲にアンテナを張るとよさそうです。

火が多い人　思いやりある情熱家

頑固ですが、情熱的で信用度も抜群。勉強好きで知識が豊富でもありますが、やや柔軟性に欠け、融通がきかない面も。ただ、気が合う人には親身になり、一度信じた人のことは裏切りません。恋愛では移り気にならず、浮気の心配は無用です。

水が多い人　頭の切れる愛されキャラ

機転がきいて愛想もよく、いつも動き回っているタイプ。食べるのが好きな人が多いのも特徴です。一方、目先の利益にとらわれ、お金もうけや商売にのめり込むことも。異性関係は派手になりやすい傾向が。特に男性は多情多淫に気をつけましょう。

金が多い人　超現実的なアイデアマン

クリエイティブな才能に恵まれるので、アイデアマンとして成功します。自説を曲げませんが、考え方が現実的なため、職場などでは即戦力として重宝されるでしょう。ただ、言葉が強く鋭いので、周囲からは怖がられてしまうこともありそうです。

BASIC PERSONALITY

日干が己《つちのと》の人

穏やかで善良でも複雑さを備えた器用なヘルパー

基本性格

己は「陰の土」で、多くのものを育む栄養素を含んだ畑の土を表します。そのため、表の性格は善良で穏やか、家庭的なタイプですが、内面には複雑な性質を秘めていることも。物事を現実的に捉えることができるので、単なるお人好しではありません。人間関係ではうまく空気を読み、器用に立ち回ることができるでしょう。反面、自ら折れて相手を立てることもいとわないため利用されてしまうこともありそうです。

　内面の充実を重んじて読書や学習を好み、人格を高めようと努めますが、現状に妥協しやすい一面も。

恋愛

恋愛への関心が強く、パートナーの存在なしでは過ごせないタイプです。とても情が深く、相手の気持ちを慮るあまり、それほど好きでもない人とつき合ってしまうこともありそうです。とはいえ、「相手の好意に甘くて弱い」という弱点は、自分でも自覚しているはず。だからこそ、信念や理性を持って相手に対処することが大切です。

　また、優しさとしつこさを併せ持っているのも特徴。1人の相手では満足できず、たくさんの人とつき合ったり、年を重ねてもなお恋を楽しむ人もいるでしょう。

仕事

柔らかく湿った畑の土のように、あらゆる分野の物事をどんどん柔軟に吸収できる人。そのため、とても器用で多芸多才な人が多いのが特徴です。さらに、忍耐強さと粘り強さも持っているので、実直に業績を積み重ねていくことが得意でしょう。

　その分、やや控えめで派手さはなく、仕事の仕方は単調になりがち。いわゆるギャンブル性のないようなお堅い仕事が向いています。なかでも、社会性や公共性のある職域が最適。ただ、柔軟性に欠けるため、緊急事態の対処は苦手な傾向があるのを自覚しておいて。

五行のバランスで見る長所と短所

木が多い人 目上に忠実な愛されキャラ

目上の人に尽くし、かわいがられるタイプです。性格もわかりやすく、信頼を得やすいでしょう。ただ、柔軟性に欠け、限界点に達すると突然挫折することも。さらに、過度な責任感から負担を背負って心身ともに参りやすいので気をつけましょう。

土が多い人 気前がよく友達思いな人

堅実で地道、かつ頑固な性格が助長されます。とても友達思いですが、金遣いが荒く、お金がなくても気前がよいのが特徴でもあり難点です。一度信じた人を疑うことがないため、だまされたり、他人に利用されたりしやすいので人を見る目を養いましょう。

火が多い人 情に厚いカリスマ

頑固さの内側に熱いものを秘めた人。一見クールに思われがちですが、非常に情熱的なタイプです。情にも厚いため、友達でも恋人でも、精神的なつながりの強い関係を築けるでしょう。外見で人を惹きつけるようなオーラを持つ人が多いのも特徴です。

水が多い人 柔軟性があり変化を好む人

しっとりとした柔軟性が出てきます。また、飽きっぽさも増し、変化を求めがち。そのため、あまり己らしく見えません。異性関係は派手になる傾向が。特に男性は、命式に「水」が多いほどお金と女性に縁が増えそうです。痛い目に遭わないようほどほどにして。

金が多い人 歯に衣着せず押しの強い人

鋭さが全面に出て、クリエイティブな才能もあふれてきます。弁が立ち、単刀直入な物言いで押しが強くなるため相手にハードな印象を与えるでしょう。攻撃力も強く出やすいので、横暴にならないよう注意して。異性関係はそれほど派手にはなりません。

BASIC PERSONALITY

日干が庚《かのえ》の人

目的のためなら何者にも屈せず勝ちとる行動派

基本性格

庚は「陽の金」で、硬い金属製の刀や斧を意味し、切れ味鋭く一刀両断にたたき切る性質が特徴です。性格はとても潔く、意志も強いので何者にも屈しません。自分を鍛錬することを好み、頑固で負けず嫌い。目立ちたがり屋な一面もあります。

人間関係はドライ気味で、自分の利益のためなら他人の犠牲も構わないような一面も。とはいえ、頭脳明晰で、冷静かつ迷いなく状況を判断できるところが、高く評価されるでしょう。ただ、正義感が強く、あいまいさを嫌うため、時に衝動的な行動をとることもありそうです。

恋愛

恋愛はドライで淡白な傾向があります。正義感が強いので、一度結びついたら強固なつながりができますが、自己本位的になりやすいのが難点です。決断力があり、さっぱり割り切ることができるのは長所でもありますが、マイナスに働くと、相手を傷つけることに。相手に興味がなくなったら、すぐに別れを切り出すパターンもありそうです。

愛情一筋に生きるというタイプではなく、ともすれば情に乏しくなりやすいでしょう。セックスもやや淡白になりがちに。意識して相手に愛情を注ぐようにしてみましょう。

仕事

1つのことに時間をかけて取り組むタイプではありませんが、割り切りのよい切れ者なので、お金もうけが上手です。変わり身も早いので、お堅い会社勤めより、ベンチャー企業に勤めたり、タレントなど個性を活かす職業が適しています。

また、物事を合理的に捉えることができ、自分で得た知識や経験を応用して利益を得ることも得意です。とても現実的で打算的ともいえるでしょう。とはいえ、正義感が強く潔癖な面もあるので、悪を懲らしめる役割にも適しています。ただ、何をするにも荒っぽいのが玉にきず。

五行のバランスで見る 長所と短所

木が多い人 金運と人気運に恵まれる人

お金に縁があり、男女問わず人脈にも恵まれます。恋愛のチャンスも多いでしょう。庚にしては、よく働くうえにマメで気遣いもこまやかです。自分にとって有益な人に対する嗅覚が鋭く、そうした人たちを自分の周りに無意識に配置していることも。

土が多い人 マイペースな甘えん坊

教養が高く、知的なタイプ。ただ、行動するまでには時間がかかる保守派です。奥手でシャイな性質で、甘えん坊な自分を自覚し、このままではいけないと悩むことも。命式に「土」が多すぎると、「金」が埋もれてしまうため、自分の殻にこもりやすくなります。

火が多い人 上昇志向の高い忍耐の人

向上心があり、ひたむきな努力家。人の言うことをよく聞き、苦しみにも耐え、ひたすら上を目指します。ただ、命式に「火」が多すぎると、「燃えすぎる」という意味になり、様々な負担に苦しむようになるので、自分を追い込みすぎないよう気をつけて。

水が多い人 頭の回転が速い話し上手

知恵が回り、自由な発想やアイデアにあふれています。ただ、なかには目上に逆らったり、陰で悪事を働いたりするような小ずるいタイプも。口達者で異性関係は派手になる傾向が。男女とも人を惹きつけるような容姿や魅力を持つ人が多い傾向にあります。

金が多い人 理性と激情を併せ持つタイプ

とても合理的でクールな部分が前面に出ます。ただ、一気に激情をあふれさせることもあり、周囲を振り回してしまう恐れが。とはいえ、他人に余計なことをペラペラ話すようなことはなく、虎視眈々とチャンスを狙うでしょう。男女ともにタフなタイプです。

BASIC PERSONALITY

日干が辛《かのと》の人

繊細な感性と強い信念を持つ参謀タイプ

基本性格

辛は陰陽五行の「陰の金」で、砂鉄や宝石を意味し、光に反応して美しく輝く宝石のように、敏感で繊細な性質です。感性も豊かで、独特な思考が特徴的。印象はソフトですが案外芯は強く、冷静かつ現実的で感情に流されることはないでしょう。

一方、新しいもの好きで、見栄っ張りが多いのもこのタイプ。プライドが高く、世間体を重んじます。飽きっぽさもあり、物事に執着しないので、浪費は激しめな傾向が。とはいえ、義理堅く、人からの頼み事は断りません。自分の主張を押し通しがちですが、約束は必ず守ります。

恋愛

恋愛では、手堅い傾向と秘められた性エネルギーが特徴です。宝石のような気品と漂う大人の魅力で周囲を惹きつけますが、外見とは裏腹に地味な恋愛を好みます。自分本位になりやすく、一度無理だと思うと心を閉ざしてしまうでしょう。ただ、なかには情愛で苦しんだり、複数人の間で苦労を背負ったりと、落ち着いた恋とは無縁な人も。

基本的には好き嫌いがはっきりしていますが、権力を愛する傾向があるため、八方美人になりやすいのも特徴です。そのせいか、色情に関する悩みが多いタイプでしょう。

仕事

強い信念を持ち、甘言に乗ることはありません。隙がなく手堅い性格なので、会社員より人や物、お金を支配する独立経営者向き。特に金融や株式投資など、マネーをコントロールする独立事業が適しています。

あまり社交性はなく、ややとっつきにくいタイプ。自分の役割さえ果たせばいいと思っているので、集団には不向きな傾向が。ですが、信念を持って自分の仕事を貫き通せば、一生金銭に恵まれます。頭の回転も速く要領がいいので、何事にも柔軟に対応できるでしょう。ただ、物事を先読みして、結論を急ぎがち。

五行のバランスで見る長所と短所

木が多い人 気のいい働き者タイプ

人柄のよい人が多く、直接、人に害を与えるようなことはしません。マメでよく働き、お金をどんどん稼ぐタイプ。金銭感覚に優れ、社交的で異性関係も広くなるでしょう。ただ、命式に「木」が強すぎると徒労が多くなり、なかなか成果が出にくい場合も。

土が多い人 手堅いタイプのピュアな人

依頼心から怠惰に陥り、悩んだ挙句に空回りしやすいタイプ。でも、周囲からたっぷり愛情を受けているので、滅多にくじけません。また、学術的な仕事や教育関係、公務員向きです。命式に「土」が多すぎると金が埋まることになり、長所が出にくい傾向も。

火が多い人 使命感に燃える頑張り屋

ステータス志向が高まり、任務をまっとうしようと必死に頑張るタイプ。ただ、使命感に燃えて成果を出せる一方で、任務が重荷となってくじけたり、目上の意見を聞きすぎて、ストレスがたまりがち。「火」が強すぎると裏社会の悪影響を受ける可能性も。

水が多い人 柔軟性のある才色兼備

美男美女が多く才色兼備で、独自のアイデアがおもしろいように浮かびます。柔軟性もあるため、職場ではやり手として認められるでしょう。ただし、命式に「水」が強すぎると遊び人になりがち。特に異性関係にだらしなくなる傾向があるので気をつけましょう。

金が多い人 クールで打たれ強い人

打たれ強く、自分の考えを曲げない、芯のあるタイプです。いつもクールで、どこか気取っているように見えますが、内面には心配事を抱えていることも。頑固さが際立つと、鋭い鋼のような性格になるので、特に人間関係に注意が必要です。

BASIC PERSONALITY

日干が 壬《みずのえ》 の人

包容力にあふれ柔軟に切り抜ける波乱万丈タイプ

基本性格

壬は大海の水を意味する「陽の水」にあたり、ゆったりと水をたたえた海のような性質が特徴です。そのため、性格も悠々と大らかで楽観的。いつも元気はつらつとし、目立つ存在です。状況変化に対応する能力は、全10タイプのなかでもナンバーワン。流動的で柔軟に変化する水のように、その場の雰囲気に即座に自分を合わせることができるでしょう。

また、度量が大きく包容力もあり、来る者を拒みません。社交的で世話好きでもあるため、人間関係でトラブルを招くことはないでしょう。

恋愛

本能的に恋愛をするタイプ。水の性質を持つため、勢いに任せて流されてしまうのです。また、移り気な性格で奔放な恋愛をし、つき合う前に肉体関係が先行したり、浮気心が頭をもたげることも。自由を好んで束縛を嫌うため、多数の人とつき合ったり、短い恋愛を繰り返したりする傾向もあります。

とはいえ、女性は肉体的な衝動が強いわけではなく、好きな相手から求められない限り、自分から情熱の炎を燃やすことはありません。男性は1人の相手で満足できず、羽目をはずしやすいので気をつけて。

仕事

柔軟性のあるタイプなので、地道にルーティンワークに励むような仕事は向いていません。波乱万丈な人生にも適応できるので、そんな能力を活かせる動きの激しい最先端の職種を選ぶとよいでしょう。頭脳は聡明で知恵にもあふれ、どんな場面にもうまく対処することができます。

アドリブがきき、アクシデントにも強いため、周囲から頼りにされています。親切で責任感も強い分、自ら苦労を背負ってしまうことも。ただ、面倒くさがりな一面もあり、気が乗らないとつい周囲に押しつけてしまうこともあるでしょう。

五行のバランスで見る長所と短所

木が多い人　感性豊かな正直者

人柄がよく、素直な人。純朴でやや非常識なところもあり、裏目に出るとおめでたい人物と思われてしまうことも。他人にだまされたり、利用されやすくなりますが、自分が人に害を与えるようなことはありません。感性を活かす仕事に向いています。

火が多い人　タフで明るく社交的な人

いつも忙しそうに働いているタイプ。度を超すと、寝食も忘れて没頭するタイプです。疲れたらしっかり休息をとりましょう。社交的で明るく、人づき合いもよいのですが、他人に干渉しがちな面も。また、暇ができると遊び回る人になりがちです。

土が多い人　面子を重んじる野心家

上昇志向の強い人。反面、虚勢を張って格好をつけたがったり、要職に就くために目上の人に媚を売ったりすることも。女性は異性からモテますが、振り回されやすく負担になりがちです。食事と休息をしっかりとり、自分軸で過ごすよう心がけましょう。

金が多い人　ナイーブな勉強家タイプ

頭のよい勉強家タイプ。知恵が回り隙がなく、小賢しくなる傾向があります。無意識に人を動かしていることもありそうです。一方、内気で社会経験の不足から仕事に苦手意識を感じたりする人も。「金」が多すぎると、自分の世界にこもりがちに。

水が多い人　伸びやかで自由を愛する人

マイペースで自由な性格が強まります。柔軟性があり、何事もすぐに習得できる一方で、飽きっぽく長続きしません。プライドも高く、うまくいかないとすぐに投げ出し、行く先々で問題の火種に。女性はセクシーで、男性は性欲の強さから異性関係が乱れがち。

BASIC PERSONALITY

日干が癸《みずのと》の人

道徳を重んじる
ハートフルな
サービス業タイプ

基本性格

癸は陰陽五行の「陰の水」にあたり、雨水が生物を潤し、大地に静かに浸透していくような穏やかなタイプです。繊細で柔和な性格と、情にもろく温かい人柄を持ち、生活の潤いや自分の気持ちを大事にします。

　また、正直かつ潔癖なため、規則や道徳を守らないと気がすまない性分。一方で、内向的で気が小さく、周囲の動向に振り回されがちに。隠れて悪事に手を染めてしまうこともありそうです。こだわりが強く、物事を悪く解釈し、悲観的になりやすいのも難点。ただし、それに耐える忍耐力も併せ持っています。

恋愛

恋愛への関心は弱く、身も心も焦がれるような恋とは無縁でしょう。純粋で潔癖なところは長所でもありますが、その分、自らアピールするのは苦手です。ただ、想像力が豊かで純粋なため、空想や妄想パワーは人一倍。恋に恋する傾向が強まると、ますます現実の恋から遠ざかりがちに。なかには隙につけ入ろうとする人もいるので要注意です。

　性的なエネルギーも控え目なため、心底から燃えることは少なく、どこか義務的になりがちです。消極的ですが努力家でもあるので、工夫を凝らして楽しんでみましょう。

仕事

堅実な勤勉家で、努力も怠らないため、何かのきっかけで大きく飛躍したり、大成功を収めたりするタイプです。一方、純粋すぎて妥協できない人も多く、大企業勤めはやや不向き。社会公共のためのサービス業務や、才知を活かしたコンサルタント的役割には向いています。

　また、癸には雨水が大地や樹木を潤し、ついには大海に注ぐという意味があります。つまり、行動するなら周囲に役立つことを選ぶのがよいということ。社会に貢献できる奉仕活動や知性を用いた研究職に就くほど、大きく飛躍できるでしょう。

五行のバランスで見る長所と短所

木が多い人 天然で親切なユーモアある人

親切で人柄がよく、ユニークな人。ただ、度を超すと「不思議ちゃん」と思われてしまうことも。おしゃべり好きで、秘密もついばらしてしまいがち。また、見た目に反して悩みを引きずるタイプでもあります。常識を身につけると長所が伸びるでしょう。

土が多い人 目上に愛される上昇志向型

上昇志向が強まり、目上の人にかわいがられるので、社会的に認められやすいでしょう。女性は素直で、異性によくモテます。ただ、運が悪いと裏社会に飲み込まれることもあるようです。子分扱いされ、ストレスを抱えている可能性もありそうです。

火が多い人 交友関係の広い稼ぎ頭

繊細で根に持つタイプですが、よく働きよく稼ぎます。男性は異性関係が広いものの、派手に浮き名を流すことはないでしょう。女性はかわいらしく控え目な人が多く、相手の誘いを断り切れない場合も。男女問わず、尻に敷かれやすいタイプでもあります。

水が多い人 柔軟かつタフな自信家

自分に自信のある、エネルギッシュな人。自我や自己顕示欲が強い分、社会性や客観性が弱まることも。ただ、柔軟性はあるため、流れに身を任せて物事を対処できます。命式に「水」が多すぎると、知恵がまさり「策士策に溺れる」ことになるので注意して。

金が多い人 繊細で創造的な甘え上手

内向的ですが甘え上手で、ぬかりのないタイプです。頭がよく、芯もしっかりしています。居心地のいい人と行動を共にすると、運気が上がるでしょう。ただ、このタイプは家にこもりがちになるので、作家や研究職などの仕事が向いています。

四柱推命

LESSON 2

格局で人生の価値観を診断

人生の道しるべとなる「格局《かっきょく》」とは

人それぞれの個性の核ともいえる「価値観」は、命理学（個人の宿命の理を解き明かす学問）においては、後天的に培われたものではなく、生まれ持った宿命の範疇と考えます。つまり、宿命を表した四柱推命の命式を読み解けば、その人固有の価値観を知ることができるのです。

こうした価値観は、ここまでに求めた命式の四柱を基準に、さらに蔵干《ぞうかん》と通変星を割り出して導く「格局」というもので診断します。

格局には普通格局と特別格局があり、普通格局は10タイプ、特別格局は極身強《ごくみきょう》の2タイプと、極身弱《ごくみじゃく》の4タイプの合計6タイプに分類されます。つまり、格局は全部で16タイプあります。なお、全体の約9割の人が普通格局に該当し、残りの約1割の人が特別格局にあてはまります。

身強《みきょう》か身弱《みじゃく》かは診断のポイント

普通格局では、身強か身弱かも判定しますが、この違いで長所や短所、運の吉凶が変わることもあるため、重要要素の1つです。身強は日干を強める干支が多い命式で、自我の強い宿命を持ちます。一方、身弱は日干を弱める干支が多い命式で、自我の弱い宿命です。なお、それぞれ極端に強すぎると極身強、弱すぎると極身弱となり、特別格局に該当します。

これらを出すには命式をさらに発展させる必要があるため、順を追って求めていきましょう。

格局を求める手順

1. 蔵干（地支に内蔵された十干）を求める …… P84
2. 天干と地支の通変星を求める …… P86
3. 極身強かどうか判定する …… P89
   →該当する場合は特別格局を求める
4. 3に該当しない場合は、極身弱かどうか判定する …… P92
   →該当する場合は特別格局を求める
5. 3・4いずれにも該当しない場合は、普通格局を求める …… P95
6. 5の普通格局の場合、身強か身弱かを判定する …… P101

普通格局		建禄格（けんろくかく）	独立心が強く負けず嫌いな性格で、人生を切り拓く
		月刃格（げつじんかく）	プライドが高く、自分の世界や価値観を重視する
		食神格（しょくじんかく）	鋭い感覚を持つ快楽主義者で、のびのびと生きる
		傷官格（しょうかんかく）	独自の感性の持ち主で、専門技術の習得にも長ける
		偏財格（へんざいかく）	社交的で義理人情に厚く、物質生活を重んじる
		正財格（せいざいかく）	誠実な合理主義者で、現実的な価値判断をする
		偏官格（へんかんかく）	正義感にあふれ、強い者を抑えて弱い者を助ける
		正官格（せいかんかく）	まじめで本音を表に出さず、常に規律や礼儀を重んじる
		偏印格（へんいんかく）	知的好奇心が旺盛で、内面世界の探求を重視する
		印綬格（いんじゅかく）	甘えん坊だが、好奇心を満たすことに喜びを感じる
特別格局	極身強	従旺格（じゅうおうかく）	主体性があり、自分の思った通りに人生を突き進む
		従強格（じゅうきょうかく）	独自の人生観を持ち、学識の充実した人生を歩む
	極身弱	従児格（じゅうじかく）	社交的で頭の回転が速く、鋭い感性と人生観を持つ
		従財格（じゅうざいかく）	とても強い財運を持ち、人間関係にも恵まれる
		従殺格（じゅうさつかく）	忍耐強く封建的な世界を好み、目上につき従う
		従勢格（じゅうぜいかく）	円満な性格で、環境や状況に柔軟に対応していく

※中国の原書には、特色のある格局が多く掲載されていますが、本書では基本的な格局を紹介しています。本格的な診断では、特別格局に「化気格」というものを加えることもあります。他にも特殊な格局はありますが、専門的になるため本書では詳しい解説を控えます。

格局の出し方
1

地支の蔵干を求める

蔵干を求める手順

❶CHAPTER1の手順に従い、命式を作る

CHAPTER 1 (P34 ～) の手順に従い、命式の「年柱」「月柱」「日柱」「時柱」を求めます。命式が変化する場合 (P42 ～) は、変化した後のものを使用します。

時干	日干	月干	年干	
[ ]	[ ]	[ ]	[ ]	天干（五行）
時支	日支	月支	年支	
[ ]	[ ]	[ ]	[ ]	地支（五行）

❷「蔵干早見表」で地支に対応する蔵干を調べる

左ページの「蔵干早見表」で4つの「地支」の欄をそれぞれ見て、それらに対応する蔵干とその五行を調べます。蔵干にはそれぞれ「本気」「中気」「余気」の3つがあり、場合によっては中気がないこともあります。調べたら別冊の「個人データ表」に書き込みましょう。

時干			日干			月干			年干			
[ ]			[ ]			[ ]			[ ]			天干（五行）
時支			日支			月支			年支			
[ ]			[ ]			[ ]			[ ]			地支（五行）
												地支の蔵干（五行）
余気	中気	本気	余気	中気	本気	余気	中気	本気	余気	中気	本気	区分

地支に内蔵される「蔵干」を求めよう

地支の十二支は、それぞれ2〜3個の十干の性質も秘めています。この十干のことを「蔵干」と言い、パワーが強い順に本気《ほんき》、中《ちゅう》気《き》、余《よ》気《き》と区分けされます。これは地支が単一の五行でなく、複数の五行を含んでいることを表します。次で求める通変星は、十干が基準になるものなので、地支を蔵干にする必要があるというわけです。

では、手順に従い「蔵干早見表」を見て、地支（年支、月支、日支、時支）に該当する蔵干を探しましょう。

蔵干早見表

地支	子			丑			寅			卯			辰			巳			午			未			申			酉			戌			亥		
蔵干	壬		癸	癸	辛	己	戊	丙	甲	甲		乙	乙	癸	戊	戊	庚	丙	己		丁	丁	乙	己	戊	壬	庚	庚		辛	辛	丁	戊	甲		壬
区分	余気	中気	本気	余気	中気	本気	余気	中気	本気	余気	中気	本気	余気	中気	本気	余気	中気	本気	余気	中気	本気	余気	中気	本気	余気	中気	本気	余気	中気	本気	余気	中気	本気	余気	中気	本気

例　1985年5月8日06時31分（時差修正後）生まれの人の場合

❶ P34以降の手順に従い、命式を正確に求めます。

❷ 命式で地支（年支、月支、日支、時支）を確認し、それぞれの地支の蔵干が何かを「蔵干早見表」でチェックします。

❸ 年支の丑の蔵干は本気が「己」、中気が「辛」、余気が「癸」となるので、命式に記入します。

❹ 続いて、月支の「巳」（本気＝丙、中気＝庚、余気＝戊）、日支の「未」（本気＝己、中気＝乙、余気＝丁）、時支の「卯」（本気＝乙、中気なし、余気＝甲）と記入しておきます。

❺ さらに、それぞれの五行も記入します。

子			丑			寅			卯	
壬		癸	癸	辛	己	戊	丙	甲	甲	
余気	中気	本気	余気	中気	本気	余気	中気	本気	余気	中気

<table>
<tr><th colspan="3">時柱</th><th colspan="3">日柱</th><th colspan="3">月柱</th><th colspan="3">年柱</th><th></th></tr>
<tr><td colspan="3"></td><td colspan="3"></td><td colspan="3"></td><td colspan="3"></td><td>天干の通変星</td></tr>
<tr><td colspan="3">時干</td><td colspan="3">日干</td><td colspan="3">月干</td><td colspan="3">年干</td><td rowspan="2">天干（五行）</td></tr>
<tr><td colspan="3">癸 [水]</td><td colspan="3">丁 [火]</td><td colspan="3">辛 [金]</td><td colspan="3">乙 [木]</td></tr>
<tr><td colspan="3">時支</td><td colspan="3">日支</td><td colspan="3">月支</td><td colspan="3">年支</td><td rowspan="2">地支（五行）</td></tr>
<tr><td colspan="3">卯 [木]</td><td colspan="3">未 [土]</td><td colspan="3">巳 [火]</td><td colspan="3">丑 [土]</td></tr>
<tr><td>甲 [木]</td><td>[ ]</td><td>乙 [木]</td><td>丁 [火]</td><td>乙 [木]</td><td>己 [土]</td><td>戊 [土]</td><td>庚 [金]</td><td>丙 [火]</td><td>癸 [水]</td><td>辛 [金]</td><td>己 [土]</td><td>地支の蔵干（五行）</td></tr>
<tr><td>余気</td><td>中気</td><td>本気</td><td>余気</td><td>中気</td><td>本気</td><td>余気</td><td>中気</td><td>本気</td><td>余気</td><td>中気</td><td>本気</td><td>区分</td></tr>
<tr><td></td><td></td><td></td><td></td><td></td><td></td><td></td><td></td><td></td><td></td><td></td><td></td><td>地支の通変星</td></tr>
</table>

格局の出し方 2

天干と地支の通変星を求める

「通変星を求める手順」

❶「通変星早見表」から日干を探す

左ページの「通変星早見表」から、命式の日干にあたるものを探します。

❷日干と他の天干が交差するところをそれぞれ調べる

左ページの「通変星早見表」から、❶の日干と、年干の十干の交差するところを見ます。そこにあるのが年干の通変星です。同じように月干、時干も調べ、別冊の「個人データ表」の天干の通変星の欄に書き込みます。

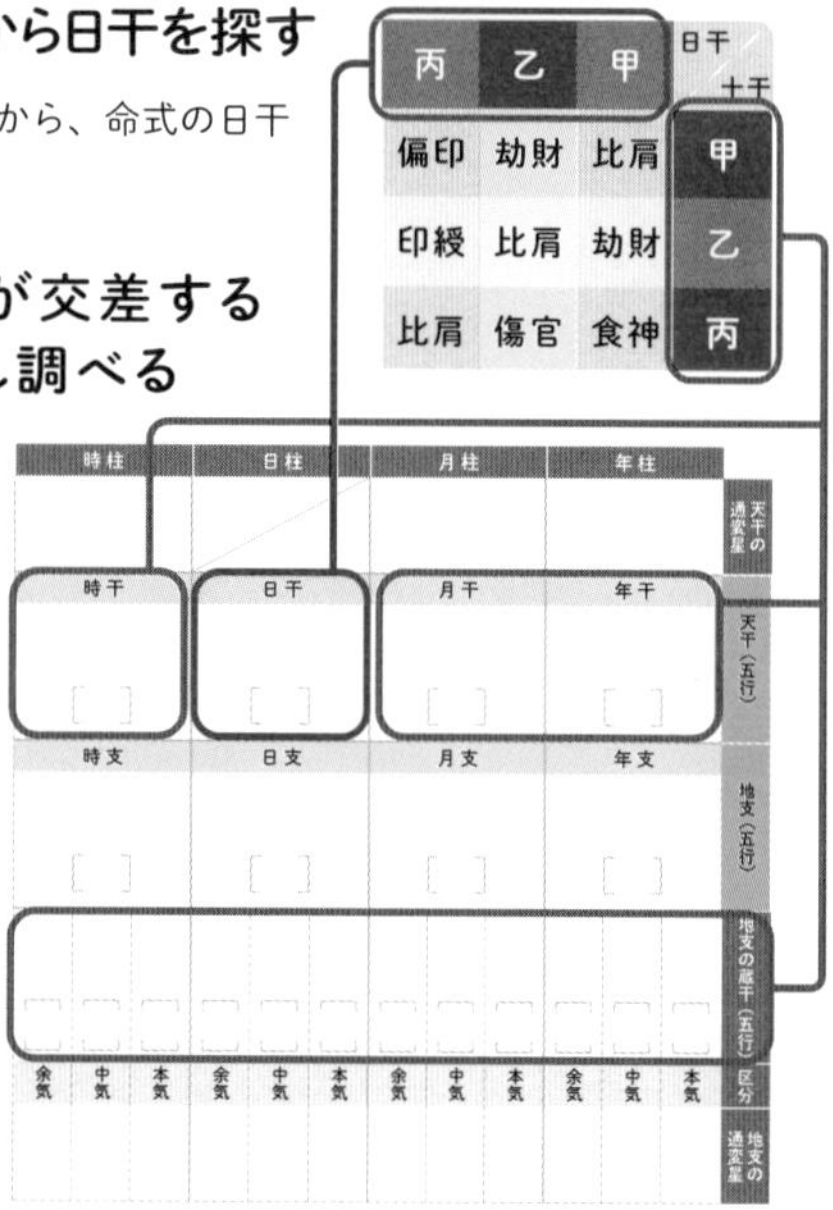

❸日干と蔵干が交差するところをそれぞれ調べる

左ページの「通変星早見表」から命式の日干にあたるものを探し、年支の蔵干にある本気の十干と交差するところを調べます。同様に中気、余気の通変星も求めましょう。これを地支の通変星の欄に書き込みます。

全10種で構成される「通変星」を求めよう

「通変星」は、命式の中心である日干を中心に割り出すもので、日干と他の天干・地支（蔵干）の十干がどのような関係にあるかを示します。この関係は、十干に含まれる陰陽五行の相性によって決まります（左の表参照）。

求め方は、「通変星早見表」で日干と年干などの十干が交差した欄を見るだけ。結果は別冊の「個人データ表」に記入しましょう。

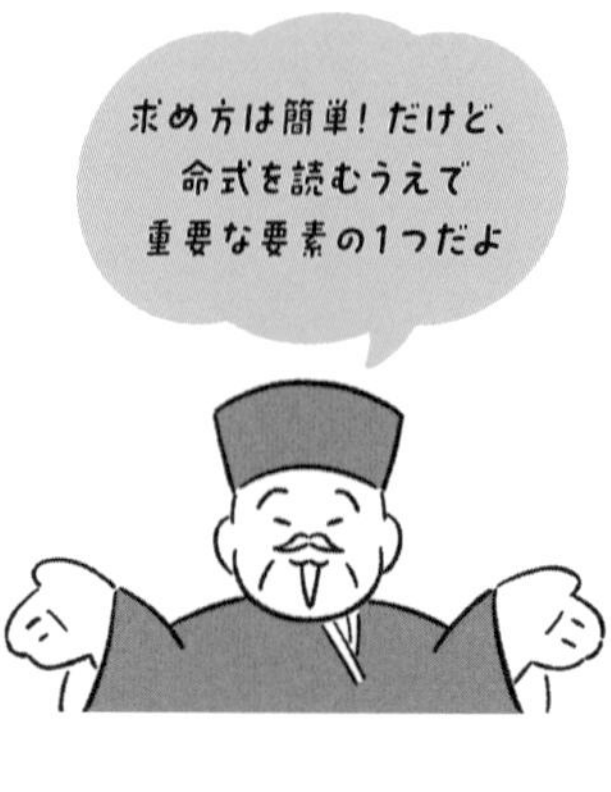

通変星の種類

比肩（ひけん）	日干と同質で陰陽が同じ
劫財（ごうざい）	日干と同質で陰陽が違う
食神（しょくじん）	日干が生じるもので陰陽が同じ
傷官（しょうかん）	日干が生じるもので陰陽が違う
偏財（へんざい）	日干が剋すもので陰陽が同じ
正財（せいざい）	日干が剋すもので陰陽が違う
偏官（へんかん）	日干を剋すもので陰陽が同じ
正官（せいかん）	日干を剋すもので陰陽が違う
偏印（へんいん）	日干を生じるもので陰陽が同じ
印綬（いんじゅ）	日干を生じるもので陰陽が違う

※「生じるもの」とは相生の関係でプラスに働くもの、「剋すもの」とは相剋の関係で反発してマイナスに働くものを表します。

通変星早見表

癸	壬	辛	庚	己	戊	丁	丙	乙	甲	日干／十干
傷官	食神	正財	偏財	正官	偏官	印綬	偏印	劫財	比肩	甲
食神	傷官	偏財	正財	偏官	正官	偏印	印綬	比肩	劫財	乙
正財	偏財	正官	偏官	印綬	偏印	劫財	比肩	傷官	食神	丙
偏財	正財	偏官	正官	偏印	印綬	比肩	劫財	食神	傷官	丁
正官	偏官	印綬	偏印	劫財	比肩	傷官	食神	正財	偏財	戊
偏官	正官	偏印	印綬	比肩	劫財	食神	傷官	偏財	正財	己
印綬	偏印	劫財	比肩	傷官	食神	正財	偏財	正官	偏官	庚
偏印	印綬	比肩	劫財	食神	傷官	偏財	正財	偏官	正官	辛
劫財	比肩	傷官	食神	正財	偏財	正官	偏官	印綬	偏印	壬
比肩	劫財	食神	傷官	偏財	正財	偏官	正官	偏印	印綬	癸

例　1985年5月8日06時31分（時差修正後）生まれの人の場合

❶ 命式（年柱・月柱・日柱・時柱）はP41で求めた通りです。

❷ 蔵干はP85で求めた通りです。

❸ 「通変星早見表」で日干が「丁」の欄を探します。

❹ 年干は「乙」なので、この「乙」と日干の「丁」が交差するところを見ます。すると「偏印」となっているので、年干の通変星の欄に「偏印」と記入します。

己	戊	丁	丙	乙	甲	日干 / 十干
正官	偏官	印綬	偏印	劫財	比肩	甲
偏官	正官	偏印	印綬	比肩	劫財	乙
印綬	偏印	劫財	比肩	傷官	食神	丙
偏印	印綬	比肩	劫財	食神	傷官	丁
劫財	比肩	傷官	食神	正財	偏財	戊
比肩	劫財	食神	傷官	偏財	正財	己

❺ 月干の「辛」、時干の「癸」も同様に調べ、月干の通変星に「偏財」、時干の通変星に「偏官」と記入します。

❻ 地支の蔵干の通変星もすべて同様に記入します。

時柱	日柱	月柱	年柱	
偏官		偏財	偏印	天干の通変星
時干	日干	月干	年干	
癸［水］	丁［火］	辛［金］	乙［木］	天干（五行）
時支	日支	月支	年支	
卯［木］	未［土］	巳［火］	丑［土］	地支（五行）

甲［木］	［　］	乙［木］	丁［火］	乙［木］	己［土］	戊［土］	庚［金］	丙［火］	癸［水］	辛［金］	己［土］	地支の蔵干（五行）
余気	中気	本気	余気	中気	本気	余気	中気	本気	余気	中気	本気	区分
印綬		偏印	比肩	偏印	食神	傷官	正財	劫財	偏官	偏財	食神	地支の通変星

格局の出し方 3

極身強の特別格局を求める

極身強の特別格局の求め方

特別格局は極身強と極身弱の2つに大別され、さらに極身強2つ、極身弱4つの合計6タイプに分かれます。

そこで、まずは極身強かどうかを判断しましょう。

極身強になるのは、命式がこれから説明するⒶ、Ⓑ、Ⓒすべての条件にあてはまる場合です。順に確認していきましょう。

Ⓐ得令《とくれい》にあてはまる

得令は「月令《げつれい》を得る」とも言い、日干が生まれた月（季節）の五行から助けを得ることを表します。

これには2パターンあり、日干と月支が同じ五行の場合は「当旺《とうおう》」と呼び、日干が強力になります。

次に強力になるのは、日干が月支から生じられる「次旺《じおう》」という関係です。どちらかに該当すれば条件Ⓐを満たすことになるので、以下を確認しましょう。

条件Ⓐ 当旺、または次旺の関係の十二支がある

当旺の十二支

日干	月支
甲・乙	寅・卯
丙・丁	巳・午
戊・己	丑・辰 未・戌
庚・辛	申・酉
壬・癸	子・亥

次旺の十二支

日干	月支
甲・乙	子・亥
丙・丁	寅・卯
戊・己	巳・午
庚・辛	丑・辰 未・戌
壬・癸	申・酉

表から自分の日干を探し、当旺・次旺の条件にある月支を確認します。自分の命式の月支がそれらに該当すれば、条件Ⓐにあてはまることになります。例えば、日干が甲で月支に寅がある場合は「当旺」、日干が甲で月支に子がある場合は「次旺」に該当し、どちらの場合も「月令を得ている」といえます。

Ⓑ地支に、日干を強める十二支が２つ以上ある

月支を除いた年、日、時の地支（年支、日支、時支）に、日干を強める十二支（以下参照）がある場合、日干は地支から生じられ、強められます。

該当する十二支が２つ以上あれば条件Ⓑを満たします。

条件Ⓑ 日干を強める地支が2つ以上ある

日干	年・日・時の地支
甲・乙	寅・卯・子・亥
丙・丁	巳・午・寅・卯
戊・己	丑・辰・未・戌・巳・午
庚・辛	申・酉・丑・辰・未・戌
壬・癸	子・亥・申・酉

表から自分の日干を探し、その地支の欄の十二支に、自分の命式の年支・日支・時支の十二支があるかどうかを調べます。２つ以上該当すれば、条件Ⓑにあてはまることになります。

Ⓒ天干に、日干を強める十干が２つ以上ある

日干を除いた年、月、時の天干（年干、月干、時干）に、日干を強める十干（91ページ参照）がある場合、日干は天干から生じられ、強められます。

該当する十干が２つ以上あれば、条件Ⓒを満たします。

以上、Ⓐ、Ⓑ、Ⓒすべての条件に該当した人は極身強となるので、91ページも読み、格局の種類を確認しましょう。１つでも条件が欠けた人は、92ページの極身弱の求め方に進んでください。

条件Ⓒ 日干を強める天干が2つ以上ある

日干	年・月・時の天干
甲・乙	甲・乙・壬・癸
丙・丁	丙・丁・甲・乙
戊・己	戊・己・丙・丁
庚・辛	庚・辛・戊・己
壬・癸	壬・癸・庚・辛

表から自分の日干を探し、その天干の欄の十干に、自分の命式の年干・月干・時干の十干があるかどうかを調べます。２つ以上該当すれば、条件Ⓒにあてはまることになります。

通変星の数で格局の種類が決まる

極身強の特別格局には、「従旺格」と「従強格」の2種類があり、どちらに該当するかは、何の通変星が多いかによって決まります。そこで、極身強になった人は命式の天干と地支・蔵干（本気）の通変星の数をそれぞれ求め、別冊の「個人データ表」に記入しましょう。

通変星で比肩と劫財が多い場合は「従旺格」、偏印と印綬が多い場合は「従強格」となります。

なお、極身強には「専旺格《せんおうかく》」（一《いち》行得気格《ぎょうとくきかく》）という、通変星が比肩と劫財だけで構成された特殊なタイプもあります。診断結果は「従旺格」とほぼ同じため、本書では省略しています。

特別格局の極身強の種類と条件

条件Ⓐ～Ⓒすべてにあてはまった人は極身強になりますが、さらに何のタイプになるかは、以下の条件の通りです。

- 命式に比肩と劫財が多い＝従旺格 → 診断結果 P136
- 命式に偏印と印綬が多い＝従強格 → 診断結果 P138

格局の出し方
4

極身弱の特別格局を求める

極身弱の特別格局の求め方

極身強にあてはまらなかった人は、次に極身弱に該当するかどうかを判断しましょう。

極身弱の特別格局は全部で4タイプあり、命式がこれから説明するⒶ、Ⓑ、Ⓒすべての条件を満たす場合に限り、あてはまります。

Ⓐ 失令《しつれい》か、月支に日干を弱める十二支がある

失令とは、生まれた月（季節）の五行から、日干が剋される関係です。月支に日干を弱める特定の十二支がある場合が該当します。

また、失令にあてはまらなくても、日干を弱める（日干を剋する、または生じる）十二支が月支にあれば、条件Ⓐを満たします。

失令と日干を弱める月支については、以下を参考に確認してみましょう。

条件Ⓐ 失令、または月支に日干を弱める十二支がある

日干	月支
甲・乙	申・酉・丑・辰・未・戌・巳・午
丙・丁	子・亥・丑・辰・未・戌・申・酉
戊・己	寅・卯・申・酉・子・亥
庚・辛	巳・午・子・亥・寅・卯
壬・癸	丑・辰・未・戌・寅・卯・巳・午

表から自分の日干を探し、日干を弱める月支が何かを調べます。自分の命式の月支がそれらに該当すれば、条件Ⓐにあてはまることになります。なお、表の月支のうち文字が赤い十二支は、失令にあたります。

Ⓑ 地支に、日干を弱める十二支が3つ以上ある

月支を除いた年、日、時の地支（年支、日支、時支）に、日干が剋される、または剋する、生じる十二支（以下の表参照）がある場合、日干が地支から弱められます。

該当する十二支が3つ以上あれば、条件Ⓑを満たします。

十二支には、
日干を弱めたり強めたり
する作用があるんだね

条件Ⓑ 日干を弱める地支が3つ以上ある

日干	年・日・時の地支
甲・乙	丑・辰・未・戌・巳・午・申・酉
丙・丁	丑・辰・未・戌・申・酉・子・亥
戊・己	申・酉・子・亥・寅・卯
庚・辛	子・亥・寅・卯・巳・午
壬・癸	寅・卯・巳・午・丑・辰・未・戌

表から自分の日干を探し、その地支の欄の十二支に、自分の命式の年支・日支・時支の十二支があるかどうかを調べます。３つ以上該当すれば、条件Ⓑにあてはまることになります。

Ⓒ 天干に、日干を弱める十干が2つ以上ある

日干を除いた年、月、時の天干（年干、月干、時干）に、日干が剋される、または剋する、生じる十干（94ページ参照）がある場合、日干が天干から弱められます。

このような十干が2つ以上あれば、条件Ⓒを満たします。

以上、Ⓐ、Ⓑ、Ⓒすべての条件に該当した人は極身弱となるので、94ページも読み、格局の種類を確認しましょう。1つでも条件が欠けた人は、95ページの普通格局の求め方に進んでください。

条件Ⓒ 日干を弱める天干が2つ以上ある

日干	年・月・時の天干
甲・乙	丙・丁・戊・己・庚・辛
丙・丁	戊・己・庚・辛・壬・癸
戊・己	庚・辛・壬・癸・甲・乙
庚・辛	壬・癸・甲・乙・丙・丁
壬・癸	甲・乙・丙・丁・戊・己

表から自分の日干を探し、その天干の欄の十干に、自分の命式の年干・月干・時干の十干があるかどうかを調べます。2つ以上該当すれば、条件Ⓒにあてはまることになります。

通変星の数で格局の種類が決まる

極身弱の特別格局には、「従児《じゅうじ》格《かく》」、「従財格《じゅうざいかく》」、「従殺格《じゅうさつかく》」、「従勢《じゅうぜい》格《かく》」の4種類があります。どの格局になるかは、何の通変星の数が最も多いかによって決まります。

極身弱になったら、命式を確認して天干と地支の通変星の数を求め、別冊の「個人データ表」に記入しながら確認してみましょう。

通変星の数で、食神と傷官が多い場合は「従児格」、偏財と正財が多い場合は「従財格」、偏官と正官が多い場合は「従殺格」となります。なお、食神、傷官、偏財、正財、偏官、正官の数がほぼ均等な場合は、「従勢格」となります。

「特別格局の極身弱の種類と条件」

条件Ⓐ～Ⓒすべてにあてはまった人は極身弱になりますが、さらに何のタイプになるかは、以下の条件の通りです。

- 命式に食神、傷官が多い＝従児格 → 診断結果 P140
- 命式に偏財、正財が多い＝従財格 → 診断結果 P142
- 命式に偏官、正官が多い＝従殺格 → 診断結果 P144
- 命式に食神、傷官、偏財、正財、偏官、正官が均等にある＝従勢格 → 診断結果 P146

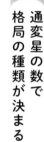

格局の出し方 5

普通格局のとり方の優先順位

特別格局でない場合 普通格局を求めよう

極身強にも極身弱にもあてはまらなかった人は、普通格局となります。これは全部で10タイプあり、5つの条件によってどの普通格局になる（正式には「格局をとる」という）かが決まります。全10タイプの概要は、83ページを確認してください。

条件には優先順位があるため、以下の手順に従って求めましょう。

「普通格局の優先順位」

次のうち❶に該当しなければ❷、
❷にもあてはまらなければ❸……と順に調べていきます。
具体的な求め方は、P96以降を参照してください。

❶「建禄格《けんろくかく》」になる日干と月支の組み合わせがあるか調べる。

❷「月刃格《げつじんかく》」になる日干と月支の組み合わせがあるか調べる。

❸ 月支の蔵干と同じ五行の十干が、月干にあるかを調べる。

❹ 月支の蔵干と同じ五行の十干が、年干か時干に出ているか調べる。複数出ていたら、月支の蔵干の本気、中気、余気の順で優先する。

❺ ❶〜❺の条件にあてはまらない場合、P99の「月支蔵干深浅《しんせん》表」を使って格局を求める。

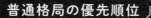

優先① 表に該当する人の格局は『建禄格』になる

日干		月支
甲	+	寅
乙	+	卯
丙	+	巳
丁	+	午
戊	+	巳
己	+	午
庚	+	申
辛	+	酉
壬	+	亥
癸	+	子

次の表から自分の日干を探し、月支の十二支があてはまるかを判定します。該当すれば、普通格局の「建禄格」になります。

例 日干が「庚」で、月支が「申」の場合、表の条件にあてはまり「建禄格」となります。

時干	日干	月干	年干	
[ ]	庚 [金]	[ ]	[ ]	天干（五行）
時支	日支	月支	年支	
[ ]	[ ]	申 [金]	[ ]	地支（五行）

優先② 表に該当する人の格局は『月刃格』になる

日干		月支
甲	+	卯
丙	+	午
戊	+	午
庚	+	酉
壬	+	子

次の表から自分の日干を探し、月支の十二支があてはまるかを判定します。該当すれば、普通格局の「月刃格」になります。

例 日干が「丙」で、月支が「午」の場合、表の条件にあてはまり「月刃格」となります。

時干	日干	月干	年干	
[ ]	丙 [火]	[ ]	[ ]	天干（五行）
時支	日支	月支	年支	
[ ]	[ ]	午 [火]	[ ]	地支（五行）

優先 3

「月支の蔵干」と同じ気が「月干」にあれば、『月支の蔵干』の通変星が格局になる

「月支の蔵干」は、本気・中気・余気の最大3つ。これらの十干の五行と、同じ五行を持つ十干が「月干」にあれば、月支の蔵干の通変星がそのまま格局になります。複数ある場合は、本気・中気・余気の順で優先します。ただし、「比肩・劫財」は格局にはならないので、次の候補を探しましょう。

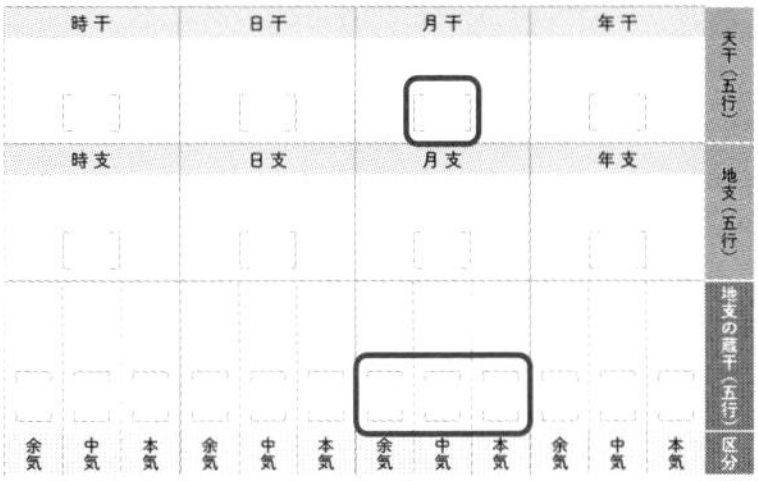

例 蔵干・本気と月干の五行が同じ場合

月支の蔵干・本気「丙」は五行の「火」。月干の「丁」も五行が「火」なので、蔵干・本気の通変星「偏印」がそのまま「偏印格」となります。

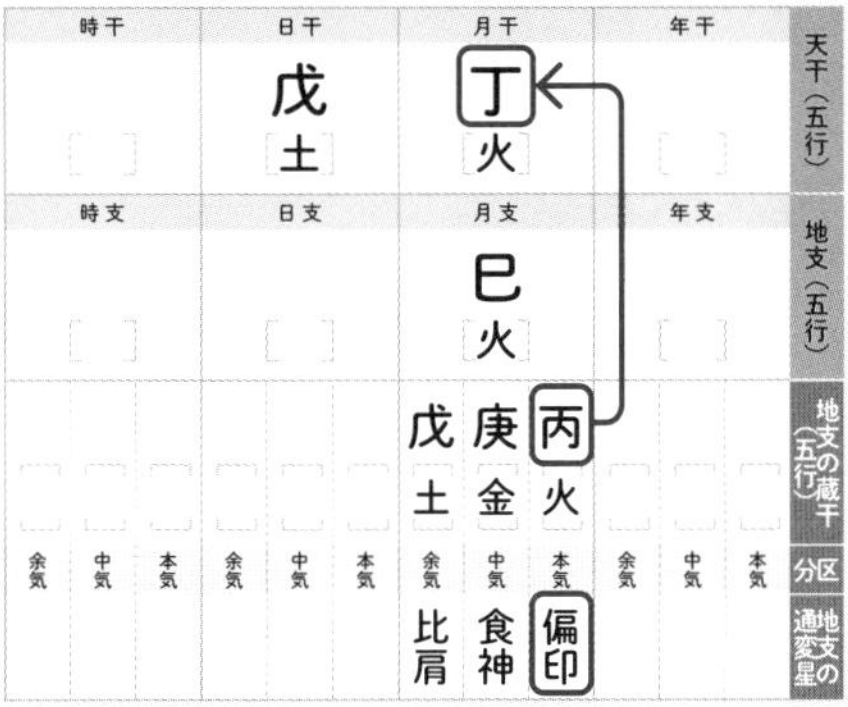

例 蔵干・中気と月干の五行が同じ場合

月支の蔵干・中気「庚」は五行の「金」。月干の「辛」も五行が「金」なので、蔵干・中気の通変星「食神」がそのまま「食神格」となります。

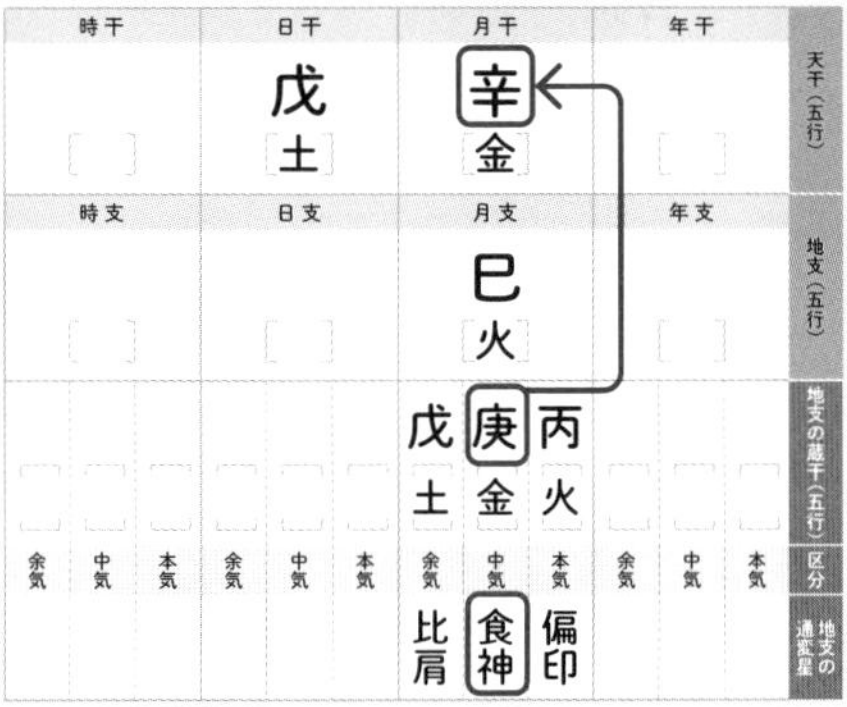

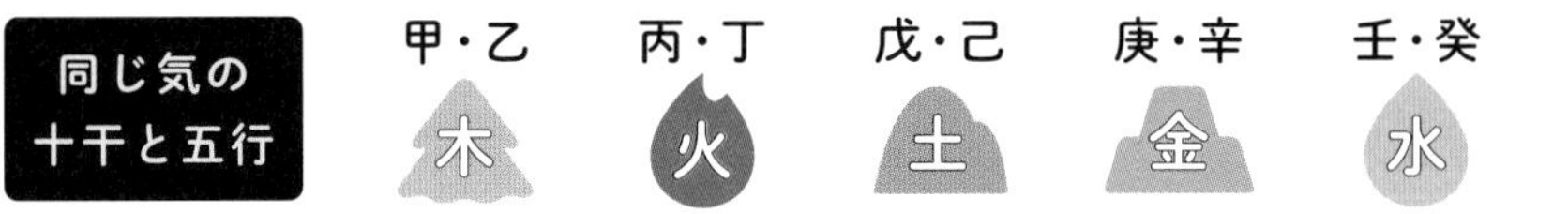

優先 4

「月支の蔵干」と同じ五行の気が「年干」か「時干」にあれば、「月支の蔵干」の通変星がそのまま格局になる

「月支の蔵干」は、本気・中気・余気の最大3つ。これらの十干の五行と、同じ五行を持つ十干が「年干」や「時干」にあれば、月支の蔵干の通変星がそのまま格局になります。複数ある場合は、本気・中気・余気の順で優先します。ただし、「比肩・劫財」は格局にはならないので、次の候補を探しましょう。

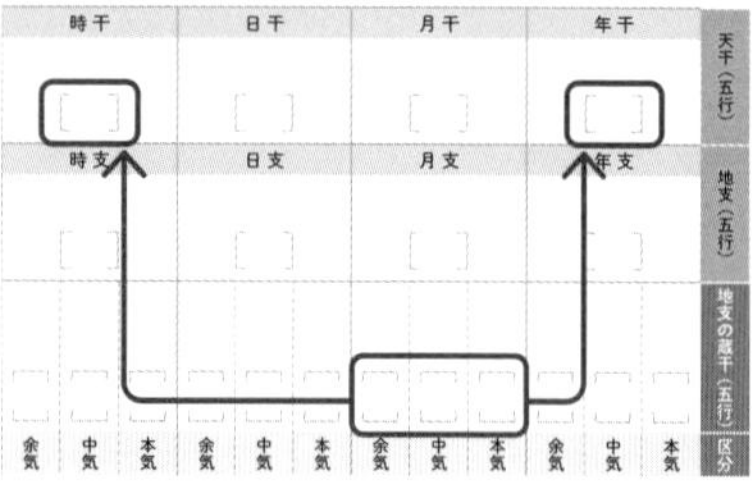

例 「月支の蔵干」の本気と時干の五行が同じ場合

❶ 月支の蔵干は、「丙（火）」「庚（金）」「戊（土）」。

❷ 年干と時干に、「火」「金」「土」の五行を持つ十干があるかを探します。

❸ この場合、時干「丁」が月支の蔵干・本気の「丙」と同じ「火」であるため、格局は月支の蔵干・本気の通変星から「偏官格」となります。

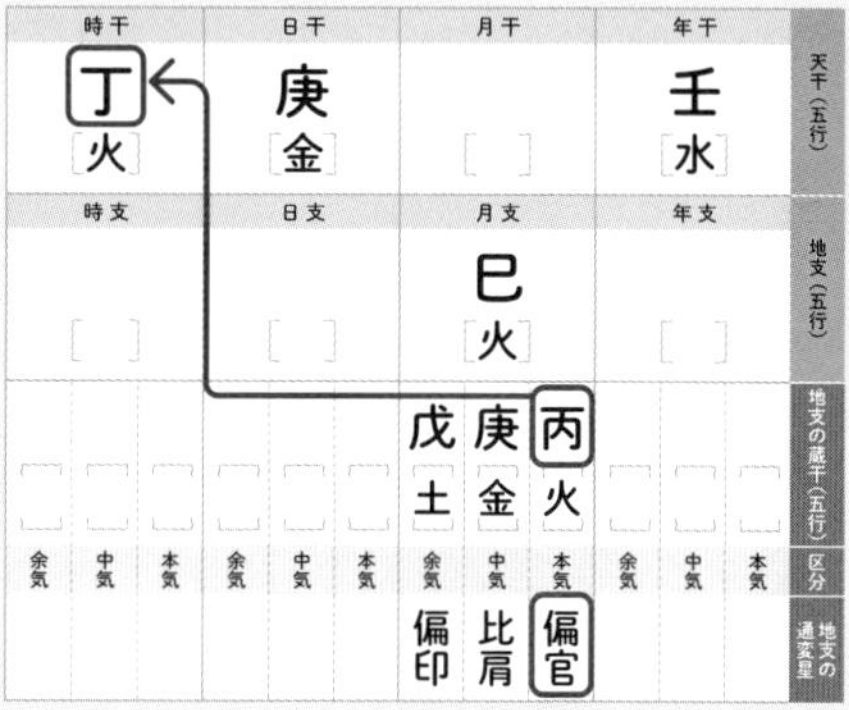

例 「月支の蔵干」と年干、時干の五行が同じ場合

❶❷は、上の例と同様です。

❸ この場合、年干「丙」に月支の蔵干・本気の「丙」と同じ「火」があり、さらに時干「戊」に月支の蔵干・余気の「戊」と同じ「土」の五行も出ています。

❹ 複数あてはまる場合は本気を優先するため、格局は月支の蔵干・本気の通変星から「正財格」となり、サブで「正官格」を持ちます。

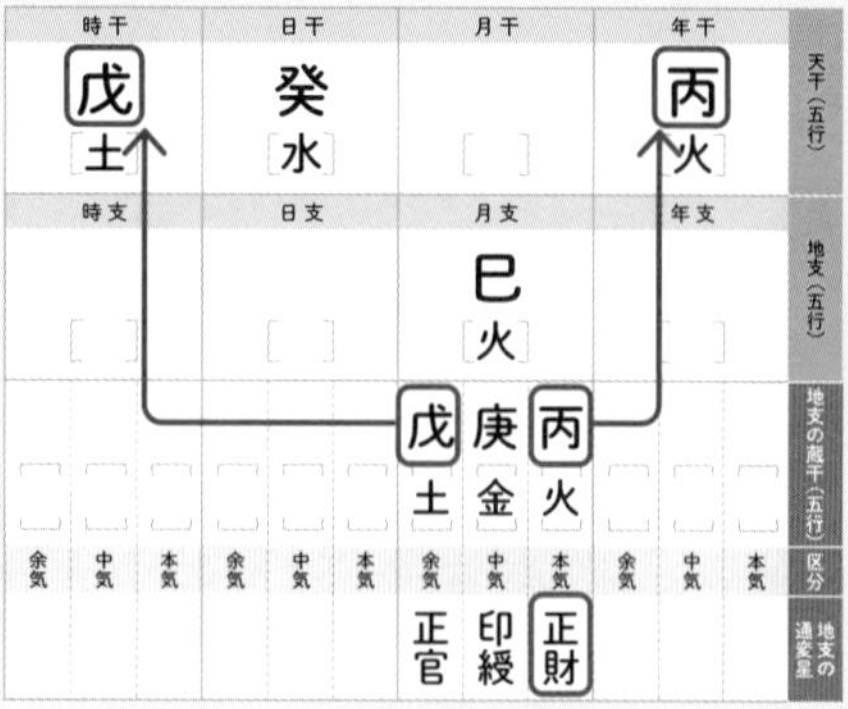

優先 5

「月支の蔵干」と同じ気が「年干」「月干」「時干」のどこにも出ていなければ、「月支蔵干深浅表」から求める

❶ 別冊の「干支暦」(P4 ～ 45) から生まれた年の表を探し、直前の節《せつ》入《い》り日（日時）から自分の誕生日（日時）が何日目にあたるかを調べます。

❷「月支蔵干深浅表」から、月支と❶で求めた日数の交差する欄を探します。この十干が蔵干になります。

❸「通変星早見表」から、日干と❷で求めた蔵干が交差する欄を探します。この通変星が格局になります。ただし、通変星が「比肩」なら格局は「建禄格」、「劫財」なら格局は「月刃格」となります。

月支蔵干深浅表

<table>
<tr><th>丑</th><th>子</th><th>亥</th><th>戌</th><th>酉</th><th>申</th><th>未</th><th>午</th><th>巳</th><th>辰</th><th>卯</th><th>寅</th><th>月支
日数</th></tr>
<tr><td rowspan="3">癸</td><td rowspan="4">壬</td><td rowspan="4">甲</td><td rowspan="3">辛</td><td rowspan="4">庚</td><td>戊</td><td rowspan="3">丁</td><td rowspan="3">己</td><td>戊</td><td rowspan="3">乙</td><td rowspan="4">甲</td><td>戊</td><td>7日以前</td></tr>
<tr><td rowspan="7">壬</td><td rowspan="8">庚</td><td rowspan="7">丙</td><td>～8日</td></tr>
<tr><td>～9日</td></tr>
<tr><td rowspan="3">辛</td><td rowspan="3">丁</td><td rowspan="3">乙</td><td rowspan="7">丁</td><td rowspan="3">癸</td><td>～10日</td></tr>
<tr><td rowspan="6">癸</td><td rowspan="6">壬</td><td rowspan="6">辛</td><td rowspan="6">乙</td><td>～11日</td></tr>
<tr><td>～12日</td></tr>
<tr><td rowspan="4">己</td><td rowspan="4">戊</td><td rowspan="4">己</td><td rowspan="4">戊</td><td>～13日</td></tr>
<tr><td>～14日</td></tr>
<tr><td rowspan="2">庚</td><td rowspan="2">甲</td><td>～15日</td></tr>
<tr><td>丙</td><td>16日以降</td></tr>
</table>

通変星早見表

癸	壬	辛	庚	己	戊	丁	丙	乙	甲	日干 十干
傷官	食神	正財	偏財	正官	偏官	印綬	偏印	劫財	比肩	甲
食神	傷官	偏財	正財	偏官	正官	偏印	印綬	比肩	劫財	乙
正財	偏財	正官	偏官	印綬	偏印	劫財	比肩	傷官	食神	丙
偏財	正財	偏官	正官	偏印	印綬	比肩	劫財	食神	傷官	丁
正官	偏官	印綬	偏印	劫財	比肩	傷官	食神	正財	偏財	戊
偏官	正官	偏印	印綬	比肩	劫財	食神	傷官	偏財	正財	己
印綬	偏印	劫財	比肩	傷官	食神	正財	偏財	正官	偏官	庚
偏印	印綬	比肩	劫財	食神	傷官	偏財	正財	偏官	正官	辛
劫財	比肩	傷官	食神	正財	偏財	正官	偏官	印綬	偏印	壬
比肩	劫財	食神	傷官	偏財	正財	偏官	正官	偏印	印綬	癸

例　1986年9月17日07時50分（時差修正後）生まれの場合

❶ 日干が「甲（木）」で月支が「酉（金）」の場合、月支の蔵干は「辛（金）」、「庚（金）」となります。ただ、この例では年干が「丙（火）」、月干が「丁（火）」、時干が「戊（土）」で、年干、月干、時干のどこにも月支の蔵干と同じ五行の十干は出ていません。

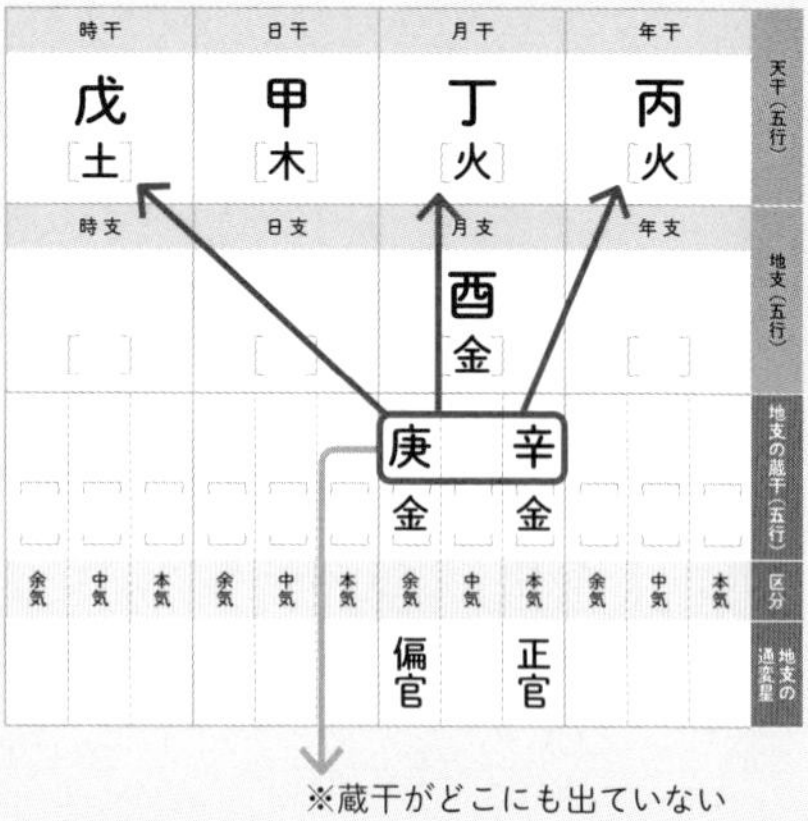

❷ この例の場合、1986年9月17日07時50分生まれなので、1986年の干支暦の9月の欄を見ます。9月の節入り日は8日07時35分なので、節入りから9日15分経っていることがわかります。なお、時間は12時間未満は切り捨て、12時間以上はプラス1日と考えます。

25日	24日	23日	22日	21日	20日	19日	18日	17日	16日	15日	14日	13日	12日	11日	10日	09日	08日	07日	06日	05日	04日	03日	02日	01日	節入り日時			月干支	月
辛丑	庚子	己亥	戊戌	丁酉	丙申	乙未	甲午	癸巳	壬辰	辛卯	庚寅	己丑	戊子	丁亥	丙戌	乙酉	甲申	癸未	壬午	辛巳	庚辰	己卯	戊寅	丁丑	46分	04時	08日	丙申	8月
壬申	辛未	庚午	己巳	戊辰	丁卯	丙寅	乙丑	甲子	癸亥	壬戌	辛酉	庚申	己未	戊午	丁巳	丙辰	乙卯	甲寅	癸丑	壬子	辛亥	庚戌	己酉	戊申	35分	07時	08日	丁酉	9月
壬	辛	庚	己	戊	丁	丙	乙	甲	癸	壬	辛	庚	己	戊	丁	丙	乙	甲	癸	壬	辛	庚	己	戊	07	23	08	戊	10

❸「月支蔵干深浅表」で、❷で求めた日数に該当する「9日まで」の欄と、月支「酉」の欄が交差するところを見ると「庚」があるので、蔵干は「庚」です。

酉	申	未	午	巳	辰	卯	寅	月支 日数
	戊			戊			戊	7日以前
		丁	己		乙			～8日
庚						甲		～9日
								～10日
	壬	乙		庚	癸		丙	～11日
								～12日

❹「通変星早見表」で日干「甲」の欄と、❷で求めた蔵干「庚」の欄が交差するところを見ると「偏官」があるので、格局は「偏官格」となります。

丙	乙	甲	日干 十干
偏印	劫財	比肩	甲
印綬	比肩	劫財	乙
比肩	傷官	食神	丙
劫財	食神	傷官	丁
食神	正財	偏財	戊
傷官	偏財	正財	己
偏財	正官	偏官	庚

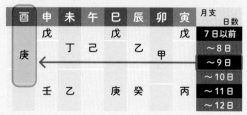

格局の出し方 6

普通格局の身強・身弱を判定

身強と身弱の分類

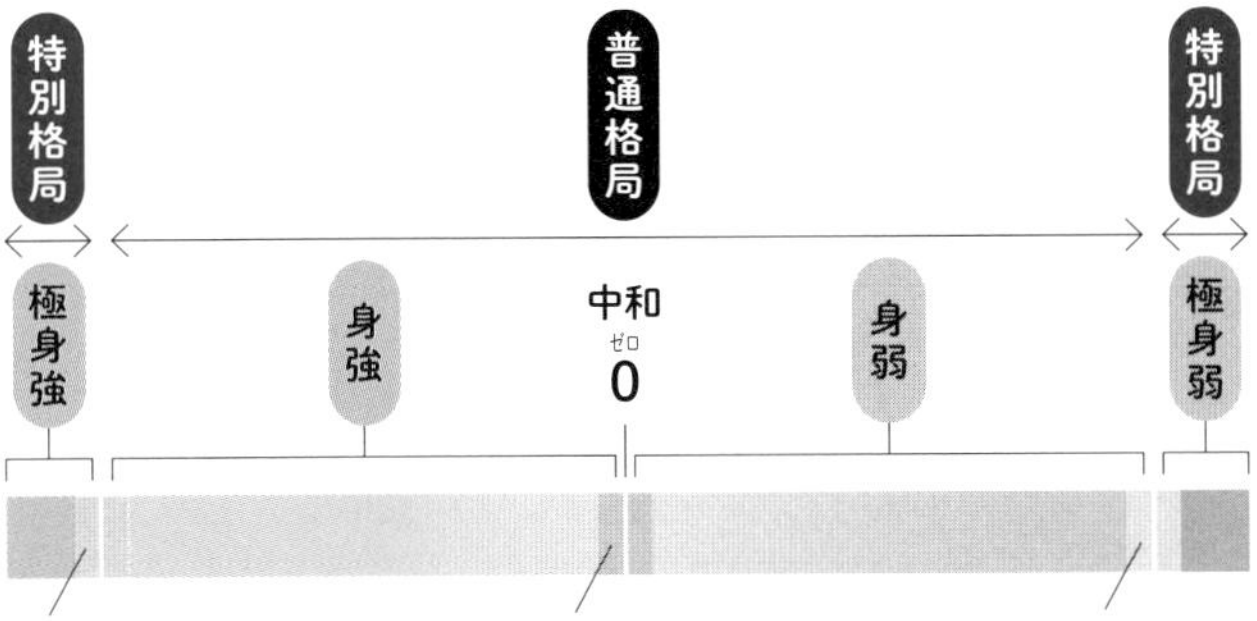

これら3つのグレーゾーンは、診断結果が身強でも実際には身弱だったり、極身強でも身強だったりすることがあるため、109ページで説明する再判定が必要です（極身強の人が身弱、または極身弱の人が身強になることはありません）。

身強と身弱は自我の強弱を表す尺度

四柱推命では、「日干」を自分自身に見立て、命式の中心と考えます。82ページでも簡単に紹介しましたが、命式の中にこの日干を強める十干十二支が多ければ「身強」、日干を弱める十干十二支が多ければ「身弱」となります。

身強・身弱の分類は、上の図を参照してください。真ん中を0ポイントとし、それよりも強い人が身強、極端に強すぎる人が極身強になります。反対に、0ポイントよりも弱い人が身弱、極端に弱すぎる人が極身弱になります。なお、厳密には0ポイントに近い「中和」という状態があります。中和の場合は、強弱のバランスがとれているので、どの五行がめぐってきても、さほど運の吉凶の変動は起こりません。詳細は後述しますが、身強か身弱かを判定する際は、過去の運勢を振り返って確認することができます。ですが、中和の場合は、過去の事象を振り返ってみても、吉凶があいまいであることがほとんどです。

また、強弱で分類されているからといって、単純に身強がよく、身弱が悪いということにはなりません。これらは自我の強さの尺度であり、運の強弱を表しているわけではないからです。

例えば、身強がすぎると、我の強さから対人関係のトラブルを招く可能性があります。

一方、身弱がすぎると、自己主張ができずにストレスがたまるかもしれません。

そこで、自分が身強か身弱かがわかれば、それに合わせて強すぎる日干の力を弱めたり、弱すぎる日干の力を強めたりすることができます。そして、自我のバランスをとって対人関係を改善し、運気を高めることができるでしょう。

身強か身弱かを条件に沿って調べよう

極身強と極身弱は、特別格局を求める際すでに判明しているので、ここでは普通格局になった人だけが、身強か身弱かを判定しましょう。

身強か身弱かを判定するには、6つの条件があります。以下に示した条件Ⓐ～Ⓕのうち、いくつかを満たすと身強と判定することができます。つまり、これらの条件はいずれも「身強」になるためのものであり、あてはまらない場合は「身弱」となります。

いくつに該当すれば身強になるかは、条件の組み合わせなどにもよって異なるので、次のページから順を追って調べましょう。

なお、条件Ⓐ～Ⓒは、極身強の判定で用いた条件Ⓐ～Ⓒと同じなので、ここでは簡単に説明します。

身強・身弱の判定条件

- Ⓐ 得令（当旺・次旺）にあてはまる
- Ⓑ 地支が日干を強めている
- Ⓒ 天干が日干を強めている
- Ⓓ 地支に日干の五行を強める三方会局《さんぽうかいきょく》が形成されている
- Ⓔ 地支に日干の五行を強める三合会局《さんごうかいきょく》が形成されている
- Ⓕ 日干が「戊」か「己」で、地支に四墓土局《しぼどきょく》が形成されている

Ⓐ得令(当旺・次旺)にあてはまるか

命式が得令に該当するか調べましょう。89ページで説明した通り、得令には「当旺」と「次旺」の2つがあります。

当旺は、日干と月支が同じ五行の場合で、日干が強まります。次旺も、当旺ほど強力ではありませんが、日干が月支から強められる関係です。それぞれの関係は、以下の表を参照してください。

なお、この条件を満たしていても、身強かどうかはまだわかりません。身強になるには、これから説明する条件Ⓑか、条件Ⓒのいずれかを、条件Ⓐと同時に満たす必要があります。

条件Ⓐ 月支に得令(当旺・次旺)の十二支がある

当旺の十二支

日干	月支
甲・乙	寅・卯
丙・丁	巳・午
戊・己	丑・辰・未・戌
庚・辛	申・酉
壬・癸	子・亥

次旺の十二支

日干	月支
甲・乙	子・亥
丙・丁	寅・卯
戊・己	巳・午
庚・辛	丑・辰・未・戌
壬・癸	申・酉

上の表からそれぞれ自分の日干を探し、当旺・次旺の条件にある月支が何かを調べます。自分の命式の月支がそれらに該当すれば、条件Ⓐにあてはまります。

MEMO

あなたの命式で日干を強める得令が　ある　ない

Ⓑ 地支が日干を強めているか

月支を除いた年、日、時の地支（年支、日支、時支）に、日干を強める十二支（以下の表参照）があるかを調べましょう。

例えば、日干が五行「木」にあたる「甲か乙」なら、地支に五行「木」にあたる「寅か卯」、または五行「水」にあたる「子か亥」があると日干が強められます。

ただし、日干を強める十二支があるだけでは、まだ身強とは断定できません。

身強判定時にこれらがいくつ該当したかが必要になるので、以下の空欄に数を記入しておきましょう。

条件 Ⓑ 地支に日干を強める十二支があるか調べる

日干	年・日・時の地支
甲・乙	寅・卯・子・亥
丙・丁	巳・午・寅・卯
戊・己	丑・辰・未・戌・巳・午
庚・辛	申・酉・丑・辰・未・戌
壬・癸	子・亥・申・酉

左の表から自分の日干を探し、その地支の欄の十二支に、自分の命式の年支・日支・時支の十二支があるかどうか調べます。

MEMO

あなたの命式で日干を強める地支の数は

個

Ⓒ 天干が日干を強めているか

日干を除いた年、月、時の天干（年干、月干、時干）に、以下の表の十干があるかを調べます。条件Ⓑほどではありませんが、この場合も日干を強めます。調べたら、該当する数を以下の空欄に記入しておきましょう。

ここで一度、身強かどうか判定します。「身強判定❶」に示す通り、ⒶからⒸのうち、Ⓐを含んで2つ以上の条件を満たせば身強となります。Ⓐに該当しない場合は、ⒷとⒸを満たす条件が合計3個以上ないと身強にはなりません。

ここまでで身強にならなかった人は、条件Ⓓに進みましょう。

条件 Ⓒ 天干に日干を強める十干があるか調べる

日干	年・月・時の天干
甲・乙	甲・乙・壬・癸
丙・丁	丙・丁・甲・乙
戊・己	戊・己・丙・丁
庚・辛	庚・辛・戊・己
壬・癸	壬・癸・庚・辛

左の表から自分の日干を探し、その天干の欄の十干に、自分の命式の年干・月干・時干の十干があるかどうか調べます。

MEMO

あなたの命式で日干を強める天干の数は

個

身強 判定❶

- ✓ 条件Ⓐ～Ⓒのうち、Ⓐを含んで２つ以上該当すれば身強
- ✓ ただし、条件Ⓐが該当せず、Ⓑ・Ⓒだけの場合は、合計３個以上、日干を強める十干十二支があれば身強

Ⓓ 地支に日干の五行を強める三方会局《さんぽうかいきょく》がある

各季節の五行の力を強める3つの十二支がそろうことを「三方会局」といいます。

これには、「三方木局《さんぽうもくきょく》」「三方火局《さんぽうかきょく》」「三方金局《さんぽうきんきょく》」「三方水局《さんぽうすいきょく》」の4種類があります。

詳細は以下の通りですが、例えば「三方木局」なら木の気が強まり、木が生じる火の気も強まります。なお、「木局」といっても、十二支が持つ五行「木」とは異なります。

これが命式の地支にそろっているか確認しましょう。

条件Ⓓ 地支に日干の五行を強める三方会局の十二支があるか調べる

三方木局（春の会局） ＝地支に寅、卯、辰がそろう
→木（甲・乙）と火（丙・丁）の日干を強める

三方火局（夏の会局） ＝地支に巳、午、未がそろう
→火（丙・丁）と土（戊・己）の日干を強める

三方金局（秋の会局） ＝地支に申、酉、戌がそろう
→金（庚・辛）と水（壬・癸）の日干を強める

三方水局（冬の会局） ＝地支に亥、子、丑がそろう
→水（壬・癸）と木（甲・乙）の日干を強める

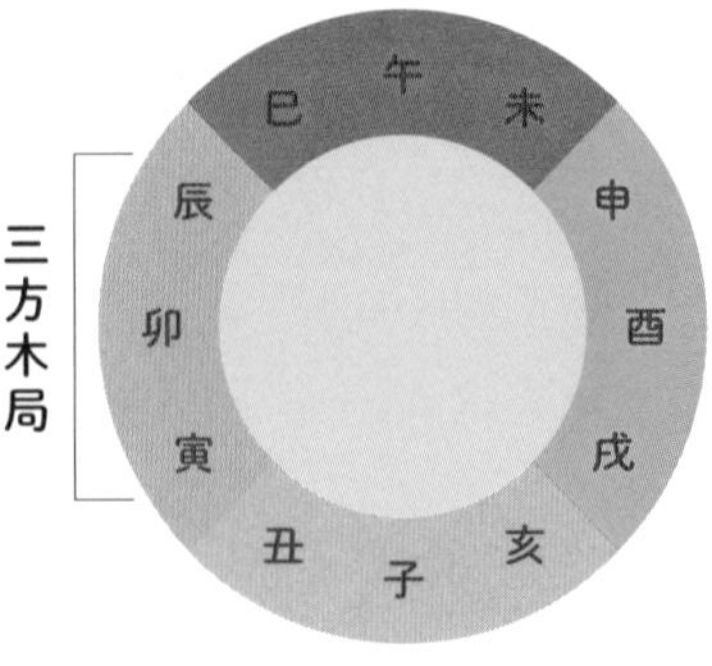

例

時支	日支	月支	年支	地支（五行）
卯	辰	寅		
（木）	（土）	（木）	（　）	

地支に寅、卯、辰がそろい、「三方木局」を形成しています。木の気が強まる命式です。

Ⓔ 地支に日干の五行を強める三合会局《さんごうかいきょく》がある

十二支を時計形に配した時、正三角形にあたる十二支が地支に3つそろう（下図参照）のが「三合会局」です。

これにも、「三合木局《さんごうもくきょく》」「三合《さんごう》火《か》局《きょく》」「三合金局《さんごうきんきょく》」「三合水局《さんごうすいきょく》」の4種類あり、それぞれ五行の力を強める働きがあります。

条件Ⓓ・Ⓔに該当するものがあったら、ここで「身強判定❷」を行いましょう。どちらか一方でも、月支を含んでそろい、日干の五行を強めていれば身強となります。月支を含まない場合は、さらに条件Ⓒが1個以上あることが必要になります。

条件 Ⓔ 地支に日干の五行を強める三合会局の十二支があるか調べる

三合木局 ＝地支に亥、卯、未がそろう
→木（甲・乙）と火（丙・丁）の日干を強める

三合火局 ＝地支に寅、午、戌がそろう
→火（丙・丁）と土（戊・己）の日干を強める

三合金局 ＝地支に巳、酉、丑がそろう
→金（庚・辛）と水（壬・癸）の日干を強める

三合水局 ＝地支に申、子、辰がそろう
→水（壬・癸）と木（甲・乙）の日干を強める

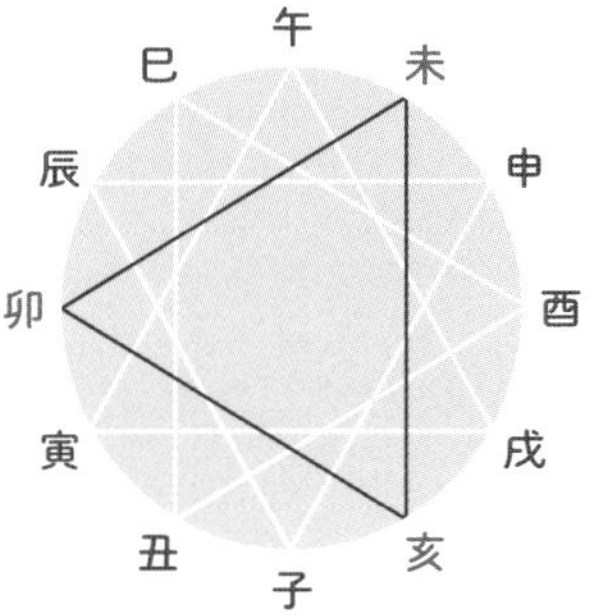

例

時支	日支	月支	年支	地支（五行）
未	卯		亥	
（土）	（木）	（　）	（水）	

地支に亥、卯、未がそろい、「三合木局」を形成しています。木の気が強まる命式です。

身強 判定❷

- ✓ 条件Ⓓ・Ⓔのどちらか1つでも、月支を含んでそろっていれば身強
- ✓ 月支を含まない場合は、他に条件Ⓒが1つ以上該当すれば身強

Ⓕ 日干が戊か己で地支に四墓土局《しぼどきょく》がある

「土」の気の十二支「丑・辰・未・戌」が、地支にすべてそろうことを「四墓土局」といいます。日干が戊か己でこれがあると、他の条件に関係なく身強と判定します（身強判定❸）。

以上の判定に該当しなかった人は、身弱になります。

ただし、身強・身弱の分類は、必ずしもこれらの理論通りにはなりません。次ページからの再判定で、もう一度確認してみましょう。

条件Ⓕ

日干が戊か己で、地支に土の気の十二支「丑・辰・未・戌」がそろう四墓土局になっているかを調べる

例

	時干	日干	月干	年干
天干（五行）	（　）	己（土）	（　）	（　）
	時支	日支	月支	年支
地支（五行）	戌（土）	未（土）	辰（土）	丑（土）

地支に土の気の「丑・辰・未・戌」がすべてそろい、「四墓土局」を形成しています。土の気が強まる命式です。

身強 判定❸

✓ 条件Ⓕに該当すれば身強

身弱 判定

✓ 身強判定①〜③のいずれにも該当しなければ身弱

四柱推命

LESSON 3

用神から身強・身弱を再判定

身強と身弱を再確認しよう

用神《ようじん》とは、命式の中で要となる働きをする五行のこと。働き別に分けると扶抑《ふよく》、病薬《びょうやく》、調候《ちょうこう》、専旺《せんおう》、通関《つうかん》の5種類があり、集約すると扶抑用神《ふよくようじん》と調候用神《ちょうこうようじん》の2種類になります。用神の多くは扶抑用神で、日干の力量が強ければ抑制し、弱ければ扶助することで命式全体のバランスをとってくれます。

　調候用神とは気候を調節する用神のことで、夏生まれで命式に火が多い人は水が用神、冬生まれで命式に水が多い人は火が用神です。

　こうした用神の働きを調べれば、ここまでに求めた身強・身弱が正しいかどうかがわかります。

　まず、毎年ごとに、その1年を象徴する五行があります。その年に運がよかったかどうかは、あなたの用神（五行）が、この年の五行と相性がよかったかどうかに左右されるのです。つまり、過去を振り返り吉運に恵まれた年があったら、その年と相性のよい用神がその人の正しい用神ということになり、結果として身強か身弱かもわかるというわけです。

命式の要となる用神を求めよう

以下に示す「用神の求め方❶〜❸」に従い、「用神・喜神《きじん》・忌神・仇神《きゅうじん》の早見表」で用神を調べます。次に114ページの「運勢確認表」で、ある年に、よいことまたは悪いことがあった場合の「用神の五行」を確認します。

詳しくは112ページから解説しますが、自分の日干の五行がこの用神の気を生じる、または剋すか剋される関係なら身強と判定できます。

日干の五行と同質か、日干の五行が用神から生じられるなら身弱となります。身強・身弱はこの結果を優先します。

用神の求め方

❶ まず自分の命式の通変星（天干と地支・蔵干の本気のみ）の数をそれぞれ数え、別冊の「個人データ表」に記入しておきます。その際、「比肩と劫財」、「食神と傷官」、「偏財と正財」、「偏官と正官」、「偏印と印綬」はセットとして考えるので、それぞれの合計数も出しておきましょう。

❷ 別冊の「用神・喜神・忌神・仇神の早見表」（P2〜3）で、自分の格局の欄を見ます。続いて、先ほど求めた身強か身弱かに沿って、欄を探します。そのなかから、❶で求めた1番多い通変星のセットの欄を探しましょう。それがない場合は、❶で2番目に多い通変星のセットの欄を見ます。

❸ ❷の「多い通変星」の欄をたどると、用神・喜神・忌神・仇神が紹介されています。別冊の「個人データ表」に記入しておきましょう。

用神・忌神による
運気診断もできるよ。詳細は
P148以降をチェック！

例 1986年9月17日08時16分（時差修正後）生まれ、格局が「偏官格」で身弱の場合

	時柱	日柱	月柱	年柱
天干の通変星	偏財		傷官	食神
	時干	日干	月干	年干
天干（五行）	戊［土］	甲［木］	丁［火］	丙［火］
	時支	日支	月支	年支
地支（五行）	辰［土］	子［水］	酉［金］	寅［木］

	時柱			日柱			月柱			年柱		
地支の蔵干（五行）	乙 木	癸 水	戊 土	壬 水		癸 水	庚 金		辛 金	戊 土	丙 火	甲 木
区分	余気	中気	本気	余気	中気	本気	余気	中気	本気	余気	中気	本気
地支の通変星	劫財	印綬	偏財	偏印		印綬	偏官		正官	偏財	食神	比肩

普通格局

格局				偏官格	正官格						
身強・身弱	身強	身強	身強	身強	身強	身弱	身弱	身弱	身強	身強	身強
多い通変星	比劫	印	食傷	財	官殺	官殺	財	食傷	比劫	印	食傷
用神	官殺	財	財	官殺	食傷	印	比劫	印	官殺	財	財
喜神	財	食傷	官殺	財	財	比劫	印	比劫	財	食傷	官殺
忌神	比劫	比劫	比劫	印	印	財	官殺	財	比劫	比劫	比劫
仇神	印	印	印	比劫	比劫	食傷	財	食傷	印	印	印

❶ 天干と地支・蔵干の本気の通変星で多いものを数えると、「食傷」と「財」が同数です。

- 比劫＝比肩【1】個／劫財【0】個 ── 合計【1】個
- 食傷＝食神【1】個／傷官【1】個 ── 合計【2】個
- 財　＝偏財【2】個／正財【0】個 ── 合計【2】個
- 官殺＝偏官【0】個／正官【1】個 ── 合計【1】個
- 印　＝偏印【0】個／印綬【1】個 ── 合計【1】個

❷ 同数の場合は、天干よりも地支の通変星を重視し、月支を含むものを選ぶのが原則となるので、２つとも天干の食傷は落選し、１番多いのは「財」となります。

❸ 別冊の「用神・喜神・忌神・仇神の早見表」で、偏官格の身弱で「財」が多いタイプを探すと、用神が「比劫」であることがわかります。

❹ 比劫とは、「比肩」と「劫財」のこと。この人の場合は❶で比肩が１個あり、劫財はないので、用神は「比肩」です。詳しくは後述しますが、この表によって用神以外の「喜神」「忌神」「仇神」もわかります。

これまでの結果を踏まえ用神の五行を確認する

過去を振り返ることで、用神の五行の気を確認できます。例えば、2008年によいことがあった人は「用神は水または木の気」、逆に悪いことがあった人は「用神は火または土の気」と考えられます（114ページ「運勢確認表」参照）。よく思い出して、確かめましょう。

もし、日干が「癸（水）」で、用神が「偏財か正財（財）」の場合、以下のように「財は日干が剋すもの」にあたり身強です。さらに用神の五行を調べるには、左ページの「五行と用神の相関図」を見てください。日干の「水」が剋すのは「火」なので、用神は火の気になります。これが合っているかどうかは、114ページの表を見て過去の運勢を2～3年分確認します。該当した年の用神が火の気であれば、「用神＝財」「身強」で合っています。

また、日干が「癸」で、用神が「偏官か正官（官殺）」の人の場合、官殺は日干が剋されるものなので身強で、用神は「土」の気です。日干が「癸」で、用神が「食神か傷官（食傷）」の場合、食傷は日干が生じるものなので、身強になります。そして、水が生じるのは「木」となり、用神は「木」の気となります。なお、日干が「癸」で、用神が「比肩か劫財（比劫）」の場合、比劫＝日干と同質なので、この人の用神（比劫）は「水」で身弱となります。

身強・身弱と用神の組み合わせ

身強	日干が生じる用神＝食神か傷官（食傷）
身強	日干が剋す用神　＝偏財か正財（財）
身強	日干を剋す用神　＝偏官か正官（官殺）
身弱	日干と同質の用神＝比肩か劫財（比劫）
身弱	日干を生じる用神＝偏印か印綬（印）

身強・身弱が違っていたら？

114ページの「運勢確認表」で複数年チェックして用神がすべて同じ五行になれば、それがあなたの用神で間違いありません。

しかし、ここまでで求めた用神と異なる場合は、「運勢確認表」で出した年の用神の五行を以下の相関図にあてはめ、自分の用神が何かを調べましょう。

つまり、日干が「癸」で、「運勢確認表」で用神が「金」か「土」の気であったら、用神は「偏印か印綬（印）」または「偏官か正官（官殺）」になるというわけです。

身強と身弱の判定も、「印」なら身弱になりますし、「官殺」なら身強という正反対の結果になります。

これまでに求めた結果と違う場合は、基本的にはここで調べた判定を優先します。ただし、なぜ用神が「印」と「官殺」のどちらかになるのかは、より専門的な知識が必要になります。

また、身強でなかったといっても、身弱になるわけではなく中和にきわめて近い場合もあります。

どう判断するかというと、あてはまった結果すべての診断に目を通し、自分により合っているほうを採用します。

四柱推命の難しさやおもしろさは、実はその人に合わせて「調整する」という部分にもあるのです。

五行と用神の相関図

日干＝水の場合

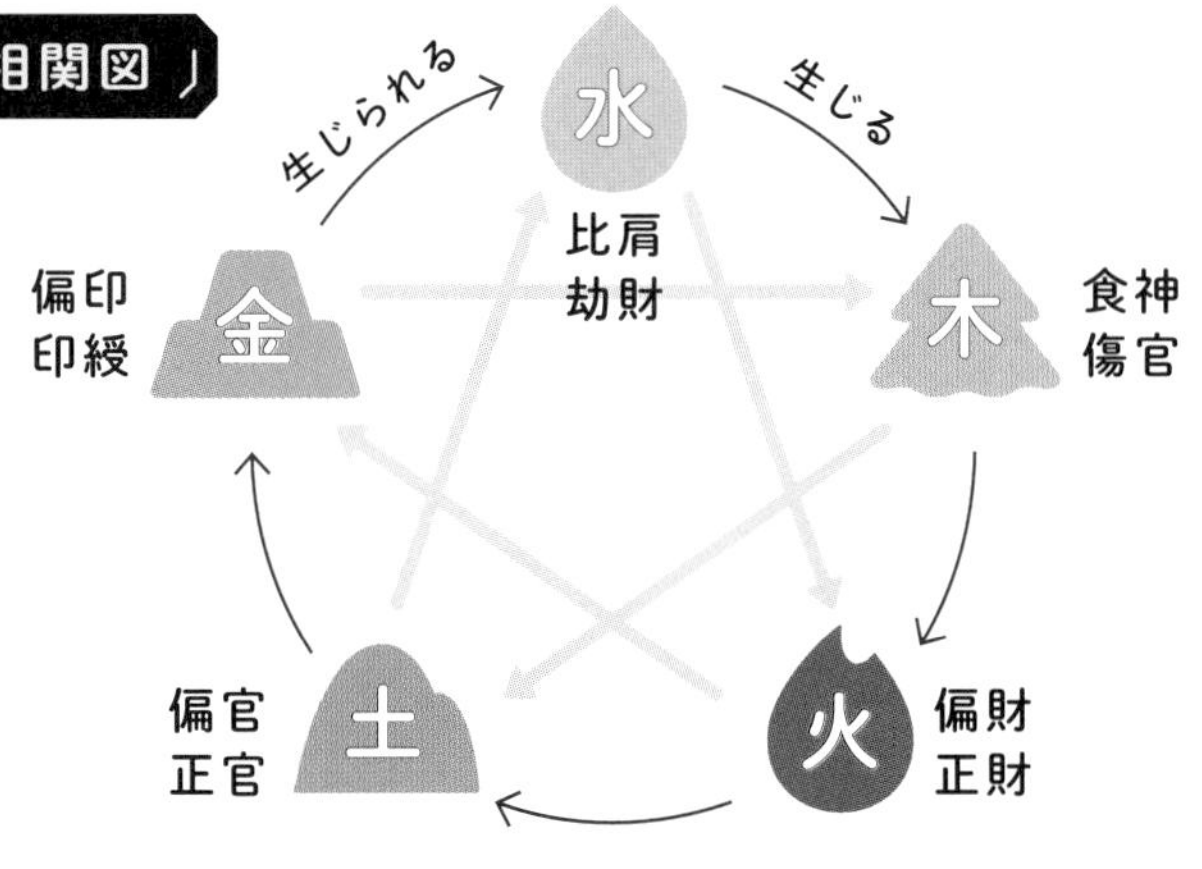

運勢確認表

年	年干支	この年によい出来事があった人	この年に悪い出来事があった人
1989	己巳	用神は火の気　または土の気	用神は金の気　または水の気
1990	庚午	用神は火の気　または土の気	用神は金の気　または水の気
1991	辛未	用神は土の気　または火の気	用神は水の気　または金の気
1992	壬申	用神は金の気　または水の気	用神は木の気　または火の気
1993	癸酉	用神は金の気　または水の気	用神は木の気　または火の気
1994	甲戌	用神は土の気　または火の気	用神は水の気　または金の気
1995	乙亥	用神は水の気　または木の気	用神は火の気　または土の気
1996	丙子	用神は水の気　または木の気	用神は火の気　または土の気
1997	丁丑	用神は土の気　または火の気	用神は水の気　または金の気
1998	戊寅	用神は木の気　または火の気	用神は土の気　または金の気
1999	己卯	用神は木の気　または火の気	用神は土の気　または金の気
2000	庚辰	用神は土の気　または金の気	用神は水の気　または木の気
2001	辛巳	用神は火の気　または土の気	用神は金の気　または水の気
2002	壬午	用神は火の気　または土の気	用神は金の気　または水の気
2003	癸未	用神は土の気　または火の気	用神は水の気　または金の気
2004	甲申	用神は金の気　または土の気	用神は木の気　または水の気
2005	乙酉	用神は金の気　または土の気	用神は木の気　または水の気
2006	丙戌	用神は土の気　または火の気	用神は水の気　または金の気
2007	丁亥	用神は水の気　または木の気	用神は火の気　または土の気
2008	戊子	用神は水の気　または木の気	用神は火の気　または土の気
2009	己丑	用神は土の気　または金の気	用神は水の気　または木の気
2010	庚寅	用神は木の気　または火の気	用神は土の気　または金の気
2011	辛卯	用神は木の気　または火の気	用神は土の気　または金の気
2012	壬辰	用神は水の気　または木の気	用神は火の気　または土の気
2013	癸巳	用神は火の気　または木の気	用神は金の気　または土の気
2014	甲午	用神は火の気　または木の気	用神は金の気　または土の気
2015	乙未	用神は土の気　または火の気	用神は水の気　または金の気
2016	丙申	用神は金の気　または土の気	用神は木の気　または水の気
2017	丁酉	用神は金の気　または土の気	用神は木の気　または水の気
2018	戊戌	用神は土の気　または火の気	用神は水の気　または金の気
2019	己亥	用神は水の気　または木の気	用神は火の気　または土の気
2020	庚子	用神は水の気　または金の気	用神は火の気　または木の気
2021	辛丑	用神は土の気　または金の気	用神は水の気　または木の気
2022	壬寅	用神は木の気　または水の気	用神は土の気　または金の気
2023	癸卯	用神は木の気　または水の気	用神は土の気　または金の気

この表をもとに、過去の出来事で特に吉凶の印象が強かった年を見てください。ただし、１年の区切りは２月４日前後の立春となるので注意しましょう。

吉凶の見分け方

吉 …万事順調、収入アップ（金運◎）、名誉を得る、健康、対人関係がよい

凶 …万事不調、収入ダウン（金運×）、病気にかかる、対人関係で苦労する

四柱推命 LESSON 4

格局16タイプで才能と価値観を探る

格局はそれぞれ異なる個性を持っている

ここまで、全16タイプの格局を求めてきましたが、これらはあくまでも基本となる格局であり、これですべてというわけではありません。実際にはもっとたくさんの格局がありますが、ここではその人の価値観を表す代表的な16タイプを取り上げました。

次のページから診断結果を紹介しますが、これを読めば自分の価値観や仕事に活かせる才能がわかり、よりよい人生を送るためのヒントが見つかります。

また、家族や恋人、友人や仕事仲間などの格局を求めれば、その人の価値観もわかるので、よりよいつき合い方ができるようになるでしょう。

なお、普通格局の10タイプについては「身強」「身弱」別の特徴も掲載しました。これにより解説の意味が強まったり弱まったりするので、参考にしてください。特別格局の診断結果ページには、四柱推命全体に関するQ&Aを掲載しています。普通格局になった人も、ぜひ確認してみましょう。

VALUES

普通格局 建《けん》禄《ろく》格《かく》の人

最後まで努力して前進しようとする開拓者

人生の価値観

自分の道は自分で切り拓く！

建禄格の人は、率直で向こう意気が強く、独立心が旺盛です。自分の人生は自分で切り拓いてきたと信じ、最後まで努力して開拓、前進しようとするでしょう。単純明快ではっきりとした性格も魅力的。機嫌がよいと気前がよくなります。

一方、主観が強く、他人のことを理解できない面があり、しかもわからないままやり過ごしてしまいがち。負けず嫌いでプライドが高いので、平静を装っていても内面では他人をうらやんでいることも。本能に根差した幼さが表れると、頑固でわがままになります。

恋愛や人づき合いでは、誰に対しても警戒心がなくフランクに接します。慕ってくる人や弱っている人をよくサポートする頼れる一面も。同情から恋愛に発展することも多いですが、自尊心が強いのでケンカ別れしやすいでしょう。さらに、生意気だと思われやすいので、自慢話は控えめに。

運が悪い時は気の強さが増長し、父親や配偶者の運を傷つけ、子どもの運も損ねがち。事業の失敗や訴訟などの不幸も起こりやすいので慎重に振る舞いましょう。

仕事に活かせる能力

絶大な影響力の持ち主で目的を達成するまで粘り抜く

周りの意見に流されることなく、自分が納得できるまで頑張ります。いついかなる場でも、台風の目のように自分を中心とした影響力の渦を作ることができるでしょう。そのため、自分が中心になれる場や、自尊心を満たせる分野に関わると吉。職種や環境でいえば、ずばり創業社長タイプです。人の下で仕事をするよりも、人を引っ張るほうが向いています。先祖からの財産や仕事を引き継ぐ人は少なく、起業したり、故郷を離れたりする人が多いでしょう。

命式に比肩や劫財が特に多い場合は、悪い運がめぐってくると人やお金との縁が弱くなり、出家して尼や僧となる人もいそうです。

持って生まれた財運

運がよい時は絶好調！悪いと一文無しになることも

運のめぐりがよい時は、お金も地位も十分に得ることができます。ただ、運が悪いと財運も低下し、最悪な時には一文無しになったり、一家離散したりする恐れが。

命式に偏財や正財が多ければ、お金に縁があり、商売上手です。一方、まったくないとお金に無頓着となり、お金もうけも苦手な傾向があるので、勤勉に働くのが賢明です。

適職

創業者
会社経営者
スポーツ選手
冒険家
格闘家
棋士
俳優
コンサルタント
開業医
歌手

身強の人　自我とうまくつき合うと吉

身強で命式に偏財や正財、偏官や正官がある場合は、富や地位を手に入れ、豊かで幸せな人生を送れます。なお、この格局は身強になりやすいのですが、自我が強くなりすぎないように気をつけましょう。周囲を思い通りにコントロールしようとせず、周りの意見に耳を傾けることも時には必要です。

身弱の人　さっぱりと潔く芯の強さが魅力

身弱の人は、月支に入る通変星が自分にとって喜ぶもの（我を強めるもの）となるので、よい影響が出ます。性格もさっぱりと潔くなり、自我の強さも上手に発揮できるようになるでしょう。このタイプは社会に奉仕する人生になりがちですが、それも芯の強さでカバーできます。

VALUES

普通格局

月《げつ》刃《じん》格《かく》の人

**ソフトな印象でも
タフで芯の強い
創業者タイプ**

人生の価値観

なりたい姿に自分で自分を近づける

月刃格の人は、一見すると温和で柔和な印象の持ち主ですが、意志は強く、ちょっとのことではくじけません。負けることをよしとしない不屈の精神を持ち、笑顔の裏で巻き返しの機会を狙っているようなことも。そんなギャップのせいか「何を考えているかわからない」と思われやすいタイプでもあります。

また、自尊心が強く、自分のことを高く評価しているため、人から正当に認められていないという不満を抱えていることも多いでしょう。反面、他人のことは軽んじる傾向があり、自分だけの世界や価値観を重視しがちです。

とはいえ、恋愛面では相手に夢中になりやすく、人に頼られると弱いため、同情から恋愛になることもあります。ただ、一途になりすぎて、恋愛でも自意識過剰の面が出てしまうので注意しましょう。実は派手で目立つことも大好きなタイプで、友人と食事や酒を楽しみながら歓談するのも大好き。友人や兄弟姉妹との絆を大切にしますが、頻繁にメールや電話をしてお節介と思われることもありそうなのでほどほどに。

仕事に活かせる能力

負けず嫌いでチャンスをいつも狙っているタイプ

あらゆる物事に対して、力ずくで勝敗をつけようとしがちです。「無理が通れば道理が引っ込む」というのを地で行くようなところがあるでしょう。はかりごとも得意で、悪役になることもいといません。

そのため、大勢の中にあって存在感が認められるような、自分の強さを感じられる環境に身を置くと実力を発揮することができるでしょう。中心人物となってまとめ役を担うと物事がスムーズに進みます。

仕事では祖先からの仕事を継ぐ人は少なく、故郷を離れて創業する人が多く見られます。ただ、金銭的な損失や災害に見舞われることもあるので注意してください。

持って生まれた財運

運がよければ財運もアップでも贅沢《ぜいたく》を好み浪費しがちに

運がよければ財運もよくなります。運が悪くても、命式に偏財や正財があればそこそこの財運となりますが、まったくない場合は、お金もうけが苦手となるので、きちんと勤めに出て働くか、結婚して家庭に入るのがよいでしょう。

高級志向で贅沢な生活を好み、浪費しがちとなります。ギャンブルや投機などにも興味を持つ傾向が。

適職

- 創業者
- 会社経営者
- 政治家
- スポーツ選手
- 冒険家
- 棋士
- 俳優
- コンサルタント
- 開業医
- 歌手

身弱の人 スマートな物腰で対応できる好人物

身弱の人は、月支に吉となる通変星が入るので、性格がとてもよく、芯の強さもうまく出る好人物となります。印象がソフトなのでうまく自説を通すことができ、駆け引き上手に。ただ、押しには弱く、脅されてすべてを奪われるようなこともあり得るので、信頼できる人には素直に助けを求めて。

身強の人 周囲の人にもよく目を向けて

身強の度合いが強すぎると、父親の運を剋し、配偶者を傷つけやすくなります。さらに運のめぐりの悪い時は、金銭トラブルによって兄弟の不和が起き、夫婦やカップルは離婚、離別しがちに。泥棒や小人物にも悩まされやすくなるので、素行の悪い人との縁は切り、注意を怠らないようにしましょう。

VALUES

普通格局
食《しょく》神《じん》格《かく》の人

自分の理想を
大切に生きる
ロマンチスト

人生の価値観

好きなことをして幸せをつかむ

食神格は、快いと感じることや美しいもの、おいしいものが大好きな快楽主義の人です。情緒も豊かで平和を愛し、人でも物でも、美的センスの優れたものを好みます。基本的に内気なものの、心は広く大らかな性格で楽観的です。特に、好きな人に対してはとても寛大です。

ただ、好みがはっきりしている分、好きな人や物にはすぐに近づき、嫌いな人や騒がしい環境は避けようとする傾向が。実際、好きな物事、場面に接することが運を開くので、嫌いなものは避けてよいでしょう。また、聡明で理想も高いのですが、感覚的に物事を捉えやすく、怠惰な一面も。

恋愛至上主義で、恋に恋して突っ走るタイプでもあります。相手がどんな人でも、自分が好きならそれでよく、モラルより感情を優先するでしょう。相手を楽しませるのがうまく、恋人としては最高ですが、好き嫌いがはっきりしているところが裏目に出ることも。容姿で判断することも多いでしょう。本音を曲げないので、結婚という型にはまりにくい一面もあるようです。

仕事に活かせる能力

美的センスや寛大さを活かし、好きな仕事で成功できる

世の常識にとらわれず、人のマネをするよりも自分の感性を重視します。温和な性格と優雅な雰囲気、それに華やかな芸術の才能は周囲の憧れの的に。寛大で同情心にも厚いので、ボランティア活動にも熱心で、困った人がいると助けずにはいられません。

そのため、華やかな業界や芸術関係、福祉関係が適職。マイペースに楽しみながらできる仕事や、心地よさと楽しみを感じられる環境にあれば幸せな人生が送れます。

ただ、こうした食神格ならではの才能や感性は嫉妬されやすくもあるので、他人に足を引っ張られないよう注意してください。

適職

料理人
作家、詩人
画家、デザイナー
インテリアコーディネーター
歌手
ダンサー
芸能人
広告マン
テレビ局員
幼稚園の先生

持って生まれた財運

よい財運と人気運の持ち主のんびりと長い人生を送れる

もともと財運はよいほうなので、衣食住に困るようなことはなく、好きなことをマイペースに続けていけるでしょう。自由で華やかな人生を送ることができそうです。また、子孫を多く残し、長生きする人が多いのも、このタイプの特徴。

人々の憧れの存在となりやすいため、その結果、人気とともに莫大な富を得ることもあるでしょう。

身弱の人　消耗しがちな力のチャージが重要

身弱だと、才能を発揮しすぎて疲れやすくなります。また、遊びや快楽にエネルギーが流れがちなので、どこかで補填するようにしてください。ただ、他人に害を及ぼすような悪い人はほとんどいません。食神と傷官はセックスのエネルギーを意味するので、快楽への欲求が強く、消耗しやすい一面も。

身強の人　才能を発揮して活躍できる

身強だと、現実世界にマッチして自分の才能を活かせます。料理人やアーティストなど自己表現の場で活躍するでしょう。また、食神と傷官はセックスのエネルギーを意味するため、セックスが好きな人も多いよう。食べるのが好きなので、ふくよかな人が多いのも特徴。大らかで争い事は嫌います。

VALUES

普通格局

傷《しょう》官《かん》格《かく》の人

感覚や感受性が鋭く
頭の切れる
おしゃべりタイプ

人生の価値観

自由を愛し、権力に反抗して弱者を助ける

傷官格は、感覚が鋭敏で、新しい技術を素早く習得します。さらに、感覚的で洗練されたものを好むでしょう。センスがよく流行にも敏感で、伝統的な物事にはあまり関心がありません。

また、話好きも多く、間違ったことも正しいと思わせてしまうほど口が達者です。歯に衣着せぬ物言いをし、言い争いならほとんど負けません。とはいえ、一方的に考えを相手に押しつけたり、権力を振りかざしたりするのは嫌いです。そのため、体制派に対して反抗心を抱きやすく、嫌いな人にはつい感情をむき出しにしてしまうでしょう。感受性が鋭いので、世の中のことを憂いを持って見る傾向もあります。

恋愛面では、男性は口うるさくなり、それがマイナスに映ることも。また、目下や庇護欲をそそる者に弱く、同情から恋愛に発展する人も多いでしょう。女性は自由な恋愛観や結婚観を根底に持つ人が多く、ルールに縛られると息苦しさを覚えます。不満から口論が増え、相手を攻撃してしまうこともあるので、適度な距離感を保つとよさそうです。

仕事に活かせる能力

知恵が働き革新的
独自の感性を活かせると◎

知恵を使って最短コースで目的を達成するタイプです。外交的な性格でもあり、人をうまく使って、要領よく目的を達成する聡明さも併せ持っています。頭の回転も速く、クリエイティブで独創性に富み、発明や発見の才能や、原因と結果を瞬時に読みとる才能もあります。

ただ、理想家で社会通念になじみにくく、自由に仕事ができないとイライラするでしょう。そのため会社員よりも、フリーの仕事や1人で没頭できるような技術職が向いています。

新しいアイデアが活きる分野や、独自のセンスを活かせる環境に身を置けば、発信者として成功します。

持って生まれた財運

財運はなかなかのもの
独創性がお金を生み出す

財を生み出す星を命式に持つので、なかなかの財運の持ち主です。もともと何もないところから、お金のネタとなるアイデアや企画を生み出せるので、無一文から財を成すこともできるでしょう。

仕事ができる人も多く、身強なら運が悪くても財運はそこそこ。ただし、身弱で運が悪い時は欲をかいて失敗しがちなので要注意です。

適職

- 技術研究員
- 技術コンサルタント
- IT関係
- 建築士
- 設計士
- 医師
- 編集者、ライター
- カメラマン
- 美容師
- 料理人

身弱の人　疲れをためないことが肝心

身弱の場合、素晴らしい才能を秘めているものの、エネルギーが流出しすぎるため、余裕がなくなりやすいでしょう。疲れると過敏で神経質な性格に。そのため、他人に少し気を使わせてしまいます。また、自らの巧みさをもてあそぶような性質が強まり、はかりごとをする傾向も見られます。

身強の人　非凡な才能で活躍できる

身強の場合、非常に聡明で機知に富み、非凡な才能を発揮することができるでしょう。技術の習得の早さも人一倍です。ただ、身強だと吐き出すエネルギーが強力になるため、言葉がきつくなり、無意識に相手を傷つけてしまうかもしれません。それでも、同性同士なら楽しい仲間になれそうです。

VALUES

普通格局

偏《へん》財《ざい》格《かく》の人

義理堅く
社交性あふれる
エンターテイナー

人生の価値観

人、物、お金の集まるところを愛する

偏財格は、人情や義理を重んじ、とても社交的で、人づき合いに価値を見出すタイプです。性格は明るく開放的で、サービス精神も旺盛。風流を好み、いろいろな趣味に手を出しては仲間を集めたがるのも特徴で、人の縁をどんどん結び、多くの人をもてなし楽しませることに喜びを感じます。

人づき合いにおいては、いつも相手の立場で物事を考え、円満な関係の構築を心がけているので衝突はあまりありません。ただ、とても現実的な思考の持ち主なので、あまりにも損失が大きいと怒りを爆発させることも。日常生活を重視し、精神世界よりも物質生活を重視する傾向があります。

また、公私ともに人気運が高いので、恋愛も充実します。ただ、そこでいい気になると、あらぬ噂を立てられたり、八方美人で遊び好きな人だと思われたりしてしまうので、けじめのある生活を送るように気をつけてください。

総じて、人、物、お金の集まるところに身を置けば、出会いの積み重ねが人気と人脈を生み出し、周囲の人々を巻き込んで幸せになれるでしょう。

仕事に活かせる能力

人脈を作る才能は抜群！お金を生む仕事が最適

社交的な性格でうまく人をもてなし、人脈を作る才能に長けています。ただ、生まれつきの太鼓持ちタイプで、場の雰囲気を盛り上げるのが上手な反面、話を誇張しやすい傾向が。程度がすぎると、「話半分に聞いておこう」と思われてしまうかもしれません。

変化には柔軟に対応しますが、多くのはかりごとを秘めている一面も。人づき合いや人助けのために昼夜を問わずいつも飛び回り、活動的な分、休息や自分のための時間が減りやすいのが難点です。

仕事では、お金もうけが上手なので商売人や店舗経営に向きます。創業者としても成功するでしょう。

持って生まれた財運

財運がよく財テクも大好き 惜しみなく使うことを楽しむ

大きくもうけて大きく使うタイプです。金銭にはあまり執着しませんが、自ら創業して無一文から財を築く人もいるほど、財運は良好。義理や社交のためのお金も惜しまずどんどん使い、気前のよさを発揮します。

財テクへの興味関心も高めです。運がよい時はもうけることができるうえに、たとえ悪くても大損することはないでしょう。

適職

証券マン
投資関連
商社マン
貿易業者
興行関連
商店経営
サービス業
営業マン
クラブ経営
人材斡旋《あっせん》業

身弱の人 頑張りすぎと遊びすぎに注意

身弱の人は、例えるなら財布の底が破けてしまったようなタイプです。疲れ切るまで頑張りすぎたり、お酒の飲みすぎで身体を壊したりすることも。また、社交が忙しくて自分のことが疎かになったり、家を空けたりしがち。遊び好きの傾向も強く、損失が大きくなりそうなので気をつけて。

身強の人 気前のよさで人間関係を築く

運がよい時は大もうけでき、気前もよくなります。うまく仕事を繁栄させられるでしょう。人前に立って喋ったり、芸事を披露したりするのも得意。そうして人を喜ばせるため、どんどん人気が高まって確固たる人間関係を築けます。身体は丈夫な人が多く、忙しくても大病知らずでしょう。

VALUES

普通格局

正《せい》財《ざい》格《かく》の人

とてもまじめで
穏やかかつ
頭の切れる人

人生の価値観

合理性や物質的な生活を重んじる

正財格はとても誠実で勤勉。さらに、穏健で保守的なタイプです。いつも善良で正しい人物でありたいと心がけているでしょう。

とはいえ、かなり合理的で虚飾や無駄は徹底的に避ける傾向があります。精神より物質的な生活を重んじ、浮世離れした話や、人生を哲学的に考えたりすることには興味を示しません。そのため、若くして明確な人生計画を立て、きちんと実行します。聡明かつ勤勉で倹約家のため、早めに住宅を購入する人も多いでしょう。

装いは質素でスタンダードなものを好み、いつもきちんとした印象を持たれ、人から信頼されやすいのも特徴です。ただ、落ち着いた外見とは逆に気は小さいので、大胆なことはできません。頭が固くて現実的なところが欠点と映ったり、倹約がすぎてケチと言われることもありそうです。人をあざむくようなことは決してありませんが、いい加減な人に振り回されると不満が蓄積し、突然爆発することも。

恋愛観もまじめで結婚向き。家庭生活を大切にし、家族への責任感も強く持っています。

仕事に活かせる能力

手堅く安定した分野が吉
コツコツ丁寧に仕事をこなす

常識的な人物で、現実的な価値判断が正確にできるので、実務をきちんとこなします。また、何事に対しても丁寧で几帳面に接し、労働をいといません。コツコツと業績を重ねていけるので、不当な手段でもうけるようなことはしないでしょう。

特に、経済的に手堅く安定していて、信用が軸となる分野や、地道な努力が認められる環境に身を置くとよさそうです。人から厚い信用を得て、あらゆる豊かさを享受することができるでしょう。

具体的には金融関連や税理士、財務に関する業務といった、お金にまつわる仕事が吉。不動産に関する仕事や大手の会社勤務もおすすめ。

適職

公務員
銀行員
不動産業
生命保険員
製造業
財務関連業
税理士
会計士
アパート経営
資格試験関連業

持って生まれた財運

倹約家で財テクも大好き
手堅く財産を作るタイプ

金銭感覚に優れ、よい財運の持ち主です。無駄を嫌う倹約家で、コツコツ稼ぐタイプ。質素な暮らしを好み、贅沢や華やかさを嫌悪します。

貯蓄や財テク、不動産購入などにも積極的ですが、投機的な方法ではなく、手堅く資産を作ります。また、裕福な家庭に生まれることも多く、先祖からの陰徳（ご利益）を受けられる天命もあります。

身弱の人　ビジネス向きの倹約家

身弱だとより倹約を意識するようになり、全タイプのうち最もお金に細かいタイプとなります。もともと堅実で、先天的なエネルギーが弱いため、手堅さの権化となるのです。ややおもしろ味には欠けますが、ビジネスには向いています。特に、無理のない積み立て型などの安全な投資がおすすめです。

身強の人　芯が強く金銭管理も上手

身強の場合、かなりのビジネス向きで、堅実にじっくり投資をするタイプとなります。また、芯の強いしっかり者が多く、お金の管理もきちんとします。運がよい時には莫大な財産を築くことができるでしょう。もし運が悪くても、極貧になったり、投資や投機で大損するようなことはありません。

VALUES

普通格局

偏《へん》官《かん》格《かく》の人

正義感が強く
義理人情に厚い
ボスタイプ

人生の価値観

権力を愛し、上下関係にこだわる

偏官格の人は、義理と人情に厚く、強い正義感を持っています。大衆を率いる英雄的な人生を理想とし、大きな野心を抱いているでしょう。また、竹を割ったような率直でさっぱりした性格で、わかりやすいタイプ。激烈で熱しやすい性質も持ち合わせ、常に是非を問いたがります。見た目に迫力があり、すぐには屈服しません。勇敢で武力を重んじ、知力を軽んじる一方、知識人の教養をうらやましいと思うことも。

人間関係においては、横暴なようでいて権力を重視するので、目上の言いつけはしっかり守るほうです。ただ、マウントをとりたがり、どんな相手とも競って上下関係をつけようとします。人のことをあまり信用しておらず、猜疑心も強くて一匹狼になりがち。人間関係を敵と味方に分ける傾向も。

恋愛でも、弱い人や困っている人を放っておけず、同情から恋愛に発展します。女性は面倒見がよく、男性は面子を立てたがる人が多いでしょう。

運が悪い時は、裏社会や反社会的団体に関わりやすいので、交友関係には気をつけてください。

仕事に活かせる能力

封建社会で才能を発揮する戦国武将のようなタイプ

高い志と行動力があり、戦うことや失敗を恐れずに努力、まい進し、幾多の試練にもよく耐えます。

仕事はできるほうですが、粗っぽさが玉にきず。同業者を中傷する傾向もあり、争いに発展することも。はかりごとで人に害を与えることもありますが、相手に征服され一度忠誠を誓うと、家臣のように才能を発揮します。上からの命令はやり遂げ、お世話になった人への恩義も忘れません。傘下の人の面倒見もよく、封建的な社会が適します。

警察組織や保安関連の仕事に適し、立場を競うような分野も◎。やがて高い地位を得て実権を握り、社会で大役を担うでしょう。

持って生まれた財運

面子を守るために大出費おごり体質でピンチも!?

財運はそれほどよくありませんが、ステータス志向で面子を重んじるので、そのための出費は惜しみません。ブランドもののスーツや靴なども躊躇《ちゅうちょ》なく購入します。

また、部下や目下の人に対しておごり体質になりやすく、平然とした顔をしていますが実はすっからかんということも。定期的にお金の使い方を見直すことが大切です。

適職

自衛官
司令官
警察官
外科医
指揮者
武術家
外交官
会社役員
消防署員
スポーツインストラクター

身強の人 気前がよく豪快な親分肌

身強の場合、親分肌で頼りがいがあり、豪放磊落《らいらく》な感じが表に出ています。全体を統率し管理する役目を果たすには最適。ここ1番という時には大きな声を出して相手を威圧しますが、普段は物静かです。面子を重んじ、格好悪いことは絶対にしません。女性は男性を立てるのが上手です。

身弱の人 押しに弱いので自分を強く持って

身弱だと虚勢を張りたがりますが、格好だけになりがちです。運が悪いとお金に苦労し、使いっ走りになったり、何事もまっとうできなくなるので、分不相応なことは避けましょう。強く押されると折れやすいので要注意。目下には強く出て偉そうにしますが、実は弱くて見かけ倒しということも。

VALUES

普通格局 正《せい》官《かん》格《かく》の人

規律を守る
礼儀正しい
官僚タイプ

人生の価値観

欲は見せず、規律と礼儀を守り抜く

正官格の人は、礼儀と規律を守ることに最も価値を見出します。そのため、いつもルールに従い几帳面。我を捨てて人に尽くす、忠誠心も備えています。性格はとにかくまじめで善良。なおかつ優しく純粋な正直者です。高貴で優雅な気質も備え、知的で常に自身を律し、どんな環境にも順応できるでしょう。

品のないことや欲望をあらわにすることを好まず、本音もあまり出しません。服装も清楚でスマート。女性は行儀がよく、男性は品行方正、紳士ですが、ややおもしろ味に欠けた人物と見られることも。

恋愛においても、まじめな恋愛観や結婚観を持ち、きちんと順序を追って結婚へたどり着きます。お見合いや正式なパーティーで相手を見つける人も多いでしょう。

自由な行動より約束や前例、ルールを規範とし、その行動が尊敬の的となって名声と権威を得られます。公的な場に引き出されることも増えるでしょう。ただ、世間体や面子を気にしすぎて、上辺だけでも名声を得ようとしがちな一面も。裏で取り繕うことにならないように注意しましょう。

仕事に活かせる能力

高い管理能力で出世しやすく信頼の置ける責任者タイプ

上下のとりなしや人をとりまとめるのがうまく、相手の能力に応じて役割分担をし、全体をうまく取り仕切ります。

そうした能力とまじめな性格で功績を次々と上げ、人から信用されるようになるでしょう。結果、どんな場でも自然と責任者を任せられ要職に就きます。出世もしやすい有能なサラリーマンタイプです。

正官は昔の中国の官吏のこと。つまりお役人の星です。そのため、国家公務員、とりわけ国会議員や官公庁の職員として国のために働いたり、大企業に勤務するのが向いています。適所で本務を果たすことで、自身の運も開けるでしょう。

持って生まれた財運

まじめな仕事ぶりで財運は安定 ただ、運が悪いと苦労しがちに

それなりに安定した財運の持ち主です。とてもまじめで堅実なので、きちんと自分の仕事を果たしていれば、定期的な収入を得られます。

また、運がよい時には、高い地位と莫大な財を得ることもできるでしょう。逆に運が悪い時は、お金に苦労しやすくなりそうです。その間は無駄遣いを避け、散財しないように気をつけましょう。

適職

公務員
官公庁職員
国会議員
大臣
都道府県議会議員
市区町村議会議員
法律関係者
裁判官
会社員
組織の運営者

身弱の人 決断力が弱りがち 休息を大切に

身弱の場合、運が悪いと過度に束縛されたり、度胸や決断力が弱まって優柔不断になりやすいでしょう。また、任された仕事が重荷となり、まっとうできないことも。さらに、疲れすぎて休みがちになったり、身体を壊したりします。そういう時はきちんと休息をとり、そのうえで役目を果たす努力を。

身強の人 高い地位を得るがプライドには注意

身強の場合、運がよい時は任務を最後までまっとうできるので、功名を得て高い地位にあがります。ただ、プライドが高く、ええかっこしいになる傾向があります。運が悪くなると、お金がなくなり、ブランドものを着ていても裏地はボロボロ、なんてこともありそうなので気をつけましょう。

VALUES

普通格局

偏《へん》印《いん》格《かく》の人

知的好奇心旺盛で
凡俗さを嫌う
ユニークな人

人生の価値観

物質的な充足よりも、心の充足を重視する

偏印格の人は、物質世界よりも内面の世界を重視するタイプ。旺盛な知的好奇心を満たすことに、大きな価値を見出します。そのため、常に物事に対して疑問を抱き、熟考や瞑想を好みます。風変わりなことにも興味を抱きやすく、非現実的なことや精神世界を深く理解します。思索や芸術活動に適した静かな環境を好みます。

神秘的なことや珍しいもの、行ったことのない異郷の地などに魅力を感じ、凡俗さを嫌います。ただ、独特な内面世界を重んじるため、世間の常識などには疎くなりがちです。束縛を嫌うので、放浪の旅にフラリと出ることも。飽きっぽいのも玉にきず。

　思ったことを軽々しく口にしないので、消極的で謙虚な人に見られがち。インテリで親善的な印象も与えます。慎重な面もあり、恋愛でもシャイで奥手。中性的な印象で、異性からは安心されます。

　また、生活様式や行動パターンが独特なので、変わり者だと思われることも。そのうえ、人と理解し合えないとわかると、すぐ離れようとしますが、相手を理解しようと努力することも大切です。

仕事に活かせる能力

お金もうけには不向きかも 好奇心を満たす自由な仕事が◎

直感が冴え、物事の核心をつかむ洞察力に優れています。ただ、現実面での合理的な処理がうまくできず、小さなことにもこだわりがち。

また、非常事態の処理も苦手で悲観的で取り越し苦労が多いため、商売や金もうけには向きません。それに加えて束縛を嫌うので、時間や場所に拘束される仕事も不向きです。

このタイプは、知的好奇心を満たし、自由度の高い分野に関わるとよいでしょう。思索にふけるうちに明瞭な心境に導かれ、その真理への探求が多くの人を覚醒させることにつながります。学者や作家、占い師やスピリチュアルカウンセラーなど精神世界に関連する仕事も◎。

持って生まれた財運

一般的に財運はよくないほう でも運がよければ潤う暗示

財は偏印を剋すものとなるので、一般的に偏印格の人は、あまりお金に興味がありません。悪い運がめぐる時は、お金に苦労しそうです。

また、お金もうけに走ると学術が成り立たなくなるように、お金を遠ざけたほうが吉なので、金銭に無頓着な傾向も。ただし、大運に吉運がめぐり命式に偏財や正財が複数あれば、十分なお金が入ってきます。

適職

工芸家
占術家
旅行家
新聞記者
作家
編集者
気功師
スピリチュアルカウンセラー
心理学者
研究職

身強の人 知的好奇心をうまく活かして

身強の場合、命式に偏印や印綬が多く、偏財や正財がないと、行いが正しいのにお金がない状態に。それでも大運に吉運がめぐれば、お金や地位に恵まれます。知的好奇心が極まり、勉強しすぎて引きこもるという弊害も。学業以外にもエネルギーを使い、必要なお金を稼ぐことにも意識を向けて。

身弱の人 学業の探求が幸運につながる

身弱の場合、月支に自分が喜ぶものが入るので、物心のバランスがとれます。そのため、勉強好きな面がよい方向に出て、より研究熱心になり、成果をあげられそうです。また、母親や祖母がよい影響を与えてくれるでしょう。とにかく勉強し続けることが運を開き、人に教えるのも吉となります。

VALUES

普通格局

印《いん》綬《じゅ》格《かく》の人

勉強熱心で
優しく誠実な
努力家タイプ

人生の価値観

気が優しく、飽くなき探求心を持つ

印綬格は、好奇心が旺盛で、豊富な知識を持つインテリタイプ。その好奇心を満たすことに、価値を見出します。母親や年長者から愛情を受け、大切にされて育ったため、お年寄りや目上の助言をよく聞き、とてもかわいがられます。社会性や開拓精神には欠けるので、言いつけを守りながら、保守的な人生を歩む人も多そうです。

性格は素直で優しく、おっとりしていて控え目。宗教心に厚く、慈愛の心を持ち、気の毒な人がいると放っておけません。行動も礼儀正しく善良で、ゆっくりと話すのも特徴的です。

恋愛においても内向的で自分から好きとはなかなか言えず、思いを人に伝えてもらうようなタイプ。嫌だと思っても断り切れず、悶々と悩むこともありそうです。

苦しみに耐えるのは苦手で、忍耐力は弱め。一方、自信過剰で利己的な言動も多くなりがちで、やってもらって当然という甘えの気持ちも。そのため、自分に目標を課し、危機意識を持たないと、何もせず遊んで暮らすような人生を送ることになりかねないので気をつけましょう。

仕事に活かせる能力

学術分野に携わると吉 お金もうけや競争は苦手

学ぶことを好み、物事を丁寧に観察して綿密に考えるタイプ。記憶力もよく、様々な知識を吸収し、正統な学問や学術を重んじます。

また、愛されて育ったがために、人のはかりごとには疎く、競争社会では知らないうちに足を引っ張られることも。競争の激しい分野には向かず、お金もうけも不向きです。

慈善的な分野や学術的な分野がベストで、学者や研究家、教師やカウンセラーなどがぴったり。自分の考えや研究結果をどんどん発表すれば、評価を得ることができ、運も開けます。積み重ねた研究は真理を捉え、後世に大きな知的業績と研究成果を残すことになるでしょう。

持って生まれた財運

あまり財運はよくないものの 適職に就けばアップの予感

財は印綬を剋すものとなるので、一般的に財運はあまりよくありません。また、学術に夢中で、お金に無頓着になりがちな弱点も。物欲はあっても、そのためにお金を稼ぐという発想には思い至りません。

特に運が悪い時は、お金に苦労しがち。ただし、知識を活かせる職業に就いたり、好奇心を満たすことに関われば、財運もアップします。

適職

学者、研究家
大学教授
宗教家
教師
カウンセラー
作家、文学者
科学系の研究者
図書館司書
学校職員
学芸員

身弱の人　自己探求を続け、任務を果たすと◎

身弱だと命式のバランスがとれるように。そのため、勉強好きな面をどんどん押し出しても、それが悪い影響を及ぼすことにはなりません。生涯勉強を続けて、自分の役割をまっとうすれば、運が開けるでしょう。教師になるなどして、人に自分の知識を教えてあげると、さらに運がよくなります。

身強の人　一途な努力がいずれ実を結ぶ

身強だとお坊ちゃま・お嬢様育ちとなり、依頼心が強まり自分の世界にこもりやすくなる傾向が。できると言ったことを完遂できず言い訳することも。また、一生懸命勉強してもあまり成果があがらず、実利が伴わないということもありますが、くさらずにコツコツと努力し続けることが大切です。

VALUES

特別格局（極身強）
従《じゅう》旺《おう》格《かく》の人

自我が強く
我が道を突き進む
マイペースタイプ

人生の価値観

自分の気持ちに正直に歩む

身強の極みの極身強となる従旺格の人は、我が道をマイペースに突き進むタイプです。普通の人とはまったく違う人生観を持ち、独立心と自我が強く、少しのことではくじけません。いつも元気で主観も強く、自分の思った通りに生きたほうが、よい人生を送れます。他人の意見より自分の考えを尊重すると、開運できるでしょう。

比肩と劫財は、「自分と同じもの」を意味するため、この格局は自分自身の集合体ともいえます。そのため、自分によく似た友人に恵まれ、彼らにいつも助けてもらえます。兄弟姉妹との仲もよく、身内の援助も受けられるはず。普通格局の身強が強くなりすぎると一匹狼となったり、家族とは仲が悪くなりやすいものの、その真逆となります。

恋愛もマイペースで、肩を並べて歩いていけるような相手を好むので、兄弟姉妹に似た人や友達のような人を選ぶとよいでしょう。女性は婿をとるのも◎。

吉運がめぐると発展する一方、強運がめぐると極端に不遇になるなど、吉凶の表れ方が顕著なのも従旺格の特徴です。

仕事に活かせる能力

自分の直感を信じて大成功
家業を継ぐのもおすすめ

自分がこれだと思った仕事を選ぶと大成功するので、直感を信じて進みましょう。大きな仕事を手がけて、高い地位を得る強運にも恵まれます。

仲間との共同事業や起業も吉ですが、新しいことを始めるには、運のよい時期を選ぶ必要が。運の悪い時は苦労も多くなるので、守りに徹しましょう。もしうまくいかなくても、周囲に頼ったり、組織に属したりすれば、負のエネルギーを分散できます。欲をかかずに低空飛行を続ければ、必ず浮上するでしょう。

また、老舗の商家や寺社の跡継ぎとして生まれてくることも多いタイプです。伝統的なことに関わると◎。

持って生まれた財運

運がよい時は大金持ちに！
一方運が悪いとすっからかん

財運も運の良し悪しが極端に影響します。運がよい時は、仕事の業績がよく伸びたり、時流にうまく乗ったりして、急激に財運が上昇するでしょう。

一方、運が悪い時は、どんなに仕事を頑張っても貧乏なままだったり、財産を失ったりと、何かとお金に苦労しそう。そのため、出費を抑えるよう心がけるとよさそうです。

適職

寺社仏閣の僧侶や宮司
家業の後継者
伝統工芸の職人
伝統ある企業の継承者
老舗店の店員
好きな仕事全般

四柱推命 Q&A

Q **格局の診断結果がいまいちピンと来ない場合は？**

A **自己認識不足かも 自分自身の内面を掘り下げてみよう！**

格局の性格に自覚がないということは、月支の蔵干が天干に表れず、内在していると考えられます。この場合、自己分析不足で、自分自身への理解度が低いのかもしれません。格局に表れる価値観を無視して人生を成就させることは難しいので、もっと深く内面を掘り下げて、観察してみましょう。

VALUES

特別格局（極身強）

従《じゅう》強《きょう》格《かく》の人

聡明でアカデミックな
人生を歩む
知識人タイプ

人生の価値観

旺盛な学習意欲を持って成長し続ける

身強の極みの極身強となる従強格は、知的好奇心と学習力に優れた聡明な人で、学識の充実した人生を歩むタイプ。普通の人とはまったく違う人生観を持ち、非常に自我が強いのも特徴です。

偏印と印綬には「自己を生じるもの」という意味があり、従強格はそれらに囲まれている命式となります。そのため、師や母親といった、自分を守り、教え育ててくれる人が集まってきます。そして、その人たちの導きにより、生涯にわたって成長し、人生の道も開かれていくので、彼らのアドバイスをよく聞くとよいでしょう。

また祖母や母親、兄弟姉妹との仲もよいため身内から援助を受けることができます。本来身強の度合いが強すぎると家族と仲が悪く、孤独になりがちですが、そうならないのが従強格の特徴です。

恋愛傾向も独特ですが、自分を守ってくれる人と一緒にいれば幸せになれるでしょう。

吉運がめぐると、どんどん発展していきますが、凶運がめぐると不遇となりやすく、こうした吉凶の表れ方が顕著なのも、従強格の特徴です。

仕事に活かせる能力

アカデミックな仕事が吉
運がよいと才能を発揮できる

吉運がめぐった時は才能を発揮できますが、そうでないとあまりパッとしないかもしれません。運が悪い時は動き回らずじっとして、分相応の環境でコツコツ頑張ることが大切です。また、組織に属したり、周囲に頼ったりすると、負のエネルギーが削がれてよい方向に進みます。

もし仕事や人生そのものに不調を感じても、悩む必要はありません。志を捨てずに努力を続ければ、必ず浮上できるからです。死後評価されるような事例もあるので、くさらずに努力を続けましょう。

仕事は学術的なことや教育関係が向いています。逆にお金もうけが苦手なので、商売には不向きです。

持って生まれた財運

運がよければ財に恵まれるが
そうでないと慎ましやかに

運がよければ大きな財に恵まれ、それなりに評価もされるでしょう。一方、運が悪いとお金に苦労するようになります。ひどいとまったく貯金がなくなり、生活費にも困るような貧乏な生活を強いられることもありそうです。

お金もうけは苦手なので、教育関係など自分の得意分野に携わり、地道に努力を続けるとよいでしょう。

適職

教師
教育者
大学教授
講師
考古学者
数学者
医者
開発・研究職
図書館司書
博物館の学芸員

四柱推命 Q&A

Q 格局の診断結果と、実際の他人からの評価が異なります！

A 期待に応えるだけでなく、本来の自分をアピールして！

周りからは診断結果と異なる評価を得ている場合、天干に格局と異なる性質の通変星がずらりと並んでいると考えられます。本人には自己理解があっても、周りの期待に応えてつい外的基準で動いているのでしょう。まずは自分本来の価値観に気づき、それから用神にあたる通変星の能力を使いこなすことが大切です。

VALUES

特別格局（極身弱）

従《じゅう》児《じ》格《かく》の人

頭の回転が速く
明朗快活な
話術に長けた人

人生の価値観

超人的な感性と人生観を持ち、人に奉仕する

身弱の極となる従児格は、命式に食神と傷官が多いタイプです。食神と傷官は我が生み出すもの、すなわち子どもを表すため、児童に従う格ということから「従児格」と名づけられています。

頭の回転はとても速く、まさに口八丁手八丁。機転もきいて、語学が得意な人も多くとても快活です。さらに、一般的な物差しでは捉えられないほどの鋭い感性と人生観を持ち、大物の風格が。センスのよいものや心地よいもの、美しいものや好きなものへの嗅覚も抜群です。

人に奉仕することで開運するのも、このタイプの特徴です。運が悪い時でも、かなりよい人生を手にできるでしょう。また、類まれな体力の持ち主で、どんなに忙しくても大丈夫という人も。

社交性が高いため、恋愛も得意で経験豊富です。サービス精神も旺盛なので、相手を喜ばすのが上手でしょう。また、好きな人の存在が行動の原動力になります。

基本的には、自我を捨てることで運が開けます。逆に自己中心的になると運が悪くなるので、気をつけましょう。

仕事に活かせる能力

得意分野で頭角を現し、高い地位まで上りつめる

どんな職種や環境においても、クリエイティブで芸術的な才能を発揮できるのがこのタイプ。表現力が豊かで外交的なので、特別な立場に上りつめることができます。

また、時代の流行をいち早く捉えることができるので、ヒット商品を生み出すこともできそうです。口が達者なので、政治家などにも向き、旺盛なサービス精神を活かせるサービス業も適職です。

創造力や企画力、語学、音楽、美術、先端技術といった、食神や傷官が意味する分野での才能が発揮される人生を送る人もいるでしょう。スペシャルな才能で、世界的に活躍する人が多いのが特徴です。

持って生まれた財運

相当な財運あり 運が悪くても問題なし

運がよい時は、財運も連動して爆発的によくなります。もし運が悪くて財運が低迷したとしても、才能を活かせる仕事に就けばかなり稼げるので、経済的な不安はありません。

ただ、比肩や劫財の運（CHAPTER3参照）がめぐると損をしやすくなるので、会社勤めや結婚に目を向け、手堅い財運を手に入れるのもよいでしょう。

適職

- 政治家
- 芸術家
- 画家
- 歌手
- ダンサー
- ホテル経営
- IT関連業
- レストラン経営
- キャビンアテンダント
- アナウンサー

四柱推命 Q&A

Q 自他共に納得の結果であるものの少し違和感が……

A 際立った才能に隠れている、本来の人格にも目を向けて

診断結果を自他共に認めはするものの違和感が残る場合、命式全体を特定の通変星のみが多く占領し、しかも格局と異なると考えられます。最も多い通変星の才能や特質だけが目立っているのです。本人の人格は日干にあることをまずは自覚し、突出した才能は世渡りする時の武器にするとよいでしょう。

VALUES

特別格局（極身弱）

従《じゅう》財《ざい》格《かく》の人

最強の財運と
人脈に恵まれる
人気者タイプ

人生の価値観

豊かな富と人脈を築き、華やかに過ごす

身弱の極みにある極身弱の従財格は、命式に偏財と正財が多い人です。偏財と正財は、「我が剋すもの」、つまり財に従う格という意味から「従財格」という名がつけられています。読んで字のごとく強い財運が最大の特徴です。また、サービス精神も旺盛で、人を喜ばせたり、もてなしたりするのが得意。性格は柔和で朗らか、社交的でお金遣いもよく、性別を問わず人気者です。

そうして自然と人が寄ってくるので、いつも周囲はにぎやか。人脈に恵まれるので、たくさん人を使う立場が向いています。どのような環境にあっても、人とうまく関わり合っていけるでしょう。

恋愛においても、男性なら多くの女性に囲まれる人生となります。一方、女性は部下などの目下の人間を、周りにはべらせるようになりそう。また男女ともに、自分の手足となって働いてくれる人が、相性のよい人となります。

ただし、自己中心的になってしまうと、運が悪くなってしまいます。自我を捨て、人のために生きるようにすれば、おのずと運が開けていくでしょう。

仕事に活かせる能力

ハードな仕事も次々こなし ガンガンお金を稼ぐ人

とても体力があり、徹夜が続くような激務になっても、バリバリ仕事をこなします。どんな職種や環境でもお金をもうけて財産を築くことができるでしょう。

特に偏財や正財が意味する、不動産や動産、人脈といったものを獲得する才能が発揮できる環境が最適です。多くの人に喜ばれ好かれることで、巨額の富を得る人も。ある意味、社交的にしてさえいれば、お金も人もめぐり、好循環が生まれます。

とにかくお金もうけが上手なので家業を継いでも起業をしても成功します。株や先物取引など投機的なマネーゲームも得意。一時的に損をしても、すぐ回復するでしょう。

持って生まれた財運

お金の心配は無用！ 最強の財運に恵まれる

この人に勝る財運の持ち主はいないというほど強力な財運の持ち主。資産家や名家の跡取りとして生まれてくる人の多い格局でもあります。

特に運がよい時は、莫大な富を得ることができます。運が悪い時は多少財運も悪くなりますが、他の人に比べればそんなに悪くありません。従財格の人は、貧乏になる心配はないでしょう。

適職

- ビジネス全般
- 事業家
- 銀行員
- 貿易業
- 不動産業
- 店舗経営
- 証券関連業
- 投資関連業
- 貸しビル業
- 家業の跡継ぎ

四柱推命 Q&A

Q 格局からも相性を診断することはできますか？

A 格局が同じか違うかでお互いへの理解のスピードに差が

大別すると、格局が同じであれば、興味の対象が一致するため意気投合するのが早く、お互いへの理解がスムーズに進みます。一方、格局が異なる場合は価値観が違うため、お互いの考えを理解するのに時間がかかります。長所を認め合えれば、それぞれの持ち場を守ったよい関係が築けるでしょう。

VALUES

特別格局（極身弱）

従《じゅう》殺《さつ》格《かく》の人

素直さと
忍耐強さを
併せ持つタイプ

人生の価値観

人の話をよく聞き、従順にアプローチする

　命式に偏官と正官が多く、かつ身弱の極みにある極身弱の人が従殺格となります。通常、正官を「官」、偏官を「殺」と呼び、合わせて「官殺」と略します。官殺は我を剋す星。この官殺に従う格なので「従殺格」と名づけられています。

　身弱にとって官殺はつらい存在ですが、極身弱になるとよい存在となります。つまり、地位のある人に従うことで恩恵を受け、しだいに人生が花開き、社会的に高い地位や権力などを極め、恵まれた人生を送ることができるのです。

　また、封建的な上下関係の中に身を置くことを好むので、いわゆる縦社会が向いています。上下関係に敏感で、立場を明確に分けたがる一面も。性格は負けず嫌いで忍耐強く、強い使命感を持つのが特徴です。

　恋愛面では、女性は眉目秀麗な人が多く、たくさんの異性に囲まれそう。男性は自分より立場が上の優秀な人との相性が良好です。

　自我を捨て、目上の言うことをよく聞くのが開運のカギ。逆に傍若無人に振る舞うと、運が悪くなるので気をつけましょう。

仕事に活かせる能力

管理能力に人一倍優れ自分の役割を遂行する

偏官と正官は、社会におけるボスを表すので、組織の中では上司の命令や指示に忠実に従います。そして、常に自分の役割を果たそうと努力し、きちんと任務を遂行するでしょう。管理能力も抜群で、どんな仕事もじっくり取り組みます。

また、自由気ままに仕事をするよりも、役割を与えられ、それをやり遂げるほうが◎。任務を果たすことで、成功をおさめます。

具体的には偏官や正官の意味する「地位や権威」を得る才能が最大限に発揮される仕事や職場がおすすめ。なかでも、序列と秩序を守る、政財界や法曹界、軍事業界といった組織社会が向いています。

持って生まれた財運

目上の運が栄えることで恩恵を受けて財運アップ

運がよい時は、目上の運が栄えることで権限を与えられ、その恩恵を受けられます。

逆に運が悪い時は、財運も悪化。さらに比肩・劫財の運（CHAPTER3参照）がめぐると、鳴かず飛ばずの状態となるので、きちんと会社勤めを。有能な人と結婚して家庭に入るのも◎。商売をするならブランド化が成功のカギに。

適職

政治家
国家公務員
大手企業の管理職
弁護士
裁判官
警察官
自衛官
警備保障関連
官公庁関連
ブランド関連

四柱推命 Q&A

Q 五行の応用についてもっと知りたいです！

A この世の森羅万象は、陰陽五行説がベースにあるよ

五行はここまで紹介した以外にも色、方角、五常（人が常に行うべき5つの徳目）、五志（情緒）、性質の順に、次のように対応しています。

・木……青、東、仁、怒、拡散
・火……赤、南、礼、喜、上昇
・土……黄、中央、信、思、往来
・金……白、西、義、憂、一方
・水……黒、北、智、恐、下降

VALUES

特別格局（極身弱）

従《じゅう》勢《ぜい》格《かく》の人

周りの環境に自分を合わせる適応能力抜群の人

人生の価値観

周囲にアンテナを張り、柔軟に対応する

命式が食神と傷官、偏財と正財、偏官と正官によって均等に占められ、かつ身弱の極みにある極身弱の人が従勢格にあたります。自分以外の勢いに従う格という意味から名づけられました。そのため、本来は日干（自分）のエネルギーを削ぐ、これらの通変星すべてが吉の作用を及ぼします。

逆に我の強い比肩と劫財、印綬と偏印は凶作用を及ぼすので、自我を強めると運が悪くなります。つまり、自分のエネルギーを消耗すると運が開けるのです。どんどん外に出て人と会い、バリバリ仕事をこなしましょう。他人に干渉したり、されたりするのも◎。

性格は円満で多くの人に愛されます。柔軟な発想で、あらゆる局面を臨機応変に乗り切る、世渡り上手な人でもあります。恋愛でも「なんでもこい」というタイプ。相手にエネルギーを使えば使うほど運が開けますが、一方で相手に尽くされるとあまり長続きしない傾向も。

とにかく、周りの環境や状況に素直に従い、柔軟に対応していくことが幸運のカギとなります。強い自己主張は控えめに。

仕事に活かせる能力

豊かな才能に恵まれて どんな環境でも活躍できる

様々な才能に恵まれ、それらを遺憾なく発揮することができます。その結果、富や名誉、地位に恵まれる人生を送ることができるでしょう。

何でもチャレンジし、どんな環境にも自分を合わせるようにすると、仕事も人生もうまくいくはずです。そうした柔軟性が開運のカギとなるのです。吸収よりも放出、入力よりも出力するのが吉となるので、新しいことを始めるなら、家で黙々と勉強するのではなく、学んだことを発表する場を持つとよいでしょう。

また、芸能人や有名人に多いのもこのタイプ。才能豊かでどんな仕事にも対応できるので、すべての職業が適職ともいえるかもしれません。

持って生まれた財運

どんな仕事でも十分稼げる なかなかの財運の持ち主

命式に偏財と正財が多いとお金に縁が深いタイプに。何をやってもつぶしがきき、財運は抜群です。

会社勤めをしても、自分で事業を起こしてもそれなりのお金が入ってきます。収入が不安定な業種であっても、世に認められてお金を得られるのが特徴です。業種を限定することなく、どんどん仕事をして財運をアップさせましょう。

適職

芸能人、タレント
アイドル、歌手
ダンサー
音楽家
芸術家
事業家
政治家
通訳
貿易業
海外に縁のある仕事全般

四柱推命 Q&A

Q 運が悪いと感じたり落ち込んだ時の気持ちの切り替え方は？

A 身心が癒やされ開運につながる瞑想を取り入れよう

イメージ瞑想法で心を落ち着けるのがおすすめです。雑音のない静かな環境を確保し、座って目を閉じましょう。そして、好きな自然の風景を思い浮かべてください。色、音、感触を具体的にイメージし、リラックスしたと感じたらそっと目を開けましょう。天地との一体感が、心を安定させ運気を高めます。

四柱推命

LESSON 5

用神・忌神で運気の波をつかむ!

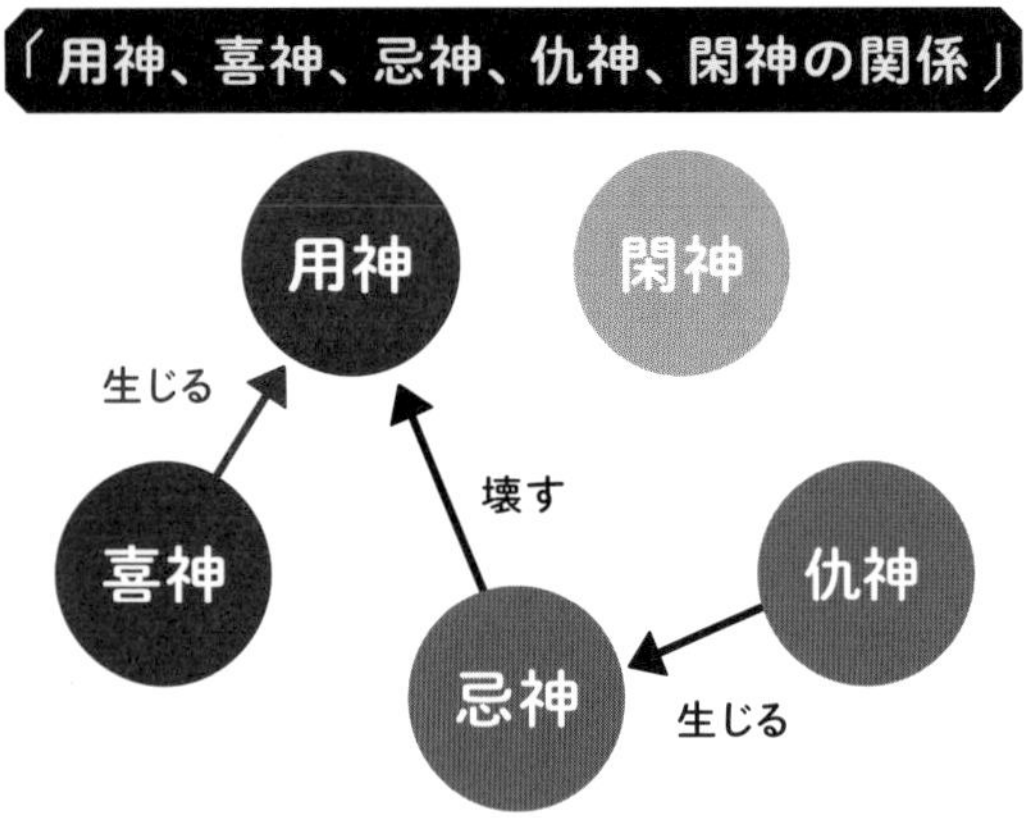

吉凶のカギを握る 用神《ようじん》、喜神《きじん》、忌神《ぎじん》、仇神《きゅうじん》

109ページでも簡単に説明しましたが、命式の中で最も重要な働きをする五行のことを「用神」と言います。四柱推命ではこの用神から、運の吉凶を把握します。

用神が強まると吉の作用が表れるため、用神が強まる年や月、日は吉運期となります。逆に用神の働きが壊されると、凶の作用が表れ、用神が壊される年や月、日は凶運期となります。

五行のなかで、用神にあたる五行が吉を最も呼び込む神となり、その用神を生じる五行を「喜神」といいます。用神と喜神はともに吉を呼び込みます。

反対に、用神を壊す五行が凶を最も呼び込む神の「忌神」で、その忌神を生じる五行を「仇神」といいます。忌神と仇神はともに凶を呼び込みます。

残りの五行は「閑神《かんじん》」といい、吉にも凶にもなります。

求め方は110ページを参照してください。

吉凶の神が与える影響を知って開運しよう

用神が強まる幸運期に、その運のよさをさらにアップさせて開運するには、用神をより活性化させる必要があります。それには、あなたの用神の働きにあてはまる行動をとるなど、用神が意味する事柄に積極的に関わるのがベストです。

次のページからは、用神が活発な時の状態を、タイプ別に解説しているので、参考にして開運法を見つけてください。活性化させるポイントも記載しているので、意識的に取り入れるとよいでしょう。

なお、別冊の「用神・喜神・忌神・仇神の早見表」(2〜3ページ)では、「比劫」のように、2つの用神(この場合「比肩」と「劫財」)を省略して表していますが、ここでの解説は、多いほうの用神の欄を読んでください。命式中に2つの用神が同じ数表れている場合は、両方の解説を読みましょう。

また、地支に表れている場合は本気、中気、余気の順番に優先されるので、先に表れた用神の解説を見てください。

運気を下げる忌神に気をつけて!

逆に、用神の働きを壊す忌神が活性化すると、運が悪くなります。さらに忌神や仇神が意味する行動をとっても、運が悪くなってしまいます。

そこで、まずは自分の命式に表れている忌神を探し、それぞれの忌神が活性化した時の解説を読んで、普段からそういう状態にならないよう心がけてください。

トラブル回避のアドバイスも記載しているので、積極的に取り入れましょう。そうすることで、いろいろな危険やトラブルを回避でき、幸せに過ごせるようになるはずです。

運の良し悪しに
一喜一憂しないこと!
開運ポイントとアドバイスを
取り入れてね

用神または忌神が 比《ひ》肩《けん》 の人

用神　よき仲間に恵まれ、周囲から信頼を寄せられる

人柄がよく、普段は便利に使われがちですが、比肩が活発に働いている時は、自分の意見を打ち出すことができ、思い通りに物事が進みます。

また、周囲に気の合う人々が自然と集まってきて、よき仲間に恵まれるでしょう。仕事や人助けに忙しく、少し疲れやすい面もありますが、周りの人からの励ましや、厚い友情によって乗り切れるようになります。

そしてしだいに自尊心も取り戻し、自分らしく毎日を過ごすことができるでしょう。

活性化させるポイント

よき仲間が周りに集まってくるので、彼らと積極的に交流することで、気分がリフレッシュするでしょう。昔懐かしい友人や交流が途絶えていた人に連絡をとったり、趣味のサークルに入ったりするのもおすすめです。

忌神　トラブルメーカーになりやすい!?　健康にも要注意

忌神の比肩は「友人から持ち込まれるトラブル」を意味します。他人とトラブルを起こしがちになり、恋人や配偶者とのケンカも多くなりそうです。

その原因はあなたのプライドの高さにあるかもしれません。王様のような威圧的な態度が批判の的となるので、我を通したり、見栄を張りすぎたりしないように気をつけましょう。

不満のエネルギーがたまることで、事故や病気などの災難に見舞われることもあります。また自己中心的になり、浪費傾向も強まる可能性が。

トラブル回避のアドバイス

社会的な役割を意識すると自然と利他の気持ちが芽生え、人づき合いがスムーズに運ぶようになります。思いやりや優しさを忘れずにいれば、恋愛運や金運の悪化を止めることができるでしょう。しつこい友人とは距離を置くのも手。

用神または忌神が 劫《ごう》財《ざい》の人

用神 チャレンジ精神が旺盛に！ 目標は高く設定を

強さや根気が養われます。前向きでやる気に満ちるので、どんな困難にも負けることなく、たとえ失敗してもすぐに挽回できるでしょう。

気も大きくなって、小さなことにはこだわらなくなります。気前もよくなり、他人におごる場面が増えそうです。

目標を高く抱き、同じ価値観を持つ仲間を集めると、その支えによって計画や事業が進展します。そして何事もスムーズに進むよい流れが生まれるでしょう。また、他人の失敗から、思わぬ利益がもたらされることも。

活性化させるポイント

意志を強く持ち、目先の利益にとらわれずに高い目標を掲げてください。そして、やると決めたことは必ず実行するように心がけると運がよくなります。自分の存在価値を認め、プライドを持ってまっとうすることが成功のカギ。

忌神 本能がむき出しに！ 人間関係悪化の恐れあり

傲慢になりやすく、金銭や異性関係でトラブルが起こるかもしれません。なぜなら内に秘めた物欲や本能があらわになり、冷静さを失ってしまうからです。不当に利益を得ようとしたり、異性に対して強引な態度で接したりしがちに。何もかも手に入れたいと画策しますがうまくいかず、お金の面でも信用をなくしてしまうかもしれません。

また、忌神の劫財は財を奪い取る星になるため、友人とは少し距離を置いたほうがよいでしょう。

トラブル回避のアドバイス

神仏を敬い、自分を律することができれば、厄介な状況から逃れられます。決まりを設けて、自ら徹底的に管理するようにしてください。危険な場所や劣悪な物、社会的に信用のない人なども避けるようにするとよいでしょう。

用神または忌神が 食神《しょくじん》の人

用神　あらゆることに幸せを感じ、毎日がバラ色に

いつも楽しく、幸せな気持ちでいられます。人間関係も円満で、気の合う人や心地よいものに囲まれ、毎日楽しく過ごせるでしょう。

笑顔が絶えず、睡眠もしっかりとれるので、病気やストレスもほとんどありません。子どもや動物を大切にし、目下の人にも慈愛の気持ちを持って接することができます。そんな生活態度が、周囲の憧れの的になることも。

仕事では感性が鋭くなり、次々と素晴らしいアイデアが湧き、クリエイティブになるでしょう。

活性化させるポイント

グルメを楽しんだり、音楽を聴いたり、自分の感性に従って好きなものを選び、それに接することが開運につながります。取り組むのもおすすめ。趣味にダンスや歌を堪能したり、映画やコンサートにもどんどん出かけたりしてください。

忌神　現実から離れて、楽な道を選びたくなるかも

非常にロマンチストになり、非凡な生活を思い描きます。ですが、その理想が高すぎて、現実を逸脱してしまうこともありそうです。

拘束や束縛をされるのを嫌い、ぶらぶらと遊んで暮らすことを好むため、何かに取り組もうとする気持ちも失いがち。自分に厳しくあたる人や、強制されるような場を避け、楽なほうへ流れやすくなります。

また、快楽に溺れたり、夢の世界に迷い込んで現実を見るのを忘れてしまったりする人もいるでしょう。

トラブル回避のアドバイス

物事の処理が遅いため、一刻一秒を争うような場や、仕事は避けたほうが安全です。また、快楽にとらわれないためには、哲学や宗教の勉強もおすすめ。地に足をつけ、冷静に物事を考える習慣を身につけましょう。

用神または忌神が 傷官《しょうかん》の人

用神　才能にあふれ、周りからも一目置かれる

頭の切れがよく、饒舌《じょうぜつ》になります。冗談やユーモアで人を楽しませたり、大勢の前でスピーチをしたりする機会も自然と多くなりそうです。

感覚は非常に鋭くなり、流行を先取りするのが得意で、新しい企画やアイデアもあふれてきます。ヒットを生み出して周囲からも一目置かれ、天才と評価されることも。

組織に属している人は、改革派の旗手となって現状を打開し、フリーの人は独自の鋭い感性を活かして、成果をあげることができるでしょう。

活性化させるポイント

問題意識が強くなるので、周りの環境の不備にもいち早く気がつきます。大切なのは、その改善策を練ること。気づきと改善を繰り返すと、より無駄のない生活を送れるでしょう。センスを磨き、感性の赴くまま好きなものを選ぶと◎。

忌神　何をやっても投げ出しやすく、やや傲慢に

学習や趣味への興味などが広く浅くなり、何事も長続きせず、ひとつのことに精進できなくなります。

飲み込みは早く、博学多才ですが、そのためやや傲慢になりやすく、他人を見下すこともあるでしょう。

性格は目立ちたがり屋で、少しわがままな一面が。目的達成のためには、手段を選ばない抜け目なさもあります。人の意見や忠告に耳を貸さず、独断で行動したり、礼儀や決まり事を軽視したりしがち。そのため、規律や法律を破ったり、悪事を働くことも。

トラブル回避のアドバイス

強い欲望や快楽へのエネルギーを活動の原動力に変えると、非凡な成功を成し遂げられるでしょう。感性が鋭いと疲れやすくなるので、勝手のきく場所でゆっくり休んだり、バランスのとれた食事をしたりと、心を休める時間も大切に。

用神または忌神が

偏《へん》財《ざい》の人

用神　心が愛に満ちあふれ、奉仕精神も旺盛に

心が愛とサービス精神に満ちあふれ、奉仕の気分も高まります。自分のことよりも、他人への献身を重視し、考えるよりも先に行動します。大らかで小さなことにはこだわらない一面も。

さらに、円満主義のため対人関係もうまくいき、愛嬌たっぷりに場を盛り上げます。周囲に豊かな愛情を注ぐので、思いやりのある楽しい人と多くの人から認められています。

恋愛運も好調で、人気は抜群。男性は結婚話が持ちあがり、女性は奉仕的な態度が良縁を引き寄せます。

活性化させるポイント

他人にはいつも笑顔で接し、ホームパーティーに呼んだり、マメに連絡をしたりおもてなしの精神を見せましょう。心のこもったサービスでもてなすことで、人脈がどんどん広がります。交流のための出費は惜しまないほうが◎。

忌神　柔軟性はあるものの、自制心のなさが玉にきず

円滑に物事を進め、臨機応変な対応や言動ができるようになります。人づき合いも上手ですが、その分、外出が多くなり、家を空けがちに。

また、有力者や上司に取り入り、お金もうけを好みます。ですが、豪快で物惜しみしないため、浪費が激しくなるでしょう。自制心の弱さからお酒や異性に溺れやすく、悪い環境に落ちると抜け出せなくなる可能性も。

異性に対しては多情となります。話上手な面が裏目に出ると、軽薄だと受け取られるので気をつけましょう。

トラブル回避のアドバイス

人のペースに振り回されて自分を見失いやすいので、主体性を持って行動することが大切です。何をするにも長期的視点を持ち、十分に学習し熟考を重ねましょう。そのうえで、綿密な計画を立ててから取り組むとうまくいきそうです。

用神または忌神が 正財《せいざい》の人

用神　とても堅実な態度が、高評価と報酬につながる

とても勤勉で、何事にも継続的に取り組みます。行動的で仕事の処理能力も高く、テキパキとやるべきことをこなすでしょう。周囲から信用され、高い評価を得られます。

現実的に物事を捉え、精神世界や空想には興味ゼロ。判断にも隙がなく、危険な橋を渡るようなことはしません。積み重ねた実績が報酬に結びつくので、財産も増える傾向にあります。

男性にはよい縁談があり、結婚話が進展しそう。女性はまじめで勤勉な態度が良縁を引き寄せます。

活性化させるポイント

コツコツ働くことが運気アップのカギ。さらに、善行を心がけ、人々の平和と幸福を祈れば、ますます運がよくなります。奉仕活動も吉。トイレ清掃やボランティアに励むほか、悩みを相談されたら親身になって聞いてあげましょう。

忌神　お金と自分の立場を守ることに固執しがち

金銭を重視し、贅沢を嫌い、倹約を好みます。お金に執着するあまり、義理や人情を軽視することも。

損得の計算が細かすぎて、小さなことで大きなものを失い、後悔する可能性があります。目の前のことだけを信じるので、先見の明に欠ける一面も。

冒険は好まず、投機的なことは避けようとするでしょう。決断力が弱く、自分の立場を守ることに必死で、環境の変化もためらいます。一方、仕事は淡々とこなし、劇的な変化や発展はないものの一生平穏無事に過ごせます。

トラブル回避のアドバイス

正財は勤労を表し、よくも悪くも働きすぎる傾向があるので、何もしない時間をあえて作りましょう。自分を尊重し、ゆっくりと休むこと。また、教養を身につけたり、世界を旅して豊かな感性を養うようにすると人生が潤います。

用神または忌神が偏《へん》官《かん》の人

用神　使命感と正義感に満ち、どんな壁も乗り越える

使命感に燃え、高い目標に向かって前進します。親分肌な気質もあり、社会の悪を見過ごせず、強い者をこらしめて弱い者を庇護します。

多少大雑把でも仕事はどんどんこなし、何でもすぐに解決するので、頼りにされるでしょう。的確な判断で評価を得たり、大仕事を任されることも。

ただ、自分のもとで不祥事が起こらないよう常にチェックし、管理したがります。自分は何らかの役目があって生かされていると考え、強い責任感と使命感のもとに行動します。

活性化させるポイント

道徳を重んじ、人の道に背くことはしないよう常に心がけて、人の模範になるような生き方をすることが大切です。人や物をきちんと管理するなど、社会や家族の中で自分の役割をしっかり果たすのも開運のカギとなるでしょう。

忌神　冒険心が強く、浅はかに猛進して失敗しそう

日頃から怠惰で、だらだらしがち。悪い仲間に負け、その状態に甘んじる傾向も見られます。注意深く考えず猛進する結果、痛い目にあうことも。

冒険を好みますが、せっかちで独断専行することも多そうです。他者の忠告を聞き入れないため、物事がうまくいかなかったり、対人関係でトラブルを起こしたりしやすいのも欠点です。

負け惜しみが強く、嫌な思いをすぐには忘れられません。目上の人には盲目的ですが、小人物にもからまれやすいので注意しましょう。

トラブル回避のアドバイス

上下意識の強さがトラブルを招きます。それを回避するため、まずは人生の快楽を味わい、自分の好きなことをもういいと思うまで存分に体験してください。そうすることで欲求不満が解消され、むやみやたらと競わなくなるでしょう。

用神または忌神が正官《せいかん》の人

用神　堅実な態度が、高評価と報酬につながる

平和を愛し、安全な環境の中で落ち着いた状態にあります。法律や規則の順守を重視し、下品なことを極端に嫌う傾向も。自分を厳しく律し、人の規範となるような生活を送ります。

自制心が発達し、物事に冷静に対処できるため、全体を見渡して判断するなど適材を適所に配する能力も抜群。従順さもあるので組織のなかで管理能力を発揮し、活躍できるでしょう。

社会的立場の高い人や権威のあるものへの敬意も人一倍。実際に自分もそうした高い地位を目指しています。

活性化させるポイント

邪念や欲望に負けない自制心を育てることに注力しましょう。法律や社会のルール、会社での規則などはもちろん、家族での決まり事なども きちんと守ると、運がよくなります。リスクのある物事は極力避けたほうが安全です。

忌神　現状に満足しやすく、チャンスをつかみにくい

普段の言動にはけじめがあり、物事の順序もよく守ります。ただ、規則を遵守しすぎる傾向があり、臨機応変な対応は苦手です。何事も優柔不断で決心がつかず、好機を逃しがちに。

考え方も保守的でチャレンジ精神に欠け、現状に甘んじます。そのため平凡な毎日を送りやすく、想像力を求められるような世界は不向きです。

常に心配事が多く、安心することがありません。慎重になりすぎて自己卑下しやすい傾向も。周囲からの圧力や拘束に悩むことも多そうです。

トラブル回避のアドバイス

体面を保つために、できないことまでできると言い張り、困難を背負います。できることとできないことを明確に分けましょう。余暇の時間を設けて生活を楽しんだり、宗教や学問に接して、精神的なバックボーンを作るのも大切です。

用神または忌神が

偏《へん》印《いん》の人

用神　直感が冴えわたり、孤独の中で真理を見出す

インスピレーションが冴えている状態で、内面を深く掘り下げ、瞑想の世界で様々な着想が得られます。

沈思黙考する習慣があり、形而上学や哲学、宗教などについて思いをめぐらす傾向も。好奇心が強く、珍しいことや変わったことに興味を示し、多くの情報を収集、分析します。

年長者やその道の専門家からの教えにも恵まれますが、基本的には1人でいることを好み、精神世界の研究や瞑想、一人旅など、孤独の中から真理を見出すことができるでしょう。

活性化させるポイント

日常から離れた超俗の世界に身を置くと、高度で専門的な知識を究めることができ、自信がつきます。小さなことでも自分をほめたり、ほめてくれる友人を持つなどして自分を大切にすることも運気アップのカギとなるでしょう。

忌神　内向的で考え事が多く、自己を過大評価しがち

とても内向的で、感情を表に出しません。1人で考え事をするのを好み、その思想も非常に独特です。

団体行動や集団生活も好まず、社交性に欠け消極的。忍耐力にも欠けるため、最初は熱心でも最後までやり遂げるには困難を伴います。苦労して努力しても、「労多くして功少なし」の傾向があるでしょう。

一方、自己評価が高く、警戒心が強いため、人の意見を聞きません。人のことを考えずに自分の利益を優先する結果、周りから恨まれます。

トラブル回避のアドバイス

何かと考え込みやすいので、あえて思考を停止して感覚に従うようにしてください。外交的になるように意識することも大切です。思い詰めたら親しい人に連絡したり、直接会って話し合ったりして、適宜ガス抜きをしてみましょう。

用神または忌神が印《いん》綬《じゅ》の人

用神　吸収力が抜群で、勉学への意欲も強まる

新しい知識などの吸収力が高まり、難解なことでも砂に水がしみるように、どんどん頭に入ってきます。

向学心にあふれ、よい指導者にも恵まれます。セミナーや学校に通い、日々意欲的に学んでいくでしょう。それだけでなく、自分も人に教えることで、さらに向上していきます。

教養人としての態度を好み、欲望を表すことを恥じる傾向も。宗教にも縁が深く、心の教えとして重視します。淡々と日々を生き、読書や博識な人との会話を楽しみに過ごすでしょう。

活性化させるポイント

学び続けることが大切ですが、それと同時に自分を労わることも重要です。上質なものを食べたり、よく休息をとったり、友達との交流を通してリフレッシュをはかりましょう。学習の成果は、論文や発表で世に広めるようにすると吉。

忌神　依存体質で、幻想の世界に迷い込むことも

保守的で安全第一主義。身の上の安泰を重視して、利己的になりがちです。都合の悪いことや見せたくないものを表に出さず、自分を取り繕って立派に見せる傾向もありそうです。

また、印綬が多すぎると依存心が強まり、自分では何もやらなくなります。知恵はそれなりにあるものの、現実から逸脱して空想の世界に入り込みやすく、実生活を忘れて、幻想の世界に陶酔してしまうこともあるでしょう。

一方、金銭は軽視しがちで、家計管理や財務、経済問題は苦手です。

トラブル回避のアドバイス

無目的に日々を送らないよう、人生に目標を持って過ごしましょう。高い目標に向かって地道な努力を積み重ねることが大切です。また、人に感謝の気持ちを持つこと。してもらって当然という甘えは捨て、感謝を行動で示すようにして。

COLUMN 2

中国思想「三才《さんさい》」の世界観

古代中国に「天の時、地の利、人の和」という言葉があり、この3つの働きを「三才」と表します。中国古来の思想には人生を生き抜く知恵が凝縮されているので、その世界観をのぞいてみましょう。

あらがうことのできない大宇宙の働き「天の時」

「天」は星やその運行を司る神々がいるところ。あらがうことのできない大宇宙の働きをも表し、時と密接な関係にあります。「今という時」をよく観察すれば過去と未来、そして「天意(宇宙の意図)」がわかると考えられ、重視されてきました。甲羅をあぶって占う古代の亀卜や、星と密接な関係にある紫微斗数占術も、天意をうかがう方法の1つだったのです。

万物を育てる大地の恵み「地の利」

「地」とは地球そのものです。地球には北極と南極があり、地球そのものが1つの大きな磁石であることも示します。この地球の上に住んでいるという感覚をベースに、人々は地形、方位などを調べて、住む土地を選んだり、環境を住みやすくする工夫や知恵を持つようになりました。これがいわゆる風水の考え方の原点にもなっています。

天地の間で生きる私たち人間の和「人の和」

「人」とは天地の間で生きる私たち。精神生活を求める人類が快適な状態で生存するためには、守るべき基本的なルールが必要です。そのため、人と和は密接な関係にあり、和により人間の社会は成り立っています。「人の和」というのは結局、周囲のためにあるのではなく、人災から自分を守るための秘訣であり、人生をまっとうするための処世術なのです。

CHAPTER

参

運気の流れをつかもう

四柱推命では、「大運」や「流年」を算出して運気の流れを追うことができます。
過去を振り返ったり、未来に思いを馳せたりしながら、運気の波をつかみましょう。

こんなに
勉強したの
久しぶりです…
つかれたし
少し休憩
しようか！
特製ブレンド茶だよ
わーい！
それにしても
梨華さんは建禄格《けんろく》で
火と土の気が強い
ロマンチックで
想像力豊かなことが
よくわかるよ
そう言われると
夢も
捨て切れないなぁ
あ、おいし…
ずっ
イラストレーターに
なりたいん
だっけ？
そうなんです！
子どもの頃から
絵を描くのが好きで
今でも趣味で描くことは
あるんだけど…

挑戦したら
いいんじゃないかな!
傷官《しょうかん》が年干《ねんかん》にも
月干《げっかん》にも出てるから、
状況突破は得意なはず
でも、今の仕事が…
それに今さら…
もう遅い気が…
ちまっ
フッ
ん?
笑ってる?
はっ!
そういえば
四柱推命で**運勢**とか
タイミングも
わかるんだっけ!?
そうそう!
ここ1年の運気も
10年単位の流れも
わかるんだ!
梨華さんの場合は…
ずいっ
気になる

四柱推命

LESSON

1

10年の大運と毎年の流年とは

運の流れを読み取る 大運《だいうん》と流年《りゅうねん》とは

四柱推命の運勢の考え方に、「大運」と「流年」があります。大運や流年は、個人の命式から諸条件をもとに割り出した干支《かんし》を、10年単位や1年ごとに配したものです。左ページ上部の表がそれぞれの具体例となります。

また、１８０ページからは大運や流年の天干《てんかん》や地支《ちし》に、どの通変星が入るとどんな運がめぐるかを解説しています。左ページ下部には、参考までに通変星の早読みキーワードを掲載しています。

大運がわかれば、生まれてから未来まで、人生全体の吉凶の流れをつかむことが可能になります。また、毎年の細かな運勢は、流年から診断できます。

ただし、流年よりも大運の影響力のほうが大きいとされ、人生のような大きな運の流れは基本的には大運で見ます。つまり、大運のゆったりとした大きな吉凶の流れがあって、1年ごとの流年の吉凶は、水面に起きているさざ波のようなものと捉えてください。ただし、大運は大きな環境ゆえ、当事者は大運の吉凶に気づきにくいという特徴があります。

なかには、後半生が凶運という人もいますが、CHAPTER2で見た用神《ようじん》を活用（１４８ページ以降参照）すれば開運できるので、心配しすぎないようにしてください。

それでは、まずは１６６ページから、大運を求めていきましょう。次に１７４ページから流年を求めますが、その方法は基本的に大運と同じです。

大運の例

年齢	71	61	51	41	31	21	11	1
天干の通変星	正財	偏財	正官	偏官	印綬	偏印	劫財	比肩
大運干支	丙子	丁丑	戊寅	己卯	庚辰	辛巳	壬午	癸未
蔵干（本気）	癸	己	甲	乙	戊	丙	丁	己
地支の通変星	比肩	偏官	傷官	食神	正官	正財	偏財	偏官

流年の例

年	2019	2018	2017	2016	2015
天干の通変星	偏官	正官	偏財	正財	食神
年の干支	己亥	戊戌	丁酉	丙申	乙未
蔵干（本気）	壬	戊	辛	庚	己
地支の通変星	劫財	正官	偏印	印綬	偏官

「通変星の早読みキーワード」

大運や流年の天干や地支に次の通変星が入ると、
以下のキーワードに関連したことが現れます。ただし、身強か身弱によって
起こる現象は異なるので、あくまでも目安として参照してください。
詳細は次のページから確認していきましょう。

比肩《ひけん》	独立、比較、拡張、挑戦、単純、自我、主張、ライバル、友人、分離
劫財《ごうざい》	拡張、挑戦、投資、分離、損失、独立、複雑、主張、自尊、ライバル、友人
食神《しょくじん》	創作、表現、芸術、技芸、芸能、文芸、趣味、歓談、飲食、遊興、娯楽
傷官《しょうかん》	発表、表現、芸術、技術、企画、焦燥、誤解、不満、辞職、理想、創造
偏財《へんざい》	金銭、売買、商業、多忙、奉仕、報酬、社交、飲食、投機、色情、交際
正財《せいざい》	金銭、売買、商業、不動産、資金、物品、家具、財宝、経済、投資、勤労
偏官《へんかん》	地位、役職・立場、権力、名誉、変動、転換、改革、冒険、社会、競争、法律
正官《せいかん》	地位、役職・立場、権力、名誉、発展、信用、社会、競争、法律、保守
偏印《へんいん》	学問、研究、孤独、放浪、直感、思索、知恵、宗教、神秘、特殊、超越
印綬《いんじゅ》	学問、研究、知識、宗教、反省、教育、援助、知恵、準備、慈善、安定、余裕

大運の求め方 1

陽男・陰女か陰男・陽女かを知る

「陰陽《いんよう》」と「順行《じゅんこう》・逆行《ぎゃっこう》」を確認する

以下のチャートに従い、自分が「陽男《ようなん》・陰女《いんにょ》」か「陰男《いんなん》・陽女《ようにょ》」かを確認します。

もし陽男か陰女であれば、運気の流れは「順行」。逆に陰男か陽女であれば、「逆行」となります。

例えば、年干が「甲」の女性は、陽女となり逆行です。ただし、同じ年干が「甲」でも、男性なら陽男なので順行となります。

陰陽確認チャート

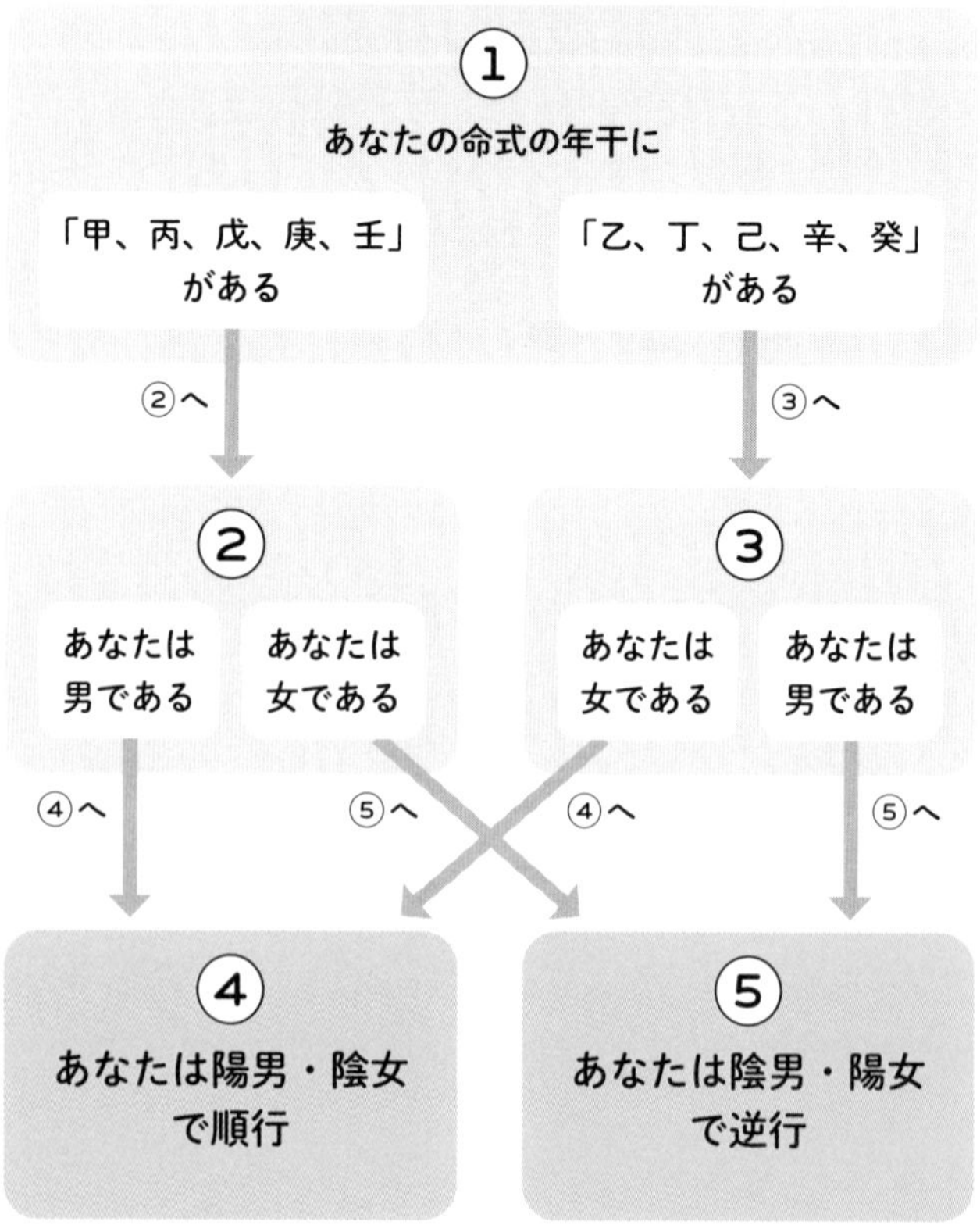

①
あなたの命式の年干に
「甲、丙、戊、庚、壬」がある
「乙、丁、己、辛、癸」がある
②へ
③へ
②
あなたは男である
あなたは女である
③
あなたは女である
あなたは男である
④へ
⑤へ
④へ
⑤へ
④
あなたは陽男・陰女で順行
⑤
あなたは陰男・陽女で逆行

大運の求め方 2

誕生日と節入り日を調べる

生まれた日から節《せつ》入《い》り日までを数える

別冊の「干支暦」から誕生年の表を探し、生まれた日から直近の節入りまで何日あるかを数えます。なお、大運の求め方1で順行になった人は誕生日の次の節入り日まで、逆行となった人は誕生日から直前の節入り日までの日数を数えましょう。

日数は誕生時間と節入り時間まで考え、12時間未満は切り捨て、12時間以上は切り上げます。

「生まれた日から節入りまでの数え方」

1. 別冊の「干支暦」で、自分の誕生年の暦を探します。
2. 「陽男・陰女」は干支暦を見て自分の誕生日の次の「節入り日時」を探します。「陰男・陽女」は自分の誕生日の直前の「節入り日時」を探します。
3. 自分の誕生日と❷で求めた節入り日までの日数を計算します。この時、時差修正後の出生時間や節入り時間も考慮します。なお、12時間以上なら切り上げて1日多くなり、12時間未満なら切り捨てます（例えば、7日と12時間なら8日になります）。
4. ❸で求めたおよその日数が、生まれた日から節入り日までの日数になります。

時差修正後の出生時間（P38～41）と
節入り時間を考慮して、しっかり算出してみよう！
参考として、次のページに
「陰女（順行）」の場合と「陰男（逆行）」の
場合の例を掲載しているよ

例 陰女（順行）の場合：1985年7月1日06時12分（時差修正後）生まれの女性

❶ 年干が「乙」で女性なので、「陰陽確認チャート」で陰女の順行になります。

❷ 別冊の「干支暦」で1985年を探します。順行の場合は、生まれた日から次の節入りまで進んで数えるので、7月1日の次の節入りを調べます。

18日	17日	16日	15日	14日	13日	12日	11日	10日	09日	08日	07日	06日	05日	04日	03日	02日	01日	節入り日時			月干支	月
丁巳	丙辰	乙卯	甲寅	癸丑	壬子	辛亥	庚戌	己酉	戊申	丁未	丙午	乙巳	甲辰	癸卯	壬寅	辛丑	庚子	35分	18時	05日	丁丑	1月
戊子	丁亥	丙戌	乙酉	甲申	癸未	壬午	辛巳	庚辰	己卯	戊寅	丁丑	丙子	乙亥	甲戌	癸酉	壬申	辛未	12分	06時	04日	戊寅	2月
丙辰	乙卯	甲寅	癸丑	壬子	辛亥	庚戌	己酉	戊申	丁未	丙午	乙巳	甲辰	癸卯	壬寅	辛丑	庚子	己亥	16分	00時	06日	己卯	3月
丁亥	丙戌	乙酉	甲申	癸未	壬午	辛巳	庚辰	己卯	戊寅	丁丑	丙子	乙亥	甲戌	癸酉	壬申	辛未	庚午	14分	05時	05日	庚辰	4月
丁巳	丙辰	乙卯	甲寅	癸丑	壬子	辛亥	庚戌	己酉	戊申	丁未	丙午	乙巳	甲辰	癸卯	壬寅	辛丑	庚子	43分	22時	05日	辛巳	5月
戊子	丁亥	丙戌	乙酉	甲申	癸未	壬午	辛巳	庚辰	己卯	戊寅	丁丑	丙子	乙亥	甲戌	癸酉	壬申	辛未	00分	03時	06日	壬午	6月
戊午	丁巳	丙辰	乙卯	甲寅	癸丑	壬子	辛亥	庚戌	己酉	戊申	丁未	丙午	乙巳	甲辰	癸卯	壬寅	辛丑	19分	13時	07日	癸未	7月
己丑	戊子	丁亥	丙戌	乙酉	甲申	癸未	壬午	辛巳	庚辰	己卯	戊寅	丁丑	丙子	乙亥	甲戌	癸酉	壬申	04分	23時	07日	甲申	8月

❸ 次の節入りは7月7日13時19分なので、出生日と時間を引き算します。

〈計算式〉

　7月7日　13時19分
－7月1日　06時12分
＝　6日　7時間07分 → 約6日間

❹ 6日と7時間07分となり、節入りまでの日数は約6日となります。

❺ 別冊の「個人データ表」の「節入りまでの日数」に、❹の日数を記入しておきましょう。

例 陰男（逆行）の場合：1985年7月1日06時12分（時差修正後）生まれの男性

❶ 年干が「乙」で男性なので、「陰陽確認チャート」で陰男の逆行になります。

❷ 別冊の「干支暦」で1985年を探します。逆行の場合は、生まれた日より前の節入りに戻って数えるので、7月1日より前の節入りを調べます。

❸ 直前の節入りは6月6日03時00分なので、出生日と時間から引き算します。

〈計算式〉

　7月1日　06時12分
－6月6日　03時00分
＝　25日 3時間12分 → 約25日間

❹ 25日と3時間12分となり、節入りまでの日数は約25日となります。

❺ 別冊の「個人データ表」の「節入りまでの日数」に、❹の日数を記入しておきましょう。

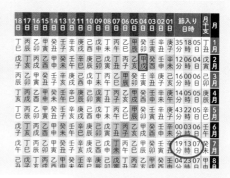

大運の求め方

3

初運の年齢を求める

初運の年齢を割り出す

大運の求め方②で出した日数を3で割った数値が「初運」となります。日数が3以下の場合、初運は1歳となります。

なぜ3で割るかというと、四柱推命では3日で1歳（1日＝4ヵ月）と考えるから。日数を3で割ると、余りは必ず1か2になり、1は4ヵ月、2は8ヵ月を表します。余りが1なら切り捨て、2なら繰り上げた年齢が初運です。

初運の求め方

❶ 「大運の求め方②」で調べた、生まれた日から節入り日時までの日数を用います。この日数を3で割り算しましょう。

❷ ❶で出た数字が初運の年齢です。なお、余りが1なら切り捨て、余りが2なら切り上げた数字が、実際に初運が始まる年齢になります。

❸ 別冊の「個人データ表」の大運の表に、初運の歳を書き込みましょう。次の欄は10年後の歳、さらに次は初運から20年後になります。

例 陰男（逆行）の場合：
1985年7月1日06時12分（時差修正後）生まれの男性

節入り日時までの日数は、P168で紹介した通り約25日です。「25÷3＝8余り1」であることから、初運は8歳になります。大運の表の右上に8歳、その左隣はプラス10年で18歳……と書き込んでいきます。

88歳	78歳	68歳	58歳	48歳	38歳	28歳	18歳	8歳	年齢
									天干の通変星

※大運の正確な運気の区切りは、この場合、余り1（1年の1/3）なので8歳4ヵ月、18歳4ヵ月……になります。同様に余り2（1年の2/3）の場合は8ヵ月です。

大運の求め方

4

大運の干支を調べる

初運からの干支を確認する

　左ページの「六《ろく》十《じっ》干《かん》支《し》順行表」と「六十干支逆行表」から、自分の命式の月柱（月干と月支）の干支の次にあたる干支を調べます。

　この月柱の左隣の干支を、初運の下に記入します。さらに次の干支を初運の次に記入し、同様に繰り返していきましょう。なお、順行表と逆行表の違いは、60の干支の順番通り（26ページ参照）なら順行、逆回りなら逆行です。

大運の干支の求め方

❶ 命式を見て、自分の月柱の干支（月干と月支）を確認します。

❷ 左ページの表で、陽男・陰女は「六十干支順行表」を、陰男・陽女は「六十干支逆行表」を見て、❶の月柱の干支を探します。

❸ ❷の月柱の干支の次（左隣）の干支が、大運の初運の干支になります。さらに次の干支が大運の10年後の干支になります。以後、繰り返しになるので、別冊の「個人データ表」の大運すべてに干支を記入しましょう。

例　1985年7月1日06時12分（時差修正後）生まれの男性

❶ これまでの手順で、このタイプは「陰男（逆行）」で初運は8歳ということがわかっています。さらにこの人は、月柱（月干・月支）が「壬午」です。左の「六十干支逆行表」で、「壬午」を探します。

❷ 次に「壬午」の次（左隣）の「辛巳」を初運（8歳）の下の欄に記入し、続けて「庚辰」「己卯」と順番に記入します。

88歳	78歳	68歳	58歳	48歳	38歳	28歳	18歳	8歳	年齢
									天干の通変星評価
癸酉	甲戌	乙亥	丙子	丁丑	戊寅	己卯	庚辰	辛巳	大運干支

46	45	44	43	42
己卯	庚辰	辛巳	壬午	癸未

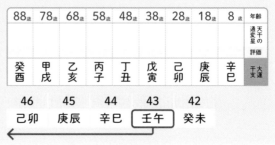

六十干支順行表

陽男・陰女は順行の干支表を用います。表は、「60癸亥」の次は「1甲子」に戻ります。

10	9	8	7	6	5	4	3	2	1
癸酉	壬申	辛未	庚午	己巳	戊辰	丁卯	丙寅	乙丑	甲子
20	19	18	17	16	15	14	13	12	11
癸未	壬午	辛巳	庚辰	己卯	戊寅	丁丑	丙子	乙亥	甲戌
30	29	28	27	26	25	24	23	22	21
癸巳	壬辰	辛卯	庚寅	己丑	戊子	丁亥	丙戌	乙酉	甲申
40	39	38	37	36	35	34	33	32	31
癸卯	壬寅	辛丑	庚子	己亥	戊戌	丁酉	丙申	乙未	甲午
50	49	48	47	46	45	44	43	42	41
癸丑	壬子	辛亥	庚戌	己酉	戊申	丁未	丙午	乙巳	甲辰
60	59	58	57	56	55	54	53	52	51
癸亥	壬戌	辛酉	庚申	己未	戊午	丁巳	丙辰	乙卯	甲寅

六十干支逆行表

陰男・陽女は逆行の干支表を用います。表は、「60乙丑」の次は「1甲子」に戻ります。

10	9	8	7	6	5	4	3	2	1
乙卯	丙辰	丁巳	戊午	己未	庚申	辛酉	壬戌	癸亥	甲子
20	19	18	17	16	15	14	13	12	11
乙巳	丙午	丁未	戊申	己酉	庚戌	辛亥	壬子	癸丑	甲寅
30	29	28	27	26	25	24	23	22	21
乙未	丙申	丁酉	戊戌	己亥	庚子	辛丑	壬寅	癸卯	甲辰
40	39	38	37	36	35	34	33	32	31
乙酉	丙戌	丁亥	戊子	己丑	庚寅	辛卯	壬辰	癸巳	甲午
50	49	48	47	46	45	44	43	42	41
乙亥	丙子	丁丑	戊寅	己卯	庚辰	辛巳	壬午	癸未	甲申
60	59	58	57	56	55	54	53	52	51
乙丑	丙寅	丁卯	戊辰	己巳	庚午	辛未	壬申	癸酉	甲戌

大運の求め方 5

蔵干と通変星を求める

地支・蔵干《ぞうかん》の本気を求め通変星をあてはめる

続いて、大運の干支の地支に、どんな蔵干の本気が含まれているかを、以下の「地支の蔵干（本気）早見表」で確認します。さらに、この蔵干の通変星が何になるかを、左ページの「通変星早見表」で調べます。蔵干（本気）の十干《じっかん》と、命式の日干が交差するところにあるのが、蔵干（本気）の通変星となります。どちらも初運からすべて調べて、それぞれ表に記入しましょう。

地支の蔵干（本気）早見表

地支	子	丑	寅	卯	辰	巳	午	未	申	酉	戌	亥
本気の蔵干	癸	己	甲	乙	戊	丙	丁	己	庚	辛	戊	壬

例 陰男（逆行）の場合：
1985年7月1日06時12分（時差修正後）生まれの男性［日干が辛］

88歳	78歳	68歳	58歳	48歳	38歳	28歳	18歳	8歳	年齢
食神	正財	偏財	正官	偏官	印綬	偏印	劫財	比肩	天干の通変星 評価
癸酉	甲戌	乙亥	丙子	丁丑	戊寅	己卯	庚辰	辛巳	大運干支
辛	戊	壬	癸	己	甲	乙	戊	丙	蔵干（本気）
比肩	印綬	傷官	食神	偏印	正財	偏財	印綬	正官	地支の通変星 評価

❶ 8歳からの大運の地支「巳」の蔵干の本気を、「地支の蔵干(本気)早見表」で確認すると「丙」とわかります。

❷ 「通変星早見表」で日干の「辛」と蔵干の「丙」が交差するところを見ると「正官」なので、これを記入します。9列目まで同様に記入していきましょう。

❸ 大運表の地支の蔵干（本気）の通変星がすべて求められたら、次は天干の通変星を求めて記入し、大運表が完成となります。

同様にして天干にも通変星をあてはめる

大運の地支の通変星が求められたら、天干の通変星も以下の「通変星早見表」で確認します。

天干の十干と、命式の日干とが交差するところにある通変星を、初運からすべて求めてそれぞれ記入します。すべてを記入したら、大運の表が完成し、あなたの10年ごとの運を読み解く準備ができたことになります。

実際の吉凶の判定については、176ページを見ると、大まかな運気の良し悪しがわかります。具体的にどんな10年になるかは180ページ以降で、通変星ごとに解説しています。

通変星早見表

癸	壬	辛	庚	己	戊	丁	丙	乙	甲	日干／十干
傷官	食神	正財	偏財	正官	偏官	印綬	偏印	劫財	比肩	甲
食神	傷官	偏財	正財	偏官	正官	偏印	印綬	比肩	劫財	乙
正財	偏財	正官	偏官	印綬	偏印	劫財	比肩	傷官	食神	丙
偏財	正財	偏官	正官	偏印	印綬	比肩	劫財	食神	傷官	丁
正官	偏官	印綬	偏印	劫財	比肩	傷官	食神	正財	偏財	戊
偏官	正官	偏印	印綬	比肩	劫財	食神	傷官	偏財	正財	己
印綬	偏印	劫財	比肩	傷官	食神	正財	偏財	正官	偏官	庚
偏印	印綬	比肩	劫財	食神	傷官	偏財	正財	偏官	正官	辛
劫財	比肩	傷官	食神	正財	偏財	正官	偏官	印綬	偏印	壬
比肩	劫財	食神	傷官	偏財	正財	偏官	正官	偏印	印綬	癸

流年の求め方

診断したい年の干支から流年の運勢を求める

流年は1年ごとの運の流れを見る指標

流年は1年間の短い運の流れを見るもので、現在の運気の吉凶と、その結果、今何をするべきかを考えるのに役立ちます。

流年の表の作り方は、大運とほぼ同じです。まずあなたが診断したい年の干支（年干《ねんかん》と年支《ねんし》）を調べます。2024年から2032年までの年干支は、左ページの表を確認してください。例えば、2024年の年の干支は甲辰であることがわかります。これより前の年の干支は、別冊の干支暦を参照しましょう。運勢を知りたい年の干支がわかったら、別冊の「個人データ表」の流年に記入します。

次に、地支に含まれている蔵干の本気が何かを「地支の蔵干（本気）早見表」（172ページ）で調べて表に記入します。さらに「通変星早見表」（173ページ）で自分の日干と蔵干（本気）の十干が交わるところの通変星を確認し、これも表に書き込みます。

続いて天干の通変星を「通変星早見表」で確認します。2024年は甲辰なので、天干の十干は「甲」であり、自分の日干と「甲」が交わる通変星を確認して、流年の天干の通変星の欄に記入します。これで流年表の完成です。

なお、1年の始まりは立春（2月4日前後）となるので、流年も立春からの1年間に該当します。

まずは大運で
全体の流れをつかんで、
それを踏まえたうえで
流年を見るんだね！

「2024～2032年の年干支」

毎年の運勢を占うには、その年の干支（年干と年支）が必要です。
2032年までの年の干支は、表の通りです。
それより前の運勢を知りたい人は、別冊の干支暦を見てください。

2032年	2031年	2030年	2029年	2028年	2027年	2026年	2025年	2024年
壬子	辛亥	庚戌	己酉	戊申	丁未	丙午	乙巳	甲辰

例 日干が甲の場合の2024年から10年間の流年

❶ 2024年の年干支の地支「辰」の蔵干の本気を、P172の「地支の蔵干（本気）早見表」で確認すると「戊」とわかります。

❷ P173の「通変星早見表」で、日干の「甲」と蔵干の「戊」が交差するところを見ると、「偏財」になります。同様に他の年も調べ、別冊の「個人データ表」の流年表に記入しましょう。

❸ 流年表の「蔵干（本気）」の通変星がすべて求められたら、次は天干の通変星を求めて記入し、流年表の完成となります。

西暦	2032	2031	2030	2029	2028	2027	2026	2025	2024
天干の通変星評価	偏印	正官	偏官	正財	偏財	傷官	食神	劫財	比肩
年の干支	壬子	辛亥	庚戌	己酉	戊申	丁未	丙午	乙巳	甲辰
蔵干（本気）	癸	壬	戊	辛	庚	己	丁	丙	戊
地支の通変星	印綬	偏印	偏財	正官	偏官	正財	傷官	食神	偏財

四柱推命

LESSON 2

運勢バイオリズムと運の吉凶を知る

通変星が用神《ようじん》か忌神《ぎじん》かで運勢の吉凶が決まる

大運や流年の運勢の吉凶は、天干と地支の通変星と、あなたの用神、喜神《きじん》、閑神《かんじん》、仇神《きゅうじん》、忌神の関係性から判定します。

まず、大運や流年の表の天干の通変星と地支の通変星が、それぞれ自分のどの神（用神・喜神・閑神・仇神・忌神）にあたるかを確認したら、左ページ上部の「大運・流年の運気の吉凶」を参考に吉凶の記号を「個人データ表」の評価欄に記入しましょう。

なお、ある10年間の大運が吉だったとしても、運気の波の浮き沈みは必ずあるので、10年間ずっと吉ということにはなりません。その波を表すのが流年です。とはいえ、あくまで大運の吉凶が優先されるので、大運が大凶で流年が大吉でも、中吉程度にとらえるとよいでしょう。

さらに天干と地支の吉凶の組み合わせで、総合的な吉凶を判定します。その際、天干の力量は3分の1、地支の力量は3分の2という配分で考えます。つまり同じ大吉でも、地支の影響力のほうが大きいのです。それをまとめたのが、左ページ下部の「天干・地支の通変星による吉凶組み合わせ表」です。結果は、「個人データ表」の総合評価欄に記入しましょう。

吉凶が
明確にわかるから、
人生設計に
役立てられるよ!

「大運・流年の運気の吉凶」

天干と地支の通変星が、その人にとっての
用神・喜神・閑神・仇神・忌神の何にあたるかで吉凶がわかります。

大運や流年の「天干」の通変星

= 自分の 用神 大吉 ─ ◎
= 自分の 喜神 吉 ─ ○
= 自分の 閑神 和 ─ △
= 自分の 仇神 凶 ─ ▲
= 自分の 忌神 大凶 ─ ×

大運や流年の「地支」の通変星

= 自分の 用神 大吉 ─ ◎◎
= 自分の 喜神 吉 ─ ○○
= 自分の 閑神 和 ─ △△
= 自分の 仇神 凶 ─ ▲▲
= 自分の 忌神 大凶 ─ ××

天干・地支の通変星による吉凶組み合わせ表

天干の通変星 ＼ 地支の通変星	×× 忌神	▲▲ 仇神	△△ 閑神	○○ 喜神	◎◎ 用神
◎ 用神	凶	和	吉	中吉	大吉
○ 喜神	小凶	凶	末吉	小吉	中吉
△ 閑神	半凶	小凶	和	吉	小吉
▲ 仇神	末凶	半凶	凶	末吉	吉
× 忌神	大凶	末凶	小凶	和	末吉

運勢の良し悪しは、いい順から **大吉＞中吉＞小吉＞吉＞末吉＞和＞凶＞小凶＞半凶＞末凶＞大凶** になります。なお、「和」とは吉にも凶にもなり得る状態のことです。

どんな運勢かは地支の通変星でまず診断

180ページからは、大運や流年の天干や地支に、どんな通変星が入るとどんな運がめぐるかを解説しています。具体的な診断では地支を重視するため、まずは地支の通変星の解説を読みましょう。なぜなら、その年の本質に地支の通変星の運がめぐるとみなされるからです。なお、表面に表れる出来事には、天干の通変星の運がめぐると判断するので、そちらも確認しましょう。

ただし、通変星ごとの診断はあくまでも概論であり、目安です。例えば、そこでチャンスの年と書かれていても、運勢の吉凶は177ページにある天干と地支の両方の通変星から求めた総合評価になるので、結果的にはチャンスをモノにしきれず終わる場合もあるでしょう。また、停滞期と書かれていても、好機をモノにすることも十分あり得ます。そのため、よくも悪くも気にしすぎないようにしてください。

180ページからは、仕事や対人関係別に見る全体的な診断結果をはじめ、開運3ヵ条も紹介しています。日常的に意識し、積極的に取り入れることで、運気を味方につけることができるでしょう。また、解説は身強《みきょう》・身弱《みじゃく》別となっているので、極身強《ごくみきょう》の人は身強、極身弱《ごくみじゃく》の人は身弱の欄を読んでください。

例 **1985年7月1日06時12分(時差修正後)生まれの男性**
この大運の持ち主で、用神=財(偏財と正財)、
喜神=食傷(食神と傷官)、忌神=比劫(比肩と劫財)、
仇神=印(偏印と印綬)、残りの官殺(偏官と正官)が閑神の場合

❶ 大運表の天干と地支の通変星に吉凶の評価を書き加えます。8歳からの10年間は、天干に忌神である「比肩」があるので大凶で評価は×、地支の「正官」は閑神となるので評価は和の△△というように、すべての通変星の欄を埋めます。

78歳	68歳	58歳	48歳	38歳	28歳	18歳	8歳	年齢
正財	偏財	正官	偏官	印綬	偏印	劫財	比肩	天干の通変星
◎	◎	△	△	▲	▲	×	×	評価
甲戌	乙亥	丙子	丁丑	戊寅	己卯	庚辰	辛巳	大運干支
戊	壬	癸	己	甲	乙	戊	丙	蔵干(本気)
印綬	傷官	食神	偏印	正財	偏財	印綬	正官	地支の通変星
▲▲	○○	○○	▲▲	◎◎	◎◎	▲▲	△△	評価
和	中吉	吉	小凶	吉	吉	末凶	小凶	総合評価

❷ 運勢の吉凶は単純に、◎>○>△>▲>×の順になりますが、例えば天干の通変星が大吉◎で、地支の通変星が大凶××という場合は、平均で普通ということにはならないので注意が必要です。そこで、P177の「吉凶組み合わせ表」で総合評価を判断します。

❸「吉凶組み合わせ表」で、8歳の天干の通変星「大凶×」と地支の通変星「和△△」が交差するところを見ると「小凶」です。よって、8歳からの10年間は、小凶が運勢のベースとなります。

❹ 具体的にこの10年がどんな期間になるかは、P180からの診断結果(この例の場合は、地支の通変星「正官」の運がめぐる時)を読んでください。

比《ひ》肩《けん》の運がめぐる時

身強の場合

自我が強くなりトラブルメーカーになりがちな時期

開運3カ条

1. 質素な暮らしを心がける
2. 謙虚さを忘れずに
3. 仕事に専念する

全体

　自我が強くなり、自分本位な言動でトラブルを起こしやすくなります。エネルギーが強すぎるあまり、イライラして人と敵対したり、攻撃的になってケンカしたりする場面が増えるでしょう。
　また、自分自身がトラブルメーカーになるだけでなく、兄弟姉妹や友人から金銭的な迷惑をかけられる可能性もあります。意見の相違から対立しがちになるので、必要に応じて潔く距離を置くとよいでしょう。

仕事・お金

　会社員の人は同僚と不和になりやすい時です。束縛を嫌うあまり、退職の決断をする場合も。自営業の人は独立や拡張の無理がたたり、金銭的に厳しい状況に追い込まれやすくなります。投機などは見込み違いで損失が大きくなるため、避けたほうが◎。

恋愛・対人関係

男性
　破局を迎えやすい時期。エゴをうまくコントロールしないと離別につながりそう。

女性
　あまりうまくいかない時。自己主張が強くなり、ケンカや離別、失恋を招くかも。

身弱の場合

転職や独立のチャンス到来！　将来の見通しも開ける時期

開運3ヵ条

1. 高い目標を掲げる
2. チャレンジ精神を発揮する
3. 自立心を培う

全体

自立心が強まり、挑戦意欲が旺盛になります。困難に直面しても、初志貫徹して状況を打開しようと奮闘できるでしょう。兄弟姉妹や友人の助けも得られる時期ですが、助けを求めなくても努力するうちに、将来の見通しが開けてきそうです。

また、心身のエネルギーも充実するので、体調の悪かった人は健康になります。好ましくない人との縁も切れるので、心身ともに健やかに過ごせるでしょう。

仕事・お金

会社員の人は転勤や転職、起業などのチャンス到来。希望通りの職務につくか、独立して束縛のない環境に身を置くことができるでしょう。思いとどまらずに即行動に移すとよさそうです。自営業の人は新規市場への参入や新商品の開発などで、事業が進展します。

恋愛・対人関係

男性　思い通りになる時で、結婚の好機にも恵まれます。友人が助太刀してくれそう。

女性　意のままになる時期。自分自身がしっかりするので、恋の見極めがつけられます。

劫《ごう》財《ざい》の運がめぐる時

身強の場合

物事がうまく運ばなくなり、強引になりがちな時期

開運3ヵ条

1. わがまま・エゴを抑える
2. 何事も平和にやりすごす
3. 愛情と親切を心がける

全体

エネルギーが強くなりすぎて、怒りっぽくなります。自己中心的な考え方に陥って、冷静さを失ってしまうでしょう。理想と現実の狭間で苦悩し、やる気をなくしたり、自暴自棄になりがちです。

足を引っ張ろうとする人も現れ、物事が思うように運びません。この時期は謙虚に反省しないとあらゆる面で絶望的な結果を招きます。ルール違反や交通事故、ケンカやケガなどにも気をつけましょう。

仕事・お金

会社員の人は物事を独断で進めて失敗し、孤立無援となる可能性が。自営業の人は、得意先の倒産や手形の不渡りなど、金銭的に大きな損失を被りそう。仲間だと思っていた人からの裏切りや友人からの損害を受ける恐れもあるので、つき合う人の見極めが肝心です。

恋愛・対人関係

男性　離別の可能性大。エゴや強引な態度が破局につながるので、気遣いを大切に。

女性　破局を迎えやすい時。自分のわがままを抑えなければ、離別や失恋を招きます。

身弱の場合

やる気がみなぎり、大胆な行動が功を奏する時期

開運3カ条

1. 先を恐れずアクティブに動く
2. チームへの貢献を意識する
3. 積極的に攻めてよし

全体

意志が強くなり、やる気に満ちあふれる時期です。ふつふつと闘志がみなぎるでしょう。いつになく強引になりますが、それがかえって功を奏する結果に。大胆に行動することが成功の秘訣です。

友人や兄弟姉妹の協力も得られるので、共同して何かに取り組むと◎。一方、好ましくない人との縁は清算することができます。心身ともにエネルギーが充実し、体調が悪かった人は健康になれるでしょう。

仕事・お金

会社員の人は、業績不振を跳ね返すような大きな功績をあげることができるでしょう。周囲からの反対を恐れず、果敢な行動をとると◎。自営業の人は、リスクを回避するよりも、盛んに挑戦するとよい結果が得られます。新しい分野を開拓するのもよいでしょう。

恋愛・対人関係

男性 友人の協力を得られ、思い通りに事が進むでしょう。結婚の好機も訪れます。

女性 恋の主導権を握れます。意のままになるので、理想や希望をアピールしましょう。

食神《しょくじん》の運がめぐる時

身強の場合

生活が安定し、豊かな毎日を送れる幸運期

開運3カ条

1. 表舞台に立つ
2. 遊びの計画を立てる
3. 趣味をとことん究める

全体

精神的に落ち着き、ゆったりと豊かな毎日を送れる幸運期です。人間関係も円満で、仕事も学業も順調。生活が安定して衣食住にも恵まれます。趣味や娯楽に興ずることも多くなり、精神的に満たされるでしょう。

人づき合いも増えて、笑って過ごすことが多くなります。外食の機会が増えたり、食事がおいしく感じられたりしてふくよかになりますが、健康運は好調。体調の悪かった人も回復するでしょう。

仕事・お金

アイデアがどんどん湧き、表現力も高まります。会社勤めでも、自営業やフリーランスであっても、クリエイティブ方面や独創性を活かせる場面で活躍できるでしょう。何かを発表するには絶好のチャンス。金銭的に潤う時期なので、欲しいものが手に入ります。

恋愛・対人関係

男性　恋愛から婚約に進展しやすい時期。恋の喜びや幸せを満喫できます。

女性　恋愛や結婚のチャンス到来。それだけでなく、妊娠や出産の喜びがあるかもしれません。

身弱の場合

浮かれ気分になりがちで、人から非難されやすい時期

開運3カ条

1. 凡ミスに要注意
2. 快楽に溺れないよう、自制心を保つ
3. バランスのよい食事・睡眠・休息を意識

全体

怠惰な日々に陥りやすい時期。やるべきことを投げ出して、趣味や恋愛に没頭したり、飲食や旅行などで浮かれ気分になったり。そんな態度が、人から批判されやすくなります。

不注意から損失を招いたり、気のゆるみから利用されたりすることも。人の話を鵜呑みにせず、よく考えるようにしましょう。不摂生にもなりやすいので、しっかりとした食事と睡眠をとることも大切です。

仕事・お金

仕事よりもプライベートに時間を割くようになります。いい加減な仕事をしたり、人の話を適当に受け流したりしていると、連帯責任をとらされる羽目に。ひどい場合は法的トラブルに発展しかねません。金銭面では浪費しがちで、後から支払いに苦労することも。

恋愛・対人関係

男性 恋愛運は低調。男性は女性との共同事業は避けたほうが安心です。

女性 交際相手に心配事が起こりそう。不倫や火遊びにも注意が必要です。

傷《しょう》官《かん》の運がめぐる時

身強の場合

新しい発想が湧き、技術の習得にも適する時期

開運3ヵ条	
1	クリエイティブ方面を開拓する
2	後回しにせず、問題解決を優先
3	タスクの合理化を意識する

全体

感性が鋭くなり、頭の回転が速くなる時期です。打てば響くように新しい発想が湧き出て、仕事でもプライベートでも才能を発揮できるでしょう。芸術や技術の習得にも適した時期なので、没頭すればするほど成果があがります。

健康運も好調。体調の悪かった人は、よい病院や治療法、薬が見つかるなどして、回復に向かうでしょう。生活習慣や環境が改善できるチャンスでもあります。

仕事・お金

仕事や職場の人間関係では、改革を求めて問題提起し、思った通りの結果が得られるでしょう。無駄や無用なものを省き合理性を重視することでよりよい方向へ向かいます。情に流されず、自分の意見を打ち出すと◎。新しい発想や企画が評価されることも。

恋愛・対人関係

男性 急展開し、あいまいな関係もはっきり決着がつくでしょう。結婚の可能性も。

女性 急進展する時。結婚問題には白黒がつくでしょう。妊娠の喜びもありそうです。

身弱の場合

不満が爆発し、対人関係でも問題を起こしがちな時期

開運3カ条

1 生活環境を整える
2 衝動的に動かない
3 本音を告げる

全体

やり場のないいらだちや焦燥感などが強まる時期です。特に、社会や環境への怒りや不満が高まり、暴走しがち。親や社会に対してつい反抗したくなりますが、非難の的にならないよう注意しましょう。対人関係でも問題を起こしやすく、友達と仲違いする可能性が。

結果、心身ともに消耗しやすいので、生活習慣の改善が大切な時期です。しっかり睡眠をとり、栄養バランスの整った食事を心がけましょう。

仕事・お金

目上の人や上司、恩師などにも反抗的になりやすい時。職場での信用や名誉を失うこともありそうです。焦りと不満で会社を自ら辞めることも。職場での対人関係が悪化して、会社を辞めさせられたりします。最悪の場合、法律に触れて刑に服す可能性も。

恋愛・対人関係

男性 破局を迎えやすい時。相手から非難されて、訴えられたり、婚約破棄の可能性も。

女性 摩擦が多く、婚約は解消しやすい時。既婚者の場合は、トラブルや別れの暗示が。

偏《へん》財《ざい》の運がめぐる時

身強の場合

気力も体力も充実し、余裕のある生活を送れる幸運期

開運3ヵ条

1. あらゆる社交の場に参加する
2. 副業、資産運用は積極的に
3. 人の面倒をよく見る

全体

人との交流が盛んになります。そのため、非常に忙しい時期となりますが、気力体力ともに充実し、楽しく過ごせるでしょう。人間関係も円満で、持ち前の才能や人柄が輝き、どこにいても注目の的に。人との集まりやパーティー、飲食の機会も増えそうです。

交際費はかさみますが、金銭面での不安はありません。食糧や物資も豊富に手に入り、衣食住に不自由がなく、余裕のある生活を送れるでしょう。

仕事・お金

会社員の人は活躍の場を与えられます。給料アップや臨時収入が手に入る可能性も。自営業の人も、ヒット商品を生み出すなどして多くの利益を出せるでしょう。また、どちらの場合も副業のチャンスがあります。人の世話も進んで行えば、後に報われるでしょう。

恋愛・対人関係

男性 恋愛や結婚にも恵まれる好調期。積極的に働きかけて、意中の人と結ばれそう。

女性 恋愛や結婚の好機で、よい方向に話がまとまります。豊富な財運を持つ人とのご縁も。

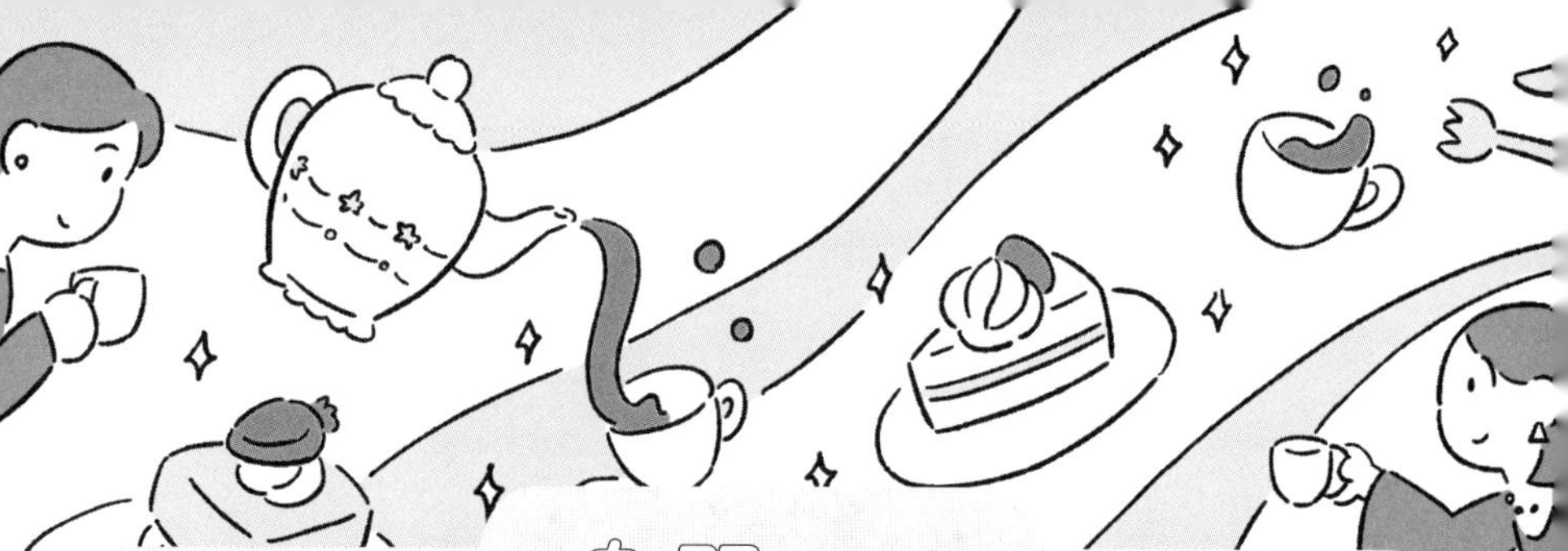

身弱の場合

頑張っているのに、なかなか結果が伴わない停滞期

開運3ヵ条

1. 質のよい食事と睡眠を意識する
2. 財布のひもを締める
3. 「NO！」と言えるようになる

全体

忙しく頑張っているものの、それほど結果につながらない停滞期です。金銭的にも、なかなか実りがありません。入ってきたお金もどんどん出ていくので、遊びや社交は控えたほうがよいでしょう。

とはいえ、交際の機会は増えるため、心身ともに常に疲れ気味に。人の世話事にも振り回されやすく、忙しさで自分を見失ってしまう可能性もあります。健康面が心配なので、きちんと休息をとりましょう。

仕事・お金

会社員の人は接待づけとなり、業績がなかなかあがりません。他人に振り回されて、本業に専念しにくくなります。自営業の人は準備不足がたたって、利益はいまいち。十分な下調べや計画が重要です。どちらの場合も働きすぎて疲弊しないよう気をつけて。

恋愛・対人関係

男性 恋愛には不向きな時。相手に主導権を握られて、大金を使う羽目になるかも。

女性 あまりうまくいかず、相手への金銭的な援助や父親に関することで苦労する可能性も。

正《せい》財《ざい》の運がめぐる時

身強の場合

かなり強い金運と人間関係に恵まれる幸運期

開運3ヵ条

1. コツコツと実直に働く
2. 積極的な資産運用をはかる
3. 遊びの誘いにも応じるように

全体

豊富な財運に恵まれる時期で、まじめに仕事をすれば、確実にお金が入ってきます。よい不動産にも縁があるので、家の購入や引越しには絶好のチャンス。保険を見直したり、投資をしたり、経済活動を行うのに適したタイミングです。

人間関係も好調で、とても有益な人たちとの縁が得られる時期となります。忙しくても、誘われたら積極的に人に会うようにしましょう。健康状態も良好です。

仕事・お金

会社員の人は、昇給やよりよい報酬の会社への転職に期待できます。自営業の人はヒット商品を生み出したり、割のよい仕事に恵まれたり、利益が格段にアップします。どちらの場合も、コツコツと働けば働いた分、確実に収入となるでしょう。

恋愛・対人関係

男性 まじめなつき合いに向いている時。理想的な女性との結婚が決まる可能性も。

女性 よい相手と恋愛できる時。特に資産家の男性と縁があり、結婚話が進むかもしれません。

身弱の場合

必死に働いているのに、金銭的に苦しい不運期

開運3カ条

1. 自分軸で考える
2. 働きすぎには注意
3. 余暇・休息を大切にする

全体

一生懸命働いているにもかかわらず、金銭的に苦しい時期となります。とにかく金運が悪く、土地や家財を売ることになったり、母親の病気や父親の問題で出費がかさんだりする可能性もあります。

対人関係においても、金銭面を気にして、遊びや外食の誘いを断ることが増えそうです。その結果、人づき合いが悪いと非難されたり、ケチだと思われたりして、人間関係に亀裂が入りやすくなります。

仕事・お金

会社員の人は、精を出しても結果が出ず、期待はずれに終わりそうです。自営業の人も、お金をかけて取り組んだ事業が不発に終わるなど、利益があがりにくいでしょう。どちらの場合もまじめに働きすぎて体調を崩しやすいので、よく休むことが大切です。

恋愛・対人関係

男性 交際相手に対して散財しそうです。既婚の場合は、相手に主導権を握られます。

女性 恋愛面も低調期。交際相手に尽くすばかりで、金銭的な援助をして苦しくなりそうです。

偏《へん》官《かん》の運がめぐる時

身強の場合

思い切った転換と才能で何でもうまくいく好調期

開運3カ条

1. 与えられた任務をきちんと果たす
2. 新規分野を開拓する
3. 恋愛にも積極的になると◎

全体

思い切った方向転換をはかると、成果をあげられます。はたから見ると荒っぽいやり方に思えても、信念を持ってやり抜きましょう。才能が試される時なので、何事も果敢に挑戦するとよさそうです。高すぎると思える目標でも、頑張れば達成できるでしょう。

異動や転業、引越しなどの出費があるものの、お金には困りません。訴訟や法的な問題が起きても有利に運び、逆に信用や評価を高めることもありそうです。

仕事・お金

会社員の人は能力を買われて昇進したり、優秀な企業から引き抜かれたりするでしょう。自営業の人は、潔く事業転換をはかって新規事業への参入が◎。大会社との取引が開始しそう。特に男性は才能を発揮して評価され、仕事上で引き立てられるでしょう。

恋愛・対人関係

男性 恋愛にも結婚にも向く好調期。子どもに恵まれる可能性もあります。

女性 頼れる男性との恋や結婚のチャンスがありそうです。とんとん拍子に進むでしょう。

身弱の場合

変化を求めても、苦労しがちな低迷期

開運3カ条

1. 焦らず、慎重に動く
2. ストレス発散法を確立する
3. 対人トラブルに注意

全体

冒険心が頭をもたげ、急に大胆になるなど、変化の時期となります。ただし、大勝負に出ても失敗しやすく、男性は社会的な信用を失う可能性が。女性は交際相手や夫に苦労させられそうです。下手に動かず、趣味や旅行で気分転換をはかるとよいでしょう。

健康面では、過労により病気になりやすく、ストレスで安眠できないことも。何事も無理は禁物です。不注意によるケガや事故の恐れもあるので気をつけましょう。

仕事・お金

会社員の人は、部署の異動や転勤など慣れない仕事に苦労しがち。自営業の人は、業務内容の転換や転業を余儀なくされそうです。訴訟や法的な問題は勝つ見込みが少なく、立場や名誉を失う可能性が。変化の時ですが、焦らず時機を待ちましょう。

恋愛・対人関係

男性 信用を失いやすく、恋愛運も低調です。交際相手とはなかなか結婚に至りません。

女性 結婚につながるご縁は少なく、彼や夫に関するトラブルに巻き込まれやすいでしょう。

正《せい》官《かん》の運がめぐる時

身強の場合

何事もうまく運び、高い評価を得る上昇期

開運3ヵ条
1. 目上や上司を大切にする
2. より上を目指した目標を立てる
3. 資格取得や学業に励む

全体

社会的立場の高い人から引き立てられる時期。その影響で競争に勝てるだけでなく、これまでの努力も実を結び、自分に自信がみなぎるでしょう。そんな堂々とした態度が高い評価を得られ、好循環を生み出します。

金銭的にも順調で、土地や住宅の購入や、事業プランのための資金作りも◎。訴訟や法的な問題が起きても有利に運び、かえって信用や評価を高めることになるでしょう。

仕事・お金

高い地位を得られる時期なので、会社員の人は昇給や出世、栄転や引き抜きの可能性が。自営業の人は、業務提携や共同経営の話がスムーズにまとまります。さらに、どちらの場合も資格試験や勉強に適した時。努力が実り、よい成績で合格できるでしょう。

恋愛・対人関係

男性 恋愛や家族運も好調。理想的な人に出会えます。既婚の場合は子宝に恵まれる可能性も。

女性 好調期で、地位の高い男性との縁があり、理想的な結婚相手が見つかるかもしれません。

身弱の場合

無理に行動すると、何もかも失う苦悩の時期

開運3ヵ条

1. 無理や背伸びをしない
2. 新規開拓よりも現状維持が◎
3. よく食べ、よく休む

全体

周囲からの期待が精神的な重圧となり、苦しい時期となります。発展を望んで無理に行動を起こすと、信用も地位もなくす恐れが。周りの人と共同して何かを始めてみても、計画倒れに終わりそうです。

金銭に困ることも多く、法的な問題や訴訟に巻き込まれないよう注意が必要です。どんな場合でも保証人になるのは避けてください。健康面では緊張や過労から病気になりやすいので、しっかり休息を。

仕事・お金

会社員の人は、新しい環境になじめなかったり、新しい仕事内容を覚えられなかったりと苦労しがち。自営業の人は、古い組織体制や考え方に固執して、社会の変化にうまく対応できません。流行に乗れず失敗に終わるので、新規事業は控えたほうが無難。

恋愛・対人関係

男性 人づき合いが全般的に不調。安請け合いした相談に対応しきれず、面目を失う可能性が。

女性 恋愛や家族運も不調で、恋をしてもなかなか結婚に至りません。彼や夫に関する苦労も。

偏《へん》印《いん》の運がめぐる時

身強の場合

自分の世界に引きこもりがちな暗黒期

開運3ヵ条	1 次の目標を探す 2 新規事業の準備と下調べを入念に 3 旅や引っ越しをする

全体

失恋や失敗などで挫折を味わう、暗雲期となります。積極性や意欲を失って内向的になり、自分の世界に閉じこもりやすくなるでしょう。何をやっても長続きせず、会社や学校を辞めて、環境が激変することも。

対人関係においては、判断力が低下して人に利用されたり、だまされたりしやすくなります。衝動的に行動を起こしても失敗に終わるので、よく考えたり調べたりする習慣をつけましょう。

仕事・お金

周囲との関わりを避けたくなるので、会社を辞める可能性があります。なかには、将来を悲観して放浪の旅に出たり、突然出家したりする人も。転職や再就職には不向き。発展を望める時期ではないので、今のうちにできることをこなして時機を待ちましょう。

恋愛・対人関係

男性　自分に自信が持てなくなり、恋愛にも消極的に。結婚の可能性も低いでしょう。

女性　恋愛運も家族運も低調期。内向的になりやすく、子どもの健康にも注意が必要です。

身弱の場合

直感が冴えわたり、精神世界に惹かれる時期

開運3カ条

1. 新しいことを学び、吸収する
2. リラクゼーションや瞑想にふける
3. 自宅や職場など、環境を変えてみる

全体

直感が冴え、精神的な悟りに目覚める時期です。現実世界よりも精神世界に興味を持つでしょう。それがきっかけで、優れた芸術作品を発表したり、これまでとは異なる方面で才能を発揮したりする人もいます。

特に男性の場合は、前から興味があったものの、なかなか取り組めなかったことにチャレンジするとうまくいくでしょう。女性の場合は、何事も自分の直感を信じて進むとよさそうです。

仕事・お金

物質的な成果や仕事そのものよりも、精神世界を重視します。年長者や上司、教師などから教えや助けを受けることができ、社会から離れる傾向も。転職や退職、引越しや旅などの環境の変化から、有益なひらめきや人生の新しい気づきを得ることもありそうです。

恋愛・対人関係

男性 恋愛も結婚も好機に恵まれます。休息をきちんととれば、プライベートも充実します。

女性 恋愛も結婚も、自分の直感を信じて選択すると幸せを手にできるでしょう。

印《いん》綬《じゅ》の運がめぐる時

身強の場合

内向的になり、気苦労も多くなる低迷期

開運3カ条

1. 依頼心を抑える
2. 周囲の動きによく目を向ける
3. 新たな自己表現の模索を

全体

内向的で表現力も乏しくなり、気苦労が多い低迷期となります。母親や年長者の干渉が強くなるので、その人たちについ依存して、やる気や積極性を失いやすくなるでしょう。

社交性も欠如し、何もしたくなくなるので、家で毎日怠惰に過ごしがちに。仕事に精を出すよりも、家でゴロゴロ過ごすのを好みます。心因性の病気にもかかりやすいので、気を紛らわせるようにしましょう。

仕事・お金

意固地になり、共同作業や集団行動は苦手になります。多様な意見に耳を貸さず、現実世界から身を引く人も。新しい技術の習得や勉強にも向かず、無駄な出費がかさむだけで身につきません。ただ、金銭的に不調な時期なので地道に働くことが大切です。

恋愛・対人関係

男性　自分の殻にこもったり、考えすぎたりして、恋愛も結婚もうまくいかない可能性が。

女性　恋愛運も低調。依存心が原因で、恋愛も結婚もうまくいかなくなりそうです。

身弱の場合

努力が実を結び、何かを学ぶのにも最適な時期

開運3カ条

1. 年長者と積極的に関わる
2. まじめに学業に励む
3. 栄養摂取と休息を大切に

全体

堅実に努力してきたことが実を結ぶ時期となります。苦労して取り組んできたことが報われるでしょう。人間関係にも恵まれ、教師や年長者、母親などから教えや助けを得て、何事もスムーズに運びます。

宗教や哲学に接すれば、内面がより豊かに。多くの知識を得て、視野が広くなるため、世界情勢や経済の動向などにも詳しくなります。栄養と休息をとれば常に元気でいられ、体調が悪かった人も回復の兆しが。

仕事・お金

頭が冴えて吸収力も増し、多くの教養が身につきます。資格試験や勉強にも最適な時期。学問や研究の成果をあげることができるでしょう。専門分野の知識を学ぶと、仕事に応用することができ、活躍の場面が広がります。セミナーやサークルに参加するのも◎。

恋愛・対人関係

男性 恋愛運も結婚運も良好な時。周りに祝福される出会いがありそうです。

女性 親や上司、教師などのすすめで良縁に恵まれそう。結婚に踏み切るのも◎。

COLUMN 3

命式全体を読み解くコツ

ここまで一通り個別に診断結果を見てきましたが、四柱推命は本来、命式全体のバランスを見ながら、その人の宿命を解き明かしていくものです。そこで、命式全体を読み解くコツを紹介します。慣れてくれば、スムーズに読めるようになるでしょう。

命式のチェックポイント

❶まずは命式の四柱（年・月・日・時の天干と地支）の陰陽の配列を見て、基本性質をおさえましょう。

すべてが陽干・陽支に近い人ほど、オープンで竹を割ったようなさばさばとした性格になります。

逆に、すべてが陰干・陰支に近い人ほど、寡黙で秘密や孤独を好むようになります。

陽干や陽支があっても陰干や陰支が圧倒的に多ければ、内気な性質を帯びるでしょう。それが他人から見ると、穏やかな魅力に映ります。

陰陽のバランスがとれた人は平和な人とされますが、四柱推命では平和が一番と考えます。偏った人は個性的で特殊な才能を持ちますが、運の波も大きくなるのです。

❷次に日干を見て、それが「陽干」か「陰干」なのかを判断します（陽干と陰干については、207ページで後述）。陽干であれば開けっ広げで男性的になり、自立心

多い通変星の早読みキーワード

比肩・劫財（比劫）	自尊心が強く、前向きな性格。競争向きでタフであり、人との交流を広げると◎。ただし、人間関係のトラブルにもあいやすい。
食神・傷官（食傷）	鋭い感性を持ち、それに従って好きなことをすると◎。ただし、目上には反抗しやすいので、素直になるよう注意が必要。
偏財・正財（財）	働き者で現実主義。旺盛なサービス精神と勤勉さが特徴。ただし、現実的になりすぎて、それが裏目に出ることも。
偏官・正官（官殺）	道徳や規律、上下関係を重んじ、目上に仕えることが吉につながる。ただし、保守的で建前を重視しすぎる傾向も。
偏印・印綬（印）	学問好きで勉強や研究に向いている。ただし、内向的な気質が強まりすぎると、孤独になったり依存体質になりやすい。

が強まります。陰干であれば控え目で女性的になり、人に合わせる傾向が強まります。

さらに、その日干の「五行」も見て、その性質を判断します。例えば、甲（陽）と乙（陰）は同じ木の気で、ともに慈愛に満ちあふれて親切。ただし、甲はより開放的で、乙はソフトになるでしょう。

❸続いて、「身強」か「身弱」かを見極めます。身強であればパワフルで自我が強く、芯がしっかりしています。一方、身弱であればおとなしくて自我が弱く、働きすぎたりエネルギーを使いすぎたりする傾向があります。

❹さらに「格局」を見て、「価値観」を判断します。ただ、格局がその人の全貌を表すわけではないので、通変星の数の偏りも確認しましょう（200ページの表参照）。なぜなら、多い通変星の質がその人らしさを彩るためです。

例えば、格局が「正財格」で、通変星に「印」が多ければ、物質的な豊かさを重んじる一方、勉強家でもあり、本に囲まれた生活をしているでしょう。また、「偏印格」で通変星も「印」が多ければ、知的好奇心が強く、勉強や研究に夢中で、それ自体が人生の目的になりやすいです。

人生の価値観や適性と、置かれている環境は異なることがあるため、多い通変星でどのような環境にあるかを見極めるのです。

❺そして、「天干（特に月干）の通変星」から、その人の表に表れている「才能」を見ます。また、

天干の通変星が示す才能の早読みキーワード

比肩・劫財（比劫）	直接相手と競う環境が合うため、スポーツや競争社会向き
食神・傷官（食傷）	クリエイティブな才能に優れ、感覚や言葉を使う分野向き
偏財・正財（財）	現実的でお金もうけに優れているので、ビジネスや商売向き
偏官・正官（官殺）	目上の人や組織に仕えるのが得意なので、勤め人向き
偏印・印綬（印）	勉強や研究に励み、学習能力に優れ、学術的な業界向き

人生は年干から始まり、月干、日干、時干と経ていくので、興味の対象や人づき合いの傾向など、その人らしさがどう変化するかも分析します（201ページ下部の表参照）。

さらに「地支の通変星」も見て、内面のエネルギーや隠された特性を確認し、その人の本質を探ります。例えば、天干に正官が多いのに、地支に食神が多ければ、まじめそうに見えても内面は遊び好きでそれを表には出さない人と判断できます。また、地支にたくさん「財」があっても、天干に1個も「財」がなければ直接的な商売人にはならない、という判断もできます。

❻命式から「用神」、「喜神」、「忌神」、「仇神」を求めます。これはどのような行動をとるべきかのアドバイスを得るためで、用神や喜神の性質や行動に従うと運がよくなり、逆に忌神や仇神の性質や行動に従うと運が悪くなります。

❼最後に「大運」と「流年」で運の流れと吉凶を確認するとよいでしょう。

実例は左の命式の解説をご覧ください。このように、慣れてくれば命式をざっと見ただけで、その人の本質と人生を大まかに把握することができるようになります。

例

← 人生の後半部分　｜　人生の前半部分 →

	時柱	日柱	月柱	年柱
天干の通変星	正官		偏財	比肩
	時干	日干	月干	年干
天干（五行）	丁［火］	庚［金］	甲［木］	庚［金］
	時支	日支	月支	年支
地支（五行）	亥［水］	辰［土］	申［金］	戌［土］

	時柱			日柱			月柱			年柱		
地支の蔵干（五行）	甲［木］	［ ］	壬［水］	乙［木］	癸［水］	戊［土］	戊［土］	壬［水］	庚［金］	辛［金］	丁［火］	戊［土］
区分	余気	中気	本気	余気	中気	本気	余気	中気	本気	余気	中気	本気
地支の通変星	偏財		食神	正財	傷官	偏印	偏印	食神	比肩	劫財	正官	偏印

この命式は陽干・陽支が6個、陰干・陰支が2個で、明らかに陽の気が強いので、男性的な性質であるとわかります。さらに日干が陽干なので、より明るくさわやかなタイプです。日干の五行は「金」なので、潔く物事に屈しない性格。格局は「建禄格」で、独立心が強く、経営者に向いています。身強で天干に偏財と正官があるので、お金にも地位にも恵まれる人生です。

CHAPTER

肆

相性を診断してみよう

四柱推命の相性診断は、単に気が合うかどうかを見るのではありません。
自分にとって必要な人、
足りない要素を補い合える人を
四柱推命のロジックに基づいて分析しましょう。

梨華さんの大運《だいうん》は…
4〜43歳までは忌神《ぎじん》・仇神《きゅうじん》だね
でも、才能豊かだし
順調に運が開けていきそうだよ
はい！
私には水の気が足りないから
それを補っていくようにします！
戦略立てられるし！
いいね！
その調子！
やっぱり夢に挑戦したいし、昔のイラストサークルの仲間に連絡してみようかな！
でも
やっぱり緊張する…!!
ドキドキ
そんなに構えなくても
実はちょっと憧れの先輩もいたりして…
もじもじ
こういう時こそ四柱推命の出番！
その人を占ってみようよ

日干《にっかん》は「丙《ひのえ》」だね！
わい
「丙」か〜どうりで明るくてさっぱりしてる
友達づき合いも多いタイプじゃない？
わい
確かに！あ、五行《ごぎょう》のバランスは偏ってるような…？
日干の相性だと高め合える協力関係になれそうだよ
ちょっと勇気出たかも！**相手のことを占う**のもいいですね
へえ
盛り上がるし具体的なつき合い方がわかるもんねよかったら仲間も今度つれておいでよ！
おいしいお茶も出すよ！
はい!!

四柱推命

LESSON 1

四柱推命の相性の考え方

四柱推命では相性診断もできる

四柱推命での相性は、単に気が合うかどうかを見るのではなく、お互いを補う補完性や、相手を必要とするかどうかという必要性を重要視します。具体的にいうと、〈金遣いの荒い人には、慎ましくて堅実な人がいると人生はうまくいく〉と考えるということです。また、よい相性ならすべてよし、ということにもなりません。例えば、安定した相性はよい相性ではありますが、恋愛や遊び仲間には刺激が足りない関係ともいえます。

このように、相性の良し悪しの判断は難しいので、結果に一喜一憂することはありません。相手とよりよい関係を築くためのキーワードとして捉えてください。

なお、四柱推命では命式全体から、以下のような方法で相性を判定します。また、相性とは恋愛だけでなく、友人や仕事仲間との関係性も含まれます。

相性の判断基準

❶ 自分と相手の陰陽五行《いんようごぎょう》のバランスはどうなっているか

❷ 身強《みきょう》・身弱《みじゃく》の組み合わせはどうなっているか

❸ 自分と相手の日支《にっし》が支合《しごう》・三合会局《さんごうかいきょく》・支冲《しちゅう》の関係かどうか

❹ 自分の用神《ようじん》・喜神《きじん》にあたる五行を相手がたくさん持っているか

❺ 自分と相手の日干が干合《かんごう》しているかどうか

① 陰陽五行のバランスで見る

まずは陰陽のバランスに注目すると、陽の気が強い人と陰の気が強い人は好相性です。同質同士は反発し合い、相性はよくありません。また、日干が「陽干」の人は、日干が「陰干」の人と好相性で、陰陽で見る相性の基本は補完性にあると考えます。

●陽の気が強い人
命式に陽干（甲《きのえ》、丙《ひのえ》、戊《つちのえ》、庚《かのえ》、壬《みずのえ》）、陽支（子《ね》、寅《とら》、辰《たつ》、午《うま》、申《さる》、戌《いぬ》）が多い人

●陰の気が強い人
命式に陰干（乙《きのと》、丁《ひのと》、己《つちのと》、辛《かのと》、癸《みずのと》）、陰支（丑《うし》、卯《う》、巳《み》、未《ひつじ》、酉《とり》、亥《い》）が多い人

さらに、五行のバランスでも相性がわかります。例えば、命式に「火」の気が多すぎる人は、同じ「火」の多い人といるとさらに燃え上がってしまい、相性はあまりよくありません。反対に、火を消す（剋す）「水」や弱める（生じられる）「土」が多い人とは、過度な火を抑えるため相性がよいと考えます。

このように、自分の命式に多すぎる五行を抑制する、または自分に少ない五行が多い人とは基本的に相性がよいと考えます。（五行の関係性は、24から25ページを参照）。

例

Aさん（男性）

	年干	月干	日干	時干
天干（五行）	甲（木）	丙（火）	丙（火）	壬（水）

	年支	月支	日支	時支
地支（五行）	辰（土）	子（水）	午（火）	辰（土）

Bさん（女性）

	年干	月干	日干	時干
天干（五行）	辛（金）	乙（木）	乙（木）	甲（木）

	年支	月支	日支	時支
地支（五行）	亥（水）	未（土）	未（土）	申（金）

Aさんは陽の気が8個、陰の気が0個で陽の気が強く、Bさんは陽の気が2個・陰の気が6個で陰の気が強いうえに、日干も陰陽の組み合わせなのでよい相性です。
次にお互いの日干の五行を見ます。Aさんは丙の火、Bさんは乙の木です。火と木は、五行の相生の関係で相性がよいことがわかります。さらに、お互いの用神・喜神にあたる五行の気を相手がたくさん持っていると、相手に惹かれる好相性となります。

❷ 身強と身弱の組み合わせ

身強と身弱の組み合わせでも、相性の良し悪しが決まります。具体的な相性は以下にまとめたので参照してください。

身強・身弱は自我のエネルギーの強弱なので、強い者同士は外敵に強く、弱い者同士は平和な関係を構築しやすいと言えます。身強と身弱の組み合わせで判断する限りでは、悪い相性はありません。

なお、参考までに身強は自意識が強くわがまま、愛情面では独占欲が強く、嫉妬深いタイプです。一方、身弱は自意識が弱く従順、愛情面ではおとなしく受け身なタイプとなります。

身強と身弱の組み合わせ＝○	ピッチャーとキャッチャーや夫婦のような強弱の組み合わせで、バランスがとれます。受け身の身弱が、タフな身強に寄り添うような関係で、恋人同士、友人同士、仕事仲間同士のいずれの場合も好相性です。
身強同士の組み合わせ＝◎	外敵や攻撃にも強く、ビジネスパートナーや問題に立ち向かう仲間なら最高の相性です。立ち位置も対等で、手をとり合いパワフルに行動できます。恋人同士なら燃えるような恋をしますが、嫉妬深さから衝突することも。
身弱同士の組み合わせ＝○	穏やかで平和的な相性です。お互いに譲り合い、堅実な人生を望み、家庭生活を大切にします。立ち位置が対等で、保守的かつ安定した関係に。恋人同士だと受け身同士になり、あまり激しい恋にはならないかもしれません。

❸ 日支でみる相性

日支同士の相性は、主に男女の相性を見る時に使います。日支同士が「支合」や「三合会局」、「支冲」の関係にあると、結びつきの強い組み合わせとなり、以心伝心のとてもよい相性といえます。肉体的な相性も抜群。具体的な組み合わせは、左ページを参照してください。

なお、支冲は一般的には仲が悪い関係とされますが、男女の相性の場合は、対照的で刺激的なよい間柄となります。

日支の組み合わせと相性

三合会局の関係

相手と自分の日支が「亥卯未」「寅午戌」「巳酉丑」「申子辰」のいずれかの組み合わせに該当する。

相性
安定したよい関係

支合の関係

相手と自分の日支が「子丑」「亥寅」「卯戌」「辰酉」「巳申」「午未」のいずれかの組み合わせに該当する。

相性
安定したよい関係

支冲の関係

相手と自分の日支が「子午」「丑未」「寅申」「卯酉」「辰戌」「巳亥」のいずれかの組み合わせに該当する。

相性
刺激し合うよい関係

❹ 用神・喜神から見る相性

基本的に自分の用神・喜神にあたる五行を多く持つ人ほど魅力的に見え、惹きつけられます。また、相手の用神・喜神にあたる五行を自分が多く持っている場合、相手は自分に自然と好意を寄せるようになるでしょう。

用神と喜神がどの五行になるかは、以下の図でわかります。まず日干の五行を頂点の「五行の基準点」に入れたら、時計回りに「日干が生じる五行」、「日干が剋する五行」、「日干を剋する五行」、「日干を生じる五行」を出します。

そして、頂点は比肩・劫財となり、時計回りに食神・傷官、偏財・正財、偏官・正官、偏印・印綬が配され、自分の用神と忌神の通変星の場所を見れば、それぞれの五行がわかります。この五行を持つ人に自然と惹かれるでしょう。

なお、自分の用神・喜神が大運でめぐってきている時は、必要な五行を自分で満たしているので、他から取り入れる必要がありません。そのため、その間は人間関係の選択肢の幅が広がります。

一方、自分の忌神・仇神が大運でめぐってきている時は、必要な五行を自分だけでは満たせないので、他から取り入れる必要があります。そのため、その間は自分の用神・喜神にあたる五行を多く持つ人により惹かれ、人間関係は限定される傾向にあります。

日干と通変星（用神・喜神）の五行の考え方

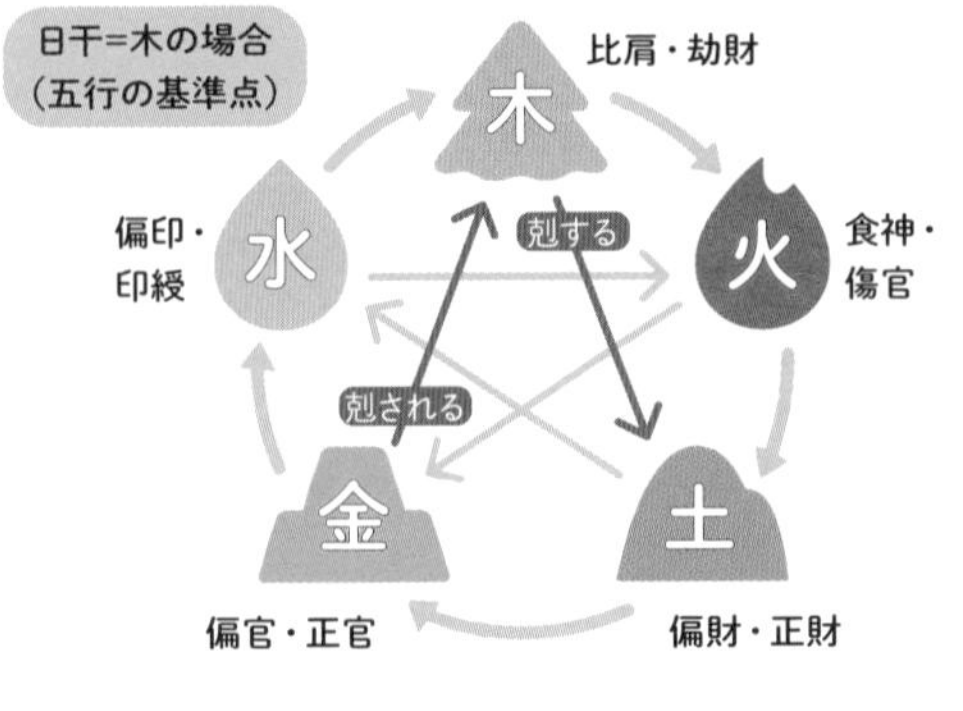

日干が「木」の気にあたる「甲・乙」の人の場合、用神が偏印なら、用神は「水」となります。日干が「丙・丁」の人なら、「火」が図の頂点、基準点となり、比肩・劫財が「火」、食神・傷官が「土」という具合になります。いずれの場合も、五行の配置は時計回りに「木→火→土→金→水」となります。

5 日干同士で見る相性

日干の「干合」の組み合わせは、とても強い結びつきとなります。友人なら親友になり、仕事仲間ならともに高め合えるでしょう。

干合は、五行の関係的にはお互いに剋し合う組み合わせですが、「合をむさぼり、剋を忘れる」関係となるため、実際に剋し合うことがありません。日干の「干合《かんごう》」同士は、特に精神的な結びつきが強い相性となります。

次のページから、日干同士の全100パターンの相性を解説しています。相性欄は、◎はとても良好、○は良好、△はつき合い方に注意が必要です。ただ、一概に◎や○がよく、△が悪いというわけではないので、解説をよく読んで対人関係に活かしてください。

お互いの関係を次のように見立てて分類し、解説しています。

●友達星・兄弟星
通変星【比劫】→我と同じ五行→友達、兄弟・姉妹、ライバル

●母星
通変星【印】→我を生じる五行→母、祖母、年長者、保護者

●子星
通変星【食傷】→我が生じる五行→(女性にとっての)子ども、目下、部下、ペット

●妻星・財星
通変星【財】→我が剋す五行→妻、愛人、ガールフレンド、父、使用人

●目上星・夫星
通変星【官殺】→我を剋す五行→目上、夫、ボーイフレンド、上司、管理者、(男性にとっての)子ども

日干の組み合わせと相性

干合の関係

相性
安定したよい関係

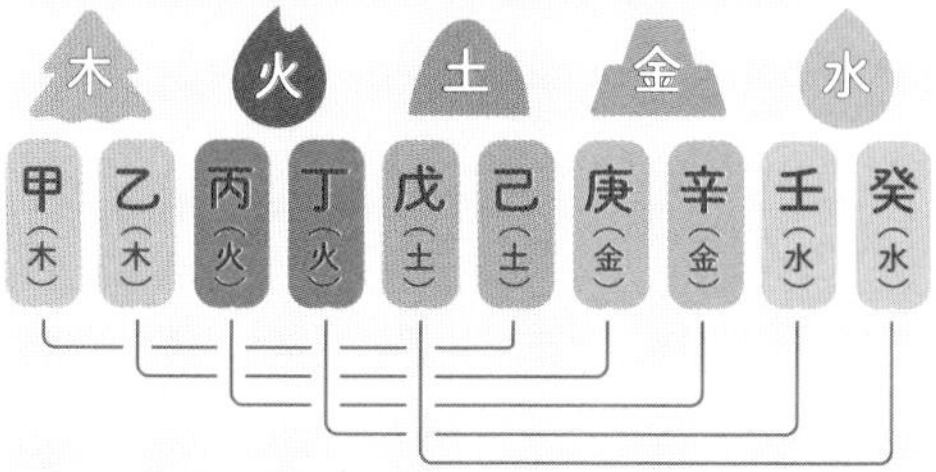

相手と自分の日干が「甲己」「乙庚」「丙辛」「丁壬」「戊癸」のいずれかの組み合わせに該当する

日干が甲《きのえ》の人

COMPATIBILITY

基本的対人関係

親分肌で頼もしい存在 お節介はほどほどに

人づき合いにおいては、リーダーとして周囲を統率する頼もしい存在です。正直で親切なところが信頼され、人から相談を受けたり、打ち明け話をされたりすることも多いでしょう。遊びや旅行の計画は率先して立てて、下準備も念入りに行い、仲間を引っ張ります。恋愛でも、自ら進んでアプローチができるでしょう。基本的に主導権は自分が握ると◎。

アドバイス

頼りにされる反面、道徳的でまじめすぎる態度が煙たがられることも。時には羽目をはずして、仲間とにぎやかに過ごす時間も作りましょう。

相手の日干が甲《きのえ》の場合

相性◎

お互いに助け合う 頼りになる友人同士

友達星・兄弟星同士で、協力し合える相性です。甲は木なので、木が2つ合わさることで林となり、強さが増します。常にお互いを支え、励まし合うでしょう。肩を並べてともに頑張ることができ、特に一方が身弱の場合は頼りになる友人同士となります。

ただ、友達星・兄弟星はライバル関係にもなりやすく、財産・物・異性を奪い合う可能性も。特に身強同士の場合は悪友となりやすく、一緒に散財してしまう傾向が強いので気をつけましょう。

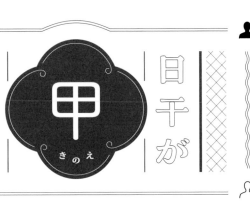

相手の日干が 乙《きのと》 の場合

相性◎

乙が甲を頼りにする兄弟姉妹のような関係

友達星・兄弟星同士で、甲が兄・姉、乙が弟・妹というような関係になります。乙（ツタ）が甲（樹木）に巻きついてまっすぐ伸びるように、乙が甲を頼る間柄。どちらか一方が身弱の場合は、持ちつ持たれつの相性で、お互いにメリットを享受し合えます。

身強同士の場合は、相手のことが疎ましくなったり、ライバル関係にもなりがちです。財産、物、異性を奪い合い、悪友にもなりやすいので、適度な距離を保ちましょう。

相手の日干が 丙《ひのえ》 の場合

相性◎

甲が丙に愛情を注ぐ関係 ともに成功を得られる好相性

甲から見て丙は母星に従う子星にあたり、好ましい相性です。甲は丙に母のような愛情とパワーを与え、丙はその恩恵によって活躍できるでしょう。また、甲と丙は、ともに成功と富を得られる組み合わせなので、ビジネスパートナーとしても好相性です。

ただ、甲の愛情で丙はのびのびと成長することができますが、自由奔放すぎてしまうことも。また、甲が身強の丙を甘やかしてしまうと、丙のわがままがより強まるので、要注意です。

相手の日干が 丁《ひのと》 の場合

相性◎

知恵やアイデアを出し合いお互いを高め合える相性

甲から見て丁は子星で、甲（薪）で丁（火）を燃やすような好相性です。甲が我が身を薪にして尽くし、その結果、丁が美しく燃えて引き立つという関係性。ともに知恵やアイデアがどんどん生まれ、お互いにとってプラスの関係となるでしょう。

なお、甲は丁に一生懸命尽くしますが、場合によっては丁が「薪（甲）があって当然」とみなす傾向も。特に丁が身強だと、わがままが増長されるので、尽くしすぎないようセーブしましょう。

相手の日干が 戊《つちのえ》 の場合

相性△

有利に取り計らい大切にしてくれる人物

甲から見て戊は妻星・財星にあたります。甲にとって戊は、お金や人脈を運んできたり、いろいろと有利に取り計らってくれる貴重な相手となります。また、土（戊）が樹木（甲）に養分を与えるように、戊は甲をとても大切にしてくれるでしょう。

ただ、甲が身強で戊が身弱だと、甲は戊を疲弊させてしまう可能性が。一方、甲が身弱で戊が身強だと、甲は頑固な戊を持て余しがちに。お互いに協力し合うよう心がけましょう。

相手の日干が 己《つちのと》 の場合

相性◎

とても気が合う間柄 ともに助け合い成長できる

甲から見て己は妻星・財星にあたります。さらに、「甲己」は干合の関係なので、甲（樹木）が己（畑の土）から養分を得て成長し、落ちた木の葉が土の養分となるように、ともに助け合い、よく気の合う相性。特に、ともに身強だとお互い有益な存在となります。

なお、甲が身強で己が身弱だと、甲は己の養分をどんどん吸い取り、我慢させてしまう可能性が。甲が身弱で己が身強だと、甲が己のために労力を使いがちに。さじ加減が大切です。

相手の日干が 庚《かのえ》 の場合

相性◎

お互いに必要とし合い 役立つよう導いてくれる

甲から見て、庚は目上星・夫星にあたります。甲（樹木）が庚（斧）で切られて、社会で有用な材木になるように、庚が甲を引き立てるという相性です。お互いにとって必要な相手であり、特に甲が身強の場合、とてもよい相性となるでしょう。

なお、甲が身弱の場合、庚は攻撃しつつ支配してくる苦手な相手に。甲が身強で庚が身弱だと、甲が庚の言うことを聞かなくなり、骨の折れる関係になるので、お互いの意見を尊重してください。

相手の日干が

辛《かのと》

の場合

相性△

刺激を受けて引き立てられ利益を上げられる相性

甲から見て辛は目上星・夫星にあたります。辛が甲の働きのおかげで、何らかの利益をあげることのできる関係性です。甲は辛に引き立ててもらい、活躍の場を与えられるでしょう。身強同士だと、ともに利益があります。

一方、甲が身強で辛が身弱だと、辛の繊細な神経を甲がつい傷つけてしまう傾向があるので、相手を労わりましょう。また、甲が身弱の場合、辛が何かと干渉してきて疎ましくなるので、距離感を保って。

相手の日干が

壬《みずのえ》

の場合

相性△

何かと面倒を見てくれていろいろ教えてくれる関係

甲から見て壬は母星にあたり、壬がいろいろと世話を焼いてくれる相性になります。また、母子関係のように、壬が甲に様々なことを教えてくれるでしょう。甲が身弱の場合は、壬が何かと励ましてくれるので、とても心強い相手となります。

ただ、甲が身強だといずれ木が腐り、使い物にならなくなるでしょう。甲が壬に甘やかされて、自立心が妨げられてしまうことも。まずは自分の力で行動するような心がけが大切です。

相手の日干が

癸《みずのと》

の場合

相性◎

あらゆるものを与えてくれていつでも助けてくれる相性

甲から見て癸は母星にあたります。癸（雨水）が慈しみを持って甲（木）を育てるように、甲が癸からいろいろと教わり、享受する関係になります。また、甲が困った時、癸はいつでも助けてくれるよき相談相手となるため、相性は抜群です。

ただ、癸への依存心が強くなりすぎると、甲は腐った木のように使い物にならなくなります。癸に甘やかされ、自立心が妨げられることも。特に甲が身強の場合、癸に頼りすぎないよう注意して。

日干が乙《きのと》の人

COMPATIBILITY

基本的対人関係

周りに溶け込む愛されキャラ共依存には気をつけて

周囲からは、優しくて穏やかな人と思われています。人懐っこさもあり、遠慮がちな様子が庇護《ひご》欲を掻き立てるので、どんな環境にいてもかわいがられるでしょう。周りを牽引《けんいん》するよりもサポート役に回った方が、相手も自分もストレスなく過ごせます。恋愛でも自分からリードするのは苦手。場の空気を読み、相手の気持ちに寄り添うことが得意でしょう。

アドバイス

順応力が高く、八方美人と誤解されることも。また、人にリードされるのを好みますが、度がすぎると依存関係に。周りに流されすぎないよう気をつけて。

相手の日干が甲《きのえ》の場合

相性◎

頼れる兄や姉のような相手とても気の合うよい相性

友達星・兄弟星にあたり、甲が兄や姉で、乙が弟や妹といった関係です。乙（ツタ）が甲（樹木）に巻きついてまっすぐ伸びることができるように、乙が甲を頼る関係性。一方が身弱の場合は持ちつ持たれつの関係で、お互いに有益な存在となるでしょう。

主に甲に助けられる関係ですが、身強同士だとライバル関係になりやすく、時に疎ましい存在になることも。遊蕩《ゆうとう》三昧の悪友にもなりやすいので、適度な距離感を保ちましょう。

相手の日干が
乙《きのと》の場合
相性△

平和好きでとても気が合い
お互いに助け合う相性

友達星・兄弟星にあたり、家庭的で平和が好きな者同士。一緒にいるととても気が合い、兄弟姉妹のように助け合います。特にどちらか一方が身弱の場合は、お互いを励まし合い、いっそう仲が深まるでしょう。ただ、お互いに似ている分、恋愛ではややマンネリに。ともに性格が穏やかなので刺激は少なく、平凡な関係にもなりがちです。

なお、2人とも身強だとライバルになる可能性大。相手のよさを尊重し距離を保ちましょう。

相手の日干が
丙《ひのえ》の場合
相性◎

相手を大切にして癒やしを与え
ロマンと喜びが生まれる関係

乙から見て丙は子星にあたり、ロマンと喜びが生まれる好相性です。乙が丙を大切にし、癒やしを与える関係でもあります。草花(乙)が太陽(丙)によって美しく成長するように、お互いを高め合うことのできるよい関係といえるでしょう。

ただ、乙が身弱だと、丙が乙の面倒を見ることになります。手のかかる相手だと思われないよう自立心を持って。また、丙が身強だと、乙の親切が丙の火を大きくし、わがままを増長させるかも。

相手の日干が
丁《ひのと》の場合
相性◎

穏やかな関係で好相性
相手を育てる楽しみを感じる

乙から見て、丁は子星にあたるので、丁を育てる楽しみとロマンを感じられる間柄となります。また、草花(乙)が火(丁)を燃え立たせるよい相性です。特に丁が身弱の場合は、乙が丁を癒やす関係となり、穏やかでとてもよい相性となるでしょう。

ただ、乙が身弱だと、丁の燃料となってもすぐ燃え尽きてしまい、疲れ果ててしまいます。丁が身強だと乙が丁を甘やかし、結果わがままに。丁をあまり甘やかさないよう注意しましょう。

相手の日干が 戊《つちのえ》 の場合

相性◎

自分のことを守り 利益を運んできてくれる存在

乙から見ると、戊は妻星・財星にあたります。そのため、戊は自分に利益を運んでくれる人物に。そんな戊に守られて、乙は幸せを感じられるでしょう。さらに、乙の美しさが引き出されるという利点もあり、とてもよい相性です。

ただ、乙が身弱だと、自分を守ってくれる戊を疎ましく感じることも。また、戊が身弱だと「乙の美しさを引き立てるばかりでおもしろくない」と感じている可能性があるので、気遣いを忘れないようにしましょう。

相手の日干が 己《つちのと》 の場合

相性◎

お互いに必要な関係 恩恵もたくさん受けられる

草花の乙と畑の己はとてもよい相性となります。畑の土の養分を草花が吸うように、乙にとって非常に恩恵がある関係です。また、草花が枯れれば土の養分となるため、己にとってもプラスとなり、お互いに必要な相手として求め合うでしょう。

ただ、乙が身弱だと、己のことがうっとうしくなって負担に感じそう。また、己が身弱だと、乙に己があれこれ尽くす関係となり疲れてしまうかもしれません。思いやりを持って接してあげましょう。

相手の日干が 庚《かのえ》 の場合

相性◎

精神的なつながりの強い 相思相愛の素晴らしい相性

乙にとって庚は目上星・夫星にあたります。庚にきちんと管理されることで、乙は社会的な立場を得られます。さらに乙と庚は干合の組み合わせなので、精神的にも相思相愛の相性です。

庚が身弱だと乙は居心地がよいあまり、いつも一緒にいて何もできなくなるかもしれません。一方、乙が身弱だと、庚の管理体制を脅威に感じることも。庚から利益や労働を求められ、なかなか落ち着くことのできない状態に陥る可能性もあります。

相手の日干が
辛《かのと》の場合
相性△

よく管理してもらえれば自分が向上できるよい関係に

乙から見ると、辛は目上星・夫星にあたります。乙が身強の場合は、辛にきちんと管理してもらえれば、社会で認められるでしょう。辛が身強の場合は、乙が辛にご馳走してあげたり、利益になる話を提供したりするような関係となります。

また、乙が身弱だと、辛に支配されやすく、傷つけられて逃げ出したくなるかも。辛が身弱だと、乙は持て余されてしまう関係となるため、適度な距離を保ったつき合いを心がけましょう。

相手の日干が
壬《みずのえ》の場合
相性◎

いろいろ優しく教えてもらい一緒にいると幸せな相性

乙から見て壬は母星にあたるため、慈愛に満ちた壬がいろいろと教えてくれる相手となります。水（壬）を与えられて草花（乙）が美しく咲くような関係です。壬にとっても、乙と一緒にいることが幸せとなるため、お互いにとてもよい相性といえます。

なお、乙が身強だと、壬の好意に甘えてやる気をなくす傾向が。さらに壬の干渉が強いと、それが助長されるので自立を意識してください。壬が身弱だと楽しいのに疲れがたまるような関係に。

相手の日干が
癸《みずのと》の場合
相性◎

無条件に恩恵を受けられてお互いに魅力を発揮する相性

乙から見て癸は母星です。降り注ぐ慈愛の雨（癸）が美しい花（乙）を咲かせるように、お互いが素晴らしさを発揮するとてもよい相性となります。癸が乙の素晴らしさを引き出してくれるため、乙は無条件に恩恵を受けることになるでしょう。

ただ、乙が身強だと癸に甘やかされ、水を与えられすぎて草花がダメになるような関係に。乙は怠惰にならないよう気をつけてください。癸が身弱だと、乙をかわいがりすぎて疲れてしまう傾向が。

日干が丙《ひのえ》の人

COMPATIBILITY

基本的対人関係

明るく朗らかな中心人物 周囲への気配りも大切に

陽気でカリスマ性があり、気がつくと人の輪の中心に。とはいえ、嫌味な感じもしないので、周りからの好感度も抜群です。どのコミュニティにいても、周囲を明るく照らす華やかな存在となるでしょう。執着心や依存心はなく、人間関係は基本的にさっぱりしています。細かいことも気にしないので、怒ってもすぐに忘れて皆と仲よく過ごせるでしょう。

アドバイス

繊細なタイプや深いつき合いを好む人からは、理解しがたい存在と思われることも。結論を急がず、相手の気持ちに寄り添うことも意識して。

相手の日干が甲《きのえ》の場合

相性◎

成長を温かく見守られてともに成功できる関係

丙から見て甲は母星なので、好ましい相性です。甲の母親のような大きな愛情に包まれ、丙はパワフルに活動することができるでしょう。また、甲と丙の組み合わせは、ともに成功と富を得られる好相性でもあります。ビジネスパートナーにも適任。甲も丙からよい影響を受けて成長し、ますます優しくしてくれるでしょう。

ただし、甘えすぎは禁物です。特に身強の丙が甲に甘やかされると、丙のわがままが強まるので気をつけてください。

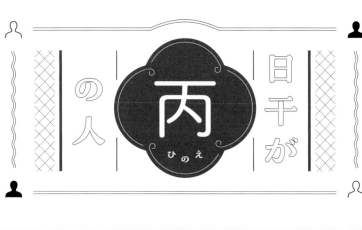

相手の日干が
乙《きのと》の場合
相性◎

大切にされ癒やされてお互いに高め合える好相性

丙から見ると、乙は母星にあたります。そのため、丙は乙に大切にされることで癒やされる、という関係となります。また、太陽（丙）によって草花（乙）が美しく成長するように、お互いの長所を高め合うことのできるよい相性でもあります。

乙が身弱だと、丙にとって手のかかる相手となるので、慎重な対応を心がけましょう。丙が身強の場合、乙の親切心が丙の火を大きくし、わがままを増長させることもあるので気をつけて。

相手の日干が
丙《ひのえ》の場合
相性△

相手に共感することが多くともに頑張っていける関係

友達星・兄弟星にあたり、ともに情熱的で共感を得やすく、相性はそこそこ良好です。励まし合いながら、一緒に頑張ることができるでしょう。特にどちらか一方が身弱の場合、もう一方が苦しい時に応援してくれるため、とても頼りになる友達となります。

ただし、ともに身強だと、友達星・兄弟星は豪遊して散財する仲間になりがちです。つき合うと財産や異性を失うことも。悪友やライバルになりやすく、同質で衝突も増える傾向があります。

相手の日干が
丁《ひのと》の場合
相性○

師弟関係をうまく保てると協力し合えるよい相性

友達星・兄弟星にあたり、太陽と灯の関係です。丙が兄・姉、丁が弟・妹という間柄になるため、丙が親分で丁が子分といったつき合い方であれば、とてもうまくいくでしょう。特にどちらか一方が身弱の場合、お互いになくてはならない協力者同士となります。

ただし、身強同士の場合、友達星・兄弟星はライバル関係にもなりがち。一緒にいると散財の危険も高まります。悪友となり、お金や異性を奪い合うこともあるので、つき合い方に気をつけて。

相手の日干が 戊《つちのえ》 の場合

相性◎

相手をしっかり支えることでよい結果が生まれる好相性

丙から見て戊は子星にあたるため、丙が戊を支えてあげることで、よい結果が生まれる関係です。太陽（丙）が岩山（戊）を照らして、美しく見せる関係のように、あなたが戊に幸運を運ぶでしょう。特に戊が身弱の場合、相性はとてもよくなります。

一方、丙が身弱だと、戊の引き立て役となるうえに、世話役など損な役回りをする羽目に。戊が身強だと、丙が戊を愛してあげても、戊はそれを当たり前と思ってしまう可能性があります。

相手の日干が 己《つちのと》 の場合

相性△

相手にあふれるような愛情をどんどん注ぎ続ける相性

丙から見ると、己は子星にあたります。そのため、丙があふれるような情熱を己に注ぐ関係となるでしょう。丙がつい何かと相手の世話を焼きたくなったり、甘やかしたくなったりするような間柄です。特に己が身弱の場合は、よい相性となります。

一方、丙が身弱だと己に奉仕しすぎて疲れてしまうかも。己が身強だと強い太陽の光（丙）が畑の土（己）を乾燥させるように、丙の過度な愛情が己をダメにするので、愛情はほどほどに。

相手の日干が 庚《かのえ》 の場合

相性△

思いがけない有益なものを運んできてくれる間柄

丙から見ると、庚は妻星・財星にあたります。そのため、思いがけないお金や人脈など、有益なものを運んできてくれる相手となります。特に2人とも身強の場合は、お互いに利益をもたらすようなプラスの関係となるので、なかなかの相性といえるでしょう。

ただ、丙が身強で庚が身弱だと、丙が熱くなりすぎて庚から疎まれるので、強引さは控え目に。また、庚が身強で丙が身弱だと丙は力不足となるので、何でも思い通りに振る舞うのは禁物です。

相手の日干が 辛《かのと》 の場合

相性◎

相手の長所をうまく引き出し相思相愛の好相性

丙から見ると、辛は妻星・財星にあたります。太陽（丙）が、宝石（辛）を照らして美しく輝かせるように、丙が辛の長所を引き出すことのできるよい相性です。丙と辛は干合の組み合わせでもあり、相思相愛のとてもよい間柄といえるでしょう。

なお、丙が身強で辛が身弱だと、辛を束縛しがちになるので、距離感に気をつけて。干合しているため、丙が辛を剋すことはないものの、丙の強い愛が空回りしてしまうこともありそうです。

相手の日干が 壬《みずのえ》 の場合

相性◎

お互いに魅力を引き出し合い喜びを感じられる対等な関係

丙から見て壬は目上星・夫星にあたり、太陽（丙）が水（壬）に美しく照り映え、ともに喜びを感じ合える関係となります。また、お互いが相手に対して深い愛情を感じる好相性。身強同士はそれぞれの魅力を引き出し合い、対等につき合えるでしょう。

丙が身弱だと壬に支配されるため、壬の忠告をうるさく感じそう。抵抗もできず、逃げ出してしまうことも。壬が身弱だと、丙が暴走する傾向があるので注意しましょう。

相手の日干が 癸《みずのと》 の場合

相性△

お互いに張り合ってしまい思い通りにいかない相性

丙から見て癸は目上星・夫星にあたり、癸が丙をきっちり管理しようとします。ですが、なかなか思い通りにいかず、お互い張り合うような関係になりやすいでしょう。とはいえ、癸が身強だと丙よりも力関係が強くなり、衝突する可能性は低くなります。

ただ、丙が身弱だと、癸が丙を完全に支配してこようとするので厄介な存在に。何かと攻撃もしてくるので、自然と避けるようになりますが、無理してつき合わず、距離を置いてもよいでしょう。

日干が丁《ひのと》の人

COMPATIBILITY

基本的対人関係

仲間意識が強く、愛情深い人　尽くしすぎには気をつけて

人づき合いは「広く浅く」関わるよりも、「狭く深く」関係を築くことを好みます。仲間意識が強く、一度心を許した相手には、とことん尽くすでしょう。大切な家族や恋人、友人の頼み事には全力で手を貸します。そんな情熱が相手からの信頼と愛情を得るので、関係は長続きします。一方、人見知りしやすく、他人に対してはそっけなく振る舞いがちです。

アドバイス

自分をすり減らせてまで相手に尽くすのは禁物です。我慢してストレスを抱えると、いずれ爆発してトラブルにつながることがあるので、息抜きも大切に。

相手の日干が甲《きのえ》の場合

相性◎

相手が身を尽くしてくれて引き立ててもらえる関係

丁から見て甲は母星であり、甲（薪）で丁（火）を燃やす好相性です。甲が我が身を薪にして尽くし、その結果、丁が美しく燃えて引き立つというような間柄となります。一緒にいると知恵やアイデアがどんどん生まれ、お互いによい関係を築けるでしょう。

ただ、丁が「薪（甲）があって当然」と考えるようになる傾向が。特に丁が身強だと、甲が尽くすことによって、丁のわがままが増長されることも。甲への感謝の気持ちを忘れずにいてください。

相手の日干が

乙《きのと》の場合

相性◎

とても優しくしてもらい喜びを感じられる間柄

丁から見て乙は母星にあたり、丁が乙に優しくしてもらって、喜びを感じる関係になります。草花（乙）が火（丁）を燃え立たせるような、よい関係といえるでしょう。特に、丁が身弱の場合は、乙は癒やされる存在であり、とてもよい相性です。

ただ、乙が身弱だと丁の燃料になってもすぐに燃え尽きてしまい、お互いに疲れ果ててしまいそうです。丁が身強だと乙に甘やかされて、わがままな性格が強まるので、自制しましょう。

相手の日干が

丙《ひのえ》の場合

相性○

親分のような丙についていけばばっちりうまくいく間柄

友達星・兄弟星で、灯（丁）と太陽（丙）の関係です。丁が弟・妹で、丙が兄・姉という間柄になるため、子分の丁と親分の丙というつき合い方をすれば、うまくいくでしょう。特にどちらか一方が身弱だと、お互いになくてはならない協力者同士となります。

ただし、身強同士だと、友達星・兄弟星はライバル関係になりがちで、競い合う間柄。一緒にいると散財しやすく、悪友となってお金や異性を奪い合うこともあるので気をつけましょう。

相手の日干が

丁《ひのと》の場合

相性◎

一緒にいると会話が弾み情熱的に燃え上がる関係

友達星・兄弟星にあたります。お互いに頭がよく、会話がよく弾む好相性です。火と火の関係なので、一緒にいると情熱的に燃え上がるでしょう。知的な面での結びつきが強く、特に一方が身弱の場合は頼りになる友人同士となります。

ただ、身強同士は一度ライバル意識が生まれると、勝気な面が衝突します。悪友となり、成功の足を引っ張られるような関係になりやすいので、適度に距離を置いてつき合いましょう。

相手の日干が
戊《つちのえ》の場合
相性◎

相手の優しさに守られて才能を発揮できる間柄

火（丁）が炉（戊）の中で燃えるような関係となるので、丁は戊の優しさに見守られて、安定します。戊がそばにいてくれれば、丁は安心して自分の才能を発揮することができるでしょう。特に戊が身弱の場合は、とてもよい相性となります。

一方、戊が身強だと、丁が戊を甘やかしてわがままにしてしまう傾向が。さらに丁が身弱だと、戊にエネルギーを吸い取られて疲れてしまうので、振り回されないように注意しましょう。

相手の日干が
己《つちのと》の場合
相性△

相手に優しく守られながら安心して過ごせる間柄

この組み合わせは丁が火、己が仮の炉、という関係性になるので、火が炉の中で守られながら、燃えることのできるようなイメージの相性です。もし己が身弱の場合は、丁が己にいろいろと教えてあげるような関係となり、いずれにしろ好相性でしょう。

ただ、己はあくまでも湿った土でできた仮の炉なので、その中だと火は完全に燃えることができません。特に己が身弱だと、丁は物足りなさを感じがち。相手のよさにも目を向けましょう。

相手の日干が
庚《かのえ》の場合
相性◎

お金や人脈を運んでくれるプラスの多い間柄

丁から見ると、庚は妻星・財星にあたります。そのため、庚はお金や人脈など有益なものを連れてきてくれる相手となるでしょう。また、燃える火（丁）が刀（庚）を鍛えて強くする、という関係にもなるので、とてもよい相性です。

ただ、丁が身強で庚が身弱だと、丁が庚に無理を言いがちに。庚がストレスで疲れてしまうため、あまり厳しいことを言わないようにしましょう。また、丁が身弱だと庚に振り回されやすくなるので気をつけてください。

相手の日干が

辛
かのと

の場合

相性△

多少のストレスはあるものの利益をもたらしてくれる関係

丁から見ると、辛は妻星・財星にあたります。そのため、辛は丁に商売の利益や財産をどんどんもたらしてくれる、ありがたい存在となります。多少のストレスがある関係性でもありますが、辛が身強の場合なら、特に問題はないでしょう。

丁が身強で辛が身弱だと、丁が辛の宝石を焼き割ってしまい、辛はストレスを感じやすくなります。丁は繊細な辛を傷つけないように、情熱的になりすぎないよう気をつけましょう。

相手の日干が

壬
みずのえ

の場合

相性◎

魅力を映し出してくれる相思相愛の好相性

壬の水に、丁の火が美しく映えるようなイメージで、丁の魅力を壬が映し出してくれる間柄です。お互いに知恵を出し合い、相手を高め、自分自身も成長できる好相性といえるでしょう。干合の組み合わせでもあるので、相思相愛の交友関係となります。

ただ、丁が身弱だと壬に支配されやすく、自分の思い通りに動かせる相手と思われます。干合しているので、いつもべったりくっつきがちですが、時には離れることも必要かもしれません。

相手の日干が

癸
みずのと

の場合

相性△

相手にコントロールされ逆に有益なものを与える間柄

丁から見ると、癸は目上星・夫星にあたります。そのため、丁が癸によってうまくコントロールされる関係となります。また、丁は癸に耳寄り情報やお金をもたらす人物となるでしょう。丁が身強の場合は、よりよい相性となります。

ただし、丁が身弱だと、丁の火を癸の雨水が消してしまい、お互いの魅力を消し合う可能性も。癸に邪魔をされたり、傷つけられたりすることもあるので、距離を置いてうまくつき合いましょう。

COMPATIBILITY

日干が戊《つちのえ》の人

COMPATIBILITY

基本的対人関係

**実直で信頼される好人物
柔軟性も身につけると◎**

人望の高さは抜群です。落ち着きがあり、心根も素直なので、周囲から信頼を寄せられるでしょう。目上の人はあなたを頼もしく思い、部下や後輩にも慕われます。一方、ムードに弱く雰囲気に流されやすいところもあるため、多様な恋愛をするでしょう。まったく眼中になかった人でも、ハプニングや劇的な出来事が起これば、恋に進展することも。

アドバイス

自分の軸をしっかり持っていますが、人の意見にも耳を貸すようにしましょう。頑固さが原因で仲違いをすることもあるので、柔軟な対応を心がけて。

相手の日干が甲《きのえ》の場合

相性△

**相手につき添うと
引き立ててもらえる間柄**

戊から見ると、甲は目上星・夫星にあたります。そのため、戊は甲に仕えるようにすると、何かと引き立ててもらえるでしょう。ただし、戊（土）は甲（木）に養分を取られる関係性でもあるので、少し疲れる間柄にもなります。協力を心がけないと、ともに孤立してしまう傾向も。

特に戊が身弱で甲が身強だと、戊がこき使われることになりそうです。一方、戊が身強で甲が身弱だと、頑固な戊が甲を振り回しがちになるので気をつけて。

相手の日干が乙（きのと）の場合

相性◎

相手に幸せや利益を与え相手から引き立てられる間柄

戊から見ると、乙は目上星・夫星にあたるため、戊にとって乙は、社会的に引き立ててくれる人となるでしょう。さらに、戊が乙を守る関係にもなって、乙に幸せをもたらして利益を与えたり、乙の美しさを引き出したりなど、とてもよい相性です。

ただ、身弱の乙からは、うっとうしく思われがちに。戊が身弱だと、乙の美しさを引き立ててばかりとなり、ストレスを感じることもありますが、大きな心を持って接しましょう。

相手の日干が丙（ひのえ）の場合

相性◎

いろいろと手をかけて魅力を引き出してくれる相手

戊から見ると丙は母星にあたります。そのため、岩山（戊）が太陽（丙）に照らされて美しく輝くような関係を築くでしょう。丙がいろいろ教えてくれたり、世話を焼いたりしてくれます。特に戊が身弱の場合は、より好相性となりそうです。

ただ、丙が身弱だと、戊は面倒な存在となり、「自分は戊を引き立ててばかりで損な役回り」と感じるかも。また、戊が身強だと丙の愛情を当然と思いがちなので、感謝の気持ちを忘れずに。

相手の日干が丁（ひのと）の場合

相性◎

相手を優しく見守り才能を発揮させる間柄

戊は炉、丁はその中で燃える火となるので、戊の優しさに見守られて、丁が安定するような関係性になります。戊は丁の才能をうまく発揮させることのできる貴重な存在となるでしょう。特に戊が身弱の場合、相性はますますよくなります。

ただ、戊が身強だと丁に甘やかされ、わがままな性格が増長しそう。さらに丁が身弱だと、戊が丁のエネルギーを吸い取って疲れさせてしまうので、あまり振り回さないように気をつけて。

相手の日干が

戊《つちのえ》

の場合

相性△

似た者同士であるものの仲よくなりにくい相性

同質で、友達星・兄弟星同士の関係となり、性格や才能が似ています。だからこそ気になる存在であるものの、なかなか距離が縮まらず、相性としてはあまりよくありません。基本的に友達星・兄弟星同士はライバル関係になりやすく、どちらも頑固で衝突しがち。

とはいえ、どちらか一方が身弱だと、お互いに頼りになるよい友人関係に変わります。身強同士だとお互いがトラブルメーカーになるため、適度な距離をとりましょう。

相手の日干が

己《つちのと》

の場合

相性◎

従ってくれる相手を守り恩恵を受ける好相性

戊から見て己は、友達星・兄弟星にあたります。戊が兄・姉、己が弟・妹のような関係となるため、戊が己を守り、己は戊に従うという相性です。己が身弱だと、戊が己に多くの恩恵を自然と与えることになるので、己からは頼もしい友人と思われるでしょう。

その分、戊は己に与えるばかりで、己からは得るものが何もないという関係になりがち。それでも情に流されて縁を切れない相手なので、それを受け入れてうまくつき合っていくといいでしょう。

相手の日干が

庚《かのえ》

の場合

相性○

相手の頑固さに手を焼くものの成長し合えるよい関係

戊から見ると、庚は子星にあたります。そのため、庚にいろいろと教えたり手を貸したりして、力を与える関係となるでしょう。ですが、庚は頭が固くて融通がきかないところもあるため、少しやっかいな相手です。

お互い頑固で、最初からスムーズな関係にはなりにくいかもしれません。ともに理解し合い、障害を乗り越えられれば、2人とも成長することができ、関係性は深まります。特に庚が身弱の時は、よい相性となるでしょう。

相手の日干が

辛《かのと》

の場合

相性◎

自分でも気づかないうちに相手に力を与えている関係

戊から見て辛は子星にあたり、知らないうちに戊が辛に力を与えている関係です。そのため辛からは、たくさんの恩恵をくれる人だと思われているでしょう。特に辛が身弱の場合は戊が辛に何でもやってあげるような関係になります。

その分、戊は辛にエネルギーを抜きとられがち。特に戊が身弱だと、気がついたら消耗しきっていたということもあるので、つき合う時は慎重に。

なお、戊が身強なら問題はなく、好相性となります。

相手の日干が

壬《みずのえ》

の場合

相性◎

相手を理性的に抑えてしっかり管理する間柄

戊の岩石が、壬の水をせき止める堤防の役割を果たす関係となります。そのため、戊は理性的に壬の暴走を抑えて、きちんと管理することのできるよい相性となるでしょう。特に戊が身強の場合、壬は有益な存在となります。

ただ、戊が身強で壬が身弱だと、壬から苦手な相手と思われがちに。戊が身弱で壬が身強だと、川（壬）が氾濫して堤防（戊）が決壊する可能性も。状況に応じて、つき合いはほどほどにしておきましょう。

相手の日干が

癸《みずのと》

の場合

相性◎

精神的なつながりの深い相思相愛の好相性

戊から見て癸は妻星・財星。降り注ぐ雨水（癸）が岩石（戊）を洗うような爽やかな相性です。干合しているので精神的にもぴったりで、恋愛や結婚の相性も抜群。戊が身強だと癸は有益な相手となり、さらに癸が身弱なら戊が癸を常に管理する関係となります。

干合しているので基本的に仲はよく、戊が癸を剋すことはありません。ただ、癸がまとわりついてくると嫌になってしまうことがあるようです。そういう時は、少し距離を置きましょう。

日干が己《つちのと》の人

COMPATIBILITY

基本的対人関係

器用に立ち回る優しい人 そこにつけ込む人には要注意

周囲からは、とても穏やかで寛容な人と思われています。空気を読むのもうまく、人と人との橋渡しをしたり、サポート役として活躍したりするでしょう。とはいえ、内側には熱い思いを秘めているので、恋愛への関心は高め。相手の好意に身を委ね、のめり込みます。仮に嫌いになっても、優しさからなかなか断ることができずにつき合い続けることもありそう。

アドバイス

友達思いで善良なところを利用される可能性が。あなたの優しさにつけ入ってだまそうとする人もいるので、人を見る目を養いましょう。

相手の日干が甲《きのえ》の場合

相性◎

ともに助け合い 利益を得られるよい相性

干合の関係で、甲（樹木）が己（畑の土）から養分を得て成長し、落ちた葉が土の養分となるように、ともに助け合う間柄。よく気の合う好相性です。特に、身強同士ならお互い有益な存在に。己が身強で甲が身弱だと、甲が己のために無理をしてでもエネルギーを使ってくれるでしょう。

基本的には精神的にもつり合いますが、己が身弱で甲が身強だと、甲に養分をどんどん吸い取られる可能性が。時に辛抱を強いられるかもしれません。

相手の日干が
乙《きのと》
の場合
相性◎

お互いに恩恵を与え合い ともにプラスとなる好相性

畑の土の己と草花の乙は、とてもよい相性となります。畑の土の養分を草花が吸うように、乙に恩恵があるのはもちろん、草花が枯れれば土の養分となるため、己にとってもプラスとなる関係です。お互いに必要な相手として求め合う間柄となるでしょう。

ただ、乙が身弱だと、己を負担に感じたり、疎ましく思ったりすることも。また、身弱の己は乙に支配されやすく疲れがち。あまり乙に尽くしすぎないように気をつけましょう。

相手の日干が
丙《ひのえ》
の場合
相性△

相手が惜しみない愛情を どんどん注いでくれる関係

己から見ると、丙は母星にあたります。そのため、丙が己に惜しみない愛情を注いでくれる関係性となるでしょう。丙は何かと世話を焼いてくれたり、いろいろ教えてくれたりする存在になります。特に己が身弱の場合は、よい相性となりそうです。

一方、己が身強だと、畑の土（己）が強すぎる太陽の光（丙）に乾燥させられるように、丙の強い愛情によって怠惰な状態になってしまうかも。愛情に甘えすぎないように気をつけてください。

相手の日干が
丁《ひのと》
の場合
相性△

相手を守ってあげることで お互いにうまくいく関係

丁は火、己は湿った土でできた仮の炉、という関係性です。そのため、火を炉の中で守りながら燃やすような間柄となります。仮の炉の中では、火は完全燃焼できず、相手にどこか物足りなさを感じさせるかもしれません。

特に己が身弱だと、相手を支えきれていないと感じるかもしれませんが、しっかり丁を守ってあげましょう。なお、己が身弱の場合は、丁がいろいろと教えてくれる存在となるので、お互いによい相性となります。

相手の日干が

戊《つちのえ》

の場合

相性◎

相手にきちんとつき添えば
あなたを守ってくれる好相性

己にとって戊は、友達星・兄弟星にあたります。己が弟、戊が兄のような関係となり、己は戊に従い、戊が己を守ってくれます。特に己が身弱の場合は、戊が多くの恩恵をどんどん与えてくれるでしょう。頼りがいのある有益な友人となります。

また、身強同士だと相手を苦手だと思っても、腐れ縁になりがちです。なお、己は戊の恩恵を受けるばかりで何も与えてあげられない状況に陥りやすいので、相手への思いやりを忘れずに。

相手の日干が

己《つちのと》

の場合

相性○

ピュアなお人好し同士
だからこそ安心できる間柄

畑の土を意味する己同士は、友達星・兄弟星にあたります。どちらもお人好しで、素朴で開放的な安心できる間柄となるでしょう。ドラマティックな関係にはなりにくく、平和で素朴な環境を好みます。一方が身弱の場合は、特に実りのある関係となるでしょう。

似た者同士の畑の土なので、身弱同士だと平凡で刺激に乏しい関係になりがち。一方、身強同士だとライバルになるか悪友同士になりやすいので、遊びすぎないよう注意して。

相手の日干が

庚《かのえ》

の場合

相性△

相手を尊重して尽くすと
お互いにうまくいく関係

己から見て庚は子星にあたり、己が庚に尽くしてあげる関係となります。庚はワイルドで激しい性格のため、それを穏やかでのんびりとした己が優しく尊重してあげるようにすると、うまくいくでしょう。

その分、己は庚に尽くす一方となりやすく、身強の庚をわがままにさせてしまいがち。また、己は甘えん坊でのんびりしていて、行動の早い庚をイライラさせるかもしれません。なお、庚が身弱の場合は、好相性です。

相手の日干が

辛《かのと》

の場合

相性△

価値観のまったく違う相手にエネルギーを与える間柄

己は畑の土で、辛はその土の中にある宝石です。そのため、己が辛にエネルギーを与えるような関係となります。お互いにまったく価値観は異なるものの、己が辛に惹かれるというケースも多そう。特に辛が身弱の場合は、よい相性となるでしょう。

基本的には、遊び好きでのんびり屋の己と、勤勉で冷静かつマイペースな努力家である辛とは性質が真逆。辛に愛想を尽かされないよう、考え方やペースをすり合わせるとよさそうです。

相手の日干が

壬《みずのえ》

の場合

相性△

有益な相手ではあるものの押し切られやすい間柄

己から見ると、壬は妻星・財星にあたるため、壬は己にお金や人脈を運んできてくれる相手となります。己が身強であれば、壬に進んで立場を与える関係となるでしょう。ただ、己は畑の土で、壬は川の水なので、己が壬に押し流されやすい相性です。

特に己が身弱だと、壬の奔放な行動を制することが不可能に。畑の土の己はのんびり屋で、激流の川の水の壬とは合わず疲れます。相手のペースに飲み込まれないよう注意しましょう。

相手の日干が

癸《みずのと》

の場合

相性△

お金と人脈をもたらすものの土台の不安定な間柄

己から見ると、癸は妻星・財星にあたり、癸はお金や人脈をもたらしてくれます。特に己が身強の場合は、癸がとてもよく働いてくれるので、さらに有益な相手となるでしょう。つき従ってくれる癸を、己が引き立ててあげる関係にもなります。

ただ、癸が身強すぎると畑（己）に雨（癸）が降り続いて水浸しになるような不安定な関係にも。特に己が身弱で癸が身強だと、癸の勢いに歯止めがきかなくなるので気をつけて。

日干が庚《かのえ》の人

COMPATIBILITY

基本的対人関係

正義感あふれる切れ者 心に余裕を持つと◎

ウェットなつき合いよりも、さっぱりとした関係を好みます。そのため、周囲からはややドライに見えるかも。ですが、一度結びつきができたら、しっかり相手をフォローする正義感の強さを持っています。勧善懲悪を重視するため、困っている人を助けるべく上下関係を気にせず意見することも。他者をかばうあなたの言動に多くの人が救われているでしょう。

アドバイス

完璧主義で白黒をはっきりつけようとするため、相手を責めたり急かしたりして困らせそう。時にはグレーにしておいていいこともあると心得て。

相手の日干が甲《きのえ》の場合

相性◎

相手を引き立てつつ ともに必要な存在となる間柄

庚から見て甲は妻星・財星にあたります。そのため、庚（斧）が甲（樹木）を切り倒し、社会で有用な材木とするように、庚が甲を引き立たせる関係となります。お互いに有用な存在であり、特に甲が身強の場合は、とてもよい相性となるでしょう。

一方、甲が身弱だと、庚が攻撃的、支配的になるため苦手な相手と思われがち。さらに、庚が身弱の場合、甲が言うことをなかなか聞かず、やや骨が折れそうです。柔軟に接してあげましょう。

相手の日干が

乙《きのと》の場合

相性◎

精神的に相思相愛でお互いにプラスの好相性

庚から見て乙は妻星・財星にあたり、庚にとって乙は実益をもたらしてくれる相手です。また、庚が乙をきちんと管理し、社会的な立場を与える関係でもあります。乙と庚は干合の組み合わせとなるため、精神的にも相思相愛のよい関係を築けるでしょう。

ただ、乙が身弱だと、庚を脅威に感じたり、不安を覚える状態に。また、庚が身弱だと、乙は居心地のよさから庚にべったりしすぎてしまうので、適度な距離感を保つとよいでしょう。

相手の日干が

丙《ひのえ》の場合

相性△

相手にしっかり寄り添えばよくしてもらえる間柄

庚から見て丙は目上星・夫星にあたり、相手に仕えれば何かとよくしてもらえます。また、庚が丙にお金や人脈を運んであげる関係にもなります。特に2人とも身強の場合は、お互い有益な関係となり、なかなかの好相性です。

ただ、庚が身弱で丙が身強だと、熱く強引なところがある丙を疎ましく感じるので、距離を置くとよさそうです。

また、庚が身強で丙が身弱だと、力不足の丙が庚を持て余しがち。相手の力量を見極めて。

相手の日干が

丁《ひのと》の場合

相性◎

相手にお金や人脈をもたらし立場を与えてもらう関係

庚から見て丁は目上星・夫星にあたるので、庚が丁に仕えるようにすると、立場を得ることができます。また、庚が丁にお金や人脈を与える関係にもなります。刀(庚)を燃える火(丁)が鍛えて強くする関係なので、とてもよい相性です。

ただ、丁が身強で庚が身弱だと、丁の厳しさや無理強いにストレスを感じそう。そんな時は少し距離を置きましょう。逆に丁が身弱だと、庚が丁を振り回しがちになるので態度を改めて。

相手の日干が 戊《つちのえ》 の場合

相性○

一筋縄にはいかないものの何かと力をもらえる間柄

庚から見ると戊は母星。戊からいろいろと教わったり、手伝ってもらったりして、力を与えてもらう関係になります。ただ、庚は頭が固くて融通がきかないところがあり、戊からは少し大変な相手だと思われそう。庚が身弱ならよい相性となります。

また、戊にも頑固さがあり、最初からスムーズな関係にはなりにくそう。ですが、ともに理解し合い、障害を乗り越えることができれば、お互いに成長し、関係も深まっていくでしょう。

相手の日干が 己《つちのと》 の場合

相性△

相手に尽くしてもらい尊重されてうまくいく関係

庚から見て、己は母星にあたります。そのため、庚が己に尽くしてもらう関係となります。庚はワイルドで激しい性格なので、穏やかでのんびりした己が庚を優しく尊重してくれると、うまくいく相性です。特に庚が身弱の場合、よい相性となります。

一方、庚が身強だとわがままが増長しがち。また庚は行動が早いため、のんびり屋の己とペースが合わず、少しイライラすることも。自我を抑え、相手に合わせることも大切です。

相手の日干が 庚《かのえ》 の場合

相性△

お互いを尊重し合えれば難局も乗り越えられる相性

庚同士は友達星・兄弟星にあたります。お互いを尊重し合えている間は、よい関係を保てるでしょう。危険な場面や難しい局面も、力を合わせて頑張ることで乗り切ることができます。特に庚が身弱の場合、頼りになる友人同士となるでしょう。

ただ、ともに身強だと激しい性格同士ですぐに衝突しそうです。ぼんやりしていると、相手に自分の持ち物や異性を奪われる危険も。悪友にもなりやすいので、不要に近づきすぎないで。

相手の日干が
辛《かのと》の場合
相性△

兄・姉のような存在となり相手を守ってあげる関係

友達星・兄弟星にあたり、庚が兄・姉、辛が弟・妹といった関係性。硬派な庚が、繊細な辛を守ります。特に辛が身弱の場合は、庚が辛を助け、光り輝かせるよい相性となるでしょう。どちらか一方が身弱の場合、頼りになる友人同士となります。

ただ、身強同士だとライバルや悪友になりがちなので、注意が必要です。感情が激しく情熱的な庚が、神経質でクールな辛を傷つけることもあるので、冷静な対応を心がけましょう。

相手の日干が
壬《みずのえ》の場合
相性△

意気投合しやすいものの相手に尽くす関係になりがち

庚から見て、壬は子星にあたります。そのため、庚が壬にエネルギーを与える関係です。庚が一方的に尽くす関係にもなりがちですが、壬が身弱の場合は、いい相性となります。また、2人とも行動が早いので、意気投合しやすいのも特徴です。

とはいえ、庚が身弱だと壬にエネルギーをどんどん吸い取られやすくなります。疲れたら少し距離を置きましょう。壬が身強の場合はわがままが増長するので気をつけて。

相手の日干が
癸《みずのと》の場合
相性△

相手のことが大切に思えてエネルギーを与える間柄

庚から見て癸は子星にあたります。そのため、庚が癸を愛おしく感じ、エネルギーを与える関係となります。また、癸にとって庚は、一緒にいると様々な知恵を吸収できる頼もしい存在となるでしょう。特に癸が身弱の場合、よい相性となります。

ただ、庚が身弱だと気まぐれかつ移り気で、時にわがままな癸には振り回されがちで、よくわからない相手でもあります。それでも、接点を見つけるよう努力すれば、相手を理解できるでしょう。

日干が辛《かのと》の人

COMPATIBILITY

基本的対人関係

多感でありながら芯の強い人　八方美人な一面も

第一印象は控え目ですが、知れば知るほど興味を惹かれるタイプです。感性が豊かで、思考回路も独特。人当たりはソフトなものの個性が強く、他人に振り回されることはないでしょう。また、プライドの高さから、つい自慢話をしたり、身内びいきをしたりすることも。とはいえ、自分の役割をしっかり理解しているので、横柄に振る舞うことはありません。

アドバイス

ミーハーで少し移り気なところがあります。自分に有益な人には、愛嬌《あいきょう》を振りまく傾向も。八方美人と思われて、遠ざけられないよう気をつけましょう。

相手の日干が甲《きのえ》の場合

相性△

相互に刺激し合い　利益を得られる関係

辛から見て甲は妻星・財星となり、辛は甲といれば何かと実益があります。辛が甲を刺激して、何らかの利益をあげることができるでしょう。また、辛によって甲が引き立てられる関係性でもあります。特に身強同士の場合は、ともに利益がある相性です。

ただ、甲が身弱の場合、辛が何かと甲に干渉してしまう傾向があります。甲が身弱で辛が身強だと、辛の繊細な神経を甲が傷つけることも。傷ついて悩みを抱えたら距離を置きましょう。

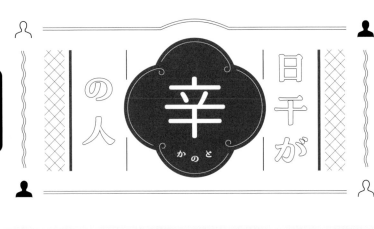

相手の日干が 乙《きのと》 の場合

相性△

相手が人・物・お金などをもたらしてくれる関係

辛から見て乙は妻星・財星にあたり、とても有益な相手となります。特に辛が身強だと、乙が利益になる話を持ってきてくれたり、ご馳走してくれたりするでしょう。また、乙が身強の場合は、辛が乙を管理して、立場を与える関係となります。

一方、乙が身弱だと、辛が乙を監視・支配する関係に。傷ついた乙とは心の距離ができるので、過剰な支配は禁物です。また、辛が身弱だと乙を持て余しやすいので、物理的に離れてもよさそう。

相手の日干が 丙《ひのえ》 の場合

相性◎

相思相愛で自分の長所を引き出してくれる好相性

辛から見て丙は目上星・夫星にあたるので、辛が丙を尊重するとよい関係が築けます。また、太陽（丙）が宝石（辛）を照らして美しく見せるように、辛の長所を丙が引き出してくれるでしょう。干合の組み合わせなので、相思相愛のとてもよい相性です。

ただ、辛が身弱で丙が身強だと、丙から常に見えない束縛を受けそう。干合しているので丙が辛を剋すことはないものの、丙の強い愛に振り回されがち。ドライなつき合いを心がけましょう。

相手の日干が 丁《ひのと》 の場合

相性△

多少ストレスはあるもののつき添うと立場を得られる関係

辛から見て丁は目上星・夫星にあたります。そのため、多少のストレスはあるものの、丁の後についていけば、立場を得られるでしょう。また、丁は辛に商売の利益や財産をもたらす存在となります。辛が身強の場合は、特に問題ありません。

ただ、辛が身弱で丁が身強だと、辛の宝石が丁の火に焼かれて割られ、強いストレスを感じそう。丁が情熱的になりすぎて暴走し、繊細な辛を傷つけることもあるため、注意が必要です。

相手の日干が

戊《つちのえ》

の場合

相性◎

近づくことで知らないうちに力をもらえるとてもよい相性

辛から見て戊は母星にあたり、知らないうちに戊から力をもらっているような関係です。辛にとって戊は、近づくことでたくさんの恩恵をくれる、プラスの多い人といえるでしょう。特に辛が身弱の場合、戊は何でもしてくれる頼りになる存在です。

その分、辛が戊のエネルギーを吸い取りがち。戊が身弱だと、辛がいろいろなものを奪い、消耗させてしまうこともあるので気をつけましょう。戊が身強であれば、問題はなく、好相性です。

相手の日干が

己《つちのと》

の場合

相性△

価値観は異なるもののエネルギーを与えられる関係

辛は畑の土（己）の中にある宝石となり、己が辛にエネルギーを与える関係です。辛は勤勉で冷静な努力家で、己は遊び好きなのんびり屋。価値観はまったく異なりますが、辛に己が惹かれることも多いでしょう。辛が身弱の場合は、よい相性となります。

ただ、己が遊びたいと思っているのに、辛はマイペースに勉強や仕事をするなど何かとかみ合わず、辛が己に愛想を尽かすことも。距離を置くか、相手にペースを合わせるとよさそうです。

相手の日干が

庚《かのえ》

の場合

相性△

相手に守られ輝くがライバルにもなりやすい関係

友達星・兄弟星でライバルになりやすい関係。ですが、庚が兄・姉、辛が弟・妹といった間柄でもあり、硬派な庚が繊細な辛を守ります。特に辛が身弱だと、辛は庚によって助けられ、光り輝くよい相性に。一方が身弱の場合は、頼りになる友人同士になれます。

ただ、身強同士だと悪友になりがち。また、神経質でクールな辛が、情熱的で感情の激しい庚に傷つけられることもあるので、適度に距離を置いてつき合うとよいでしょう。

相手の日干が

辛 かのと

の場合

相性△

細かいことに取り組む時は協力し合える繊細な間柄

お互い神経質でとても傷つきやすく、友達星・兄弟星同士なので、ライバルになりやすい関係です。とはいえ、繊細なことや細かい作業を手掛ける時は、一致協力して取り組める間柄。一方が身弱の場合、よく気がつく友人同士となれるでしょう。

ただ、身強同士だとどちらも引かずにケンカになりやすく、大きなトラブルに発展することも。お互いにクールかつ完璧主義者で相手を傷つけることもあるので、言葉遣いには気をつけましょう。

相手の日干が

壬 みずのえ

の場合

相性◎

相手がアイデアを生み出してひらめきをくれるいい関係

辛から見て、壬は創造の星である子星にあたります。そのため、優れたアイデアを導き出してくれる存在となるでしょう。壬の川の水で、辛の宝石が洗われてきれいになるような好相性。壬が身強だと辛の好意をお節介に感じるので、壬が身弱の方が良好です。

なお、物事にじっくり取り組みたい凝り性の辛にとって、急いで行動したがる壬は足並みがそろわない相手でもあります。ですが、その違いをよく理解すれば、相性はよりよくなるでしょう。

相手の日干が

癸 みずのと

の場合

相性△

いろいろ教えてあげることで相手から好意を持たれる相性

辛から見て癸は子星。インテリの辛が癸にいろいろ教えてあげる関係となり、癸に好意を持たれます。凝り性で物事に執着しやすい辛にとって、移り気で気まぐれな癸は少し苦手なタイプですが、癸が身弱なら楽しい関係となり、相性も良好です。

一方、身強の癸はわがままになりやすく、辛の気持ちが萎えてしまうことも。歯車の合いにくい相手でもあるので、相手を理解しようと努めるか、距離を置くとよいでしょう。

日干が壬《みずのえ》の人

COMPATIBILITY

基本的対人関係

悠々とした大らかな存在密な関係を怖がらないで

その場の雰囲気に合わせて、臨機応変に振る舞うことができます。そのため、周りから浮いたり悪目立ちしたりすることはありません。人の面倒を見ることもいとわず、社交性があるため、場を和ませる人気者に。友達が多く、恋愛経験も豊富。ただ、自由を好むのでルールや約束に縛られることを嫌い、つかず離れずの距離感を保とうとするでしょう。

アドバイス

流れる水のように奔放なので、浮気やひと夏の恋におぼれることも。1人の人と誠実に向き合い、精神的なつながりを深めるように心がけましょう。

相手の日干が甲《きのえ》の場合

相性△

母親のように世話を焼きいろいろ教えてあげる間柄

壬から見て甲は子星にあたります。そのため、壬が甲にいろいろと世話を焼く関係です。また、まるで親子のように、壬が様々なことを教えてあげる存在にもなります。特に甲が身弱の場合は、壬が何かと励ましてあげて頼りにされるでしょう。

ただ、甲が身強だと甲と壬との関係は川に浮かぶ木となり、いずれ木が腐って使い物にならなくなりそう。また、壬は甲を甘やかしがちで、自立心を妨げることもあるので要注意です。

相手の日干が 乙《きのと》 の場合

相性◎

相手を慈しんで育て自分自身も輝ける好相性

壬から見て乙は子星です。水（壬）を与えられた草花（乙）が美しく咲くように、壬が乙を慈しみ、いろいろ教えてあげる関係となるでしょう。さらに壬にとっても、乙といると自分自身が美しく輝き、喜びや楽しみを受けられるので好相性です。

ただ乙が身強だと、壬の好意が乙をわがままにしたり、壬のお節介が過ぎて乙の自立心を妨げたりすることも。壬が身弱だと楽しくても疲れる相性になるので、距離をとることも大切です。

相手の日干が 丙《ひのえ》 の場合

相性◎

お互いに魅力を引き出し対等につき合える好相性

壬から見て丙は妻星・財星にあたります。水（壬）に太陽（丙）が美しく照り映え、ともに喜びを与え合う関係となるでしょう。それぞれの魅力を引き出し合い、対等につき合える存在です。お互いが相手に対して深い愛情を感じるので、とてもよい相性です。

ただ、壬が身弱だと、丙をうまく制することができない傾向が。丙が身弱の場合も、壬が丙を支配する関係になりますが、けむたがられて逃げられるかも。忠告はほどほどにしましょう。

相手の日干が 丁《ひのと》 の場合

相性◎

お互いに高め合える相思相愛の相性

壬の水に、丁の火が美しく映えるような関係で、壬が丁の魅力を照らし出す役割を果たします。また、お互いに知恵を出し合い、相手を高めつつ自分自身も成長できる、素晴らしい関係となるでしょう。干合の組み合わせなので、相思相愛となります。

ただ、丁が身弱だと、壬が丁を支配し、思い通りに動かせる都合のいい相手だと思いがちに。干合していて、常にべったりという関係にもなりやすいので、適度な距離を保ちましょう。

相手の日干が

戊《つちのえ》の場合

相性◎

暴走しがちな自分をしっかり抑えてくれる存在

壬の水を戊の岩石がせき止め、堤防の役割を果たすように、壬の暴走を理性的な戊が抑え、きちんと管理してくれる好相性です。さらに壬が身強なら、戊は有益な存在となるでしょう。

一方、身弱の壬にとっては戊の頑固さに苦痛を覚えることも。また、戊が身弱で壬が身強の場合は、川（壬）が氾濫して堤防（戊）が決壊するかのように、壬が暴走してしまう可能性があります。そうならないよう、自制心を保つようにしてください。

相手の日干が

己《つちのと》の場合

相性△

ペースは合わないものの人脈や立場を得られる関係

壬から見て己は目上星・夫星にあたります。壬が己にお金や人脈をもたらすので、己は立場を得ることのできる関係です。ただ、激流の川の壬と、のんびり屋の畑の土の己はペースが合わず、一緒にいると己を疲れさせることもありそうです。

なお、己が身弱だと壬を管理しきれなくなり、壬の奔放な行動が増長するので自重しましょう。また、川の水の壬が畑の土の己に意見を押し切ってしまうこともあるので、言動に気をつけて。

相手の日干が

庚《かのえ》の場合

相性△

何かと尽くしてくれていろいろ与えてくれる間柄

壬から見て庚は母星にあたるため、庚に甘えていろいろ与えてもらえる関係です。特に壬が身弱だと、よりよい相性となります。庚が一方的に壬に尽くしてくれる関係になりがちですが、2人とも行動が早いので、意気投合しやすいでしょう。

なお、庚が身弱だと、壬がエネルギーをどんどん吸い取り、疲弊させてしまいそう。また、身強の壬はわがままがひどくなりそうです。相手を思いやり、自我を出しすぎないよう心がけましょう。

相手の日干が

辛
かのと

の場合

相性◎

アイデアが相手の役に立ちいろいろ与えてもらえる間柄

壬から見て辛は母星にあたり、辛がいろいろ与えてくれる関係です。また、壬は創造の星となるので、よいアイデアを生み出して相手の役に立つでしょう。壬の川の水で辛の宝石が洗われてきれいになるようなよい関係。特に壬が身弱だと相性は良好です。

ただ、せっかちな壬がじっくり派の辛にイライラすることも。違いをよく理解すれば相性はよくなります。壬が身強だと辛に甘えがちになるので、わがままにならないよう自制してください。

相手の日干が

壬
みずのえ

の場合

相性△

意気投合しやすく一緒に頑張れる関係

友達星・兄弟星同士で同質のため、似た者同士で意気投合しやすい相性です。すぐに行動を起こして、一緒に頑張れる関係でもあります。常に変化を求め、川の流れのようにスピーディに動くでしょう。一方が身弱だと、とてもよい相性となります。

ただ、身強同士だとライバルや悪友になりがち。ともに暴走してとりとめのないパターンに陥ることも。そうなると出費が増えたり、異性関係にひびが入ったりするので要注意です。

相手の日干が

癸
みずのと

の場合

相性△

困った時に頼りになる似た者同士の間柄

友達星・兄弟星にあたります。壬は川の水、癸は雨の水で同じ水の性質を持ち、頭のよい2人組となるでしょう。特に一方が身弱の場合、お互いにプラスとなる友人関係を築きます。悩んだり困ったりした時は、ともによく相談に乗り、力を与え合うでしょう。

ただ、身強同士だと川の水は増加して激流になりやすく、基本的な相性としてはあまりよくありません。癸の雨水が壬の川を氾濫させてしまうので、距離を置いたほうがよさそうです。

日干が癸《みずのと》の人

COMPATIBILITY

基本的対人関係

純粋で優しい善人
周りに流されないように

温かく思いやりあふれる人柄です。内向的で自分から人の輪に入るタイプではありませんが、温厚なので周囲から好意を寄せられます。純粋で情にもろく、大切な人の役に立ちたいという気持ちを強く持っているでしょう。友達とは、ゆるやかで穏やかな関係を築きます。恋には夢見がちで想像で満足してしまい、現実の恋を実らせるには時間がかかりそう。

アドバイス

気が小さいので周りの意見に流されたり、つき合う相手に染まって悪事を働いたりする可能性が。自分の信念をしっかり持ってつき合いましょう。

相手の日干が甲《きのえ》の場合

相性◎

いろいろと教えてあげて
喜びや楽しみを得られる間柄

癸から見て甲は子星。癸（雨水）が慈しみを持って甲（木）を育てるように、癸が甲にいろいろと教える立場となるでしょう。また、癸は甲とつき合うと喜びや楽しみを得られます。甲が困った時には癸がいつでも助けを差し伸べるなど、相性は抜群です。

ただし、甲が身強だと癸に依存して、木が腐るかのごとく、人としてよくない状態に。癸が甘やかしすぎても甲の自立心が妨げられるので、時には厳しく接しましょう。お節介は厳禁です。

相手の日干が 乙《きのと》 の場合

相性◎

相手に恩恵を与えて よさを発揮し合える相性

癸にとって乙は子星です。慈愛の雨（癸）が美しい花（乙）を咲かせるように、素晴らしさを発揮し合える関係となるでしょう。また、癸は乙の長所を引き出し、恩恵を与える好相性です。

ただ、乙が身強だと水が多すぎて草花がダメになるように、癸が乙をかわいがりすぎてしまいます。乙は癸に甘えて怠惰になりがち。癸が身弱の場合も、乙を援助しすぎて疲れてしまう可能性が。乙を甘やかしすぎないように注意しましょう。

相手の日干が 丙《ひのえ》 の場合

相性△

お互いに張り合って 思い通りにいかない関係

癸から見て丙は妻星・財星にあたるため、癸は丙をきっちり管理したがります。ところが思い通りにいかず、お互い張り合うような関係に。それでも癸が身強であれば、丙よりも力関係が強くなり、バランスがとれてむしろ好相性となるでしょう。

なお、丙が身弱の場合は、癸が丙を完全に支配したがるため、避けられてしまいそう。また、癸が身弱で丙が身強だと、癸が丙を管理したくてもできない関係に。距離を置くのが正解です。

相手の日干が 丁《ひのと》 の場合

相性△

お金や人脈を運んでくれるものの 魅力を消し合う関係性

癸から見て丁は妻星・財星にあたります。そのため、癸が丁を上手にコントロールする関係となるでしょう。さらに、丁はよい話や人脈、お金などを運んできてくれる有益な相手となります。特に丁が身強の場合は、よい相性となりそうです。

ただ、丁が身弱だと雨が火を消すように、お互いの魅力を消し合う関係になりがち。癸が丁を邪魔したり傷つけたりすることもあるので、相手を大事にしてあげてください。

相手の日干が戊《つちのえ》の場合

相性◎

精神的に相思相愛で息がぴったりの好相性

癸から見て、戊は目上星・夫星にあたります。雨水（癸）がしとしとと降り注いで岩石（戊）を洗うような、爽やかな相性です。恋愛、結婚相手としての相性もよく、干合の組み合わせなので精神的にマッチします。特に戊が身強の場合、癸は有益な存在に。

ただ、戊が身強で癸が身弱だと、癸が常に管理されそうです。干合しているので仲はよく、戊が癸を剋すことはないものの、あまり戊にまとわりつかれると辟易するかもしれません。

相手の日干が己《つちのと》の場合

相性△

相手にきちんと仕えれば引き立ててもらえる間柄

雨水（癸）が畑の土（己）に降り続いて水浸しにするような不安定な関係です。相手をサポートできない残念な相性となるでしょう。ただ、癸にとって己は目上星・夫星なので、己に従えば社会的に引き立てられます。また、己が身強だと癸がよく働き、己にお金や人脈をもたらす関係となります。

とはいえ、己は身強すぎると非常にわがままに。癸は身強すぎると暴走しやすく、どちらの場合もあまりよくありません。適度な距離感を保ちましょう。

相手の日干が庚《かのえ》の場合

相性△

かわいがってくれて知恵や力を与えてくれる存在

癸から見て庚は母星にあたります。そのため、様々な知恵を吸収させてもらえる関係です。また、庚にかわいがられることで、エネルギーも湧いてくるでしょう。特に癸が身弱の場合はとてもよい相性に。逆に、癸が身強だと、庚に対してわがままになりがちです。

基本的に、自由気ままな癸にとって、もろさと剛健さを併せ持つ庚は、少し理解しにくい相手です。それでも何とか接点を見つけるようにすると、うまくつき合っていけるでしょう。

相手の日干が
辛《かのと》
の場合
相性△

少し歯車が合わないもののいろいろ教えてもらえる間柄

癸にとって辛は母星です。気まぐれで移り気な癸と、凝り性で執着しやすい辛は、少し歯車が合いにくい関係。ですが、癸はいろいろと教えてくれるインテリの辛に惹きつけられるでしょう。特に癸が身弱だと楽しく盛り上がる関係となり、相性は良好です。

なお、癸が身強の場合は、わがままな性格が増長されやすく、辛の気持ちを萎えさせてしまいそう。自分勝手にならないよう気をつけて、相手の話をよく聞くようにしてください。

相手の日干が
壬《みずのえ》
の場合
相性△

考えをわかり合える反面歯止めがききにくい関係

友達星・兄弟星にあたり、雨の水（癸）と川の水（壬）という同じ水同士で、頭のよい2人組となります。一方が身弱だと、お互いにプラスとなる友人同士に。また、悩んでいる時や困った時は、とても頼りになる存在です。

ただ、身強同士の場合は、癸の雨水が壬の川を氾濫させるような関係になります。また川の水（壬）は激流になりやすく、相性としてはあまりよくありません。それを心得ておくと、うまくつき合えるでしょう。

相手の日干が
癸《みずのと》
の場合
相性△

お互いを理解しやすいものの暴走しやすい間柄

友達星・兄弟星で同質同士です。そのため、お互いの気持ちや状況を理解し合うことができ、一致団結しやすい関係です。デリケートで気まぐれなうえ、孤独を好む者同士なので、気は合います。一方が身弱の場合、相手は気の置けない相談役となるでしょう。

ただし、ともに水の性質のため、身強同士だと氾濫や洪水のごとく暴走しがちになるので注意が必要です。足を引っ張り合うことも。とはいえ、衝突するなかで成長し合うことができそうです。

後日
台湾茶屋
こんにちは〜
梨華さん久しぶり！…お？
はじめまして！
サークル仲間
今日はイラストサークルの仲間と一緒に来ました！
四柱推命のこと話したら、興味を持ってくれて！
梨華ちゃんがちょっと占ってくれたんですけど「当たってる!!」ってびっくりしたんです
最近の梨華ちょっと変わったもんなぁ
そうそう
調子よさそうだし自分たちも占ってみたいよな
よし！じゃあ皆で占ってみよう
やったー！
ちなみに憧れの先輩って…？
どっちの彼？
それは**命式を見ればわかるはず！**
こそっ
実は今恋も仕事も順調でして…！

鑑定実例 1

趣味が豊富な食神格の持ち主 スキルアップが金運上昇のカギ

日干が丙で天真爛漫《てんしんらんまん》な性格ですが、命式の五行には偏りが見られます。そこで、まずは普通格局に該当するか調べると、極身弱の特別格局・従財格にあてはまります。

1992年9月7日
17時26分（時差修正後17時45分）
東京都生まれ / 31歳 / 男性

Q 将来のために貯蓄を増やしたいものの、マネープランが立てられず、なかなか貯蓄につながりません。趣味に費やす時間とお金も大切にしたいのですが、金運アップのためにできることはあるでしょうか。

	時柱	日柱	月柱	年柱
天干の通変星	劫財		食神	偏官
天干（五行）	時干 丁［火］	日干 丙［火］	月干 戊［土］	年干 壬［水］
地支（五行）	時支 酉［金］	日支 戌［土］	月支 申［金］	年支 申［金］
地支の蔵干（五行）余気	庚［金］	辛［金］	戊［土］	戊［土］
地支の蔵干（五行）中気	［ ］	丁［火］	壬［水］	壬［水］
地支の蔵干（五行）本気	辛［金］	戊［土］	庚［金］	庚［金］
地支の通変星 余気	偏財	正財	食神	食神
地支の通変星 中気		劫財	偏官	偏官
地支の通変星 本気	正財	食神	偏財	偏財

年齢	50歳	40歳	30歳	20歳	10歳	1歳
大運干支	甲寅	癸丑	壬子	辛亥	庚戌	己酉

身弱。食神格。用神「火（比劫）」、喜神「木（印）」、忌神「水（官殺）」、仇神「金（財）」。

ですが、貯蓄に悩みがあるため、実際は普通格局の身弱と判断できます。もし従財格ならば、1～50歳の間は用神運・喜神運がめぐるため、すでにかなりの財産を築き、お金の悩みはないはずです。つまり、彼は普通格局で「食神格」の持ち主。感覚的な喜びを重視し、本人の言う通り趣味が豊富です。友人も多いでしょう。

さらに、地支に申酉戌の三方金局があり、財星過多なため正財は偏財と化します。よって、人から遊びの誘いを受けると断れない性分。さらに、用神にあたる比肩・劫財は自己投資を表すため、他人に振り回されないよう自分を確立することが大切です。

また、喜神の印綬・偏印が1個もないのもこの命式の特徴です。そのため、専門分野の学習とスキルアップ、語学の習得などが金運アップの近道となりそうです。固定支出を減らし、給料から天引きでコツコツ貯めるのもおすすめ。

※このように命式が特別格局に該当しても、実際には異なる場合があります。必ず114ページの運勢確認表で過去の出来事から五行の吉凶を判定してください。

鑑定実例

2

財星がなく、不器用な一面が…
気配りを意識し恋愛運アップ！

　日干が壬で、海の水のように柔軟で知性的。格局は「建禄格」なので芯が強く、自分の意志をしっかり持った女性です。月干に傷官が表れているので、聡明で問題意識が強く、やや好戦的な話し方をする人でしょう。年干に正官があり、日支に辰（偏官）、時支に丑（正官）があるので、異性の縁は少なからずあるはずです。

　さて、気になる相手との距離が縮まらないとのご相談ですが、何か手伝いやサポートをしてみるのはいかがでしょうか？

　この命式には財星（正財・偏財）がないため、あまりマメな方ではなさそうです。つまり、はっきり話すのに行動が伴わないタイプ。相手の役に立つこと、喜ぶことを心がければ、人として自然と距離は縮まり、近しくなれるでしょう。

　また、2022～2023年（壬寅・癸卯）は、水気（比肩・劫財）、木気（食神・傷官）が強い年なので上司や異性への反抗心が増すため、特に恋愛には不利でした。ただ、2024年（甲辰）は、天干に食神、地支に偏官がめぐる年で、恋愛や楽しみ事が増える予感です。さらに、2025～2026年（乙巳・丙午）は、用神の火気がめぐるため、運気はとてもよくなり、すべての面で追い風となるでしょう。こまめさと親切さを意識すれば、きっと恋も仕事も勝利者になれるはずです。

1999年12月6日
02時01分（時差修正後02時26分）
北海道生まれ / 24歳 / 女性

Q 気になる人がいるのですが、なかなか距離が縮まりません。どんなアプローチ方法が効果的でしょうか。他の人に目を向けようにも新たな出会いの場は少なく、いつどうしたら恋人ができるかアドバイスをお願いします。

	時柱	日柱	月柱	年柱
天干の通変星	印綬		傷官	正官
	時干	日干	月干	年干
天干（五行）	辛［金］	壬［水］	乙［木］	己［土］
	時支	日支	月支	年支
地支（五行）	丑［土］	辰［土］	亥［水］	卯［木］

	時支			日支			月支			年支		
地支の蔵干（五行）	癸［水］	辛［金］	己［土］	乙［木］	癸［水］	戊［土］	甲［木］		壬［水］	甲［木］		乙［木］
区分	余気	中気	本気	余気	中気	本気	余気	中気	本気	余気	中気	本気
地支の通変星	劫財	印綬	正官	傷官	劫財	偏官	食神		比肩	食神		傷官

50歳	40歳	30歳	20歳	10歳	1歳	年齢
辛巳	庚辰	己卯	戊寅	丁丑	丙子	大運干支

身強。建禄格。用神「火（財）」、忌神「水（比劫）」。

鑑定実例 3

1996年3月16日
21時39分（時差修正後21時41分）
大阪府生まれ / 28歳 / 男性

Q 職場環境が合わず、転職を考えています。同業他社でスキルアップをはかるか、いっそまったく別のジャンルに挑戦するかどうか…。適職や転職に適した時期があれば教えてください。

時柱	日柱	月柱	年柱	
印綬		印綬	偏財	天干の通変星
時干	日干	月干	年干	
辛 [金]	壬 [水]	辛 [金]	丙 [火]	天干（五行）
時支	日支	月支	年支	
亥 [水]	子 [水]	卯 [木]	子 [水]	地支（五行）

時柱			日柱			月柱			年柱			
甲 [木]		壬 [水]	壬 [水]		癸 [水]	甲 [木]		乙 [木]	壬 [水]		癸 [水]	地支の蔵干（五行）
余気	中気	本気	余気	中気	本気	余気	中気	本気	余気	中気	本気	区分
食神		比肩	比肩		劫財	食神		傷官	比肩		劫財	地支の通変星

56歳	46歳	36歳	26歳	16歳	6歳	年齢
丁酉	丙申	乙未	甲午	癸巳	壬辰	大運干支

身強。傷官格。用神「木（比劫）」、喜神「火（印）／土（官殺）」、忌神「金（印）」、仇神「水（比劫）」。

傷官格を活かして専門性を高めると◎！ 運気も上昇中

格局が「傷官格」なので、技術方面に才能を発揮します。専門技術を習得するのが他の人より早く、エンジニアや建築士、話術を活かした仕事などに適性があります。また、日干が壬で聡明な人。月干と時干には印綬があり、読書や学習を好みます。さらに丙の偏財があるので営業も◎。総じて、興味のあることや人より楽にできること、よくほめられることをヒントに技術を活かすようにすれば、仕事はうまくいくでしょう。

なお、身強の命式には土気がありません。身強の命式で水気が強すぎる場合は土気で無理に剋するよりも、エネルギーを木気に吐き出すと◎。よって、人の干渉を受けず、自分のやり方でスキルアップをはかるのがおすすめです。

また、現在は大運26〜35歳、甲午の用神運にあり運気は上々、環境に恵まれます。ですが、２０２２年（壬寅）と２０２３年（癸卯）は、年干の壬と癸が、命式の丙を剋し不利でした。それ以前の数年間も運気は微妙。ただ、２０２４年（甲辰）は木気と土気が強く、忌神の水気が弱くなるため流れが変わり、いい話が次々と舞い込みます。さらに２０２５年（乙巳）、２０２６年（丙午）、２０２７年（丁未）は夏の三方火局の運がめぐります。旺盛な火気（財星）の影響を受け、やりがいも収入も大きな収穫が期待できるでしょう。

林 秀静（りん・しゅうせい）

中国命理学研究家。1991～1998年、鮑黎明先生より専門的に五術を学ぶ。風水学、中国相法、八字、紫微斗数、卜卦などを修得。1999～2008年、玉川学園漢方岡田医院にて命証合診を研究する。その後、2013～2016年、台湾に留学。張玉正先生より風水学と紫微斗数の奥義を学ぶ。現在は執筆をはじめ、幅広くマスコミで活躍。 著書は、『日本で一番わかりやすい四柱推命の本』（PHP研究所）、『【秘訣】紫微斗数1 命盤を読み解く』『【秘訣】紫微斗数2 格局と開運法』（共著、以上、太玄社）のほか、国内外で約70冊以上を発刊。

公式サイト　https://www.lin-sunlight-fengshui.com/

デザイン	八木孝枝
イラスト・漫画	イケマリコ
DTP	菅野涼子（株式会社説話社）
編集	津谷紗月（株式会社説話社）
編集協力	山田奈緒子（株式会社マイカレ）
校正	株式会社聚珍社
webシステム制作	松岡秀達
webデザイン	熊谷昇太、樺島彩乃（株式会社RRJ）

命式が読める

四柱推命LESSON BOOK

著　者　林 秀静
発行者　池田士文
印刷所　TOPPANクロレ株式会社
製本所　TOPPANクロレ株式会社
発行所　株式会社池田書店
〒162-0851
東京都新宿区弁天町43番地
電話 03-3267-6821（代）
FAX 03-3235-6672

落丁・乱丁はお取り替えいたします。

ISBN 978-4-262-15827-3

[本書内容に関するお問い合わせ]
書名、該当ページを明記の上、郵送、FAX、または当社ホームページお問い合わせフォームからお送りください。なお回答にはお時間がかかる場合がございます。電話によるお問い合わせはお受けしておりません。また本書内容以外のご質問などにもお答えできませんので、あらかじめご了承ください。本書のご感想についても、当社HPフォームよりお寄せください。

[お問い合わせ・ご感想フォーム]
当社ホームページから
https://www.ikedashoten.co.jp/

24006008

四柱推命

命式が読める
四柱推命 LESSON BOOK
別冊付録

CONTENTS

用神・喜神・忌神・仇神の早見表

格局	身強・身弱	多い通変星	用神	喜神	忌神	仇神
建禄格 月刃格	身強	比劫	官殺	財	比劫	印
	身強	印	財	食傷	比劫	印
	身強	食傷	財	官殺	比劫	印
	身強	財	官殺	財	印	比劫
	身強	官殺	食傷	財	印	比劫
	身弱	官殺	印	比劫	財	食傷
	身弱	財	比劫	印	官殺	財
	身弱	食傷	印	比劫	財	食傷
食神格 傷官格	身強	比劫	食傷	財	印	比劫
	身強	印	財	食傷	比劫	印
	身強	食傷	財	官殺	比劫	印
	身強	財	官殺	財	印	比劫
	身強	官殺	食傷	財	印	比劫
	身弱	官殺	印	比劫	財	食傷
	身弱	財	比劫	印	官殺	財
	身弱	食傷	印	比劫	財	食傷
偏財格 正財格	身強	比劫	食傷	財	印	比劫
	身強	印	財	食傷	比劫	印
	身強	食傷	財	官殺	比劫	印
	身強	財	官殺	財	印	比劫
	身強	官殺	食傷	財	印	比劫
	身弱	官殺	印	比劫	財	食傷
	身弱	財	比劫	印	官殺	財
	身弱	食傷	印	比劫	財	食傷

※**比劫**＝比肩・劫財、**食傷**＝食神・傷官、**財**＝偏財・正財、**官殺**＝偏官・正官、**印**＝偏印・印綬の略語です。
※この表に該当のない通変星が「閑神」です。

特別格局						普通格局															
従勢格	従殺格	従財格	従児格	従強格	従旺格				印綬格	偏印格							正官格	偏官格			
極身弱	極身弱	極身弱	極身弱	極身強	極身強	身弱	身弱	身弱	身強	身強	身強	身強	身強	身弱	身弱	身弱	身強	身強	身強	身強	身強
食傷・財・官殺すべて	官殺	財	食傷	印	比劫	食傷	財	官殺	官殺	財	食傷	印	比劫	食傷	財	官殺	官殺	財	食傷	印	比劫
財	官殺	財	食傷	印	比劫	印	比劫	印	食傷	官殺	財	財	官殺	印	比劫	印	食傷	官殺	財	財	官殺
官殺・食傷	財	食傷	財	比劫	印	比劫	印	比劫	財	財	官殺	食傷	財	比劫	印	比劫	財	財	官殺	食傷	財
比劫	印	比劫	印	財	官殺	財	官殺	財	印	印	比劫	比劫	比劫	財	官殺	財	印	印	比劫	比劫	比劫
印	比劫	印	比劫	食傷	財	食傷	財	食傷	比劫	比劫	印	印	印	食傷	財	食傷	比劫	比劫	印	印	印

干支暦

「干支暦」とは年・月・日を
十干十二支で表した暦です。
1952年～ 2034年まで
掲載しています。

※西暦（和暦）の右の干支はその年の干支ですが、年の始まりは毎年２月４日前後の節入り日時（立春）からになります。
※毎月の干支も、それぞれの月の節入り日時からになります。それ以前の日時は、前の月の干支の欄を参照してください。
※各年２月の赤枠は節入りの日、「立春」で１年の始まりを表します。

1952年（昭和27年） 壬辰

31日	30日	29日	28日	27日	26日	25日	24日	23日	22日	21日	20日	19日	18日	17日	16日	15日	14日	13日	12日	11日	10日	09日	08日	07日	06日	05日	04日	03日	02日	01日	節入り日時			月干支	月
丙子	乙亥	甲戌	癸酉	壬申	辛未	庚午	己巳	戊辰	丁卯	丙寅	乙丑	甲子	癸亥	壬戌	辛酉	庚申	己未	戊午	丁巳	丙辰	乙卯	甲寅	癸丑	壬子	辛亥	庚戌	己酉	戊申	丁未	丙午	10分	18時	06日	辛丑	1月
		乙巳	甲辰	癸卯	壬寅	辛丑	庚子	己亥	戊戌	丁酉	丙申	乙未	甲午	癸巳	壬辰	辛卯	庚寅	己丑	戊子	丁亥	丙戌	乙酉	甲申	癸未	壬午	辛巳	庚辰	己卯	戊寅	丁丑	53分	05時	05日	壬寅	2月
丙子	乙亥	甲戌	癸酉	壬申	辛未	庚午	己巳	戊辰	丁卯	丙寅	乙丑	甲子	癸亥	壬戌	辛酉	庚申	己未	戊午	丁巳	丙辰	乙卯	甲寅	癸丑	壬子	辛亥	庚戌	己酉	戊申	丁未	丙午	07分	00時	06日	癸卯	3月
	丙午	乙巳	甲辰	癸卯	壬寅	辛丑	庚子	己亥	戊戌	丁酉	丙申	乙未	甲午	癸巳	壬辰	辛卯	庚寅	己丑	戊子	丁亥	丙戌	乙酉	甲申	癸未	壬午	辛巳	庚辰	己卯	戊寅	丁丑	15分	05時	05日	甲辰	4月
丁丑	丙子	乙亥	甲戌	癸酉	壬申	辛未	庚午	己巳	戊辰	丁卯	丙寅	乙丑	甲子	癸亥	壬戌	辛酉	庚申	己未	戊午	丁巳	丙辰	乙卯	甲寅	癸丑	壬子	辛亥	庚戌	己酉	戊申	丁未	54分	22時	05日	乙巳	5月
	丁未	丙午	乙巳	甲辰	癸卯	壬寅	辛丑	庚子	己亥	戊戌	丁酉	丙申	乙未	甲午	癸巳	壬辰	辛卯	庚寅	己丑	戊子	丁亥	丙戌	乙酉	甲申	癸未	壬午	辛巳	庚辰	己卯	戊寅	20分	03時	06日	丙午	6月
戊寅	丁丑	丙子	乙亥	甲戌	癸酉	壬申	辛未	庚午	己巳	戊辰	丁卯	丙寅	乙丑	甲子	癸亥	壬戌	辛酉	庚申	己未	戊午	丁巳	丙辰	乙卯	甲寅	癸丑	壬子	辛亥	庚戌	己酉	戊申	45分	13時	07日	丁未	7月
己酉	戊申	丁未	丙午	乙巳	甲辰	癸卯	壬寅	辛丑	庚子	己亥	戊戌	丁酉	丙申	乙未	甲午	癸巳	壬辰	辛卯	庚寅	己丑	戊子	丁亥	丙戌	乙酉	甲申	癸未	壬午	辛巳	庚辰	己卯	31分	23時	07日	戊申	8月
	己卯	戊寅	丁丑	丙子	乙亥	甲戌	癸酉	壬申	辛未	庚午	己巳	戊辰	丁卯	丙寅	乙丑	甲子	癸亥	壬戌	辛酉	庚申	己未	戊午	丁巳	丙辰	乙卯	甲寅	癸丑	壬子	辛亥	庚戌	14分	02時	08日	己酉	9月
庚戌	己酉	戊申	丁未	丙午	乙巳	甲辰	癸卯	壬寅	辛丑	庚子	己亥	戊戌	丁酉	丙申	乙未	甲午	癸巳	壬辰	辛卯	庚寅	己丑	戊子	丁亥	丙戌	乙酉	甲申	癸未	壬午	辛巳	庚辰	32分	17時	08日	庚戌	10月
	庚辰	己卯	戊寅	丁丑	丙子	乙亥	甲戌	癸酉	壬申	辛未	庚午	己巳	戊辰	丁卯	丙寅	乙丑	甲子	癸亥	壬戌	辛酉	庚申	己未	戊午	丁巳	丙辰	乙卯	甲寅	癸丑	壬子	辛亥	22分	20時	07日	辛亥	11月
辛亥	庚戌	己酉	戊申	丁未	丙午	乙巳	甲辰	癸卯	壬寅	辛丑	庚子	己亥	戊戌	丁酉	丙申	乙未	甲午	癸巳	壬辰	辛卯	庚寅	己丑	戊子	丁亥	丙戌	乙酉	甲申	癸未	壬午	辛巳	56分	12時	07日	壬子	12月

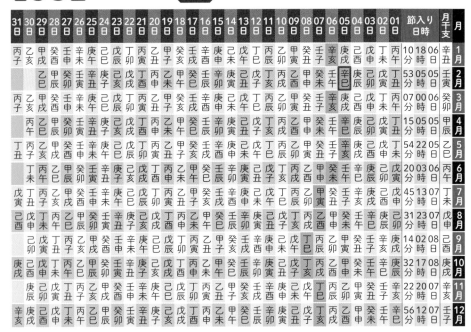

1953年（昭和28年） 癸巳

31日	30日	29日	28日	27日	26日	25日	24日	23日	22日	21日	20日	19日	18日	17日	16日	15日	14日	13日	12日	11日	10日	09日	08日	07日	06日	05日	04日	03日	02日	01日	節入り日時	月干支	月
壬午	辛巳	庚辰	己卯	戊寅	丁丑	丙子	乙亥	甲戌	癸酉	壬申	辛未	庚午	己巳	戊辰	丁卯	丙寅	乙丑	甲子	癸亥	壬戌	辛酉	庚申	己未	戊午	丁巳	丙辰	乙卯	甲寅	癸丑	壬子	02分 00時 06日	癸丑	1月
			庚戌	己酉	戊申	丁未	丙午	乙巳	甲辰	癸卯	壬寅	辛丑	庚子	己亥	戊戌	丁酉	丙申	乙未	甲午	癸巳	壬辰	辛卯	庚寅	己丑	戊子	丁亥	丙戌	乙酉	甲申	癸未	46分 11時 04日	甲寅	2月
辛巳	庚辰	己卯	戊寅	丁丑	丙子	乙亥	甲戌	癸酉	壬申	辛未	庚午	己巳	戊辰	丁卯	丙寅	乙丑	甲子	癸亥	壬戌	辛酉	庚申	己未	戊午	丁巳	丙辰	乙卯	甲寅	癸丑	壬子	辛亥	02分 06時 06日	乙卯	3月
	辛亥	庚戌	己酉	戊申	丁未	丙午	乙巳	甲辰	癸卯	壬寅	辛丑	庚子	己亥	戊戌	丁酉	丙申	乙未	甲午	癸巳	壬辰	辛卯	庚寅	己丑	戊子	丁亥	丙戌	乙酉	甲申	癸未	壬午	13分 11時 05日	丙辰	4月
壬午	辛巳	庚辰	己卯	戊寅	丁丑	丙子	乙亥	甲戌	癸酉	壬申	辛未	庚午	己巳	戊辰	丁卯	丙寅	乙丑	甲子	癸亥	壬戌	辛酉	庚申	己未	戊午	丁巳	丙辰	乙卯	甲寅	癸丑	壬子	52分 04時 06日	丁巳	5月
	壬子	辛亥	庚戌	己酉	戊申	丁未	丙午	乙巳	甲辰	癸卯	壬寅	辛丑	庚子	己亥	戊戌	丁酉	丙申	乙未	甲午	癸巳	壬辰	辛卯	庚寅	己丑	戊子	丁亥	丙戌	乙酉	甲申	癸未	16分 09時 06日	戊午	6月
癸未	壬午	辛巳	庚辰	己卯	戊寅	丁丑	丙子	乙亥	甲戌	癸酉	壬申	辛未	庚午	己巳	戊辰	丁卯	丙寅	乙丑	甲子	癸亥	壬戌	辛酉	庚申	己未	戊午	丁巳	丙辰	乙卯	甲寅	癸丑	35分 19時 07日	己未	7月
甲寅	癸丑	壬子	辛亥	庚戌	己酉	戊申	丁未	丙午	乙巳	甲辰	癸卯	壬寅	辛丑	庚子	己亥	戊戌	丁酉	丙申	乙未	甲午	癸巳	壬辰	辛卯	庚寅	己丑	戊子	丁亥	丙戌	乙酉	甲申	15分 05時 08日	庚申	8月
	甲申	癸未	壬午	辛巳	庚辰	己卯	戊寅	丁丑	丙子	乙亥	甲戌	癸酉	壬申	辛未	庚午	己巳	戊辰	丁卯	丙寅	乙丑	甲子	癸亥	壬戌	辛酉	庚申	己未	戊午	丁巳	丙辰	乙卯	53分 07時 08日	辛酉	9月
乙卯	甲寅	癸丑	壬子	辛亥	庚戌	己酉	戊申	丁未	丙午	乙巳	甲辰	癸卯	壬寅	辛丑	庚子	己亥	戊戌	丁酉	丙申	乙未	甲午	癸巳	壬辰	辛卯	庚寅	己丑	戊子	丁亥	丙戌	乙酉	10分 23時 08日	壬戌	10月
	乙酉	甲申	癸未	壬午	辛巳	庚辰	己卯	戊寅	丁丑	丙子	乙亥	甲戌	癸酉	壬申	辛未	庚午	己巳	戊辰	丁卯	丙寅	乙丑	甲子	癸亥	壬戌	辛酉	庚申	己未	戊午	丁巳	丙辰	01分 02時 08日	癸亥	11月
丙辰	乙卯	甲寅	癸丑	壬子	辛亥	庚戌	己酉	戊申	丁未	丙午	乙巳	甲辰	癸卯	壬寅	辛丑	庚子	己亥	戊戌	丁酉	丙申	乙未	甲午	癸巳	壬辰	辛卯	庚寅	己丑	戊子	丁亥	丙戌	37分 18時 07日	甲子	12月

1954年（昭和29年） 甲午

31日	30日	29日	28日	27日	26日	25日	24日	23日	22日	21日	20日	19日	18日	17日	16日	15日	14日	13日	12日	11日	10日	09日	08日	07日	06日	05日	04日	03日	02日	01日	節入り日時	月干支	月
丁亥	丙戌	乙酉	甲申	癸未	壬午	辛巳	庚辰	己卯	戊寅	丁丑	丙子	乙亥	甲戌	癸酉	壬申	辛未	庚午	己巳	戊辰	丁卯	丙寅	乙丑	甲子	癸亥	壬戌	辛酉	庚申	己未	戊午	丁巳	45分 05時 06日	乙丑	1月
			乙卯	甲寅	癸丑	壬子	辛亥	庚戌	己酉	戊申	丁未	丙午	乙巳	甲辰	癸卯	壬寅	辛丑	庚子	己亥	戊戌	丁酉	丙申	乙未	甲午	癸巳	壬辰	辛卯	庚寅	己丑	戊子	31分 17時 04日	丙寅	2月
丙戌	乙酉	甲申	癸未	壬午	辛巳	庚辰	己卯	戊寅	丁丑	丙子	乙亥	甲戌	癸酉	壬申	辛未	庚午	己巳	戊辰	丁卯	丙寅	乙丑	甲子	癸亥	壬戌	辛酉	庚申	己未	戊午	丁巳	丙辰	49分 11時 06日	丁卯	3月
	丙辰	乙卯	甲寅	癸丑	壬子	辛亥	庚戌	己酉	戊申	丁未	丙午	乙巳	甲辰	癸卯	壬寅	辛丑	庚子	己亥	戊戌	丁酉	丙申	乙未	甲午	癸巳	壬辰	辛卯	庚寅	己丑	戊子	丁亥	59分 16時 05日	戊辰	4月
丁亥	丙戌	乙酉	甲申	癸未	壬午	辛巳	庚辰	己卯	戊寅	丁丑	丙子	乙亥	甲戌	癸酉	壬申	辛未	庚午	己巳	戊辰	丁卯	丙寅	乙丑	甲子	癸亥	壬戌	辛酉	庚申	己未	戊午	丁巳	38分 10時 06日	己巳	5月
	丁巳	丙辰	乙卯	甲寅	癸丑	壬子	辛亥	庚戌	己酉	戊申	丁未	丙午	乙巳	甲辰	癸卯	壬寅	辛丑	庚子	己亥	戊戌	丁酉	丙申	乙未	甲午	癸巳	壬辰	辛卯	庚寅	己丑	戊子	01分 15時 06日	庚午	6月
戊子	丁亥	丙戌	乙酉	甲申	癸未	壬午	辛巳	庚辰	己卯	戊寅	丁丑	丙子	乙亥	甲戌	癸酉	壬申	辛未	庚午	己巳	戊辰	丁卯	丙寅	乙丑	甲子	癸亥	壬戌	辛酉	庚申	己未	戊午	19分 01時 08日	辛未	7月
己未	戊午	丁巳	丙辰	乙卯	甲寅	癸丑	壬子	辛亥	庚戌	己酉	戊申	丁未	丙午	乙巳	甲辰	癸卯	壬寅	辛丑	庚子	己亥	戊戌	丁酉	丙申	乙未	甲午	癸巳	壬辰	辛卯	庚寅	己丑	59分 10時 08日	壬申	8月
	己丑	戊子	丁亥	丙戌	乙酉	甲申	癸未	壬午	辛巳	庚辰	己卯	戊寅	丁丑	丙子	乙亥	甲戌	癸酉	壬申	辛未	庚午	己巳	戊辰	丁卯	丙寅	乙丑	甲子	癸亥	壬戌	辛酉	庚申	38分 13時 08日	癸酉	9月
庚申	己未	戊午	丁巳	丙辰	乙卯	甲寅	癸丑	壬子	辛亥	庚戌	己酉	戊申	丁未	丙午	乙巳	甲辰	癸卯	壬寅	辛丑	庚子	己亥	戊戌	丁酉	丙申	乙未	甲午	癸巳	壬辰	辛卯	庚寅	57分 04時 09日	甲戌	10月
	庚寅	己丑	戊子	丁亥	丙戌	乙酉	甲申	癸未	壬午	辛巳	庚辰	己卯	戊寅	丁丑	丙子	乙亥	甲戌	癸酉	壬申	辛未	庚午	己巳	戊辰	丁卯	丙寅	乙丑	甲子	癸亥	壬戌	辛酉	51分 07時 08日	乙亥	11月
辛酉	庚申	己未	戊午	丁巳	丙辰	乙卯	甲寅	癸丑	壬子	辛亥	庚戌	己酉	戊申	丁未	丙午	乙巳	甲辰	癸卯	壬寅	辛丑	庚子	己亥	戊戌	丁酉	丙申	乙未	甲午	癸巳	壬辰	辛卯	29分 00時 08日	丙子	12月

1955年（昭和30年）乙未

31日	30日	29日	28日	27日	26日	25日	24日	23日	22日	21日	20日	19日	18日	17日	16日	15日	14日	13日	12日	11日	10日	09日	08日	07日	06日	05日	04日	03日	02日	01日	節入り日時			月干支	月
壬辰	辛卯	庚寅	己丑	戊子	丁亥	丙戌	乙酉	甲申	癸未	壬午	辛巳	庚辰	己卯	戊寅	丁丑	丙子	乙亥	甲戌	癸酉	壬申	辛未	庚午	己巳	戊辰	丁卯	丙寅	乙丑	甲子	癸亥	壬戌	37分	11時	06日	丁丑	1月
			庚申	己未	戊午	丁巳	丙辰	乙卯	甲寅	癸丑	壬子	辛亥	庚戌	己酉	戊申	丁未	丙午	乙巳	甲辰	癸卯	壬寅	辛丑	庚子	己亥	戊戌	丁酉	丙申	乙未	甲午	癸巳	18分	23時	04日	戊寅	2月
辛卯	庚寅	己丑	戊子	丁亥	丙戌	乙酉	甲申	癸未	壬午	辛巳	庚辰	己卯	戊寅	丁丑	丙子	乙亥	甲戌	癸酉	壬申	辛未	庚午	己巳	戊辰	丁卯	丙寅	乙丑	甲子	癸亥	壬戌	辛酉	32分	17時	06日	己卯	3月
	辛酉	庚申	己未	戊午	丁巳	丙辰	乙卯	甲寅	癸丑	壬子	辛亥	庚戌	己酉	戊申	丁未	丙午	乙巳	甲辰	癸卯	壬寅	辛丑	庚子	己亥	戊戌	丁酉	丙申	乙未	甲午	癸巳	壬辰	39分	22時	05日	庚辰	4月
壬辰	辛卯	庚寅	己丑	戊子	丁亥	丙戌	乙酉	甲申	癸未	壬午	辛巳	庚辰	己卯	戊寅	丁丑	丙子	乙亥	甲戌	癸酉	壬申	辛未	庚午	己巳	戊辰	丁卯	丙寅	乙丑	甲子	癸亥	壬戌	18分	16時	06日	辛巳	5月
	壬戌	辛酉	庚申	己未	戊午	丁巳	丙辰	乙卯	甲寅	癸丑	壬子	辛亥	庚戌	己酉	戊申	丁未	丙午	乙巳	甲辰	癸卯	壬寅	辛丑	庚子	己亥	戊戌	丁酉	丙申	乙未	甲午	癸巳	44分	20時	06日	壬午	6月
癸巳	壬辰	辛卯	庚寅	己丑	戊子	丁亥	丙戌	乙酉	甲申	癸未	壬午	辛巳	庚辰	己卯	戊寅	丁丑	丙子	乙亥	甲戌	癸酉	壬申	辛未	庚午	己巳	戊辰	丁卯	丙寅	乙丑	甲子	癸亥	06分	07時	08日	癸未	7月
甲子	癸亥	壬戌	辛酉	庚申	己未	戊午	丁巳	丙辰	乙卯	甲寅	癸丑	壬子	辛亥	庚戌	己酉	戊申	丁未	丙午	乙巳	甲辰	癸卯	壬寅	辛丑	庚子	己亥	戊戌	丁酉	丙申	乙未	甲午	51分	16時	08日	甲申	8月
	甲午	癸巳	壬辰	辛卯	庚寅	己丑	戊子	丁亥	丙戌	乙酉	甲申	癸未	壬午	辛巳	庚辰	己卯	戊寅	丁丑	丙子	乙亥	甲戌	癸酉	壬申	辛未	庚午	己巳	戊辰	丁卯	丙寅	乙丑	32分	19時	08日	乙酉	9月
乙丑	甲子	癸亥	壬戌	辛酉	庚申	己未	戊午	丁巳	丙辰	乙卯	甲寅	癸丑	壬子	辛亥	庚戌	己酉	戊申	丁未	丙午	乙巳	甲辰	癸卯	壬寅	辛丑	庚子	己亥	戊戌	丁酉	丙申	乙未	53分	10時	09日	丙戌	10月
	乙未	甲午	癸巳	壬辰	辛卯	庚寅	己丑	戊子	丁亥	丙戌	乙酉	甲申	癸未	壬午	辛巳	庚辰	己卯	戊寅	丁丑	丙子	乙亥	甲戌	癸酉	壬申	辛未	庚午	己巳	戊辰	丁卯	丙寅	46分	13時	08日	丁亥	11月
丙寅	乙丑	甲子	癸亥	壬戌	辛酉	庚申	己未	戊午	丁巳	丙辰	乙卯	甲寅	癸丑	壬子	辛亥	庚戌	己酉	戊申	丁未	丙午	乙巳	甲辰	癸卯	壬寅	辛丑	庚子	己亥	戊戌	丁酉	丙申	24分	06時	08日	戊子	12月

1956年（昭和31年）丙申

31日	30日	29日	28日	27日	26日	25日	24日	23日	22日	21日	20日	19日	18日	17日	16日	15日	14日	13日	12日	11日	10日	09日	08日	07日	06日	05日	04日	03日	02日	01日	節入り日時			月干支	月
丁酉	丙申	乙未	甲午	癸巳	壬辰	辛卯	庚寅	己丑	戊子	丁亥	丙戌	乙酉	甲申	癸未	壬午	辛巳	庚辰	己卯	戊寅	丁丑	丙子	乙亥	甲戌	癸酉	壬申	辛未	庚午	己巳	戊辰	丁卯	31分	17時	06日	己丑	1月
		丙寅	乙丑	甲子	癸亥	壬戌	辛酉	庚申	己未	戊午	丁巳	丙辰	乙卯	甲寅	癸丑	壬子	辛亥	庚戌	己酉	戊申	丁未	丙午	乙巳	甲辰	癸卯	壬寅	辛丑	庚子	己亥	戊戌	13分	05時	05日	庚寅	2月
丁酉	丙申	乙未	甲午	癸巳	壬辰	辛卯	庚寅	己丑	戊子	丁亥	丙戌	乙酉	甲申	癸未	壬午	辛巳	庚辰	己卯	戊寅	丁丑	丙子	乙亥	甲戌	癸酉	壬申	辛未	庚午	己巳	戊辰	丁卯	25分	23時	05日	辛卯	3月
	丁卯	丙寅	乙丑	甲子	癸亥	壬戌	辛酉	庚申	己未	戊午	丁巳	丙辰	乙卯	甲寅	癸丑	壬子	辛亥	庚戌	己酉	戊申	丁未	丙午	乙巳	甲辰	癸卯	壬寅	辛丑	庚子	己亥	戊戌	32分	04時	05日	壬辰	4月
戊戌	丁酉	丙申	乙未	甲午	癸巳	壬辰	辛卯	庚寅	己丑	戊子	丁亥	丙戌	乙酉	甲申	癸未	壬午	辛巳	庚辰	己卯	戊寅	丁丑	丙子	乙亥	甲戌	癸酉	壬申	辛未	庚午	己巳	戊辰	10分	22時	05日	癸巳	5月
	戊辰	丁卯	丙寅	乙丑	甲子	癸亥	壬戌	辛酉	庚申	己未	戊午	丁巳	丙辰	乙卯	甲寅	癸丑	壬子	辛亥	庚戌	己酉	戊申	丁未	丙午	乙巳	甲辰	癸卯	壬寅	辛丑	庚子	己亥	36分	02時	06日	甲午	6月
己亥	戊戌	丁酉	丙申	乙未	甲午	癸巳	壬辰	辛卯	庚寅	己丑	戊子	丁亥	丙戌	乙酉	甲申	癸未	壬午	辛巳	庚辰	己卯	戊寅	丁丑	丙子	乙亥	甲戌	癸酉	壬申	辛未	庚午	己巳	59分	12時	07日	乙未	7月
庚午	己巳	戊辰	丁卯	丙寅	乙丑	甲子	癸亥	壬戌	辛酉	庚申	己未	戊午	丁巳	丙辰	乙卯	甲寅	癸丑	壬子	辛亥	庚戌	己酉	戊申	丁未	丙午	乙巳	甲辰	癸卯	壬寅	辛丑	庚子	41分	22時	07日	丙申	8月
	庚子	己亥	戊戌	丁酉	丙申	乙未	甲午	癸巳	壬辰	辛卯	庚寅	己丑	戊子	丁亥	丙戌	乙酉	甲申	癸未	壬午	辛巳	庚辰	己卯	戊寅	丁丑	丙子	乙亥	甲戌	癸酉	壬申	辛未	20分	01時	08日	丁酉	9月
辛未	庚午	己巳	戊辰	丁卯	丙寅	乙丑	甲子	癸亥	壬戌	辛酉	庚申	己未	戊午	丁巳	丙辰	乙卯	甲寅	癸丑	壬子	辛亥	庚戌	己酉	戊申	丁未	丙午	乙巳	甲辰	癸卯	壬寅	辛丑	37分	16時	08日	戊戌	10月
	辛丑	庚子	己亥	戊戌	丁酉	丙申	乙未	甲午	癸巳	壬辰	辛卯	庚寅	己丑	戊子	丁亥	丙戌	乙酉	甲申	癸未	壬午	辛巳	庚辰	己卯	戊寅	丁丑	丙子	乙亥	甲戌	癸酉	壬申	27分	19時	07日	己亥	11月
壬申	辛未	庚午	己巳	戊辰	丁卯	丙寅	乙丑	甲子	癸亥	壬戌	辛酉	庚申	己未	戊午	丁巳	丙辰	乙卯	甲寅	癸丑	壬子	辛亥	庚戌	己酉	戊申	丁未	丙午	乙巳	甲辰	癸卯	壬寅	03分	12時	07日	庚子	12月

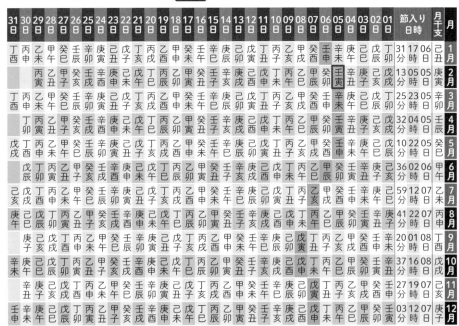

1957年（昭和32年）丁酉

31日	30日	29日	28日	27日	26日	25日	24日	23日	22日	21日	20日	19日	18日	17日	16日	15日	14日	13日	12日	11日	10日	09日	08日	07日	06日	05日	04日	03日	02日	01日	節入り日時			月干支	月
癸卯	壬寅	辛丑	庚子	己亥	戊戌	丁酉	丙申	乙未	甲午	癸巳	壬辰	辛卯	庚寅	己丑	戊子	丁亥	丙戌	乙酉	甲申	癸未	壬午	辛巳	庚辰	己卯	戊寅	丁丑	丙子	乙亥	甲戌	癸酉	11分	23時	05日	辛丑	1月
			辛未	庚午	己巳	戊辰	丁卯	丙寅	乙丑	甲子	癸亥	壬戌	辛酉	庚申	己未	戊午	丁巳	丙辰	乙卯	甲寅	癸丑	壬子	辛亥	庚戌	己酉	戊申	丁未	丙午	乙巳	甲辰	55分	10時	04日	壬寅	2月
壬寅	辛丑	庚子	己亥	戊戌	丁酉	丙申	乙未	甲午	癸巳	壬辰	辛卯	庚寅	己丑	戊子	丁亥	丙戌	乙酉	甲申	癸未	壬午	辛巳	庚辰	己卯	戊寅	丁丑	丙子	乙亥	甲戌	癸酉	壬申	11分	05時	06日	癸卯	3月
	壬申	辛未	庚午	己巳	戊辰	丁卯	丙寅	乙丑	甲子	癸亥	壬戌	辛酉	庚申	己未	戊午	丁巳	丙辰	乙卯	甲寅	癸丑	壬子	辛亥	庚戌	己酉	戊申	丁未	丙午	乙巳	甲辰	癸卯	19分	10時	05日	甲辰	4月
癸卯	壬寅	辛丑	庚子	己亥	戊戌	丁酉	丙申	乙未	甲午	癸巳	壬辰	辛卯	庚寅	己丑	戊子	丁亥	丙戌	乙酉	甲申	癸未	壬午	辛巳	庚辰	己卯	戊寅	丁丑	丙子	乙亥	甲戌	癸酉	59分	03時	06日	乙巳	5月
	癸酉	壬申	辛未	庚午	己巳	戊辰	丁卯	丙寅	乙丑	甲子	癸亥	壬戌	辛酉	庚申	己未	戊午	丁巳	丙辰	乙卯	甲寅	癸丑	壬子	辛亥	庚戌	己酉	戊申	丁未	丙午	乙巳	甲辰	25分	08時	06日	丙午	6月
甲辰	癸卯	壬寅	辛丑	庚子	己亥	戊戌	丁酉	丙申	乙未	甲午	癸巳	壬辰	辛卯	庚寅	己丑	戊子	丁亥	丙戌	乙酉	甲申	癸未	壬午	辛巳	庚辰	己卯	戊寅	丁丑	丙子	乙亥	甲戌	49分	18時	07日	丁未	7月
乙亥	甲戌	癸酉	壬申	辛未	庚午	己巳	戊辰	丁卯	丙寅	乙丑	甲子	癸亥	壬戌	辛酉	庚申	己未	戊午	丁巳	丙辰	乙卯	甲寅	癸丑	壬子	辛亥	庚戌	己酉	戊申	丁未	丙午	乙巳	33分	04時	08日	戊申	8月
	乙巳	甲辰	癸卯	壬寅	辛丑	庚子	己亥	戊戌	丁酉	丙申	乙未	甲午	癸巳	壬辰	辛卯	庚寅	己丑	戊子	丁亥	丙戌	乙酉	甲申	癸未	壬午	辛巳	庚辰	己卯	戊寅	丁丑	丙子	13分	07時	08日	己酉	9月
丙子	乙亥	甲戌	癸酉	壬申	辛未	庚午	己巳	戊辰	丁卯	丙寅	乙丑	甲子	癸亥	壬戌	辛酉	庚申	己未	戊午	丁巳	丙辰	乙卯	甲寅	癸丑	壬子	辛亥	庚戌	己酉	戊申	丁未	丙午	31分	22時	08日	庚戌	10月
	丙午	乙巳	甲辰	癸卯	壬寅	辛丑	庚子	己亥	戊戌	丁酉	丙申	乙未	甲午	癸巳	壬辰	辛卯	庚寅	己丑	戊子	丁亥	丙戌	乙酉	甲申	癸未	壬午	辛巳	庚辰	己卯	戊寅	丁丑	21分	01時	08日	辛亥	11月
丁丑	丙子	乙亥	甲戌	癸酉	壬申	辛未	庚午	己巳	戊辰	丁卯	丙寅	乙丑	甲子	癸亥	壬戌	辛酉	庚申	己未	戊午	丁巳	丙辰	乙卯	甲寅	癸丑	壬子	辛亥	庚戌	己酉	戊申	丁未	57分	17時	07日	壬子	12月

1958年（昭和33年）戊戌

31日	30日	29日	28日	27日	26日	25日	24日	23日	22日	21日	20日	19日	18日	17日	16日	15日	14日	13日	12日	11日	10日	09日	08日	07日	06日	05日	04日	03日	02日	01日	節入り日時			月干支	月
戊申	丁未	丙午	乙巳	甲辰	癸卯	壬寅	辛丑	庚子	己亥	戊戌	丁酉	丙申	乙未	甲午	癸巳	壬辰	辛卯	庚寅	己丑	戊子	丁亥	丙戌	乙酉	甲申	癸未	壬午	辛巳	庚辰	己卯	戊寅	05分	05時	06日	癸丑	1月
			丙子	乙亥	甲戌	癸酉	壬申	辛未	庚午	己巳	戊辰	丁卯	丙寅	乙丑	甲子	癸亥	壬戌	辛酉	庚申	己未	戊午	丁巳	丙辰	乙卯	甲寅	癸丑	壬子	辛亥	庚戌	己酉	50分	16時	04日	甲寅	2月
丁未	丙午	乙巳	甲辰	癸卯	壬寅	辛丑	庚子	己亥	戊戌	丁酉	丙申	乙未	甲午	癸巳	壬辰	辛卯	庚寅	己丑	戊子	丁亥	丙戌	乙酉	甲申	癸未	壬午	辛巳	庚辰	己卯	戊寅	丁丑	06分	11時	06日	乙卯	3月
	丁丑	丙子	乙亥	甲戌	癸酉	壬申	辛未	庚午	己巳	戊辰	丁卯	丙寅	乙丑	甲子	癸亥	壬戌	辛酉	庚申	己未	戊午	丁巳	丙辰	乙卯	甲寅	癸丑	壬子	辛亥	庚戌	己酉	戊申	13分	16時	05日	丙辰	4月
戊申	丁未	丙午	乙巳	甲辰	癸卯	壬寅	辛丑	庚子	己亥	戊戌	丁酉	丙申	乙未	甲午	癸巳	壬辰	辛卯	庚寅	己丑	戊子	丁亥	丙戌	乙酉	甲申	癸未	壬午	辛巳	庚辰	己卯	戊寅	50分	09時	06日	丁巳	5月
	戊寅	丁丑	丙子	乙亥	甲戌	癸酉	壬申	辛未	庚午	己巳	戊辰	丁卯	丙寅	乙丑	甲子	癸亥	壬戌	辛酉	庚申	己未	戊午	丁巳	丙辰	乙卯	甲寅	癸丑	壬子	辛亥	庚戌	己酉	13分	14時	06日	戊午	6月
己酉	戊申	丁未	丙午	乙巳	甲辰	癸卯	壬寅	辛丑	庚子	己亥	戊戌	丁酉	丙申	乙未	甲午	癸巳	壬辰	辛卯	庚寅	己丑	戊子	丁亥	丙戌	乙酉	甲申	癸未	壬午	辛巳	庚辰	己卯	34分	00時	08日	己未	7月
庚辰	己卯	戊寅	丁丑	丙子	乙亥	甲戌	癸酉	壬申	辛未	庚午	己巳	戊辰	丁卯	丙寅	乙丑	甲子	癸亥	壬戌	辛酉	庚申	己未	戊午	丁巳	丙辰	乙卯	甲寅	癸丑	壬子	辛亥	庚戌	18分	10時	08日	庚申	8月
	庚戌	己酉	戊申	丁未	丙午	乙巳	甲辰	癸卯	壬寅	辛丑	庚子	己亥	戊戌	丁酉	丙申	乙未	甲午	癸巳	壬辰	辛卯	庚寅	己丑	戊子	丁亥	丙戌	乙酉	甲申	癸未	壬午	辛巳	00分	13時	08日	辛酉	9月
辛巳	庚辰	己卯	戊寅	丁丑	丙子	乙亥	甲戌	癸酉	壬申	辛未	庚午	己巳	戊辰	丁卯	丙寅	乙丑	甲子	癸亥	壬戌	辛酉	庚申	己未	戊午	丁巳	丙辰	乙卯	甲寅	癸丑	壬子	辛亥	20分	04時	09日	壬戌	10月
	辛亥	庚戌	己酉	戊申	丁未	丙午	乙巳	甲辰	癸卯	壬寅	辛丑	庚子	己亥	戊戌	丁酉	丙申	乙未	甲午	癸巳	壬辰	辛卯	庚寅	己丑	戊子	丁亥	丙戌	乙酉	甲申	癸未	壬午	13分	07時	08日	癸亥	11月
壬午	辛巳	庚辰	己卯	戊寅	丁丑	丙子	乙亥	甲戌	癸酉	壬申	辛未	庚午	己巳	戊辰	丁卯	丙寅	乙丑	甲子	癸亥	壬戌	辛酉	庚申	己未	戊午	丁巳	丙辰	乙卯	甲寅	癸丑	壬子	50分	23時	07日	甲子	12月

1959年（昭和34年）己亥

31日	30日	29日	28日	27日	26日	25日	24日	23日	22日	21日	20日	19日	18日	17日	16日	15日	14日	13日	12日	11日	10日	09日	08日	07日	06日	05日	04日	03日	02日	01日	節入り日時			月干支	月
癸丑	壬子	辛亥	庚戌	己酉	戊申	丁未	丙午	乙巳	甲辰	癸卯	壬寅	辛丑	庚子	己亥	戊戌	丁酉	丙申	乙未	甲午	癸巳	壬辰	辛卯	庚寅	己丑	戊子	丁亥	丙戌	乙酉	甲申	癸未	59分	10時	06日	乙丑	1月
			辛巳	庚辰	己卯	戊寅	丁丑	丙子	乙亥	甲戌	癸酉	壬申	辛未	庚午	己巳	戊辰	丁卯	丙寅	乙丑	甲子	癸亥	壬戌	辛酉	庚申	己未	戊午	丁巳	丙辰	乙卯	甲寅	43分	22時	04日	丙寅	2月
壬子	辛亥	庚戌	己酉	戊申	丁未	丙午	乙巳	甲辰	癸卯	壬寅	辛丑	庚子	己亥	戊戌	丁酉	丙申	乙未	甲午	癸巳	壬辰	辛卯	庚寅	己丑	戊子	丁亥	丙戌	乙酉	甲申	癸未	壬午	57分	16時	06日	丁卯	3月
	壬午	辛巳	庚辰	己卯	戊寅	丁丑	丙子	乙亥	甲戌	癸酉	壬申	辛未	庚午	己巳	戊辰	丁卯	丙寅	乙丑	甲子	癸亥	壬戌	辛酉	庚申	己未	戊午	丁巳	丙辰	乙卯	甲寅	癸丑	04分	22時	05日	戊辰	4月
癸丑	壬子	辛亥	庚戌	己酉	戊申	丁未	丙午	乙巳	甲辰	癸卯	壬寅	辛丑	庚子	己亥	戊戌	丁酉	丙申	乙未	甲午	癸巳	壬辰	辛卯	庚寅	己丑	戊子	丁亥	丙戌	乙酉	甲申	癸未	39分	15時	06日	己巳	5月
	癸未	壬午	辛巳	庚辰	己卯	戊寅	丁丑	丙子	乙亥	甲戌	癸酉	壬申	辛未	庚午	己巳	戊辰	丁卯	丙寅	乙丑	甲子	癸亥	壬戌	辛酉	庚申	己未	戊午	丁巳	丙辰	乙卯	甲寅	01分	20時	06日	庚午	6月
甲寅	癸丑	壬子	辛亥	庚戌	己酉	戊申	丁未	丙午	乙巳	甲辰	癸卯	壬寅	辛丑	庚子	己亥	戊戌	丁酉	丙申	乙未	甲午	癸巳	壬辰	辛卯	庚寅	己丑	戊子	丁亥	丙戌	乙酉	甲申	20分	06時	08日	辛未	7月
乙酉	甲申	癸未	壬午	辛巳	庚辰	己卯	戊寅	丁丑	丙子	乙亥	甲戌	癸酉	壬申	辛未	庚午	己巳	戊辰	丁卯	丙寅	乙丑	甲子	癸亥	壬戌	辛酉	庚申	己未	戊午	丁巳	丙辰	乙卯	05分	16時	08日	壬申	8月
	乙卯	甲寅	癸丑	壬子	辛亥	庚戌	己酉	戊申	丁未	丙午	乙巳	甲辰	癸卯	壬寅	辛丑	庚子	己亥	戊戌	丁酉	丙申	乙未	甲午	癸巳	壬辰	辛卯	庚寅	己丑	戊子	丁亥	丙戌	49分	18時	08日	癸酉	9月
丙戌	乙酉	甲申	癸未	壬午	辛巳	庚辰	己卯	戊寅	丁丑	丙子	乙亥	甲戌	癸酉	壬申	辛未	庚午	己巳	戊辰	丁卯	丙寅	乙丑	甲子	癸亥	壬戌	辛酉	庚申	己未	戊午	丁巳	丙辰	11分	10時	09日	甲戌	10月
	丙辰	乙卯	甲寅	癸丑	壬子	辛亥	庚戌	己酉	戊申	丁未	丙午	乙巳	甲辰	癸卯	壬寅	辛丑	庚子	己亥	戊戌	丁酉	丙申	乙未	甲午	癸巳	壬辰	辛卯	庚寅	己丑	戊子	丁亥	03分	13時	08日	乙亥	11月
丁亥	丙戌	乙酉	甲申	癸未	壬午	辛巳	庚辰	己卯	戊寅	丁丑	丙子	乙亥	甲戌	癸酉	壬申	辛未	庚午	己巳	戊辰	丁卯	丙寅	乙丑	甲子	癸亥	壬戌	辛酉	庚申	己未	戊午	丁巳	38分	05時	08日	丙子	12月

1960年（昭和35年）庚子

31日	30日	29日	28日	27日	26日	25日	24日	23日	22日	21日	20日	19日	18日	17日	16日	15日	14日	13日	12日	11日	10日	09日	08日	07日	06日	05日	04日	03日	02日	01日	節入り日時			月干支	月
戊午	丁巳	丙辰	乙卯	甲寅	癸丑	壬子	辛亥	庚戌	己酉	戊申	丁未	丙午	乙巳	甲辰	癸卯	壬寅	辛丑	庚子	己亥	戊戌	丁酉	丙申	乙未	甲午	癸巳	壬辰	辛卯	庚寅	己丑	戊子	43分	16時	06日	丁丑	1月
		丁亥	丙戌	乙酉	甲申	癸未	壬午	辛巳	庚辰	己卯	戊寅	丁丑	丙子	乙亥	甲戌	癸酉	壬申	辛未	庚午	己巳	戊辰	丁卯	丙寅	乙丑	甲子	癸亥	壬戌	辛酉	庚申	己未	23分	04時	05日	戊寅	2月
戊午	丁巳	丙辰	乙卯	甲寅	癸丑	壬子	辛亥	庚戌	己酉	戊申	丁未	丙午	乙巳	甲辰	癸卯	壬寅	辛丑	庚子	己亥	戊戌	丁酉	丙申	乙未	甲午	癸巳	壬辰	辛卯	庚寅	己丑	戊子	36分	22時	05日	己卯	3月
	戊子	丁亥	丙戌	乙酉	甲申	癸未	壬午	辛巳	庚辰	己卯	戊寅	丁丑	丙子	乙亥	甲戌	癸酉	壬申	辛未	庚午	己巳	戊辰	丁卯	丙寅	乙丑	甲子	癸亥	壬戌	辛酉	庚申	己未	44分	03時	05日	庚辰	4月
己未	戊午	丁巳	丙辰	乙卯	甲寅	癸丑	壬子	辛亥	庚戌	己酉	戊申	丁未	丙午	乙巳	甲辰	癸卯	壬寅	辛丑	庚子	己亥	戊戌	丁酉	丙申	乙未	甲午	癸巳	壬辰	辛卯	庚寅	己丑	23分	21時	05日	辛巳	5月
	己丑	戊子	丁亥	丙戌	乙酉	甲申	癸未	壬午	辛巳	庚辰	己卯	戊寅	丁丑	丙子	乙亥	甲戌	癸酉	壬申	辛未	庚午	己巳	戊辰	丁卯	丙寅	乙丑	甲子	癸亥	壬戌	辛酉	庚申	48分	01時	06日	壬午	6月
庚申	己未	戊午	丁巳	丙辰	乙卯	甲寅	癸丑	壬子	辛亥	庚戌	己酉	戊申	丁未	丙午	乙巳	甲辰	癸卯	壬寅	辛丑	庚子	己亥	戊戌	丁酉	丙申	乙未	甲午	癸巳	壬辰	辛卯	庚寅	13分	12時	07日	癸未	7月
辛卯	庚寅	己丑	戊子	丁亥	丙戌	乙酉	甲申	癸未	壬午	辛巳	庚辰	己卯	戊寅	丁丑	丙子	乙亥	甲戌	癸酉	壬申	辛未	庚午	己巳	戊辰	丁卯	丙寅	乙丑	甲子	癸亥	壬戌	辛酉	00分	22時	07日	甲申	8月
	辛酉	庚申	己未	戊午	丁巳	丙辰	乙卯	甲寅	癸丑	壬子	辛亥	庚戌	己酉	戊申	丁未	丙午	乙巳	甲辰	癸卯	壬寅	辛丑	庚子	己亥	戊戌	丁酉	丙申	乙未	甲午	癸巳	壬辰	46分	00時	08日	乙酉	9月
壬辰	辛卯	庚寅	己丑	戊子	丁亥	丙戌	乙酉	甲申	癸未	壬午	辛巳	庚辰	己卯	戊寅	丁丑	丙子	乙亥	甲戌	癸酉	壬申	辛未	庚午	己巳	戊辰	丁卯	丙寅	乙丑	甲子	癸亥	壬戌	09分	16時	08日	丙戌	10月
	壬戌	辛酉	庚申	己未	戊午	丁巳	丙辰	乙卯	甲寅	癸丑	壬子	辛亥	庚戌	己酉	戊申	丁未	丙午	乙巳	甲辰	癸卯	壬寅	辛丑	庚子	己亥	戊戌	丁酉	丙申	乙未	甲午	癸巳	02分	19時	07日	丁亥	11月
癸巳	壬辰	辛卯	庚寅	己丑	戊子	丁亥	丙戌	乙酉	甲申	癸未	壬午	辛巳	庚辰	己卯	戊寅	丁丑	丙子	乙亥	甲戌	癸酉	壬申	辛未	庚午	己巳	戊辰	丁卯	丙寅	乙丑	甲子	癸亥	38分	11時	07日	戊子	12月

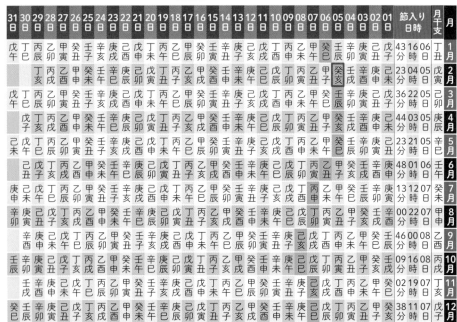

1961年（昭和36年）辛丑

31日	30日	29日	28日	27日	26日	25日	24日	23日	22日	21日	20日	19日	18日	17日	16日	15日	14日	13日	12日	11日	10日	09日	08日	07日	06日	05日	04日	03日	02日	01日	節入り日時			月干支	月
甲子	癸亥	壬戌	辛酉	庚申	己未	戊午	丁巳	丙辰	乙卯	甲寅	癸丑	壬子	辛亥	庚戌	己酉	戊申	丁未	丙午	乙巳	甲辰	癸卯	壬寅	辛丑	庚子	己亥	戊戌	丁酉	丙申	乙未	甲午	43分	22時	05日	己丑	1月
			壬辰	辛卯	庚寅	己丑	戊子	丁亥	丙戌	乙酉	甲申	癸未	壬午	辛巳	庚辰	己卯	戊寅	丁丑	丙子	乙亥	甲戌	癸酉	壬申	辛未	庚午	己巳	戊辰	丁卯	丙寅	乙丑	23分	10時	04日	庚寅	2月
癸亥	壬戌	辛酉	庚申	己未	戊午	丁巳	丙辰	乙卯	甲寅	癸丑	壬子	辛亥	庚戌	己酉	戊申	丁未	丙午	乙巳	甲辰	癸卯	壬寅	辛丑	庚子	己亥	戊戌	丁酉	丙申	乙未	甲午	癸巳	35分	04時	06日	辛卯	3月
	癸巳	壬辰	辛卯	庚寅	己丑	戊子	丁亥	丙戌	乙酉	甲申	癸未	壬午	辛巳	庚辰	己卯	戊寅	丁丑	丙子	乙亥	甲戌	癸酉	壬申	辛未	庚午	己巳	戊辰	丁卯	丙寅	乙丑	甲子	42分	09時	05日	壬辰	4月
甲子	癸亥	壬戌	辛酉	庚申	己未	戊午	丁巳	丙辰	乙卯	甲寅	癸丑	壬子	辛亥	庚戌	己酉	戊申	丁未	丙午	乙巳	甲辰	癸卯	壬寅	辛丑	庚子	己亥	戊戌	丁酉	丙申	乙未	甲午	21分	03時	06日	癸巳	5月
	甲午	癸巳	壬辰	辛卯	庚寅	己丑	戊子	丁亥	丙戌	乙酉	甲申	癸未	壬午	辛巳	庚辰	己卯	戊寅	丁丑	丙子	乙亥	甲戌	癸酉	壬申	辛未	庚午	己巳	戊辰	丁卯	丙寅	乙丑	46分	07時	06日	甲午	6月
乙丑	甲子	癸亥	壬戌	辛酉	庚申	己未	戊午	丁巳	丙辰	乙卯	甲寅	癸丑	壬子	辛亥	庚戌	己酉	戊申	丁未	丙午	乙巳	甲辰	癸卯	壬寅	辛丑	庚子	己亥	戊戌	丁酉	丙申	乙未	07分	18時	07日	乙未	7月
丙申	乙未	甲午	癸巳	壬辰	辛卯	庚寅	己丑	戊子	丁亥	丙戌	乙酉	甲申	癸未	壬午	辛巳	庚辰	己卯	戊寅	丁丑	丙子	乙亥	甲戌	癸酉	壬申	辛未	庚午	己巳	戊辰	丁卯	丙寅	48分	03時	08日	丙申	8月
	丙寅	乙丑	甲子	癸亥	壬戌	辛酉	庚申	己未	戊午	丁巳	丙辰	乙卯	甲寅	癸丑	壬子	辛亥	庚戌	己酉	戊申	丁未	丙午	乙巳	甲辰	癸卯	壬寅	辛丑	庚子	己亥	戊戌	丁酉	29分	06時	08日	丁酉	9月
丁酉	丙申	乙未	甲午	癸巳	壬辰	辛卯	庚寅	己丑	戊子	丁亥	丙戌	乙酉	甲申	癸未	壬午	辛巳	庚辰	己卯	戊寅	丁丑	丙子	乙亥	甲戌	癸酉	壬申	辛未	庚午	己巳	戊辰	丁卯	51分	21時	08日	戊戌	10月
	丁卯	丙寅	乙丑	甲子	癸亥	壬戌	辛酉	庚申	己未	戊午	丁巳	丙辰	乙卯	甲寅	癸丑	壬子	辛亥	庚戌	己酉	戊申	丁未	丙午	乙巳	甲辰	癸卯	壬寅	辛丑	庚子	己亥	戊戌	46分	00時	08日	己亥	11月
戊戌	丁酉	丙申	乙未	甲午	癸巳	壬辰	辛卯	庚寅	己丑	戊子	丁亥	丙戌	乙酉	甲申	癸未	壬午	辛巳	庚辰	己卯	戊寅	丁丑	丙子	乙亥	甲戌	癸酉	壬申	辛未	庚午	己巳	戊辰	26分	17時	07日	庚子	12月

1962年（昭和37年）壬寅

31日	30日	29日	28日	27日	26日	25日	24日	23日	22日	21日	20日	19日	18日	17日	16日	15日	14日	13日	12日	11日	10日	09日	08日	07日	06日	05日	04日	03日	02日	01日	節入り日時			月干支	月
己巳	戊辰	丁卯	丙寅	乙丑	甲子	癸亥	壬戌	辛酉	庚申	己未	戊午	丁巳	丙辰	乙卯	甲寅	癸丑	壬子	辛亥	庚戌	己酉	戊申	丁未	丙午	乙巳	甲辰	癸卯	壬寅	辛丑	庚子	己亥	35分	04時	06日	辛丑	1月
			丁酉	丙申	乙未	甲午	癸巳	壬辰	辛卯	庚寅	己丑	戊子	丁亥	丙戌	乙酉	甲申	癸未	壬午	辛巳	庚辰	己卯	戊寅	丁丑	丙子	乙亥	甲戌	癸酉	壬申	辛未	庚午	18分	16時	04日	壬寅	2月
戊辰	丁卯	丙寅	乙丑	甲子	癸亥	壬戌	辛酉	庚申	己未	戊午	丁巳	丙辰	乙卯	甲寅	癸丑	壬子	辛亥	庚戌	己酉	戊申	丁未	丙午	乙巳	甲辰	癸卯	壬寅	辛丑	庚子	己亥	戊戌	30分	10時	06日	癸卯	3月
	戊戌	丁酉	丙申	乙未	甲午	癸巳	壬辰	辛卯	庚寅	己丑	戊子	丁亥	丙戌	乙酉	甲申	癸未	壬午	辛巳	庚辰	己卯	戊寅	丁丑	丙子	乙亥	甲戌	癸酉	壬申	辛未	庚午	己巳	34分	15時	05日	甲辰	4月
己巳	戊辰	丁卯	丙寅	乙丑	甲子	癸亥	壬戌	辛酉	庚申	己未	戊午	丁巳	丙辰	乙卯	甲寅	癸丑	壬子	辛亥	庚戌	己酉	戊申	丁未	丙午	乙巳	甲辰	癸卯	壬寅	辛丑	庚子	己亥	09分	09時	06日	乙巳	5月
	己亥	戊戌	丁酉	丙申	乙未	甲午	癸巳	壬辰	辛卯	庚寅	己丑	戊子	丁亥	丙戌	乙酉	甲申	癸未	壬午	辛巳	庚辰	己卯	戊寅	丁丑	丙子	乙亥	甲戌	癸酉	壬申	辛未	庚午	31分	13時	06日	丙午	6月
庚午	己巳	戊辰	丁卯	丙寅	乙丑	甲子	癸亥	壬戌	辛酉	庚申	己未	戊午	丁巳	丙辰	乙卯	甲寅	癸丑	壬子	辛亥	庚戌	己酉	戊申	丁未	丙午	乙巳	甲辰	癸卯	壬寅	辛丑	庚子	51分	23時	07日	丁未	7月
辛丑	庚子	己亥	戊戌	丁酉	丙申	乙未	甲午	癸巳	壬辰	辛卯	庚寅	己丑	戊子	丁亥	丙戌	乙酉	甲申	癸未	壬午	辛巳	庚辰	己卯	戊寅	丁丑	丙子	乙亥	甲戌	癸酉	壬申	辛未	34分	09時	08日	戊申	8月
	辛未	庚午	己巳	戊辰	丁卯	丙寅	乙丑	甲子	癸亥	壬戌	辛酉	庚申	己未	戊午	丁巳	丙辰	乙卯	甲寅	癸丑	壬子	辛亥	庚戌	己酉	戊申	丁未	丙午	乙巳	甲辰	癸卯	壬寅	16分	12時	08日	己酉	9月
壬寅	辛丑	庚子	己亥	戊戌	丁酉	丙申	乙未	甲午	癸巳	壬辰	辛卯	庚寅	己丑	戊子	丁亥	丙戌	乙酉	甲申	癸未	壬午	辛巳	庚辰	己卯	戊寅	丁丑	丙子	乙亥	甲戌	癸酉	壬申	38分	03時	09日	庚戌	10月
	壬申	辛未	庚午	己巳	戊辰	丁卯	丙寅	乙丑	甲子	癸亥	壬戌	辛酉	庚申	己未	戊午	丁巳	丙辰	乙卯	甲寅	癸丑	壬子	辛亥	庚戌	己酉	戊申	丁未	丙午	乙巳	甲辰	癸卯	35分	06時	08日	辛亥	11月
癸卯	壬寅	辛丑	庚子	己亥	戊戌	丁酉	丙申	乙未	甲午	癸巳	壬辰	辛卯	庚寅	己丑	戊子	丁亥	丙戌	乙酉	甲申	癸未	壬午	辛巳	庚辰	己卯	戊寅	丁丑	丙子	乙亥	甲戌	癸酉	17分	23時	07日	壬子	12月

1963年（昭和38年）癸卯

31日	30日	29日	28日	27日	26日	25日	24日	23日	22日	21日	20日	19日	18日	17日	16日	15日	14日	13日	12日	11日	10日	09日	08日	07日	06日	05日	04日	03日	02日	01日	節入り日時			月干支	月
甲戌	癸酉	壬申	辛未	庚午	己巳	戊辰	丁卯	丙寅	乙丑	甲子	癸亥	壬戌	辛酉	庚申	己未	戊午	丁巳	丙辰	乙卯	甲寅	癸丑	壬子	辛亥	庚戌	己酉	戊申	丁未	丙午	乙巳	甲辰	27分	10時	06日	癸丑	1月
			壬寅	辛丑	庚子	己亥	戊戌	丁酉	丙申	乙未	甲午	癸巳	壬辰	辛卯	庚寅	己丑	戊子	丁亥	丙戌	乙酉	甲申	癸未	壬午	辛巳	庚辰	己卯	戊寅	丁丑	丙子	乙亥	08分	22時	04日	甲寅	2月
癸酉	壬申	辛未	庚午	己巳	戊辰	丁卯	丙寅	乙丑	甲子	癸亥	壬戌	辛酉	庚申	己未	戊午	丁巳	丙辰	乙卯	甲寅	癸丑	壬子	辛亥	庚戌	己酉	戊申	丁未	丙午	乙巳	甲辰	癸卯	17分	16時	06日	乙卯	3月
	癸卯	壬寅	辛丑	庚子	己亥	戊戌	丁酉	丙申	乙未	甲午	癸巳	壬辰	辛卯	庚寅	己丑	戊子	丁亥	丙戌	乙酉	甲申	癸未	壬午	辛巳	庚辰	己卯	戊寅	丁丑	丙子	乙亥	甲戌	19分	21時	05日	丙辰	4月
甲戌	癸酉	壬申	辛未	庚午	己巳	戊辰	丁卯	丙寅	乙丑	甲子	癸亥	壬戌	辛酉	庚申	己未	戊午	丁巳	丙辰	乙卯	甲寅	癸丑	壬子	辛亥	庚戌	己酉	戊申	丁未	丙午	乙巳	甲辰	52分	14時	06日	丁巳	5月
	甲辰	癸卯	壬寅	辛丑	庚子	己亥	戊戌	丁酉	丙申	乙未	甲午	癸巳	壬辰	辛卯	庚寅	己丑	戊子	丁亥	丙戌	乙酉	甲申	癸未	壬午	辛巳	庚辰	己卯	戊寅	丁丑	丙子	乙亥	14分	19時	06日	戊午	6月
乙亥	甲戌	癸酉	壬申	辛未	庚午	己巳	戊辰	丁卯	丙寅	乙丑	甲子	癸亥	壬戌	辛酉	庚申	己未	戊午	丁巳	丙辰	乙卯	甲寅	癸丑	壬子	辛亥	庚戌	己酉	戊申	丁未	丙午	乙巳	38分	05時	08日	己未	7月
丙午	乙巳	甲辰	癸卯	壬寅	辛丑	庚子	己亥	戊戌	丁酉	丙申	乙未	甲午	癸巳	壬辰	辛卯	庚寅	己丑	戊子	丁亥	丙戌	乙酉	甲申	癸未	壬午	辛巳	庚辰	己卯	戊寅	丁丑	丙子	26分	15時	08日	庚申	8月
	丙子	乙亥	甲戌	癸酉	壬申	辛未	庚午	己巳	戊辰	丁卯	丙寅	乙丑	甲子	癸亥	壬戌	辛酉	庚申	己未	戊午	丁巳	丙辰	乙卯	甲寅	癸丑	壬子	辛亥	庚戌	己酉	戊申	丁未	12分	18時	08日	辛酉	9月
丁未	丙午	乙巳	甲辰	癸卯	壬寅	辛丑	庚子	己亥	戊戌	丁酉	丙申	乙未	甲午	癸巳	壬辰	辛卯	庚寅	己丑	戊子	丁亥	丙戌	乙酉	甲申	癸未	壬午	辛巳	庚辰	己卯	戊寅	丁丑	36分	09時	09日	壬戌	10月
	丁丑	丙子	乙亥	甲戌	癸酉	壬申	辛未	庚午	己巳	戊辰	丁卯	丙寅	乙丑	甲子	癸亥	壬戌	辛酉	庚申	己未	戊午	丁巳	丙辰	乙卯	甲寅	癸丑	壬子	辛亥	庚戌	己酉	戊申	33分	12時	08日	癸亥	11月
戊申	丁未	丙午	乙巳	甲辰	癸卯	壬寅	辛丑	庚子	己亥	戊戌	丁酉	丙申	乙未	甲午	癸巳	壬辰	辛卯	庚寅	己丑	戊子	丁亥	丙戌	乙酉	甲申	癸未	壬午	辛巳	庚辰	己卯	戊寅	13分	05時	08日	甲子	12月

1964年（昭和39年）甲辰

31日	30日	29日	28日	27日	26日	25日	24日	23日	22日	21日	20日	19日	18日	17日	16日	15日	14日	13日	12日	11日	10日	09日	08日	07日	06日	05日	04日	03日	02日	01日	節入り日時			月干支	月
己卯	戊寅	丁丑	丙子	乙亥	甲戌	癸酉	壬申	辛未	庚午	己巳	戊辰	丁卯	丙寅	乙丑	甲子	癸亥	壬戌	辛酉	庚申	己未	戊午	丁巳	丙辰	乙卯	甲寅	癸丑	壬子	辛亥	庚戌	己酉	23分	16時	06日	乙丑	1月
		戊申	丁未	丙午	乙巳	甲辰	癸卯	壬寅	辛丑	庚子	己亥	戊戌	丁酉	丙申	乙未	甲午	癸巳	壬辰	辛卯	庚寅	己丑	戊子	丁亥	丙戌	乙酉	甲申	癸未	壬午	辛巳	庚辰	05分	04時	05日	丙寅	2月
己卯	戊寅	丁丑	丙子	乙亥	甲戌	癸酉	壬申	辛未	庚午	己巳	戊辰	丁卯	丙寅	乙丑	甲子	癸亥	壬戌	辛酉	庚申	己未	戊午	丁巳	丙辰	乙卯	甲寅	癸丑	壬子	辛亥	庚戌	己酉	16分	22時	05日	丁卯	3月
	己酉	戊申	丁未	丙午	乙巳	甲辰	癸卯	壬寅	辛丑	庚子	己亥	戊戌	丁酉	丙申	乙未	甲午	癸巳	壬辰	辛卯	庚寅	己丑	戊子	丁亥	丙戌	乙酉	甲申	癸未	壬午	辛巳	庚辰	18分	03時	05日	戊辰	4月
庚辰	己卯	戊寅	丁丑	丙子	乙亥	甲戌	癸酉	壬申	辛未	庚午	己巳	戊辰	丁卯	丙寅	乙丑	甲子	癸亥	壬戌	辛酉	庚申	己未	戊午	丁巳	丙辰	乙卯	甲寅	癸丑	壬子	辛亥	庚戌	51分	20時	05日	己巳	5月
	庚戌	己酉	戊申	丁未	丙午	乙巳	甲辰	癸卯	壬寅	辛丑	庚子	己亥	戊戌	丁酉	丙申	乙未	甲午	癸巳	壬辰	辛卯	庚寅	己丑	戊子	丁亥	丙戌	乙酉	甲申	癸未	壬午	辛巳	12分	01時	06日	庚午	6月
辛巳	庚辰	己卯	戊寅	丁丑	丙子	乙亥	甲戌	癸酉	壬申	辛未	庚午	己巳	戊辰	丁卯	丙寅	乙丑	甲子	癸亥	壬戌	辛酉	庚申	己未	戊午	丁巳	丙辰	乙卯	甲寅	癸丑	壬子	辛亥	32分	11時	07日	辛未	7月
壬子	辛亥	庚戌	己酉	戊申	丁未	丙午	乙巳	甲辰	癸卯	壬寅	辛丑	庚子	己亥	戊戌	丁酉	丙申	乙未	甲午	癸巳	壬辰	辛卯	庚寅	己丑	戊子	丁亥	丙戌	乙酉	甲申	癸未	壬午	16分	21時	07日	壬申	8月
	壬午	辛巳	庚辰	己卯	戊寅	丁丑	丙子	乙亥	甲戌	癸酉	壬申	辛未	庚午	己巳	戊辰	丁卯	丙寅	乙丑	甲子	癸亥	壬戌	辛酉	庚申	己未	戊午	丁巳	丙辰	乙卯	甲寅	癸丑	00分	00時	08日	癸酉	9月
癸丑	壬子	辛亥	庚戌	己酉	戊申	丁未	丙午	乙巳	甲辰	癸卯	壬寅	辛丑	庚子	己亥	戊戌	丁酉	丙申	乙未	甲午	癸巳	壬辰	辛卯	庚寅	己丑	戊子	丁亥	丙戌	乙酉	甲申	癸未	22分	15時	08日	甲戌	10月
	癸未	壬午	辛巳	庚辰	己卯	戊寅	丁丑	丙子	乙亥	甲戌	癸酉	壬申	辛未	庚午	己巳	戊辰	丁卯	丙寅	乙丑	甲子	癸亥	壬戌	辛酉	庚申	己未	戊午	丁巳	丙辰	乙卯	甲寅	15分	18時	07日	乙亥	11月
甲寅	癸丑	壬子	辛亥	庚戌	己酉	戊申	丁未	丙午	乙巳	甲辰	癸卯	壬寅	辛丑	庚子	己亥	戊戌	丁酉	丙申	乙未	甲午	癸巳	壬辰	辛卯	庚寅	己丑	戊子	丁亥	丙戌	乙酉	甲申	53分	10時	07日	丙子	12月

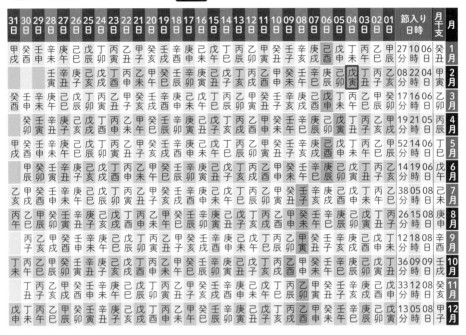

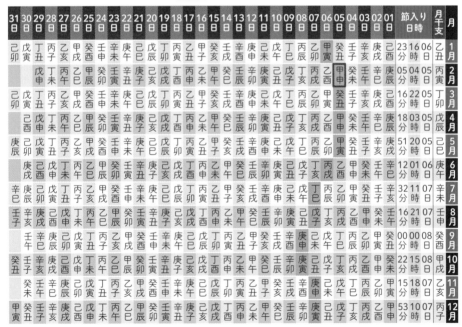

1965年（昭和40年）乙巳

31日	30日	29日	28日	27日	26日	25日	24日	23日	22日	21日	20日	19日	18日	17日	16日	15日	14日	13日	12日	11日	10日	09日	08日	07日	06日	05日	04日	03日	02日	01日	節入り日時			月干支	月
乙酉	甲申	癸未	壬午	辛巳	庚辰	己卯	戊寅	丁丑	丙子	乙亥	甲戌	癸酉	壬申	辛未	庚午	己巳	戊辰	丁卯	丙寅	乙丑	甲子	癸亥	壬戌	辛酉	庚申	己未	戊午	丁巳	丙辰	乙卯	02分	22時	05日	丁丑	1月
			癸丑	壬子	辛亥	庚戌	己酉	戊申	丁未	丙午	乙巳	甲辰	癸卯	壬寅	辛丑	庚子	己亥	戊戌	丁酉	丙申	乙未	甲午	癸巳	壬辰	辛卯	庚寅	己丑	戊子	丁亥	丙戌	46分	09時	04日	戊寅	2月
甲申	癸未	壬午	辛巳	庚辰	己卯	戊寅	丁丑	丙子	乙亥	甲戌	癸酉	壬申	辛未	庚午	己巳	戊辰	丁卯	丙寅	乙丑	甲子	癸亥	壬戌	辛酉	庚申	己未	戊午	丁巳	丙辰	乙卯	甲寅	01分	04時	06日	己卯	3月
	甲寅	癸丑	壬子	辛亥	庚戌	己酉	戊申	丁未	丙午	乙巳	甲辰	癸卯	壬寅	辛丑	庚子	己亥	戊戌	丁酉	丙申	乙未	甲午	癸巳	壬辰	辛卯	庚寅	己丑	戊子	丁亥	丙戌	乙酉	07分	09時	05日	庚辰	4月
乙酉	甲申	癸未	壬午	辛巳	庚辰	己卯	戊寅	丁丑	丙子	乙亥	甲戌	癸酉	壬申	辛未	庚午	己巳	戊辰	丁卯	丙寅	乙丑	甲子	癸亥	壬戌	辛酉	庚申	己未	戊午	丁巳	丙辰	乙卯	42分	02時	06日	辛巳	5月
	乙卯	甲寅	癸丑	壬子	辛亥	庚戌	己酉	戊申	丁未	丙午	乙巳	甲辰	癸卯	壬寅	辛丑	庚子	己亥	戊戌	丁酉	丙申	乙未	甲午	癸巳	壬辰	辛卯	庚寅	己丑	戊子	丁亥	丙戌	02分	07時	06日	壬午	6月
丙戌	乙酉	甲申	癸未	壬午	辛巳	庚辰	己卯	戊寅	丁丑	丙子	乙亥	甲戌	癸酉	壬申	辛未	庚午	己巳	戊辰	丁卯	丙寅	乙丑	甲子	癸亥	壬戌	辛酉	庚申	己未	戊午	丁巳	丙辰	21分	17時	07日	癸未	7月
丁巳	丙辰	乙卯	甲寅	癸丑	壬子	辛亥	庚戌	己酉	戊申	丁未	丙午	乙巳	甲辰	癸卯	壬寅	辛丑	庚子	己亥	戊戌	丁酉	丙申	乙未	甲午	癸巳	壬辰	辛卯	庚寅	己丑	戊子	丁亥	05分	03時	08日	甲申	8月
	丁亥	丙戌	乙酉	甲申	癸未	壬午	辛巳	庚辰	己卯	戊寅	丁丑	丙子	乙亥	甲戌	癸酉	壬申	辛未	庚午	己巳	戊辰	丁卯	丙寅	乙丑	甲子	癸亥	壬戌	辛酉	庚申	己未	戊午	48分	05時	08日	乙酉	9月
戊午	丁巳	丙辰	乙卯	甲寅	癸丑	壬子	辛亥	庚戌	己酉	戊申	丁未	丙午	乙巳	甲辰	癸卯	壬寅	辛丑	庚子	己亥	戊戌	丁酉	丙申	乙未	甲午	癸巳	壬辰	辛卯	庚寅	己丑	戊子	11分	21時	08日	丙戌	10月
	戊子	丁亥	丙戌	乙酉	甲申	癸未	壬午	辛巳	庚辰	己卯	戊寅	丁丑	丙子	乙亥	甲戌	癸酉	壬申	辛未	庚午	己巳	戊辰	丁卯	丙寅	乙丑	甲子	癸亥	壬戌	辛酉	庚申	己未	07分	00時	08日	丁亥	11月
己未	戊午	丁巳	丙辰	乙卯	甲寅	癸丑	壬子	辛亥	庚戌	己酉	戊申	丁未	丙午	乙巳	甲辰	癸卯	壬寅	辛丑	庚子	己亥	戊戌	丁酉	丙申	乙未	甲午	癸巳	壬辰	辛卯	庚寅	己丑	46分	16時	07日	戊子	12月

1966年（昭和41年）丙午

31日	30日	29日	28日	27日	26日	25日	24日	23日	22日	21日	20日	19日	18日	17日	16日	15日	14日	13日	12日	11日	10日	09日	08日	07日	06日	05日	04日	03日	02日	01日	節入り日時			月干支	月
庚寅	己丑	戊子	丁亥	丙戌	乙酉	甲申	癸未	壬午	辛巳	庚辰	己卯	戊寅	丁丑	丙子	乙亥	甲戌	癸酉	壬申	辛未	庚午	己巳	戊辰	丁卯	丙寅	乙丑	甲子	癸亥	壬戌	辛酉	庚申	55分	03時	06日	己丑	1月
			戊午	丁巳	丙辰	乙卯	甲寅	癸丑	壬子	辛亥	庚戌	己酉	戊申	丁未	丙午	乙巳	甲辰	癸卯	壬寅	辛丑	庚子	己亥	戊戌	丁酉	丙申	乙未	甲午	癸巳	壬辰	辛卯	38分	15時	04日	庚寅	2月
己丑	戊子	丁亥	丙戌	乙酉	甲申	癸未	壬午	辛巳	庚辰	己卯	戊寅	丁丑	丙子	乙亥	甲戌	癸酉	壬申	辛未	庚午	己巳	戊辰	丁卯	丙寅	乙丑	甲子	癸亥	壬戌	辛酉	庚申	己未	52分	09時	06日	辛卯	3月
	己未	戊午	丁巳	丙辰	乙卯	甲寅	癸丑	壬子	辛亥	庚戌	己酉	戊申	丁未	丙午	乙巳	甲辰	癸卯	壬寅	辛丑	庚子	己亥	戊戌	丁酉	丙申	乙未	甲午	癸巳	壬辰	辛卯	庚寅	57分	14時	05日	壬辰	4月
庚寅	己丑	戊子	丁亥	丙戌	乙酉	甲申	癸未	壬午	辛巳	庚辰	己卯	戊寅	丁丑	丙子	乙亥	甲戌	癸酉	壬申	辛未	庚午	己巳	戊辰	丁卯	丙寅	乙丑	甲子	癸亥	壬戌	辛酉	庚申	30分	08時	06日	癸巳	5月
	庚申	己未	戊午	丁巳	丙辰	乙卯	甲寅	癸丑	壬子	辛亥	庚戌	己酉	戊申	丁未	丙午	乙巳	甲辰	癸卯	壬寅	辛丑	庚子	己亥	戊戌	丁酉	丙申	乙未	甲午	癸巳	壬辰	辛卯	50分	12時	06日	甲午	6月
辛卯	庚寅	己丑	戊子	丁亥	丙戌	乙酉	甲申	癸未	壬午	辛巳	庚辰	己卯	戊寅	丁丑	丙子	乙亥	甲戌	癸酉	壬申	辛未	庚午	己巳	戊辰	丁卯	丙寅	乙丑	甲子	癸亥	壬戌	辛酉	07分	23時	07日	乙未	7月
壬戌	辛酉	庚申	己未	戊午	丁巳	丙辰	乙卯	甲寅	癸丑	壬子	辛亥	庚戌	己酉	戊申	丁未	丙午	乙巳	甲辰	癸卯	壬寅	辛丑	庚子	己亥	戊戌	丁酉	丙申	乙未	甲午	癸巳	壬辰	49分	08時	08日	丙申	8月
	壬辰	辛卯	庚寅	己丑	戊子	丁亥	丙戌	乙酉	甲申	癸未	壬午	辛巳	庚辰	己卯	戊寅	丁丑	丙子	乙亥	甲戌	癸酉	壬申	辛未	庚午	己巳	戊辰	丁卯	丙寅	乙丑	甲子	癸亥	32分	11時	08日	丁酉	9月
癸亥	壬戌	辛酉	庚申	己未	戊午	丁巳	丙辰	乙卯	甲寅	癸丑	壬子	辛亥	庚戌	己酉	戊申	丁未	丙午	乙巳	甲辰	癸卯	壬寅	辛丑	庚子	己亥	戊戌	丁酉	丙申	乙未	甲午	癸巳	57分	02時	09日	戊戌	10月
	癸巳	壬辰	辛卯	庚寅	己丑	戊子	丁亥	丙戌	乙酉	甲申	癸未	壬午	辛巳	庚辰	己卯	戊寅	丁丑	丙子	乙亥	甲戌	癸酉	壬申	辛未	庚午	己巳	戊辰	丁卯	丙寅	乙丑	甲子	56分	05時	08日	己亥	11月
甲子	癸亥	壬戌	辛酉	庚申	己未	戊午	丁巳	丙辰	乙卯	甲寅	癸丑	壬子	辛亥	庚戌	己酉	戊申	丁未	丙午	乙巳	甲辰	癸卯	壬寅	辛丑	庚子	己亥	戊戌	丁酉	丙申	乙未	甲午	38分	22時	07日	庚子	12月

1967年（昭和42年）丁未

31日	30日	29日	28日	27日	26日	25日	24日	23日	22日	21日	20日	19日	18日	17日	16日	15日	14日	13日	12日	11日	10日	09日	08日	07日	06日	05日	04日	03日	02日	01日	節入り日時			月干支	月
乙未	甲午	癸巳	壬辰	辛卯	庚寅	己丑	戊子	丁亥	丙戌	乙酉	甲申	癸未	壬午	辛巳	庚辰	己卯	戊寅	丁丑	丙子	乙亥	甲戌	癸酉	壬申	辛未	庚午	己巳	戊辰	丁卯	丙寅	乙丑	49分	09時	06日	辛丑	1月
			癸亥	壬戌	辛酉	庚申	己未	戊午	丁巳	丙辰	乙卯	甲寅	癸丑	壬子	辛亥	庚戌	己酉	戊申	丁未	丙午	乙巳	甲辰	癸卯	壬寅	辛丑	庚子	己亥	戊戌	丁酉	丙申	31分	21時	04日	壬寅	2月
甲午	癸巳	壬辰	辛卯	庚寅	己丑	戊子	丁亥	丙戌	乙酉	甲申	癸未	壬午	辛巳	庚辰	己卯	戊寅	丁丑	丙子	乙亥	甲戌	癸酉	壬申	辛未	庚午	己巳	戊辰	丁卯	丙寅	乙丑	甲子	42分	15時	06日	癸卯	3月
	甲子	癸亥	壬戌	辛酉	庚申	己未	戊午	丁巳	丙辰	乙卯	甲寅	癸丑	壬子	辛亥	庚戌	己酉	戊申	丁未	丙午	乙巳	甲辰	癸卯	壬寅	辛丑	庚子	己亥	戊戌	丁酉	丙申	乙未	45分	20時	05日	甲辰	4月
乙未	甲午	癸巳	壬辰	辛卯	庚寅	己丑	戊子	丁亥	丙戌	乙酉	甲申	癸未	壬午	辛巳	庚辰	己卯	戊寅	丁丑	丙子	乙亥	甲戌	癸酉	壬申	辛未	庚午	己巳	戊辰	丁卯	丙寅	乙丑	17分	14時	06日	乙巳	5月
	乙丑	甲子	癸亥	壬戌	辛酉	庚申	己未	戊午	丁巳	丙辰	乙卯	甲寅	癸丑	壬子	辛亥	庚戌	己酉	戊申	丁未	丙午	乙巳	甲辰	癸卯	壬寅	辛丑	庚子	己亥	戊戌	丁酉	丙申	36分	18時	06日	丙午	6月
丙申	乙未	甲午	癸巳	壬辰	辛卯	庚寅	己丑	戊子	丁亥	丙戌	乙酉	甲申	癸未	壬午	辛巳	庚辰	己卯	戊寅	丁丑	丙子	乙亥	甲戌	癸酉	壬申	辛未	庚午	己巳	戊辰	丁卯	丙寅	53分	04時	08日	丁未	7月
丁卯	丙寅	乙丑	甲子	癸亥	壬戌	辛酉	庚申	己未	戊午	丁巳	丙辰	乙卯	甲寅	癸丑	壬子	辛亥	庚戌	己酉	戊申	丁未	丙午	乙巳	甲辰	癸卯	壬寅	辛丑	庚子	己亥	戊戌	丁酉	35分	14時	08日	戊申	8月
	丁酉	丙申	乙未	甲午	癸巳	壬辰	辛卯	庚寅	己丑	戊子	丁亥	丙戌	乙酉	甲申	癸未	壬午	辛巳	庚辰	己卯	戊寅	丁丑	丙子	乙亥	甲戌	癸酉	壬申	辛未	庚午	己巳	戊辰	18分	17時	08日	己酉	9月
戊辰	丁卯	丙寅	乙丑	甲子	癸亥	壬戌	辛酉	庚申	己未	戊午	丁巳	丙辰	乙卯	甲寅	癸丑	壬子	辛亥	庚戌	己酉	戊申	丁未	丙午	乙巳	甲辰	癸卯	壬寅	辛丑	庚子	己亥	戊戌	41分	08時	09日	庚戌	10月
	戊戌	丁酉	丙申	乙未	甲午	癸巳	壬辰	辛卯	庚寅	己丑	戊子	丁亥	丙戌	乙酉	甲申	癸未	壬午	辛巳	庚辰	己卯	戊寅	丁丑	丙子	乙亥	甲戌	癸酉	壬申	辛未	庚午	己巳	38分	11時	08日	辛亥	11月
己巳	戊辰	丁卯	丙寅	乙丑	甲子	癸亥	壬戌	辛酉	庚申	己未	戊午	丁巳	丙辰	乙卯	甲寅	癸丑	壬子	辛亥	庚戌	己酉	戊申	丁未	丙午	乙巳	甲辰	癸卯	壬寅	辛丑	庚子	己亥	18分	04時	08日	壬子	12月

1968年（昭和43年）戊申

31日	30日	29日	28日	27日	26日	25日	24日	23日	22日	21日	20日	19日	18日	17日	16日	15日	14日	13日	12日	11日	10日	09日	08日	07日	06日	05日	04日	03日	02日	01日	節入り日時			月干支	月
庚子	己亥	戊戌	丁酉	丙申	乙未	甲午	癸巳	壬辰	辛卯	庚寅	己丑	戊子	丁亥	丙戌	乙酉	甲申	癸未	壬午	辛巳	庚辰	己卯	戊寅	丁丑	丙子	乙亥	甲戌	癸酉	壬申	辛未	庚午	27分	15時	06日	癸丑	1月
		己巳	戊辰	丁卯	丙寅	乙丑	甲子	癸亥	壬戌	辛酉	庚申	己未	戊午	丁巳	丙辰	乙卯	甲寅	癸丑	壬子	辛亥	庚戌	己酉	戊申	丁未	丙午	乙巳	甲辰	癸卯	壬寅	辛丑	08分	03時	05日	甲寅	2月
庚子	己亥	戊戌	丁酉	丙申	乙未	甲午	癸巳	壬辰	辛卯	庚寅	己丑	戊子	丁亥	丙戌	乙酉	甲申	癸未	壬午	辛巳	庚辰	己卯	戊寅	丁丑	丙子	乙亥	甲戌	癸酉	壬申	辛未	庚午	18分	21時	05日	乙卯	3月
	庚午	己巳	戊辰	丁卯	丙寅	乙丑	甲子	癸亥	壬戌	辛酉	庚申	己未	戊午	丁巳	丙辰	乙卯	甲寅	癸丑	壬子	辛亥	庚戌	己酉	戊申	丁未	丙午	乙巳	甲辰	癸卯	壬寅	辛丑	21分	02時	05日	丙辰	4月
辛丑	庚子	己亥	戊戌	丁酉	丙申	乙未	甲午	癸巳	壬辰	辛卯	庚寅	己丑	戊子	丁亥	丙戌	乙酉	甲申	癸未	壬午	辛巳	庚辰	己卯	戊寅	丁丑	丙子	乙亥	甲戌	癸酉	壬申	辛未	56分	19時	05日	丁巳	5月
	辛未	庚午	己巳	戊辰	丁卯	丙寅	乙丑	甲子	癸亥	壬戌	辛酉	庚申	己未	戊午	丁巳	丙辰	乙卯	甲寅	癸丑	壬子	辛亥	庚戌	己酉	戊申	丁未	丙午	乙巳	甲辰	癸卯	壬寅	19分	00時	06日	戊午	6月
壬寅	辛丑	庚子	己亥	戊戌	丁酉	丙申	乙未	甲午	癸巳	壬辰	辛卯	庚寅	己丑	戊子	丁亥	丙戌	乙酉	甲申	癸未	壬午	辛巳	庚辰	己卯	戊寅	丁丑	丙子	乙亥	甲戌	癸酉	壬申	42分	10時	07日	己未	7月
癸酉	壬申	辛未	庚午	己巳	戊辰	丁卯	丙寅	乙丑	甲子	癸亥	壬戌	辛酉	庚申	己未	戊午	丁巳	丙辰	乙卯	甲寅	癸丑	壬子	辛亥	庚戌	己酉	戊申	丁未	丙午	乙巳	甲辰	癸卯	27分	20時	07日	庚申	8月
	癸卯	壬寅	辛丑	庚子	己亥	戊戌	丁酉	丙申	乙未	甲午	癸巳	壬辰	辛卯	庚寅	己丑	戊子	丁亥	丙戌	乙酉	甲申	癸未	壬午	辛巳	庚辰	己卯	戊寅	丁丑	丙子	乙亥	甲戌	12分	23時	07日	辛酉	9月
甲戌	癸酉	壬申	辛未	庚午	己巳	戊辰	丁卯	丙寅	乙丑	甲子	癸亥	壬戌	辛酉	庚申	己未	戊午	丁巳	丙辰	乙卯	甲寅	癸丑	壬子	辛亥	庚戌	己酉	戊申	丁未	丙午	乙巳	甲辰	35分	14時	08日	壬戌	10月
	甲辰	癸卯	壬寅	辛丑	庚子	己亥	戊戌	丁酉	丙申	乙未	甲午	癸巳	壬辰	辛卯	庚寅	己丑	戊子	丁亥	丙戌	乙酉	甲申	癸未	壬午	辛巳	庚辰	己卯	戊寅	丁丑	丙子	乙亥	30分	17時	07日	癸亥	11月
乙亥	甲戌	癸酉	壬申	辛未	庚午	己巳	戊辰	丁卯	丙寅	乙丑	甲子	癸亥	壬戌	辛酉	庚申	己未	戊午	丁巳	丙辰	乙卯	甲寅	癸丑	壬子	辛亥	庚戌	己酉	戊申	丁未	丙午	乙巳	09分	10時	07日	甲子	12月

1969年（昭和44年） 己酉

31日	30日	29日	28日	27日	26日	25日	24日	23日	22日	21日	20日	19日	18日	17日	16日	15日	14日	13日	12日	11日	10日	09日	08日	07日	06日	05日	04日	03日	02日	01日	節入り日時	月干支	月
丙午	乙巳	甲辰	癸卯	壬寅	辛丑	庚子	己亥	戊戌	丁酉	丙申	乙未	甲午	癸巳	壬辰	辛卯	庚寅	己丑	戊子	丁亥	丙戌	乙酉	甲申	癸未	壬午	辛巳	庚辰	己卯	戊寅	丁丑	丙子	17分 21時 05日	乙丑	1月
			甲戌	癸酉	壬申	辛未	庚午	己巳	戊辰	丁卯	丙寅	乙丑	甲子	癸亥	壬戌	辛酉	庚申	己未	戊午	丁巳	丙辰	乙卯	甲寅	癸丑	壬子	辛亥	庚戌	己酉	戊申	丁未	59分 08時 04日	丙寅	2月
乙巳	甲辰	癸卯	壬寅	辛丑	庚子	己亥	戊戌	丁酉	丙申	乙未	甲午	癸巳	壬辰	辛卯	庚寅	己丑	戊子	丁亥	丙戌	乙酉	甲申	癸未	壬午	辛巳	庚辰	己卯	戊寅	丁丑	丙子	乙亥	11分 03時 06日	丁卯	3月
	乙亥	甲戌	癸酉	壬申	辛未	庚午	己巳	戊辰	丁卯	丙寅	乙丑	甲子	癸亥	壬戌	辛酉	庚申	己未	戊午	丁巳	丙辰	乙卯	甲寅	癸丑	壬子	辛亥	庚戌	己酉	戊申	丁未	丙午	15分 08時 05日	戊辰	4月
丙午	乙巳	甲辰	癸卯	壬寅	辛丑	庚子	己亥	戊戌	丁酉	丙申	乙未	甲午	癸巳	壬辰	辛卯	庚寅	己丑	戊子	丁亥	丙戌	乙酉	甲申	癸未	壬午	辛巳	庚辰	己卯	戊寅	丁丑	丙子	50分 01時 06日	己巳	5月
	丙子	乙亥	甲戌	癸酉	壬申	辛未	庚午	己巳	戊辰	丁卯	丙寅	乙丑	甲子	癸亥	壬戌	辛酉	庚申	己未	戊午	丁巳	丙辰	乙卯	甲寅	癸丑	壬子	辛亥	庚戌	己酉	戊申	丁未	11分 06時 06日	庚午	6月
丁未	丙午	乙巳	甲辰	癸卯	壬寅	辛丑	庚子	己亥	戊戌	丁酉	丙申	乙未	甲午	癸巳	壬辰	辛卯	庚寅	己丑	戊子	丁亥	丙戌	乙酉	甲申	癸未	壬午	辛巳	庚辰	己卯	戊寅	丁丑	32分 16時 07日	辛未	7月
戊寅	丁丑	丙子	乙亥	甲戌	癸酉	壬申	辛未	庚午	己巳	戊辰	丁卯	丙寅	乙丑	甲子	癸亥	壬戌	辛酉	庚申	己未	戊午	丁巳	丙辰	乙卯	甲寅	癸丑	壬子	辛亥	庚戌	己酉	戊申	14分 02時 08日	壬申	8月
	戊申	丁未	丙午	乙巳	甲辰	癸卯	壬寅	辛丑	庚子	己亥	戊戌	丁酉	丙申	乙未	甲午	癸巳	壬辰	辛卯	庚寅	己丑	戊子	丁亥	丙戌	乙酉	甲申	癸未	壬午	辛巳	庚辰	己卯	56分 04時 08日	癸酉	9月
己卯	戊寅	丁丑	丙子	乙亥	甲戌	癸酉	壬申	辛未	庚午	己巳	戊辰	丁卯	丙寅	乙丑	甲子	癸亥	壬戌	辛酉	庚申	己未	戊午	丁巳	丙辰	乙卯	甲寅	癸丑	壬子	辛亥	庚戌	己酉	17分 20時 08日	甲戌	10月
	己酉	戊申	丁未	丙午	乙巳	甲辰	癸卯	壬寅	辛丑	庚子	己亥	戊戌	丁酉	丙申	乙未	甲午	癸巳	壬辰	辛卯	庚寅	己丑	戊子	丁亥	丙戌	乙酉	甲申	癸未	壬午	辛巳	庚辰	12分 23時 07日	乙亥	11月
庚辰	己卯	戊寅	丁丑	丙子	乙亥	甲戌	癸酉	壬申	辛未	庚午	己巳	戊辰	丁卯	丙寅	乙丑	甲子	癸亥	壬戌	辛酉	庚申	己未	戊午	丁巳	丙辰	乙卯	甲寅	癸丑	壬子	辛亥	庚戌	52分 15時 07日	丙子	12月

1970年（昭和45年） 庚戌

31日	30日	29日	28日	27日	26日	25日	24日	23日	22日	21日	20日	19日	18日	17日	16日	15日	14日	13日	12日	11日	10日	09日	08日	07日	06日	05日	04日	03日	02日	01日	節入り日時	月干支	月
辛亥	庚戌	己酉	戊申	丁未	丙午	乙巳	甲辰	癸卯	壬寅	辛丑	庚子	己亥	戊戌	丁酉	丙申	乙未	甲午	癸巳	壬辰	辛卯	庚寅	己丑	戊子	丁亥	丙戌	乙酉	甲申	癸未	壬午	辛巳	02分 03時 06日	丁丑	1月
			己卯	戊寅	丁丑	丙子	乙亥	甲戌	癸酉	壬申	辛未	庚午	己巳	戊辰	丁卯	丙寅	乙丑	甲子	癸亥	壬戌	辛酉	庚申	己未	戊午	丁巳	丙辰	乙卯	甲寅	癸丑	壬子	46分 14時 04日	戊寅	2月
庚戌	己酉	戊申	丁未	丙午	乙巳	甲辰	癸卯	壬寅	辛丑	庚子	己亥	戊戌	丁酉	丙申	乙未	甲午	癸巳	壬辰	辛卯	庚寅	己丑	戊子	丁亥	丙戌	乙酉	甲申	癸未	壬午	辛巳	庚辰	59分 08時 06日	己卯	3月
	庚辰	己卯	戊寅	丁丑	丙子	乙亥	甲戌	癸酉	壬申	辛未	庚午	己巳	戊辰	丁卯	丙寅	乙丑	甲子	癸亥	壬戌	辛酉	庚申	己未	戊午	丁巳	丙辰	乙卯	甲寅	癸丑	壬子	辛亥	02分 14時 05日	庚辰	4月
辛亥	庚戌	己酉	戊申	丁未	丙午	乙巳	甲辰	癸卯	壬寅	辛丑	庚子	己亥	戊戌	丁酉	丙申	乙未	甲午	癸巳	壬辰	辛卯	庚寅	己丑	戊子	丁亥	丙戌	乙酉	甲申	癸未	壬午	辛巳	34分 07時 06日	辛巳	5月
	辛巳	庚辰	己卯	戊寅	丁丑	丙子	乙亥	甲戌	癸酉	壬申	辛未	庚午	己巳	戊辰	丁卯	丙寅	乙丑	甲子	癸亥	壬戌	辛酉	庚申	己未	戊午	丁巳	丙辰	乙卯	甲寅	癸丑	壬子	52分 11時 06日	壬午	6月
壬子	辛亥	庚戌	己酉	戊申	丁未	丙午	乙巳	甲辰	癸卯	壬寅	辛丑	庚子	己亥	戊戌	丁酉	丙申	乙未	甲午	癸巳	壬辰	辛卯	庚寅	己丑	戊子	丁亥	丙戌	乙酉	甲申	癸未	壬午	11分 22時 07日	癸未	7月
癸未	壬午	辛巳	庚辰	己卯	戊寅	丁丑	丙子	乙亥	甲戌	癸酉	壬申	辛未	庚午	己巳	戊辰	丁卯	丙寅	乙丑	甲子	癸亥	壬戌	辛酉	庚申	己未	戊午	丁巳	丙辰	乙卯	甲寅	癸丑	54分 07時 08日	甲申	8月
	癸丑	壬子	辛亥	庚戌	己酉	戊申	丁未	丙午	乙巳	甲辰	癸卯	壬寅	辛丑	庚子	己亥	戊戌	丁酉	丙申	乙未	甲午	癸巳	壬辰	辛卯	庚寅	己丑	戊子	丁亥	丙戌	乙酉	甲申	38分 10時 08日	乙酉	9月
甲申	癸未	壬午	辛巳	庚辰	己卯	戊寅	丁丑	丙子	乙亥	甲戌	癸酉	壬申	辛未	庚午	己巳	戊辰	丁卯	丙寅	乙丑	甲子	癸亥	壬戌	辛酉	庚申	己未	戊午	丁巳	丙辰	乙卯	甲寅	02分 02時 09日	丙戌	10月
	甲寅	癸丑	壬子	辛亥	庚戌	己酉	戊申	丁未	丙午	乙巳	甲辰	癸卯	壬寅	辛丑	庚子	己亥	戊戌	丁酉	丙申	乙未	甲午	癸巳	壬辰	辛卯	庚寅	己丑	戊子	丁亥	丙戌	乙酉	58分 04時 08日	丁亥	11月
乙酉	甲申	癸未	壬午	辛巳	庚辰	己卯	戊寅	丁丑	丙子	乙亥	甲戌	癸酉	壬申	辛未	庚午	己巳	戊辰	丁卯	丙寅	乙丑	甲子	癸亥	壬戌	辛酉	庚申	己未	戊午	丁巳	丙辰	乙卯	38分 21時 07日	戊子	12月

1971年（昭和46年）辛亥

31日	30日	29日	28日	27日	26日	25日	24日	23日	22日	21日	20日	19日	18日	17日	16日	15日	14日	13日	12日	11日	10日	09日	08日	07日	06日	05日	04日	03日	02日	01日	節入り日時	月干支	月
丙辰	乙卯	甲寅	癸丑	壬子	辛亥	庚戌	己酉	戊申	丁未	丙午	乙巳	甲辰	癸卯	壬寅	辛丑	庚子	己亥	戊戌	丁酉	丙申	乙未	甲午	癸巳	壬辰	辛卯	庚寅	己丑	戊子	丁亥	丙戌	45分 08時 06日	己丑	1月
			甲申	癸未	壬午	辛巳	庚辰	己卯	戊寅	丁丑	丙子	乙亥	甲戌	癸酉	壬申	辛未	庚午	己巳	戊辰	丁卯	丙寅	乙丑	甲子	癸亥	壬戌	辛酉	庚申	己未	戊午	丁巳	26分 20時 04日	庚寅	2月
乙卯	甲寅	癸丑	壬子	辛亥	庚戌	己酉	戊申	丁未	丙午	乙巳	甲辰	癸卯	壬寅	辛丑	庚子	己亥	戊戌	丁酉	丙申	乙未	甲午	癸巳	壬辰	辛卯	庚寅	己丑	戊子	丁亥	丙戌	乙酉	35分 14時 06日	辛卯	3月
	乙酉	甲申	癸未	壬午	辛巳	庚辰	己卯	戊寅	丁丑	丙子	乙亥	甲戌	癸酉	壬申	辛未	庚午	己巳	戊辰	丁卯	丙寅	乙丑	甲子	癸亥	壬戌	辛酉	庚申	己未	戊午	丁巳	丙辰	36分 19時 05日	壬辰	4月
丙辰	乙卯	甲寅	癸丑	壬子	辛亥	庚戌	己酉	戊申	丁未	丙午	乙巳	甲辰	癸卯	壬寅	辛丑	庚子	己亥	戊戌	丁酉	丙申	乙未	甲午	癸巳	壬辰	辛卯	庚寅	己丑	戊子	丁亥	丙戌	08分 13時 06日	癸巳	5月
	丙戌	乙酉	甲申	癸未	壬午	辛巳	庚辰	己卯	戊寅	丁丑	丙子	乙亥	甲戌	癸酉	壬申	辛未	庚午	己巳	戊辰	丁卯	丙寅	乙丑	甲子	癸亥	壬戌	辛酉	庚申	己未	戊午	丁巳	29分 17時 06日	甲午	6月
丁巳	丙辰	乙卯	甲寅	癸丑	壬子	辛亥	庚戌	己酉	戊申	丁未	丙午	乙巳	甲辰	癸卯	壬寅	辛丑	庚子	己亥	戊戌	丁酉	丙申	乙未	甲午	癸巳	壬辰	辛卯	庚寅	己丑	戊子	丁亥	51分 03時 08日	乙未	7月
戊子	丁亥	丙戌	乙酉	甲申	癸未	壬午	辛巳	庚辰	己卯	戊寅	丁丑	丙子	乙亥	甲戌	癸酉	壬申	辛未	庚午	己巳	戊辰	丁卯	丙寅	乙丑	甲子	癸亥	壬戌	辛酉	庚申	己未	戊午	40分 13時 08日	丙申	8月
	戊午	丁巳	丙辰	乙卯	甲寅	癸丑	壬子	辛亥	庚戌	己酉	戊申	丁未	丙午	乙巳	甲辰	癸卯	壬寅	辛丑	庚子	己亥	戊戌	丁酉	丙申	乙未	甲午	癸巳	壬辰	辛卯	庚寅	己丑	30分 16時 08日	丁酉	9月
己丑	戊子	丁亥	丙戌	乙酉	甲申	癸未	壬午	辛巳	庚辰	己卯	戊寅	丁丑	丙子	乙亥	甲戌	癸酉	壬申	辛未	庚午	己巳	戊辰	丁卯	丙寅	乙丑	甲子	癸亥	壬戌	辛酉	庚申	己未	59分 07時 09日	戊戌	10月
	己未	戊午	丁巳	丙辰	乙卯	甲寅	癸丑	壬子	辛亥	庚戌	己酉	戊申	丁未	丙午	乙巳	甲辰	癸卯	壬寅	辛丑	庚子	己亥	戊戌	丁酉	丙申	乙未	甲午	癸巳	壬辰	辛卯	庚寅	57分 10時 08日	己亥	11月
庚寅	己丑	戊子	丁亥	丙戌	乙酉	甲申	癸未	壬午	辛巳	庚辰	己卯	戊寅	丁丑	丙子	乙亥	甲戌	癸酉	壬申	辛未	庚午	己巳	戊辰	丁卯	丙寅	乙丑	甲子	癸亥	壬戌	辛酉	庚申	36分 03時 08日	庚子	12月

1972年（昭和47年）壬子

31日	30日	29日	28日	27日	26日	25日	24日	23日	22日	21日	20日	19日	18日	17日	16日	15日	14日	13日	12日	11日	10日	09日	08日	07日	06日	05日	04日	03日	02日	01日	節入り日時	月干支	月
辛酉	庚申	己未	戊午	丁巳	丙辰	乙卯	甲寅	癸丑	壬子	辛亥	庚戌	己酉	戊申	丁未	丙午	乙巳	甲辰	癸卯	壬寅	辛丑	庚子	己亥	戊戌	丁酉	丙申	乙未	甲午	癸巳	壬辰	辛卯	42分 14時 06日	辛丑	1月
		庚寅	己丑	戊子	丁亥	丙戌	乙酉	甲申	癸未	壬午	辛巳	庚辰	己卯	戊寅	丁丑	丙子	乙亥	甲戌	癸酉	壬申	辛未	庚午	己巳	戊辰	丁卯	丙寅	乙丑	甲子	癸亥	壬戌	20分 02時 05日	壬寅	2月
辛酉	庚申	己未	戊午	丁巳	丙辰	乙卯	甲寅	癸丑	壬子	辛亥	庚戌	己酉	戊申	丁未	丙午	乙巳	甲辰	癸卯	壬寅	辛丑	庚子	己亥	戊戌	丁酉	丙申	乙未	甲午	癸巳	壬辰	辛卯	28分 20時 05日	癸卯	3月
	辛卯	庚寅	己丑	戊子	丁亥	丙戌	乙酉	甲申	癸未	壬午	辛巳	庚辰	己卯	戊寅	丁丑	丙子	乙亥	甲戌	癸酉	壬申	辛未	庚午	己巳	戊辰	丁卯	丙寅	乙丑	甲子	癸亥	壬戌	29分 01時 05日	甲辰	4月
壬戌	辛酉	庚申	己未	戊午	丁巳	丙辰	乙卯	甲寅	癸丑	壬子	辛亥	庚戌	己酉	戊申	丁未	丙午	乙巳	甲辰	癸卯	壬寅	辛丑	庚子	己亥	戊戌	丁酉	丙申	乙未	甲午	癸巳	壬辰	01分 19時 05日	乙巳	5月
	壬辰	辛卯	庚寅	己丑	戊子	丁亥	丙戌	乙酉	甲申	癸未	壬午	辛巳	庚辰	己卯	戊寅	丁丑	丙子	乙亥	甲戌	癸酉	壬申	辛未	庚午	己巳	戊辰	丁卯	丙寅	乙丑	甲子	癸亥	22分 23時 05日	丙午	6月
癸亥	壬戌	辛酉	庚申	己未	戊午	丁巳	丙辰	乙卯	甲寅	癸丑	壬子	辛亥	庚戌	己酉	戊申	丁未	丙午	乙巳	甲辰	癸卯	壬寅	辛丑	庚子	己亥	戊戌	丁酉	丙申	乙未	甲午	癸巳	43分 09時 07日	丁未	7月
甲午	癸巳	壬辰	辛卯	庚寅	己丑	戊子	丁亥	丙戌	乙酉	甲申	癸未	壬午	辛巳	庚辰	己卯	戊寅	丁丑	丙子	乙亥	甲戌	癸酉	壬申	辛未	庚午	己巳	戊辰	丁卯	丙寅	乙丑	甲子	29分 19時 07日	戊申	8月
	甲子	癸亥	壬戌	辛酉	庚申	己未	戊午	丁巳	丙辰	乙卯	甲寅	癸丑	壬子	辛亥	庚戌	己酉	戊申	丁未	丙午	乙巳	甲辰	癸卯	壬寅	辛丑	庚子	己亥	戊戌	丁酉	丙申	乙未	15分 22時 07日	己酉	9月
乙未	甲午	癸巳	壬辰	辛卯	庚寅	己丑	戊子	丁亥	丙戌	乙酉	甲申	癸未	壬午	辛巳	庚辰	己卯	戊寅	丁丑	丙子	乙亥	甲戌	癸酉	壬申	辛未	庚午	己巳	戊辰	丁卯	丙寅	乙丑	42分 13時 08日	庚戌	10月
	乙丑	甲子	癸亥	壬戌	辛酉	庚申	己未	戊午	丁巳	丙辰	乙卯	甲寅	癸丑	壬子	辛亥	庚戌	己酉	戊申	丁未	丙午	乙巳	甲辰	癸卯	壬寅	辛丑	庚子	己亥	戊戌	丁酉	丙申	40分 16時 07日	辛亥	11月
丙申	乙未	甲午	癸巳	壬辰	辛卯	庚寅	己丑	戊子	丁亥	丙戌	乙酉	甲申	癸未	壬午	辛巳	庚辰	己卯	戊寅	丁丑	丙子	乙亥	甲戌	癸酉	壬申	辛未	庚午	己巳	戊辰	丁卯	丙寅	19分 09時 07日	壬子	12月

1973年（昭和48年）癸丑

31日	30日	29日	28日	27日	26日	25日	24日	23日	22日	21日	20日	19日	18日	17日	16日	15日	14日	13日	12日	11日	10日	09日	08日	07日	06日	05日	04日	03日	02日	01日	節入り日時			月干支	月
丁卯	丙寅	乙丑	甲子	癸亥	壬戌	辛酉	庚申	己未	戊午	丁巳	丙辰	乙卯	甲寅	癸丑	壬子	辛亥	庚戌	己酉	戊申	丁未	丙午	乙巳	甲辰	癸卯	壬寅	辛丑	庚子	己亥	戊戌	丁酉	26分	20時	05日	癸丑	1月
			乙未	甲午	癸巳	壬辰	辛卯	庚寅	己丑	戊子	丁亥	丙戌	乙酉	甲申	癸未	壬午	辛巳	庚辰	己卯	戊寅	丁丑	丙子	乙亥	甲戌	癸酉	壬申	辛未	庚午	己巳	戊辰	04分	08時	04日	甲寅	2月
丙寅	乙丑	甲子	癸亥	壬戌	辛酉	庚申	己未	戊午	丁巳	丙辰	乙卯	甲寅	癸丑	壬子	辛亥	庚戌	己酉	戊申	丁未	丙午	乙巳	甲辰	癸卯	壬寅	辛丑	庚子	己亥	戊戌	丁酉	丙申	13分	02時	06日	乙卯	3月
	丙申	乙未	甲午	癸巳	壬辰	辛卯	庚寅	己丑	戊子	丁亥	丙戌	乙酉	甲申	癸未	壬午	辛巳	庚辰	己卯	戊寅	丁丑	丙子	乙亥	甲戌	癸酉	壬申	辛未	庚午	己巳	戊辰	丁卯	14分	07時	05日	丙辰	4月
丁卯	丙寅	乙丑	甲子	癸亥	壬戌	辛酉	庚申	己未	戊午	丁巳	丙辰	乙卯	甲寅	癸丑	壬子	辛亥	庚戌	己酉	戊申	丁未	丙午	乙巳	甲辰	癸卯	壬寅	辛丑	庚子	己亥	戊戌	丁酉	46分	00時	06日	丁巳	5月
	丁酉	丙申	乙未	甲午	癸巳	壬辰	辛卯	庚寅	己丑	戊子	丁亥	丙戌	乙酉	甲申	癸未	壬午	辛巳	庚辰	己卯	戊寅	丁丑	丙子	乙亥	甲戌	癸酉	壬申	辛未	庚午	己巳	戊辰	07分	05時	06日	戊午	6月
戊辰	丁卯	丙寅	乙丑	甲子	癸亥	壬戌	辛酉	庚申	己未	戊午	丁巳	丙辰	乙卯	甲寅	癸丑	壬子	辛亥	庚戌	己酉	戊申	丁未	丙午	乙巳	甲辰	癸卯	壬寅	辛丑	庚子	己亥	戊戌	27分	15時	07日	己未	7月
己亥	戊戌	丁酉	丙申	乙未	甲午	癸巳	壬辰	辛卯	庚寅	己丑	戊子	丁亥	丙戌	乙酉	甲申	癸未	壬午	辛巳	庚辰	己卯	戊寅	丁丑	丙子	乙亥	甲戌	癸酉	壬申	辛未	庚午	己巳	13分	01時	08日	庚申	8月
	己巳	戊辰	丁卯	丙寅	乙丑	甲子	癸亥	壬戌	辛酉	庚申	己未	戊午	丁巳	丙辰	乙卯	甲寅	癸丑	壬子	辛亥	庚戌	己酉	戊申	丁未	丙午	乙巳	甲辰	癸卯	壬寅	辛丑	庚子	00分	04時	08日	辛酉	9月
庚子	己亥	戊戌	丁酉	丙申	乙未	甲午	癸巳	壬辰	辛卯	庚寅	己丑	戊子	丁亥	丙戌	乙酉	甲申	癸未	壬午	辛巳	庚辰	己卯	戊寅	丁丑	丙子	乙亥	甲戌	癸酉	壬申	辛未	庚午	28分	19時	08日	壬戌	10月
	庚午	己巳	戊辰	丁卯	丙寅	乙丑	甲子	癸亥	壬戌	辛酉	庚申	己未	戊午	丁巳	丙辰	乙卯	甲寅	癸丑	壬子	辛亥	庚戌	己酉	戊申	丁未	丙午	乙巳	甲辰	癸卯	壬寅	辛丑	28分	22時	07日	癸亥	11月
辛丑	庚子	己亥	戊戌	丁酉	丙申	乙未	甲午	癸巳	壬辰	辛卯	庚寅	己丑	戊子	丁亥	丙戌	乙酉	甲申	癸未	壬午	辛巳	庚辰	己卯	戊寅	丁丑	丙子	乙亥	甲戌	癸酉	壬申	辛未	11分	15時	07日	甲子	12月

1974年（昭和49年）甲寅

31日	30日	29日	28日	27日	26日	25日	24日	23日	22日	21日	20日	19日	18日	17日	16日	15日	14日	13日	12日	11日	10日	09日	08日	07日	06日	05日	04日	03日	02日	01日	節入り日時			月干支	月
壬申	辛未	庚午	己巳	戊辰	丁卯	丙寅	乙丑	甲子	癸亥	壬戌	辛酉	庚申	己未	戊午	丁巳	丙辰	乙卯	甲寅	癸丑	壬子	辛亥	庚戌	己酉	戊申	丁未	丙午	乙巳	甲辰	癸卯	壬寅	20分	02時	06日	乙丑	1月
			庚子	己亥	戊戌	丁酉	丙申	乙未	甲午	癸巳	壬辰	辛卯	庚寅	己丑	戊子	丁亥	丙戌	乙酉	甲申	癸未	壬午	辛巳	庚辰	己卯	戊寅	丁丑	丙子	乙亥	甲戌	癸酉	00分	14時	04日	丙寅	2月
辛未	庚午	己巳	戊辰	丁卯	丙寅	乙丑	甲子	癸亥	壬戌	辛酉	庚申	己未	戊午	丁巳	丙辰	乙卯	甲寅	癸丑	壬子	辛亥	庚戌	己酉	戊申	丁未	丙午	乙巳	甲辰	癸卯	壬寅	辛丑	07分	08時	06日	丁卯	3月
	辛丑	庚子	己亥	戊戌	丁酉	丙申	乙未	甲午	癸巳	壬辰	辛卯	庚寅	己丑	戊子	丁亥	丙戌	乙酉	甲申	癸未	壬午	辛巳	庚辰	己卯	戊寅	丁丑	丙子	乙亥	甲戌	癸酉	壬申	05分	13時	05日	戊辰	4月
壬申	辛未	庚午	己巳	戊辰	丁卯	丙寅	乙丑	甲子	癸亥	壬戌	辛酉	庚申	己未	戊午	丁巳	丙辰	乙卯	甲寅	癸丑	壬子	辛亥	庚戌	己酉	戊申	丁未	丙午	乙巳	甲辰	癸卯	壬寅	34分	06時	06日	己巳	5月
	壬寅	辛丑	庚子	己亥	戊戌	丁酉	丙申	乙未	甲午	癸巳	壬辰	辛卯	庚寅	己丑	戊子	丁亥	丙戌	乙酉	甲申	癸未	壬午	辛巳	庚辰	己卯	戊寅	丁丑	丙子	乙亥	甲戌	癸酉	52分	10時	06日	庚午	6月
癸酉	壬申	辛未	庚午	己巳	戊辰	丁卯	丙寅	乙丑	甲子	癸亥	壬戌	辛酉	庚申	己未	戊午	丁巳	丙辰	乙卯	甲寅	癸丑	壬子	辛亥	庚戌	己酉	戊申	丁未	丙午	乙巳	甲辰	癸卯	11分	21時	07日	辛未	7月
甲辰	癸卯	壬寅	辛丑	庚子	己亥	戊戌	丁酉	丙申	乙未	甲午	癸巳	壬辰	辛卯	庚寅	己丑	戊子	丁亥	丙戌	乙酉	甲申	癸未	壬午	辛巳	庚辰	己卯	戊寅	丁丑	丙子	乙亥	甲戌	57分	06時	08日	壬申	8月
	甲戌	癸酉	壬申	辛未	庚午	己巳	戊辰	丁卯	丙寅	乙丑	甲子	癸亥	壬戌	辛酉	庚申	己未	戊午	丁巳	丙辰	乙卯	甲寅	癸丑	壬子	辛亥	庚戌	己酉	戊申	丁未	丙午	乙巳	45分	09時	08日	癸酉	9月
乙巳	甲辰	癸卯	壬寅	辛丑	庚子	己亥	戊戌	丁酉	丙申	乙未	甲午	癸巳	壬辰	辛卯	庚寅	己丑	戊子	丁亥	丙戌	乙酉	甲申	癸未	壬午	辛巳	庚辰	己卯	戊寅	丁丑	丙子	乙亥	15分	01時	09日	甲戌	10月
	乙亥	甲戌	癸酉	壬申	辛未	庚午	己巳	戊辰	丁卯	丙寅	乙丑	甲子	癸亥	壬戌	辛酉	庚申	己未	戊午	丁巳	丙辰	乙卯	甲寅	癸丑	壬子	辛亥	庚戌	己酉	戊申	丁未	丙午	18分	04時	08日	乙亥	11月
丙午	乙巳	甲辰	癸卯	壬寅	辛丑	庚子	己亥	戊戌	丁酉	丙申	乙未	甲午	癸巳	壬辰	辛卯	庚寅	己丑	戊子	丁亥	丙戌	乙酉	甲申	癸未	壬午	辛巳	庚辰	己卯	戊寅	丁丑	丙子	05分	21時	07日	丙子	12月

1975年（昭和50年） 乙卯

31日	30日	29日	28日	27日	26日	25日	24日	23日	22日	21日	20日	19日	18日	17日	16日	15日	14日	13日	12日	11日	10日	09日	08日	07日	06日	05日	04日	03日	02日	01日	節入り日時			月干支	月
丁丑	丙子	乙亥	甲戌	癸酉	壬申	辛未	庚午	己巳	戊辰	丁卯	丙寅	乙丑	甲子	癸亥	壬戌	辛酉	庚申	己未	戊午	丁巳	丙辰	乙卯	甲寅	癸丑	壬子	辛亥	庚戌	己酉	戊申	丁未	18分	08時	06日	丁丑	1月
			乙巳	甲辰	癸卯	壬寅	辛丑	庚子	己亥	戊戌	丁酉	丙申	乙未	甲午	癸巳	壬辰	辛卯	庚寅	己丑	戊子	丁亥	丙戌	乙酉	甲申	癸未	壬午	辛巳	庚辰	己卯	戊寅	59分	19時	04日	戊寅	2月
丙子	乙亥	甲戌	癸酉	壬申	辛未	庚午	己巳	戊辰	丁卯	丙寅	乙丑	甲子	癸亥	壬戌	辛酉	庚申	己未	戊午	丁巳	丙辰	乙卯	甲寅	癸丑	壬子	辛亥	庚戌	己酉	戊申	丁未	丙午	06分	14時	06日	己卯	3月
	丙午	乙巳	甲辰	癸卯	壬寅	辛丑	庚子	己亥	戊戌	丁酉	丙申	乙未	甲午	癸巳	壬辰	辛卯	庚寅	己丑	戊子	丁亥	丙戌	乙酉	甲申	癸未	壬午	辛巳	庚辰	己卯	戊寅	丁丑	02分	19時	05日	庚辰	4月
丁丑	丙子	乙亥	甲戌	癸酉	壬申	辛未	庚午	己巳	戊辰	丁卯	丙寅	乙丑	甲子	癸亥	壬戌	辛酉	庚申	己未	戊午	丁巳	丙辰	乙卯	甲寅	癸丑	壬子	辛亥	庚戌	己酉	戊申	丁未	27分	12時	06日	辛巳	5月
	丁未	丙午	乙巳	甲辰	癸卯	壬寅	辛丑	庚子	己亥	戊戌	丁酉	丙申	乙未	甲午	癸巳	壬辰	辛卯	庚寅	己丑	戊子	丁亥	丙戌	乙酉	甲申	癸未	壬午	辛巳	庚辰	己卯	戊寅	42分	16時	06日	壬午	6月
戊寅	丁丑	丙子	乙亥	甲戌	癸酉	壬申	辛未	庚午	己巳	戊辰	丁卯	丙寅	乙丑	甲子	癸亥	壬戌	辛酉	庚申	己未	戊午	丁巳	丙辰	乙卯	甲寅	癸丑	壬子	辛亥	庚戌	己酉	戊申	59分	02時	08日	癸未	7月
己酉	戊申	丁未	丙午	乙巳	甲辰	癸卯	壬寅	辛丑	庚子	己亥	戊戌	丁酉	丙申	乙未	甲午	癸巳	壬辰	辛卯	庚寅	己丑	戊子	丁亥	丙戌	乙酉	甲申	癸未	壬午	辛巳	庚辰	己卯	45分	12時	08日	甲申	8月
	己卯	戊寅	丁丑	丙子	乙亥	甲戌	癸酉	壬申	辛未	庚午	己巳	戊辰	丁卯	丙寅	乙丑	甲子	癸亥	壬戌	辛酉	庚申	己未	戊午	丁巳	丙辰	乙卯	甲寅	癸丑	壬子	辛亥	庚戌	33分	15時	08日	乙酉	9月
庚戌	己酉	戊申	丁未	丙午	乙巳	甲辰	癸卯	壬寅	辛丑	庚子	己亥	戊戌	丁酉	丙申	乙未	甲午	癸巳	壬辰	辛卯	庚寅	己丑	戊子	丁亥	丙戌	乙酉	甲申	癸未	壬午	辛巳	庚辰	02分	07時	09日	丙戌	10月
	庚辰	己卯	戊寅	丁丑	丙子	乙亥	甲戌	癸酉	壬申	辛未	庚午	己巳	戊辰	丁卯	丙寅	乙丑	甲子	癸亥	壬戌	辛酉	庚申	己未	戊午	丁巳	丙辰	乙卯	甲寅	癸丑	壬子	辛亥	03分	10時	08日	丁亥	11月
辛亥	庚戌	己酉	戊申	丁未	丙午	乙巳	甲辰	癸卯	壬寅	辛丑	庚子	己亥	戊戌	丁酉	丙申	乙未	甲午	癸巳	壬辰	辛卯	庚寅	己丑	戊子	丁亥	丙戌	乙酉	甲申	癸未	壬午	辛巳	47分	02時	08日	戊子	12月

1976年（昭和51年） 丙辰

31日	30日	29日	28日	27日	26日	25日	24日	23日	22日	21日	20日	19日	18日	17日	16日	15日	14日	13日	12日	11日	10日	09日	08日	07日	06日	05日	04日	03日	02日	01日	節入り日時			月干支	月
壬午	辛巳	庚辰	己卯	戊寅	丁丑	丙子	乙亥	甲戌	癸酉	壬申	辛未	庚午	己巳	戊辰	丁卯	丙寅	乙丑	甲子	癸亥	壬戌	辛酉	庚申	己未	戊午	丁巳	丙辰	乙卯	甲寅	癸丑	壬子	58分	13時	06日	己丑	1月
		辛亥	庚戌	己酉	戊申	丁未	丙午	乙巳	甲辰	癸卯	壬寅	辛丑	庚子	己亥	戊戌	丁酉	丙申	乙未	甲午	癸巳	壬辰	辛卯	庚寅	己丑	戊子	丁亥	丙戌	乙酉	甲申	癸未	40分	01時	05日	庚寅	2月
壬午	辛巳	庚辰	己卯	戊寅	丁丑	丙子	乙亥	甲戌	癸酉	壬申	辛未	庚午	己巳	戊辰	丁卯	丙寅	乙丑	甲子	癸亥	壬戌	辛酉	庚申	己未	戊午	丁巳	丙辰	乙卯	甲寅	癸丑	壬子	48分	19時	05日	辛卯	3月
	壬子	辛亥	庚戌	己酉	戊申	丁未	丙午	乙巳	甲辰	癸卯	壬寅	辛丑	庚子	己亥	戊戌	丁酉	丙申	乙未	甲午	癸巳	壬辰	辛卯	庚寅	己丑	戊子	丁亥	丙戌	乙酉	甲申	癸未	47分	00時	05日	壬辰	4月
癸未	壬午	辛巳	庚辰	己卯	戊寅	丁丑	丙子	乙亥	甲戌	癸酉	壬申	辛未	庚午	己巳	戊辰	丁卯	丙寅	乙丑	甲子	癸亥	壬戌	辛酉	庚申	己未	戊午	丁巳	丙辰	乙卯	甲寅	癸丑	14分	18時	05日	癸巳	5月
	癸丑	壬子	辛亥	庚戌	己酉	戊申	丁未	丙午	乙巳	甲辰	癸卯	壬寅	辛丑	庚子	己亥	戊戌	丁酉	丙申	乙未	甲午	癸巳	壬辰	辛卯	庚寅	己丑	戊子	丁亥	丙戌	乙酉	甲申	31分	22時	05日	甲午	6月
甲申	癸未	壬午	辛巳	庚辰	己卯	戊寅	丁丑	丙子	乙亥	甲戌	癸酉	壬申	辛未	庚午	己巳	戊辰	丁卯	丙寅	乙丑	甲子	癸亥	壬戌	辛酉	庚申	己未	戊午	丁巳	丙辰	乙卯	甲寅	51分	08時	07日	乙未	7月
乙卯	甲寅	癸丑	壬子	辛亥	庚戌	己酉	戊申	丁未	丙午	乙巳	甲辰	癸卯	壬寅	辛丑	庚子	己亥	戊戌	丁酉	丙申	乙未	甲午	癸巳	壬辰	辛卯	庚寅	己丑	戊子	丁亥	丙戌	乙酉	39分	18時	07日	丙申	8月
	乙酉	甲申	癸未	壬午	辛巳	庚辰	己卯	戊寅	丁丑	丙子	乙亥	甲戌	癸酉	壬申	辛未	庚午	己巳	戊辰	丁卯	丙寅	乙丑	甲子	癸亥	壬戌	辛酉	庚申	己未	戊午	丁巳	丙辰	28分	21時	07日	丁酉	9月
丙辰	乙卯	甲寅	癸丑	壬子	辛亥	庚戌	己酉	戊申	丁未	丙午	乙巳	甲辰	癸卯	壬寅	辛丑	庚子	己亥	戊戌	丁酉	丙申	乙未	甲午	癸巳	壬辰	辛卯	庚寅	己丑	戊子	丁亥	丙戌	58分	12時	08日	戊戌	10月
	丙戌	乙酉	甲申	癸未	壬午	辛巳	庚辰	己卯	戊寅	丁丑	丙子	乙亥	甲戌	癸酉	壬申	辛未	庚午	己巳	戊辰	丁卯	丙寅	乙丑	甲子	癸亥	壬戌	辛酉	庚申	己未	戊午	丁巳	59分	15時	07日	己亥	11月
丁巳	丙辰	乙卯	甲寅	癸丑	壬子	辛亥	庚戌	己酉	戊申	丁未	丙午	乙巳	甲辰	癸卯	壬寅	辛丑	庚子	己亥	戊戌	丁酉	丙申	乙未	甲午	癸巳	壬辰	辛卯	庚寅	己丑	戊子	丁亥	41分	08時	07日	庚子	12月

1977年（昭和52年）丁巳

31日	30日	29日	28日	27日	26日	25日	24日	23日	22日	21日	20日	19日	18日	17日	16日	15日	14日	13日	12日	11日	10日	09日	08日	07日	06日	05日	04日	03日	02日	01日	節入り日時			月干支	月
戊子	丁亥	丙戌	乙酉	甲申	癸未	壬午	辛巳	庚辰	己卯	戊寅	丁丑	丙子	乙亥	甲戌	癸酉	壬申	辛未	庚午	己巳	戊辰	丁卯	丙寅	乙丑	甲子	癸亥	壬戌	辛酉	庚申	己未	戊午	51分	19時	05日	辛丑	1月
			丙辰	乙卯	甲寅	癸丑	壬子	辛亥	庚戌	己酉	戊申	丁未	丙午	乙巳	甲辰	癸卯	壬寅	辛丑	庚子	己亥	戊戌	丁酉	丙申	乙未	甲午	癸巳	壬辰	辛卯	庚寅	己丑	34分	07時	04日	壬寅	2月
丁亥	丙戌	乙酉	甲申	癸未	壬午	辛巳	庚辰	己卯	戊寅	丁丑	丙子	乙亥	甲戌	癸酉	壬申	辛未	庚午	己巳	戊辰	丁卯	丙寅	乙丑	甲子	癸亥	壬戌	辛酉	庚申	己未	戊午	丁巳	44分	01時	06日	癸卯	3月
	丁巳	丙辰	乙卯	甲寅	癸丑	壬子	辛亥	庚戌	己酉	戊申	丁未	丙午	乙巳	甲辰	癸卯	壬寅	辛丑	庚子	己亥	戊戌	丁酉	丙申	乙未	甲午	癸巳	壬辰	辛卯	庚寅	己丑	戊子	46分	06時	05日	甲辰	4月
戊子	丁亥	丙戌	乙酉	甲申	癸未	壬午	辛巳	庚辰	己卯	戊寅	丁丑	丙子	乙亥	甲戌	癸酉	壬申	辛未	庚午	己巳	戊辰	丁卯	丙寅	乙丑	甲子	癸亥	壬戌	辛酉	庚申	己未	戊午	16分	00時	06日	乙巳	5月
	戊午	丁巳	丙辰	乙卯	甲寅	癸丑	壬子	辛亥	庚戌	己酉	戊申	丁未	丙午	乙巳	甲辰	癸卯	壬寅	辛丑	庚子	己亥	戊戌	丁酉	丙申	乙未	甲午	癸巳	壬辰	辛卯	庚寅	己丑	32分	04時	06日	丙午	6月
己丑	戊子	丁亥	丙戌	乙酉	甲申	癸未	壬午	辛巳	庚辰	己卯	戊寅	丁丑	丙子	乙亥	甲戌	癸酉	壬申	辛未	庚午	己巳	戊辰	丁卯	丙寅	乙丑	甲子	癸亥	壬戌	辛酉	庚申	己未	48分	14時	07日	丁未	7月
庚申	己未	戊午	丁巳	丙辰	乙卯	甲寅	癸丑	壬子	辛亥	庚戌	己酉	戊申	丁未	丙午	乙巳	甲辰	癸卯	壬寅	辛丑	庚子	己亥	戊戌	丁酉	丙申	乙未	甲午	癸巳	壬辰	辛卯	庚寅	30分	00時	08日	戊申	8月
	庚寅	己丑	戊子	丁亥	丙戌	乙酉	甲申	癸未	壬午	辛巳	庚辰	己卯	戊寅	丁丑	丙子	乙亥	甲戌	癸酉	壬申	辛未	庚午	己巳	戊辰	丁卯	丙寅	乙丑	甲子	癸亥	壬戌	辛酉	16分	03時	08日	己酉	9月
辛酉	庚申	己未	戊午	丁巳	丙辰	乙卯	甲寅	癸丑	壬子	辛亥	庚戌	己酉	戊申	丁未	丙午	乙巳	甲辰	癸卯	壬寅	辛丑	庚子	己亥	戊戌	丁酉	丙申	乙未	甲午	癸巳	壬辰	辛卯	44分	18時	08日	庚戌	10月
	辛卯	庚寅	己丑	戊子	丁亥	丙戌	乙酉	甲申	癸未	壬午	辛巳	庚辰	己卯	戊寅	丁丑	丙子	乙亥	甲戌	癸酉	壬申	辛未	庚午	己巳	戊辰	丁卯	丙寅	乙丑	甲子	癸亥	壬戌	46分	21時	07日	辛亥	11月
壬戌	辛酉	庚申	己未	戊午	丁巳	丙辰	乙卯	甲寅	癸丑	壬子	辛亥	庚戌	己酉	戊申	丁未	丙午	乙巳	甲辰	癸卯	壬寅	辛丑	庚子	己亥	戊戌	丁酉	丙申	乙未	甲午	癸巳	壬辰	31分	14時	07日	壬子	12月

1978年（昭和53年）戊午

31日	30日	29日	28日	27日	26日	25日	24日	23日	22日	21日	20日	19日	18日	17日	16日	15日	14日	13日	12日	11日	10日	09日	08日	07日	06日	05日	04日	03日	02日	01日	節入り日時			月干支	月
癸巳	壬辰	辛卯	庚寅	己丑	戊子	丁亥	丙戌	乙酉	甲申	癸未	壬午	辛巳	庚辰	己卯	戊寅	丁丑	丙子	乙亥	甲戌	癸酉	壬申	辛未	庚午	己巳	戊辰	丁卯	丙寅	乙丑	甲子	癸亥	44分	01時	06日	癸丑	1月
			辛酉	庚申	己未	戊午	丁巳	丙辰	乙卯	甲寅	癸丑	壬子	辛亥	庚戌	己酉	戊申	丁未	丙午	乙巳	甲辰	癸卯	壬寅	辛丑	庚子	己亥	戊戌	丁酉	丙申	乙未	甲午	27分	13時	04日	甲寅	2月
壬辰	辛卯	庚寅	己丑	戊子	丁亥	丙戌	乙酉	甲申	癸未	壬午	辛巳	庚辰	己卯	戊寅	丁丑	丙子	乙亥	甲戌	癸酉	壬申	辛未	庚午	己巳	戊辰	丁卯	丙寅	乙丑	甲子	癸亥	壬戌	38分	07時	06日	乙卯	3月
	壬戌	辛酉	庚申	己未	戊午	丁巳	丙辰	乙卯	甲寅	癸丑	壬子	辛亥	庚戌	己酉	戊申	丁未	丙午	乙巳	甲辰	癸卯	壬寅	辛丑	庚子	己亥	戊戌	丁酉	丙申	乙未	甲午	癸巳	39分	12時	05日	丙辰	4月
癸巳	壬辰	辛卯	庚寅	己丑	戊子	丁亥	丙戌	乙酉	甲申	癸未	壬午	辛巳	庚辰	己卯	戊寅	丁丑	丙子	乙亥	甲戌	癸酉	壬申	辛未	庚午	己巳	戊辰	丁卯	丙寅	乙丑	甲子	癸亥	09分	06時	06日	丁巳	5月
	癸亥	壬戌	辛酉	庚申	己未	戊午	丁巳	丙辰	乙卯	甲寅	癸丑	壬子	辛亥	庚戌	己酉	戊申	丁未	丙午	乙巳	甲辰	癸卯	壬寅	辛丑	庚子	己亥	戊戌	丁酉	丙申	乙未	甲午	23分	10時	06日	戊午	6月
甲午	癸巳	壬辰	辛卯	庚寅	己丑	戊子	丁亥	丙戌	乙酉	甲申	癸未	壬午	辛巳	庚辰	己卯	戊寅	丁丑	丙子	乙亥	甲戌	癸酉	壬申	辛未	庚午	己巳	戊辰	丁卯	丙寅	乙丑	甲子	37分	20時	07日	己未	7月
乙丑	甲子	癸亥	壬戌	辛酉	庚申	己未	戊午	丁巳	丙辰	乙卯	甲寅	癸丑	壬子	辛亥	庚戌	己酉	戊申	丁未	丙午	乙巳	甲辰	癸卯	壬寅	辛丑	庚子	己亥	戊戌	丁酉	丙申	乙未	18分	06時	08日	庚申	8月
	乙未	甲午	癸巳	壬辰	辛卯	庚寅	己丑	戊子	丁亥	丙戌	乙酉	甲申	癸未	壬午	辛巳	庚辰	己卯	戊寅	丁丑	丙子	乙亥	甲戌	癸酉	壬申	辛未	庚午	己巳	戊辰	丁卯	丙寅	03分	09時	08日	辛酉	9月
丙寅	乙丑	甲子	癸亥	壬戌	辛酉	庚申	己未	戊午	丁巳	丙辰	乙卯	甲寅	癸丑	壬子	辛亥	庚戌	己酉	戊申	丁未	丙午	乙巳	甲辰	癸卯	壬寅	辛丑	庚子	己亥	戊戌	丁酉	丙申	31分	00時	09日	壬戌	10月
	丙申	乙未	甲午	癸巳	壬辰	辛卯	庚寅	己丑	戊子	丁亥	丙戌	乙酉	甲申	癸未	壬午	辛巳	庚辰	己卯	戊寅	丁丑	丙子	乙亥	甲戌	癸酉	壬申	辛未	庚午	己巳	戊辰	丁卯	34分	03時	08日	癸亥	11月
丁卯	丙寅	乙丑	甲子	癸亥	壬戌	辛酉	庚申	己未	戊午	丁巳	丙辰	乙卯	甲寅	癸丑	壬子	辛亥	庚戌	己酉	戊申	丁未	丙午	乙巳	甲辰	癸卯	壬寅	辛丑	庚子	己亥	戊戌	丁酉	20分	20時	07日	甲子	12月

1979年（昭和54年） 己未

31日	30日	29日	28日	27日	26日	25日	24日	23日	22日	21日	20日	19日	18日	17日	16日	15日	14日	13日	12日	11日	10日	09日	08日	07日	06日	05日	04日	03日	02日	01日	節入り日時			月干支	月
戊戌	丁酉	丙申	乙未	甲午	癸巳	壬辰	辛卯	庚寅	己丑	戊子	丁亥	丙戌	乙酉	甲申	癸未	壬午	辛巳	庚辰	己卯	戊寅	丁丑	丙子	乙亥	甲戌	癸酉	壬申	辛未	庚午	己巳	戊辰	32分	07時	06日	乙丑	1月
			丙寅	乙丑	甲子	癸亥	壬戌	辛酉	庚申	己未	戊午	丁巳	丙辰	乙卯	甲寅	癸丑	壬子	辛亥	庚戌	己酉	戊申	丁未	丙午	乙巳	甲辰	癸卯	壬寅	辛丑	庚子	己亥	13分	19時	04日	丙寅	2月
丁酉	丙申	乙未	甲午	癸巳	壬辰	辛卯	庚寅	己丑	戊子	丁亥	丙戌	乙酉	甲申	癸未	壬午	辛巳	庚辰	己卯	戊寅	丁丑	丙子	乙亥	甲戌	癸酉	壬申	辛未	庚午	己巳	戊辰	丁卯	20分	13時	06日	丁卯	3月
	丁卯	丙寅	乙丑	甲子	癸亥	壬戌	辛酉	庚申	己未	戊午	丁巳	丙辰	乙卯	甲寅	癸丑	壬子	辛亥	庚戌	己酉	戊申	丁未	丙午	乙巳	甲辰	癸卯	壬寅	辛丑	庚子	己亥	戊戌	18分	18時	05日	戊辰	4月
戊戌	丁酉	丙申	乙未	甲午	癸巳	壬辰	辛卯	庚寅	己丑	戊子	丁亥	丙戌	乙酉	甲申	癸未	壬午	辛巳	庚辰	己卯	戊寅	丁丑	丙子	乙亥	甲戌	癸酉	壬申	辛未	庚午	己巳	戊辰	47分	11時	06日	己巳	5月
	戊辰	丁卯	丙寅	乙丑	甲子	癸亥	壬戌	辛酉	庚申	己未	戊午	丁巳	丙辰	乙卯	甲寅	癸丑	壬子	辛亥	庚戌	己酉	戊申	丁未	丙午	乙巳	甲辰	癸卯	壬寅	辛丑	庚子	己亥	05分	16時	06日	庚午	6月
己亥	戊戌	丁酉	丙申	乙未	甲午	癸巳	壬辰	辛卯	庚寅	己丑	戊子	丁亥	丙戌	乙酉	甲申	癸未	壬午	辛巳	庚辰	己卯	戊寅	丁丑	丙子	乙亥	甲戌	癸酉	壬申	辛未	庚午	己巳	25分	02時	08日	辛未	7月
庚午	己巳	戊辰	丁卯	丙寅	乙丑	甲子	癸亥	壬戌	辛酉	庚申	己未	戊午	丁巳	丙辰	乙卯	甲寅	癸丑	壬子	辛亥	庚戌	己酉	戊申	丁未	丙午	乙巳	甲辰	癸卯	壬寅	辛丑	庚子	11分	12時	08日	壬申	8月
	庚子	己亥	戊戌	丁酉	丙申	乙未	甲午	癸巳	壬辰	辛卯	庚寅	己丑	戊子	丁亥	丙戌	乙酉	甲申	癸未	壬午	辛巳	庚辰	己卯	戊寅	丁丑	丙子	乙亥	甲戌	癸酉	壬申	辛未	00分	15時	08日	癸酉	9月
辛未	庚午	己巳	戊辰	丁卯	丙寅	乙丑	甲子	癸亥	壬戌	辛酉	庚申	己未	戊午	丁巳	丙辰	乙卯	甲寅	癸丑	壬子	辛亥	庚戌	己酉	戊申	丁未	丙午	乙巳	甲辰	癸卯	壬寅	辛丑	30分	06時	09日	甲戌	10月
	辛丑	庚子	己亥	戊戌	丁酉	丙申	乙未	甲午	癸巳	壬辰	辛卯	庚寅	己丑	戊子	丁亥	丙戌	乙酉	甲申	癸未	壬午	辛巳	庚辰	己卯	戊寅	丁丑	丙子	乙亥	甲戌	癸酉	壬申	33分	09時	08日	乙亥	11月
壬申	辛未	庚午	己巳	戊辰	丁卯	丙寅	乙丑	甲子	癸亥	壬戌	辛酉	庚申	己未	戊午	丁巳	丙辰	乙卯	甲寅	癸丑	壬子	辛亥	庚戌	己酉	戊申	丁未	丙午	乙巳	甲辰	癸卯	壬寅	18分	02時	08日	丙子	12月

1980年（昭和55年） 庚申

31日	30日	29日	28日	27日	26日	25日	24日	23日	22日	21日	20日	19日	18日	17日	16日	15日	14日	13日	12日	11日	10日	09日	08日	07日	06日	05日	04日	03日	02日	01日	節入り日時			月干支	月
癸卯	壬寅	辛丑	庚子	己亥	戊戌	丁酉	丙申	乙未	甲午	癸巳	壬辰	辛卯	庚寅	己丑	戊子	丁亥	丙戌	乙酉	甲申	癸未	壬午	辛巳	庚辰	己卯	戊寅	丁丑	丙子	乙亥	甲戌	癸酉	29分	13時	06日	丁丑	1月
		壬申	辛未	庚午	己巳	戊辰	丁卯	丙寅	乙丑	甲子	癸亥	壬戌	辛酉	庚申	己未	戊午	丁巳	丙辰	乙卯	甲寅	癸丑	壬子	辛亥	庚戌	己酉	戊申	丁未	丙午	乙巳	甲辰	10分	01時	05日	戊寅	2月
癸卯	壬寅	辛丑	庚子	己亥	戊戌	丁酉	丙申	乙未	甲午	癸巳	壬辰	辛卯	庚寅	己丑	戊子	丁亥	丙戌	乙酉	甲申	癸未	壬午	辛巳	庚辰	己卯	戊寅	丁丑	丙子	乙亥	甲戌	癸酉	17分	19時	05日	己卯	3月
	癸酉	壬申	辛未	庚午	己巳	戊辰	丁卯	丙寅	乙丑	甲子	癸亥	壬戌	辛酉	庚申	己未	戊午	丁巳	丙辰	乙卯	甲寅	癸丑	壬子	辛亥	庚戌	己酉	戊申	丁未	丙午	乙巳	甲辰	15分	00時	05日	庚辰	4月
甲辰	癸卯	壬寅	辛丑	庚子	己亥	戊戌	丁酉	丙申	乙未	甲午	癸巳	壬辰	辛卯	庚寅	己丑	戊子	丁亥	丙戌	乙酉	甲申	癸未	壬午	辛巳	庚辰	己卯	戊寅	丁丑	丙子	乙亥	甲戌	45分	17時	05日	辛巳	5月
	甲戌	癸酉	壬申	辛未	庚午	己巳	戊辰	丁卯	丙寅	乙丑	甲子	癸亥	壬戌	辛酉	庚申	己未	戊午	丁巳	丙辰	乙卯	甲寅	癸丑	壬子	辛亥	庚戌	己酉	戊申	丁未	丙午	乙巳	04分	22時	05日	壬午	6月
乙巳	甲辰	癸卯	壬寅	辛丑	庚子	己亥	戊戌	丁酉	丙申	乙未	甲午	癸巳	壬辰	辛卯	庚寅	己丑	戊子	丁亥	丙戌	乙酉	甲申	癸未	壬午	辛巳	庚辰	己卯	戊寅	丁丑	丙子	乙亥	24分	08時	07日	癸未	7月
丙子	乙亥	甲戌	癸酉	壬申	辛未	庚午	己巳	戊辰	丁卯	丙寅	乙丑	甲子	癸亥	壬戌	辛酉	庚申	己未	戊午	丁巳	丙辰	乙卯	甲寅	癸丑	壬子	辛亥	庚戌	己酉	戊申	丁未	丙午	09分	18時	07日	甲申	8月
	丙午	乙巳	甲辰	癸卯	壬寅	辛丑	庚子	己亥	戊戌	丁酉	丙申	乙未	甲午	癸巳	壬辰	辛卯	庚寅	己丑	戊子	丁亥	丙戌	乙酉	甲申	癸未	壬午	辛巳	庚辰	己卯	戊寅	丁丑	54分	20時	07日	乙酉	9月
丁丑	丙子	乙亥	甲戌	癸酉	壬申	辛未	庚午	己巳	戊辰	丁卯	丙寅	乙丑	甲子	癸亥	壬戌	辛酉	庚申	己未	戊午	丁巳	丙辰	乙卯	甲寅	癸丑	壬子	辛亥	庚戌	己酉	戊申	丁未	20分	12時	08日	丙戌	10月
	丁未	丙午	乙巳	甲辰	癸卯	壬寅	辛丑	庚子	己亥	戊戌	丁酉	丙申	乙未	甲午	癸巳	壬辰	辛卯	庚寅	己丑	戊子	丁亥	丙戌	乙酉	甲申	癸未	壬午	辛巳	庚辰	己卯	戊寅	19分	15時	07日	丁亥	11月
戊寅	丁丑	丙子	乙亥	甲戌	癸酉	壬申	辛未	庚午	己巳	戊辰	丁卯	丙寅	乙丑	甲子	癸亥	壬戌	辛酉	庚申	己未	戊午	丁巳	丙辰	乙卯	甲寅	癸丑	壬子	辛亥	庚戌	己酉	戊申	02分	08時	07日	戊子	12月

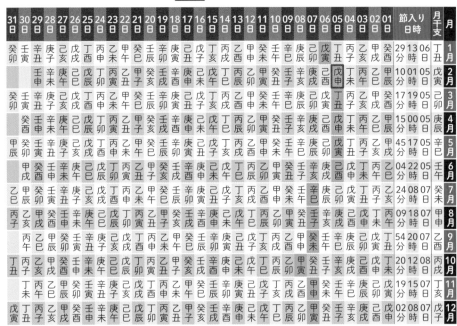

1981年（昭和56年）辛酉

31日	30日	29日	28日	27日	26日	25日	24日	23日	22日	21日	20日	19日	18日	17日	16日	15日	14日	13日	12日	11日	10日	09日	08日	07日	06日	05日	04日	03日	02日	01日	節入り日時	月干支	月
己酉	戊申	丁未	丙午	乙巳	甲辰	癸卯	壬寅	辛丑	庚子	己亥	戊戌	丁酉	丙申	乙未	甲午	癸巳	壬辰	辛卯	庚寅	己丑	戊子	丁亥	丙戌	乙酉	甲申	癸未	壬午	辛巳	庚辰	己卯	13分19時05日	己丑	1月
			丁丑	丙子	乙亥	甲戌	癸酉	壬申	辛未	庚午	己巳	戊辰	丁卯	丙寅	乙丑	甲子	癸亥	壬戌	辛酉	庚申	己未	戊午	丁巳	丙辰	乙卯	甲寅	癸丑	壬子	辛亥	庚戌	56分06時04日	庚寅	2月
戊申	丁未	丙午	乙巳	甲辰	癸卯	壬寅	辛丑	庚子	己亥	戊戌	丁酉	丙申	乙未	甲午	癸巳	壬辰	辛卯	庚寅	己丑	戊子	丁亥	丙戌	乙酉	甲申	癸未	壬午	辛巳	庚辰	己卯	戊寅	05分01時06日	辛卯	3月
	戊寅	丁丑	丙子	乙亥	甲戌	癸酉	壬申	辛未	庚午	己巳	戊辰	丁卯	丙寅	乙丑	甲子	癸亥	壬戌	辛酉	庚申	己未	戊午	丁巳	丙辰	乙卯	甲寅	癸丑	壬子	辛亥	庚戌	己酉	05分06時05日	壬辰	4月
己酉	戊申	丁未	丙午	乙巳	甲辰	癸卯	壬寅	辛丑	庚子	己亥	戊戌	丁酉	丙申	乙未	甲午	癸巳	壬辰	辛卯	庚寅	己丑	戊子	丁亥	丙戌	乙酉	甲申	癸未	壬午	辛巳	庚辰	己卯	35分23時05日	癸巳	5月
	己卯	戊寅	丁丑	丙子	乙亥	甲戌	癸酉	壬申	辛未	庚午	己巳	戊辰	丁卯	丙寅	乙丑	甲子	癸亥	壬戌	辛酉	庚申	己未	戊午	丁巳	丙辰	乙卯	甲寅	癸丑	壬子	辛亥	庚戌	53分03時06日	甲午	6月
庚戌	己酉	戊申	丁未	丙午	乙巳	甲辰	癸卯	壬寅	辛丑	庚子	己亥	戊戌	丁酉	丙申	乙未	甲午	癸巳	壬辰	辛卯	庚寅	己丑	戊子	丁亥	丙戌	乙酉	甲申	癸未	壬午	辛巳	庚辰	12分14時07日	乙未	7月
辛巳	庚辰	己卯	戊寅	丁丑	丙子	乙亥	甲戌	癸酉	壬申	辛未	庚午	己巳	戊辰	丁卯	丙寅	乙丑	甲子	癸亥	壬戌	辛酉	庚申	己未	戊午	丁巳	丙辰	乙卯	甲寅	癸丑	壬子	辛亥	57分23時07日	丙申	8月
	辛亥	庚戌	己酉	戊申	丁未	丙午	乙巳	甲辰	癸卯	壬寅	辛丑	庚子	己亥	戊戌	丁酉	丙申	乙未	甲午	癸巳	壬辰	辛卯	庚寅	己丑	戊子	丁亥	丙戌	乙酉	甲申	癸未	壬午	43分02時08日	丁酉	9月
壬午	辛巳	庚辰	己卯	戊寅	丁丑	丙子	乙亥	甲戌	癸酉	壬申	辛未	庚午	己巳	戊辰	丁卯	丙寅	乙丑	甲子	癸亥	壬戌	辛酉	庚申	己未	戊午	丁巳	丙辰	乙卯	甲寅	癸丑	壬子	10分18時08日	戊戌	10月
	壬子	辛亥	庚戌	己酉	戊申	丁未	丙午	乙巳	甲辰	癸卯	壬寅	辛丑	庚子	己亥	戊戌	丁酉	丙申	乙未	甲午	癸巳	壬辰	辛卯	庚寅	己丑	戊子	丁亥	丙戌	乙酉	甲申	癸未	09分21時07日	己亥	11月
癸未	壬午	辛巳	庚辰	己卯	戊寅	丁丑	丙子	乙亥	甲戌	癸酉	壬申	辛未	庚午	己巳	戊辰	丁卯	丙寅	乙丑	甲子	癸亥	壬戌	辛酉	庚申	己未	戊午	丁巳	丙辰	乙卯	甲寅	癸丑	52分13時07日	庚子	12月

1982年（昭和57年）壬戌

31日	30日	29日	28日	27日	26日	25日	24日	23日	22日	21日	20日	19日	18日	17日	16日	15日	14日	13日	12日	11日	10日	09日	08日	07日	06日	05日	04日	03日	02日	01日	節入り日時	月干支	月
甲寅	癸丑	壬子	辛亥	庚戌	己酉	戊申	丁未	丙午	乙巳	甲辰	癸卯	壬寅	辛丑	庚子	己亥	戊戌	丁酉	丙申	乙未	甲午	癸巳	壬辰	辛卯	庚寅	己丑	戊子	丁亥	丙戌	乙酉	甲申	03分01時06日	辛丑	1月
			壬午	辛巳	庚辰	己卯	戊寅	丁丑	丙子	乙亥	甲戌	癸酉	壬申	辛未	庚午	己巳	戊辰	丁卯	丙寅	乙丑	甲子	癸亥	壬戌	辛酉	庚申	己未	戊午	丁巳	丙辰	乙卯	46分12時04日	壬寅	2月
癸丑	壬子	辛亥	庚戌	己酉	戊申	丁未	丙午	乙巳	甲辰	癸卯	壬寅	辛丑	庚子	己亥	戊戌	丁酉	丙申	乙未	甲午	癸巳	壬辰	辛卯	庚寅	己丑	戊子	丁亥	丙戌	乙酉	甲申	癸未	55分06時06日	癸卯	3月
	癸未	壬午	辛巳	庚辰	己卯	戊寅	丁丑	丙子	乙亥	甲戌	癸酉	壬申	辛未	庚午	己巳	戊辰	丁卯	丙寅	乙丑	甲子	癸亥	壬戌	辛酉	庚申	己未	戊午	丁巳	丙辰	乙卯	甲寅	53分11時05日	甲辰	4月
甲寅	癸丑	壬子	辛亥	庚戌	己酉	戊申	丁未	丙午	乙巳	甲辰	癸卯	壬寅	辛丑	庚子	己亥	戊戌	丁酉	丙申	乙未	甲午	癸巳	壬辰	辛卯	庚寅	己丑	戊子	丁亥	丙戌	乙酉	甲申	20分05時06日	乙巳	5月
	甲申	癸未	壬午	辛巳	庚辰	己卯	戊寅	丁丑	丙子	乙亥	甲戌	癸酉	壬申	辛未	庚午	己巳	戊辰	丁卯	丙寅	乙丑	甲子	癸亥	壬戌	辛酉	庚申	己未	戊午	丁巳	丙辰	乙卯	36分09時06日	丙午	6月
乙卯	甲寅	癸丑	壬子	辛亥	庚戌	己酉	戊申	丁未	丙午	乙巳	甲辰	癸卯	壬寅	辛丑	庚子	己亥	戊戌	丁酉	丙申	乙未	甲午	癸巳	壬辰	辛卯	庚寅	己丑	戊子	丁亥	丙戌	乙酉	55分19時07日	丁未	7月
丙戌	乙酉	甲申	癸未	壬午	辛巳	庚辰	己卯	戊寅	丁丑	丙子	乙亥	甲戌	癸酉	壬申	辛未	庚午	己巳	戊辰	丁卯	丙寅	乙丑	甲子	癸亥	壬戌	辛酉	庚申	己未	戊午	丁巳	丙辰	42分05時08日	戊申	8月
	丙辰	乙卯	甲寅	癸丑	壬子	辛亥	庚戌	己酉	戊申	丁未	丙午	乙巳	甲辰	癸卯	壬寅	辛丑	庚子	己亥	戊戌	丁酉	丙申	乙未	甲午	癸巳	壬辰	辛卯	庚寅	己丑	戊子	丁亥	32分08時08日	己酉	9月
丁亥	丙戌	乙酉	甲申	癸未	壬午	辛巳	庚辰	己卯	戊寅	丁丑	丙子	乙亥	甲戌	癸酉	壬申	辛未	庚午	己巳	戊辰	丁卯	丙寅	乙丑	甲子	癸亥	壬戌	辛酉	庚申	己未	戊午	丁巳	02分00時09日	庚戌	10月
	丁巳	丙辰	乙卯	甲寅	癸丑	壬子	辛亥	庚戌	己酉	戊申	丁未	丙午	乙巳	甲辰	癸卯	壬寅	辛丑	庚子	己亥	戊戌	丁酉	丙申	乙未	甲午	癸巳	壬辰	辛卯	庚寅	己丑	戊子	04分03時08日	辛亥	11月
戊子	丁亥	丙戌	乙酉	甲申	癸未	壬午	辛巳	庚辰	己卯	戊寅	丁丑	丙子	乙亥	甲戌	癸酉	壬申	辛未	庚午	己巳	戊辰	丁卯	丙寅	乙丑	甲子	癸亥	壬戌	辛酉	庚申	己未	戊午	48分19時07日	壬子	12月

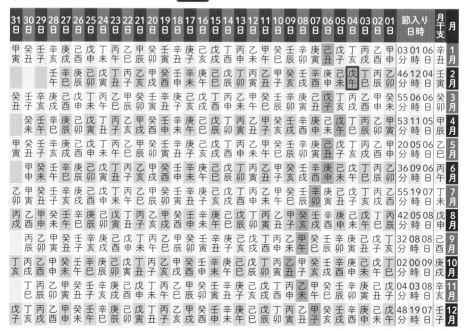

1983年（昭和58年） 癸亥

31日	30日	29日	28日	27日	26日	25日	24日	23日	22日	21日	20日	19日	18日	17日	16日	15日	14日	13日	12日	11日	10日	09日	08日	07日	06日	05日	04日	03日	02日	01日	節入り日時			月干支	月
己未	戊午	丁巳	丙辰	乙卯	甲寅	癸丑	壬子	辛亥	庚戌	己酉	戊申	丁未	丙午	乙巳	甲辰	癸卯	壬寅	辛丑	庚子	己亥	戊戌	丁酉	丙申	乙未	甲午	癸巳	壬辰	辛卯	庚寅	己丑	59分	06時	06日	癸丑	1月
			丁亥	丙戌	乙酉	甲申	癸未	壬午	辛巳	庚辰	己卯	戊寅	丁丑	丙子	乙亥	甲戌	癸酉	壬申	辛未	庚午	己巳	戊辰	丁卯	丙寅	乙丑	甲子	癸亥	壬戌	辛酉	庚申	40分	18時	04日	甲寅	2月
戊午	丁巳	丙辰	乙卯	甲寅	癸丑	壬子	辛亥	庚戌	己酉	戊申	丁未	丙午	乙巳	甲辰	癸卯	壬寅	辛丑	庚子	己亥	戊戌	丁酉	丙申	乙未	甲午	癸巳	壬辰	辛卯	庚寅	己丑	戊子	47分	12時	06日	乙卯	3月
	戊子	丁亥	丙戌	乙酉	甲申	癸未	壬午	辛巳	庚辰	己卯	戊寅	丁丑	丙子	乙亥	甲戌	癸酉	壬申	辛未	庚午	己巳	戊辰	丁卯	丙寅	乙丑	甲子	癸亥	壬戌	辛酉	庚申	己未	44分	17時	05日	丙辰	4月
己未	戊午	丁巳	丙辰	乙卯	甲寅	癸丑	壬子	辛亥	庚戌	己酉	戊申	丁未	丙午	乙巳	甲辰	癸卯	壬寅	辛丑	庚子	己亥	戊戌	丁酉	丙申	乙未	甲午	癸巳	壬辰	辛卯	庚寅	己丑	11分	11時	06日	丁巳	5月
	己丑	戊子	丁亥	丙戌	乙酉	甲申	癸未	壬午	辛巳	庚辰	己卯	戊寅	丁丑	丙子	乙亥	甲戌	癸酉	壬申	辛未	庚午	己巳	戊辰	丁卯	丙寅	乙丑	甲子	癸亥	壬戌	辛酉	庚申	26分	15時	06日	戊午	6月
庚申	己未	戊午	丁巳	丙辰	乙卯	甲寅	癸丑	壬子	辛亥	庚戌	己酉	戊申	丁未	丙午	乙巳	甲辰	癸卯	壬寅	辛丑	庚子	己亥	戊戌	丁酉	丙申	乙未	甲午	癸巳	壬辰	辛卯	庚寅	43分	01時	08日	己未	7月
辛卯	庚寅	己丑	戊子	丁亥	丙戌	乙酉	甲申	癸未	壬午	辛巳	庚辰	己卯	戊寅	丁丑	丙子	乙亥	甲戌	癸酉	壬申	辛未	庚午	己巳	戊辰	丁卯	丙寅	乙丑	甲子	癸亥	壬戌	辛酉	30分	11時	08日	庚申	8月
	辛酉	庚申	己未	戊午	丁巳	丙辰	乙卯	甲寅	癸丑	壬子	辛亥	庚戌	己酉	戊申	丁未	丙午	乙巳	甲辰	癸卯	壬寅	辛丑	庚子	己亥	戊戌	丁酉	丙申	乙未	甲午	癸巳	壬辰	20分	14時	08日	辛酉	9月
壬辰	辛卯	庚寅	己丑	戊子	丁亥	丙戌	乙酉	甲申	癸未	壬午	辛巳	庚辰	己卯	戊寅	丁丑	丙子	乙亥	甲戌	癸酉	壬申	辛未	庚午	己巳	戊辰	丁卯	丙寅	乙丑	甲子	癸亥	壬戌	51分	05時	09日	壬戌	10月
	壬戌	辛酉	庚申	己未	戊午	丁巳	丙辰	乙卯	甲寅	癸丑	壬子	辛亥	庚戌	己酉	戊申	丁未	丙午	乙巳	甲辰	癸卯	壬寅	辛丑	庚子	己亥	戊戌	丁酉	丙申	乙未	甲午	癸巳	53分	08時	08日	癸亥	11月
癸巳	壬辰	辛卯	庚寅	己丑	戊子	丁亥	丙戌	乙酉	甲申	癸未	壬午	辛巳	庚辰	己卯	戊寅	丁丑	丙子	乙亥	甲戌	癸酉	壬申	辛未	庚午	己巳	戊辰	丁卯	丙寅	乙丑	甲子	癸亥	34分	01時	08日	甲子	12月

1984年（昭和59年） 甲子

31日	30日	29日	28日	27日	26日	25日	24日	23日	22日	21日	20日	19日	18日	17日	16日	15日	14日	13日	12日	11日	10日	09日	08日	07日	06日	05日	04日	03日	02日	01日	節入り日時			月干支	月
甲子	癸亥	壬戌	辛酉	庚申	己未	戊午	丁巳	丙辰	乙卯	甲寅	癸丑	壬子	辛亥	庚戌	己酉	戊申	丁未	丙午	乙巳	甲辰	癸卯	壬寅	辛丑	庚子	己亥	戊戌	丁酉	丙申	乙未	甲午	41分	12時	06日	乙丑	1月
		癸巳	壬辰	辛卯	庚寅	己丑	戊子	丁亥	丙戌	乙酉	甲申	癸未	壬午	辛巳	庚辰	己卯	戊寅	丁丑	丙子	乙亥	甲戌	癸酉	壬申	辛未	庚午	己巳	戊辰	丁卯	丙寅	乙丑	19分	00時	05日	丙寅	2月
甲子	癸亥	壬戌	辛酉	庚申	己未	戊午	丁巳	丙辰	乙卯	甲寅	癸丑	壬子	辛亥	庚戌	己酉	戊申	丁未	丙午	乙巳	甲辰	癸卯	壬寅	辛丑	庚子	己亥	戊戌	丁酉	丙申	乙未	甲午	25分	18時	05日	丁卯	3月
	甲午	癸巳	壬辰	辛卯	庚寅	己丑	戊子	丁亥	丙戌	乙酉	甲申	癸未	壬午	辛巳	庚辰	己卯	戊寅	丁丑	丙子	乙亥	甲戌	癸酉	壬申	辛未	庚午	己巳	戊辰	丁卯	丙寅	乙丑	22分	23時	04日	戊辰	4月
乙丑	甲子	癸亥	壬戌	辛酉	庚申	己未	戊午	丁巳	丙辰	乙卯	甲寅	癸丑	壬子	辛亥	庚戌	己酉	戊申	丁未	丙午	乙巳	甲辰	癸卯	壬寅	辛丑	庚子	己亥	戊戌	丁酉	丙申	乙未	51分	16時	05日	己巳	5月
	乙未	甲午	癸巳	壬辰	辛卯	庚寅	己丑	戊子	丁亥	丙戌	乙酉	甲申	癸未	壬午	辛巳	庚辰	己卯	戊寅	丁丑	丙子	乙亥	甲戌	癸酉	壬申	辛未	庚午	己巳	戊辰	丁卯	丙寅	09分	21時	05日	庚午	6月
丙寅	乙丑	甲子	癸亥	壬戌	辛酉	庚申	己未	戊午	丁巳	丙辰	乙卯	甲寅	癸丑	壬子	辛亥	庚戌	己酉	戊申	丁未	丙午	乙巳	甲辰	癸卯	壬寅	辛丑	庚子	己亥	戊戌	丁酉	丙申	29分	07時	07日	辛未	7月
丁酉	丙申	乙未	甲午	癸巳	壬辰	辛卯	庚寅	己丑	戊子	丁亥	丙戌	乙酉	甲申	癸未	壬午	辛巳	庚辰	己卯	戊寅	丁丑	丙子	乙亥	甲戌	癸酉	壬申	辛未	庚午	己巳	戊辰	丁卯	18分	17時	07日	壬申	8月
	丁卯	丙寅	乙丑	甲子	癸亥	壬戌	辛酉	庚申	己未	戊午	丁巳	丙辰	乙卯	甲寅	癸丑	壬子	辛亥	庚戌	己酉	戊申	丁未	丙午	乙巳	甲辰	癸卯	壬寅	辛丑	庚子	己亥	戊戌	10分	20時	07日	癸酉	9月
戊戌	丁酉	丙申	乙未	甲午	癸巳	壬辰	辛卯	庚寅	己丑	戊子	丁亥	丙戌	乙酉	甲申	癸未	壬午	辛巳	庚辰	己卯	戊寅	丁丑	丙子	乙亥	甲戌	癸酉	壬申	辛未	庚午	己巳	戊辰	43分	11時	08日	甲戌	10月
	戊辰	丁卯	丙寅	乙丑	甲子	癸亥	壬戌	辛酉	庚申	己未	戊午	丁巳	丙辰	乙卯	甲寅	癸丑	壬子	辛亥	庚戌	己酉	戊申	丁未	丙午	乙巳	甲辰	癸卯	壬寅	辛丑	庚子	己亥	46分	14時	07日	乙亥	11月
己亥	戊戌	丁酉	丙申	乙未	甲午	癸巳	壬辰	辛卯	庚寅	己丑	戊子	丁亥	丙戌	乙酉	甲申	癸未	壬午	辛巳	庚辰	己卯	戊寅	丁丑	丙子	乙亥	甲戌	癸酉	壬申	辛未	庚午	己巳	28分	07時	07日	丙子	12月

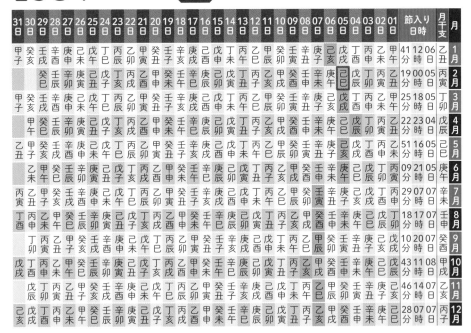

1985年（昭和60年）乙丑

31日	30日	29日	28日	27日	26日	25日	24日	23日	22日	21日	20日	19日	18日	17日	16日	15日	14日	13日	12日	11日	10日	09日	08日	07日	06日	05日	04日	03日	02日	01日	節入り日時			月干支	月
庚午	己巳	戊辰	丁卯	丙寅	乙丑	甲子	癸亥	壬戌	辛酉	庚申	己未	戊午	丁巳	丙辰	乙卯	甲寅	癸丑	壬子	辛亥	庚戌	己酉	戊申	丁未	丙午	乙巳	甲辰	癸卯	壬寅	辛丑	庚子	35分	18時	05日	丁丑	1月
			戊戌	丁酉	丙申	乙未	甲午	癸巳	壬辰	辛卯	庚寅	己丑	戊子	丁亥	丙戌	乙酉	甲申	癸未	壬午	辛巳	庚辰	己卯	戊寅	丁丑	丙子	乙亥	甲戌	癸酉	壬申	辛未	12分	06時	04日	戊寅	2月
己巳	戊辰	丁卯	丙寅	乙丑	甲子	癸亥	壬戌	辛酉	庚申	己未	戊午	丁巳	丙辰	乙卯	甲寅	癸丑	壬子	辛亥	庚戌	己酉	戊申	丁未	丙午	乙巳	甲辰	癸卯	壬寅	辛丑	庚子	己亥	16分	00時	06日	己卯	3月
	己亥	戊戌	丁酉	丙申	乙未	甲午	癸巳	壬辰	辛卯	庚寅	己丑	戊子	丁亥	丙戌	乙酉	甲申	癸未	壬午	辛巳	庚辰	己卯	戊寅	丁丑	丙子	乙亥	甲戌	癸酉	壬申	辛未	庚午	14分	05時	05日	庚辰	4月
庚午	己巳	戊辰	丁卯	丙寅	乙丑	甲子	癸亥	壬戌	辛酉	庚申	己未	戊午	丁巳	丙辰	乙卯	甲寅	癸丑	壬子	辛亥	庚戌	己酉	戊申	丁未	丙午	乙巳	甲辰	癸卯	壬寅	辛丑	庚子	43分	22時	05日	辛巳	5月
	庚子	己亥	戊戌	丁酉	丙申	乙未	甲午	癸巳	壬辰	辛卯	庚寅	己丑	戊子	丁亥	丙戌	乙酉	甲申	癸未	壬午	辛巳	庚辰	己卯	戊寅	丁丑	丙子	乙亥	甲戌	癸酉	壬申	辛未	00分	03時	06日	壬午	6月
辛未	庚午	己巳	戊辰	丁卯	丙寅	乙丑	甲子	癸亥	壬戌	辛酉	庚申	己未	戊午	丁巳	丙辰	乙卯	甲寅	癸丑	壬子	辛亥	庚戌	己酉	戊申	丁未	丙午	乙巳	甲辰	癸卯	壬寅	辛丑	19分	13時	07日	癸未	7月
壬寅	辛丑	庚子	己亥	戊戌	丁酉	丙申	乙未	甲午	癸巳	壬辰	辛卯	庚寅	己丑	戊子	丁亥	丙戌	乙酉	甲申	癸未	壬午	辛巳	庚辰	己卯	戊寅	丁丑	丙子	乙亥	甲戌	癸酉	壬申	04分	23時	07日	甲申	8月
	壬申	辛未	庚午	己巳	戊辰	丁卯	丙寅	乙丑	甲子	癸亥	壬戌	辛酉	庚申	己未	戊午	丁巳	丙辰	乙卯	甲寅	癸丑	壬子	辛亥	庚戌	己酉	戊申	丁未	丙午	乙巳	甲辰	癸卯	53分	01時	08日	乙酉	9月
癸卯	壬寅	辛丑	庚子	己亥	戊戌	丁酉	丙申	乙未	甲午	癸巳	壬辰	辛卯	庚寅	己丑	戊子	丁亥	丙戌	乙酉	甲申	癸未	壬午	辛巳	庚辰	己卯	戊寅	丁丑	丙子	乙亥	甲戌	癸酉	25分	17時	08日	丙戌	10月
	癸酉	壬申	辛未	庚午	己巳	戊辰	丁卯	丙寅	乙丑	甲子	癸亥	壬戌	辛酉	庚申	己未	戊午	丁巳	丙辰	乙卯	甲寅	癸丑	壬子	辛亥	庚戌	己酉	戊申	丁未	丙午	乙巳	甲辰	29分	20時	07日	丁亥	11月
甲辰	癸卯	壬寅	辛丑	庚子	己亥	戊戌	丁酉	丙申	乙未	甲午	癸巳	壬辰	辛卯	庚寅	己丑	戊子	丁亥	丙戌	乙酉	甲申	癸未	壬午	辛巳	庚辰	己卯	戊寅	丁丑	丙子	乙亥	甲戌	16分	13時	07日	戊子	12月

1986年（昭和61年）丙寅

31日	30日	29日	28日	27日	26日	25日	24日	23日	22日	21日	20日	19日	18日	17日	16日	15日	14日	13日	12日	11日	10日	09日	08日	07日	06日	05日	04日	03日	02日	01日	節入り日時			月干支	月
乙亥	甲戌	癸酉	壬申	辛未	庚午	己巳	戊辰	丁卯	丙寅	乙丑	甲子	癸亥	壬戌	辛酉	庚申	己未	戊午	丁巳	丙辰	乙卯	甲寅	癸丑	壬子	辛亥	庚戌	己酉	戊申	丁未	丙午	乙巳	28分	00時	06日	己丑	1月
			癸卯	壬寅	辛丑	庚子	己亥	戊戌	丁酉	丙申	乙未	甲午	癸巳	壬辰	辛卯	庚寅	己丑	戊子	丁亥	丙戌	乙酉	甲申	癸未	壬午	辛巳	庚辰	己卯	戊寅	丁丑	丙子	08分	12時	04日	庚寅	2月
甲戌	癸酉	壬申	辛未	庚午	己巳	戊辰	丁卯	丙寅	乙丑	甲子	癸亥	壬戌	辛酉	庚申	己未	戊午	丁巳	丙辰	乙卯	甲寅	癸丑	壬子	辛亥	庚戌	己酉	戊申	丁未	丙午	乙巳	甲辰	12分	06時	06日	辛卯	3月
	甲辰	癸卯	壬寅	辛丑	庚子	己亥	戊戌	丁酉	丙申	乙未	甲午	癸巳	壬辰	辛卯	庚寅	己丑	戊子	丁亥	丙戌	乙酉	甲申	癸未	壬午	辛巳	庚辰	己卯	戊寅	丁丑	丙子	乙亥	06分	11時	05日	壬辰	4月
乙亥	甲戌	癸酉	壬申	辛未	庚午	己巳	戊辰	丁卯	丙寅	乙丑	甲子	癸亥	壬戌	辛酉	庚申	己未	戊午	丁巳	丙辰	乙卯	甲寅	癸丑	壬子	辛亥	庚戌	己酉	戊申	丁未	丙午	乙巳	31分	04時	06日	癸巳	5月
	乙巳	甲辰	癸卯	壬寅	辛丑	庚子	己亥	戊戌	丁酉	丙申	乙未	甲午	癸巳	壬辰	辛卯	庚寅	己丑	戊子	丁亥	丙戌	乙酉	甲申	癸未	壬午	辛巳	庚辰	己卯	戊寅	丁丑	丙子	44分	08時	06日	甲午	6月
丙子	乙亥	甲戌	癸酉	壬申	辛未	庚午	己巳	戊辰	丁卯	丙寅	乙丑	甲子	癸亥	壬戌	辛酉	庚申	己未	戊午	丁巳	丙辰	乙卯	甲寅	癸丑	壬子	辛亥	庚戌	己酉	戊申	丁未	丙午	01分	19時	07日	乙未	7月
丁未	丙午	乙巳	甲辰	癸卯	壬寅	辛丑	庚子	己亥	戊戌	丁酉	丙申	乙未	甲午	癸巳	壬辰	辛卯	庚寅	己丑	戊子	丁亥	丙戌	乙酉	甲申	癸未	壬午	辛巳	庚辰	己卯	戊寅	丁丑	46分	04時	08日	丙申	8月
	丁丑	丙子	乙亥	甲戌	癸酉	壬申	辛未	庚午	己巳	戊辰	丁卯	丙寅	乙丑	甲子	癸亥	壬戌	辛酉	庚申	己未	戊午	丁巳	丙辰	乙卯	甲寅	癸丑	壬子	辛亥	庚戌	己酉	戊申	35分	07時	08日	丁酉	9月
戊申	丁未	丙午	乙巳	甲辰	癸卯	壬寅	辛丑	庚子	己亥	戊戌	丁酉	丙申	乙未	甲午	癸巳	壬辰	辛卯	庚寅	己丑	戊子	丁亥	丙戌	乙酉	甲申	癸未	壬午	辛巳	庚辰	己卯	戊寅	07分	23時	08日	戊戌	10月
	戊寅	丁丑	丙子	乙亥	甲戌	癸酉	壬申	辛未	庚午	己巳	戊辰	丁卯	丙寅	乙丑	甲子	癸亥	壬戌	辛酉	庚申	己未	戊午	丁巳	丙辰	乙卯	甲寅	癸丑	壬子	辛亥	庚戌	己酉	13分	02時	08日	己亥	11月
己酉	戊申	丁未	丙午	乙巳	甲辰	癸卯	壬寅	辛丑	庚子	己亥	戊戌	丁酉	丙申	乙未	甲午	癸巳	壬辰	辛卯	庚寅	己丑	戊子	丁亥	丙戌	乙酉	甲申	癸未	壬午	辛巳	庚辰	己卯	01分	19時	07日	庚子	12月

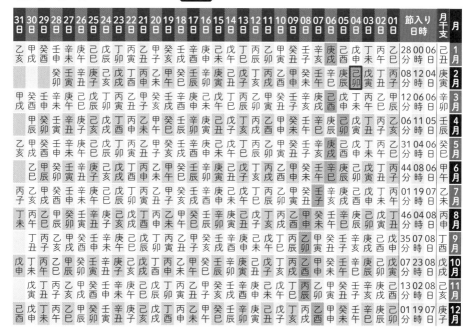

1987年（昭和62年） 丁卯

31日	30日	29日	28日	27日	26日	25日	24日	23日	22日	21日	20日	19日	18日	17日	16日	15日	14日	13日	12日	11日	10日	09日	08日	07日	06日	05日	04日	03日	02日	01日	節入り日時			月干支	月
庚辰	己卯	戊寅	丁丑	丙子	乙亥	甲戌	癸酉	壬申	辛未	庚午	己巳	戊辰	丁卯	丙寅	乙丑	甲子	癸亥	壬戌	辛酉	庚申	己未	戊午	丁巳	丙辰	乙卯	甲寅	癸丑	壬子	辛亥	庚戌	13分	06時	06日	辛丑	1月
			戊申	丁未	丙午	乙巳	甲辰	癸卯	壬寅	辛丑	庚子	己亥	戊戌	丁酉	丙申	乙未	甲午	癸巳	壬辰	辛卯	庚寅	己丑	戊子	丁亥	丙戌	乙酉	甲申	癸未	壬午	辛巳	52分	17時	04日	壬寅	2月
己卯	戊寅	丁丑	丙子	乙亥	甲戌	癸酉	壬申	辛未	庚午	己巳	戊辰	丁卯	丙寅	乙丑	甲子	癸亥	壬戌	辛酉	庚申	己未	戊午	丁巳	丙辰	乙卯	甲寅	癸丑	壬子	辛亥	庚戌	己酉	54分	11時	06日	癸卯	3月
	己酉	戊申	丁未	丙午	乙巳	甲辰	癸卯	壬寅	辛丑	庚子	己亥	戊戌	丁酉	丙申	乙未	甲午	癸巳	壬辰	辛卯	庚寅	己丑	戊子	丁亥	丙戌	乙酉	甲申	癸未	壬午	辛巳	庚辰	44分	16時	05日	甲辰	4月
庚辰	己卯	戊寅	丁丑	丙子	乙亥	甲戌	癸酉	壬申	辛未	庚午	己巳	戊辰	丁卯	丙寅	乙丑	甲子	癸亥	壬戌	辛酉	庚申	己未	戊午	丁巳	丙辰	乙卯	甲寅	癸丑	壬子	辛亥	庚戌	06分	10時	06日	乙巳	5月
	庚戌	己酉	戊申	丁未	丙午	乙巳	甲辰	癸卯	壬寅	辛丑	庚子	己亥	戊戌	丁酉	丙申	乙未	甲午	癸巳	壬辰	辛卯	庚寅	己丑	戊子	丁亥	丙戌	乙酉	甲申	癸未	壬午	辛巳	19分	14時	06日	丙午	6月
辛巳	庚辰	己卯	戊寅	丁丑	丙子	乙亥	甲戌	癸酉	壬申	辛未	庚午	己巳	戊辰	丁卯	丙寅	乙丑	甲子	癸亥	壬戌	辛酉	庚申	己未	戊午	丁巳	丙辰	乙卯	甲寅	癸丑	壬子	辛亥	39分	00時	08日	丁未	7月
壬子	辛亥	庚戌	己酉	戊申	丁未	丙午	乙巳	甲辰	癸卯	壬寅	辛丑	庚子	己亥	戊戌	丁酉	丙申	乙未	甲午	癸巳	壬辰	辛卯	庚寅	己丑	戊子	丁亥	丙戌	乙酉	甲申	癸未	壬午	29分	10時	08日	戊申	8月
	壬午	辛巳	庚辰	己卯	戊寅	丁丑	丙子	乙亥	甲戌	癸酉	壬申	辛未	庚午	己巳	戊辰	丁卯	丙寅	乙丑	甲子	癸亥	壬戌	辛酉	庚申	己未	戊午	丁巳	丙辰	乙卯	甲寅	癸丑	24分	13時	08日	己酉	9月
癸丑	壬子	辛亥	庚戌	己酉	戊申	丁未	丙午	乙巳	甲辰	癸卯	壬寅	辛丑	庚子	己亥	戊戌	丁酉	丙申	乙未	甲午	癸巳	壬辰	辛卯	庚寅	己丑	戊子	丁亥	丙戌	乙酉	甲申	癸未	00分	05時	09日	庚戌	10月
	癸未	壬午	辛巳	庚辰	己卯	戊寅	丁丑	丙子	乙亥	甲戌	癸酉	壬申	辛未	庚午	己巳	戊辰	丁卯	丙寅	乙丑	甲子	癸亥	壬戌	辛酉	庚申	己未	戊午	丁巳	丙辰	乙卯	甲寅	06分	08時	08日	辛亥	11月
甲寅	癸丑	壬子	辛亥	庚戌	己酉	戊申	丁未	丙午	乙巳	甲辰	癸卯	壬寅	辛丑	庚子	己亥	戊戌	丁酉	丙申	乙未	甲午	癸巳	壬辰	辛卯	庚寅	己丑	戊子	丁亥	丙戌	乙酉	甲申	52分	00時	08日	壬子	12月

1988年（昭和63年） 戊辰

31日	30日	29日	28日	27日	26日	25日	24日	23日	22日	21日	20日	19日	18日	17日	16日	15日	14日	13日	12日	11日	10日	09日	08日	07日	06日	05日	04日	03日	02日	01日	節入り日時			月干支	月
乙酉	甲申	癸未	壬午	辛巳	庚辰	己卯	戊寅	丁丑	丙子	乙亥	甲戌	癸酉	壬申	辛未	庚午	己巳	戊辰	丁卯	丙寅	乙丑	甲子	癸亥	壬戌	辛酉	庚申	己未	戊午	丁巳	丙辰	乙卯	04分	12時	06日	癸丑	1月
		甲寅	癸丑	壬子	辛亥	庚戌	己酉	戊申	丁未	丙午	乙巳	甲辰	癸卯	壬寅	辛丑	庚子	己亥	戊戌	丁酉	丙申	乙未	甲午	癸巳	壬辰	辛卯	庚寅	己丑	戊子	丁亥	丙戌	43分	23時	04日	甲寅	2月
乙酉	甲申	癸未	壬午	辛巳	庚辰	己卯	戊寅	丁丑	丙子	乙亥	甲戌	癸酉	壬申	辛未	庚午	己巳	戊辰	丁卯	丙寅	乙丑	甲子	癸亥	壬戌	辛酉	庚申	己未	戊午	丁巳	丙辰	乙卯	47分	17時	05日	乙卯	3月
	乙卯	甲寅	癸丑	壬子	辛亥	庚戌	己酉	戊申	丁未	丙午	乙巳	甲辰	癸卯	壬寅	辛丑	庚子	己亥	戊戌	丁酉	丙申	乙未	甲午	癸巳	壬辰	辛卯	庚寅	己丑	戊子	丁亥	丙戌	39分	22時	04日	丙辰	4月
丙戌	乙酉	甲申	癸未	壬午	辛巳	庚辰	己卯	戊寅	丁丑	丙子	乙亥	甲戌	癸酉	壬申	辛未	庚午	己巳	戊辰	丁卯	丙寅	乙丑	甲子	癸亥	壬戌	辛酉	庚申	己未	戊午	丁巳	丙辰	02分	16時	05日	丁巳	5月
	丙辰	乙卯	甲寅	癸丑	壬子	辛亥	庚戌	己酉	戊申	丁未	丙午	乙巳	甲辰	癸卯	壬寅	辛丑	庚子	己亥	戊戌	丁酉	丙申	乙未	甲午	癸巳	壬辰	辛卯	庚寅	己丑	戊子	丁亥	15分	20時	05日	戊午	6月
丁亥	丙戌	乙酉	甲申	癸未	壬午	辛巳	庚辰	己卯	戊寅	丁丑	丙子	乙亥	甲戌	癸酉	壬申	辛未	庚午	己巳	戊辰	丁卯	丙寅	乙丑	甲子	癸亥	壬戌	辛酉	庚申	己未	戊午	丁巳	33分	06時	07日	己未	7月
戊午	丁巳	丙辰	乙卯	甲寅	癸丑	壬子	辛亥	庚戌	己酉	戊申	丁未	丙午	乙巳	甲辰	癸卯	壬寅	辛丑	庚子	己亥	戊戌	丁酉	丙申	乙未	甲午	癸巳	壬辰	辛卯	庚寅	己丑	戊子	20分	16時	07日	庚申	8月
	戊子	丁亥	丙戌	乙酉	甲申	癸未	壬午	辛巳	庚辰	己卯	戊寅	丁丑	丙子	乙亥	甲戌	癸酉	壬申	辛未	庚午	己巳	戊辰	丁卯	丙寅	乙丑	甲子	癸亥	壬戌	辛酉	庚申	己未	12分	19時	07日	辛酉	9月
己未	戊午	丁巳	丙辰	乙卯	甲寅	癸丑	壬子	辛亥	庚戌	己酉	戊申	丁未	丙午	乙巳	甲辰	癸卯	壬寅	辛丑	庚子	己亥	戊戌	丁酉	丙申	乙未	甲午	癸巳	壬辰	辛卯	庚寅	己丑	45分	10時	08日	壬戌	10月
	己丑	戊子	丁亥	丙戌	乙酉	甲申	癸未	壬午	辛巳	庚辰	己卯	戊寅	丁丑	丙子	乙亥	甲戌	癸酉	壬申	辛未	庚午	己巳	戊辰	丁卯	丙寅	乙丑	甲子	癸亥	壬戌	辛酉	庚申	49分	13時	07日	癸亥	11月
庚申	己未	戊午	丁巳	丙辰	乙卯	甲寅	癸丑	壬子	辛亥	庚戌	己酉	戊申	丁未	丙午	乙巳	甲辰	癸卯	壬寅	辛丑	庚子	己亥	戊戌	丁酉	丙申	乙未	甲午	癸巳	壬辰	辛卯	庚寅	34分	06時	07日	甲子	12月

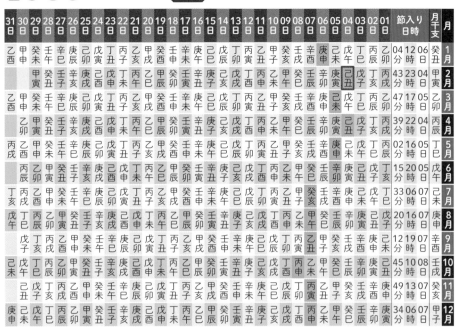

1989年（昭和64年・平成元年） 己巳

31日	30日	29日	28日	27日	26日	25日	24日	23日	22日	21日	20日	19日	18日	17日	16日	15日	14日	13日	12日	11日	10日	09日	08日	07日	06日	05日	04日	03日	02日	01日	節入り日時			月干支	月
辛卯	庚寅	己丑	戊子	丁亥	丙戌	乙酉	甲申	癸未	壬午	辛巳	庚辰	己卯	戊寅	丁丑	丙子	乙亥	甲戌	癸酉	壬申	辛未	庚午	己巳	戊辰	丁卯	丙寅	乙丑	甲子	癸亥	壬戌	辛酉	46分	17時	05日	乙丑	1月
			己未	戊午	丁巳	丙辰	乙卯	甲寅	癸丑	壬子	辛亥	庚戌	己酉	戊申	丁未	丙午	乙巳	甲辰	癸卯	壬寅	辛丑	庚子	己亥	戊戌	丁酉	丙申	乙未	甲午	癸巳	壬辰	27分	05時	04日	丙寅	2月
庚寅	己丑	戊子	丁亥	丙戌	乙酉	甲申	癸未	壬午	辛巳	庚辰	己卯	戊寅	丁丑	丙子	乙亥	甲戌	癸酉	壬申	辛未	庚午	己巳	戊辰	丁卯	丙寅	乙丑	甲子	癸亥	壬戌	辛酉	庚申	34分	23時	05日	丁卯	3月
	庚申	己未	戊午	丁巳	丙辰	乙卯	甲寅	癸丑	壬子	辛亥	庚戌	己酉	戊申	丁未	丙午	乙巳	甲辰	癸卯	壬寅	辛丑	庚子	己亥	戊戌	丁酉	丙申	乙未	甲午	癸巳	壬辰	辛卯	30分	04時	05日	戊辰	4月
辛卯	庚寅	己丑	戊子	丁亥	丙戌	乙酉	甲申	癸未	壬午	辛巳	庚辰	己卯	戊寅	丁丑	丙子	乙亥	甲戌	癸酉	壬申	辛未	庚午	己巳	戊辰	丁卯	丙寅	乙丑	甲子	癸亥	壬戌	辛酉	54分	21時	05日	己巳	5月
	辛酉	庚申	己未	戊午	丁巳	丙辰	乙卯	甲寅	癸丑	壬子	辛亥	庚戌	己酉	戊申	丁未	丙午	乙巳	甲辰	癸卯	壬寅	辛丑	庚子	己亥	戊戌	丁酉	丙申	乙未	甲午	癸巳	壬辰	05分	02時	06日	庚午	6月
壬辰	辛卯	庚寅	己丑	戊子	丁亥	丙戌	乙酉	甲申	癸未	壬午	辛巳	庚辰	己卯	戊寅	丁丑	丙子	乙亥	甲戌	癸酉	壬申	辛未	庚午	己巳	戊辰	丁卯	丙寅	乙丑	甲子	癸亥	壬戌	19分	12時	07日	辛未	7月
癸亥	壬戌	辛酉	庚申	己未	戊午	丁巳	丙辰	乙卯	甲寅	癸丑	壬子	辛亥	庚戌	己酉	戊申	丁未	丙午	乙巳	甲辰	癸卯	壬寅	辛丑	庚子	己亥	戊戌	丁酉	丙申	乙未	甲午	癸巳	04分	22時	07日	壬申	8月
	癸巳	壬辰	辛卯	庚寅	己丑	戊子	丁亥	丙戌	乙酉	甲申	癸未	壬午	辛巳	庚辰	己卯	戊寅	丁丑	丙子	乙亥	甲戌	癸酉	壬申	辛未	庚午	己巳	戊辰	丁卯	丙寅	乙丑	甲子	54分	00時	08日	癸酉	9月
甲子	癸亥	壬戌	辛酉	庚申	己未	戊午	丁巳	丙辰	乙卯	甲寅	癸丑	壬子	辛亥	庚戌	己酉	戊申	丁未	丙午	乙巳	甲辰	癸卯	壬寅	辛丑	庚子	己亥	戊戌	丁酉	丙申	乙未	甲午	27分	16時	08日	甲戌	10月
	甲午	癸巳	壬辰	辛卯	庚寅	己丑	戊子	丁亥	丙戌	乙酉	甲申	癸未	壬午	辛巳	庚辰	己卯	戊寅	丁丑	丙子	乙亥	甲戌	癸酉	壬申	辛未	庚午	己巳	戊辰	丁卯	丙寅	乙丑	34分	19時	07日	乙亥	11月
乙丑	甲子	癸亥	壬戌	辛酉	庚申	己未	戊午	丁巳	丙辰	乙卯	甲寅	癸丑	壬子	辛亥	庚戌	己酉	戊申	丁未	丙午	乙巳	甲辰	癸卯	壬寅	辛丑	庚子	己亥	戊戌	丁酉	丙申	乙未	21分	12時	07日	丙子	12月

1990年（平成2年） 庚午

31日	30日	29日	28日	27日	26日	25日	24日	23日	22日	21日	20日	19日	18日	17日	16日	15日	14日	13日	12日	11日	10日	09日	08日	07日	06日	05日	04日	03日	02日	01日	節入り日時			月干支	月
丙申	乙未	甲午	癸巳	壬辰	辛卯	庚寅	己丑	戊子	丁亥	丙戌	乙酉	甲申	癸未	壬午	辛巳	庚辰	己卯	戊寅	丁丑	丙子	乙亥	甲戌	癸酉	壬申	辛未	庚午	己巳	戊辰	丁卯	丙寅	33分	23時	05日	丁丑	1月
			甲子	癸亥	壬戌	辛酉	庚申	己未	戊午	丁巳	丙辰	乙卯	甲寅	癸丑	壬子	辛亥	庚戌	己酉	戊申	丁未	丙午	乙巳	甲辰	癸卯	壬寅	辛丑	庚子	己亥	戊戌	丁酉	14分	11時	04日	戊寅	2月
乙未	甲午	癸巳	壬辰	辛卯	庚寅	己丑	戊子	丁亥	丙戌	乙酉	甲申	癸未	壬午	辛巳	庚辰	己卯	戊寅	丁丑	丙子	乙亥	甲戌	癸酉	壬申	辛未	庚午	己巳	戊辰	丁卯	丙寅	乙丑	19分	05時	06日	己卯	3月
	乙丑	甲子	癸亥	壬戌	辛酉	庚申	己未	戊午	丁巳	丙辰	乙卯	甲寅	癸丑	壬子	辛亥	庚戌	己酉	戊申	丁未	丙午	乙巳	甲辰	癸卯	壬寅	辛丑	庚子	己亥	戊戌	丁酉	丙申	13分	10時	05日	庚辰	4月
丙申	乙未	甲午	癸巳	壬辰	辛卯	庚寅	己丑	戊子	丁亥	丙戌	乙酉	甲申	癸未	壬午	辛巳	庚辰	己卯	戊寅	丁丑	丙子	乙亥	甲戌	癸酉	壬申	辛未	庚午	己巳	戊辰	丁卯	丙寅	35分	03時	06日	辛巳	5月
	丙寅	乙丑	甲子	癸亥	壬戌	辛酉	庚申	己未	戊午	丁巳	丙辰	乙卯	甲寅	癸丑	壬子	辛亥	庚戌	己酉	戊申	丁未	丙午	乙巳	甲辰	癸卯	壬寅	辛丑	庚子	己亥	戊戌	丁酉	46分	07時	06日	壬午	6月
丁酉	丙申	乙未	甲午	癸巳	壬辰	辛卯	庚寅	己丑	戊子	丁亥	丙戌	乙酉	甲申	癸未	壬午	辛巳	庚辰	己卯	戊寅	丁丑	丙子	乙亥	甲戌	癸酉	壬申	辛未	庚午	己巳	戊辰	丁卯	00分	18時	07日	癸未	7月
戊辰	丁卯	丙寅	乙丑	甲子	癸亥	壬戌	辛酉	庚申	己未	戊午	丁巳	丙辰	乙卯	甲寅	癸丑	壬子	辛亥	庚戌	己酉	戊申	丁未	丙午	乙巳	甲辰	癸卯	壬寅	辛丑	庚子	己亥	戊戌	46分	03時	08日	甲申	8月
	戊戌	丁酉	丙申	乙未	甲午	癸巳	壬辰	辛卯	庚寅	己丑	戊子	丁亥	丙戌	乙酉	甲申	癸未	壬午	辛巳	庚辰	己卯	戊寅	丁丑	丙子	乙亥	甲戌	癸酉	壬申	辛未	庚午	己巳	37分	06時	08日	乙酉	9月
己巳	戊辰	丁卯	丙寅	乙丑	甲子	癸亥	壬戌	辛酉	庚申	己未	戊午	丁巳	丙辰	乙卯	甲寅	癸丑	壬子	辛亥	庚戌	己酉	戊申	丁未	丙午	乙巳	甲辰	癸卯	壬寅	辛丑	庚子	己亥	14分	22時	08日	丙戌	10月
	己亥	戊戌	丁酉	丙申	乙未	甲午	癸巳	壬辰	辛卯	庚寅	己丑	戊子	丁亥	丙戌	乙酉	甲申	癸未	壬午	辛巳	庚辰	己卯	戊寅	丁丑	丙子	乙亥	甲戌	癸酉	壬申	辛未	庚午	23分	01時	08日	丁亥	11月
庚午	己巳	戊辰	丁卯	丙寅	乙丑	甲子	癸亥	壬戌	辛酉	庚申	己未	戊午	丁巳	丙辰	乙卯	甲寅	癸丑	壬子	辛亥	庚戌	己酉	戊申	丁未	丙午	乙巳	甲辰	癸卯	壬寅	辛丑	庚子	14分	18時	07日	戊子	12月

1991年（平成3年） 辛未

31日	30日	29日	28日	27日	26日	25日	24日	23日	22日	21日	20日	19日	18日	17日	16日	15日	14日	13日	12日	11日	10日	09日	08日	07日	06日	05日	04日	03日	02日	01日	節入り日時			月干支	月
辛丑	庚子	己亥	戊戌	丁酉	丙申	乙未	甲午	癸巳	壬辰	辛卯	庚寅	己丑	戊子	丁亥	丙戌	乙酉	甲申	癸未	壬午	辛巳	庚辰	己卯	戊寅	丁丑	丙子	乙亥	甲戌	癸酉	壬申	辛未	28分	05時	06日	己丑	1月
			己巳	戊辰	丁卯	丙寅	乙丑	甲子	癸亥	壬戌	辛酉	庚申	己未	戊午	丁巳	丙辰	乙卯	甲寅	癸丑	壬子	辛亥	庚戌	己酉	戊申	丁未	丙午	乙巳	甲辰	癸卯	壬寅	08分	17時	04日	庚寅	2月
庚子	己亥	戊戌	丁酉	丙申	乙未	甲午	癸巳	壬辰	辛卯	庚寅	己丑	戊子	丁亥	丙戌	乙酉	甲申	癸未	壬午	辛巳	庚辰	己卯	戊寅	丁丑	丙子	乙亥	甲戌	癸酉	壬申	辛未	庚午	12分	11時	06日	辛卯	3月
	庚午	己巳	戊辰	丁卯	丙寅	乙丑	甲子	癸亥	壬戌	辛酉	庚申	己未	戊午	丁巳	丙辰	乙卯	甲寅	癸丑	壬子	辛亥	庚戌	己酉	戊申	丁未	丙午	乙巳	甲辰	癸卯	壬寅	辛丑	05分	16時	05日	壬辰	4月
辛丑	庚子	己亥	戊戌	丁酉	丙申	乙未	甲午	癸巳	壬辰	辛卯	庚寅	己丑	戊子	丁亥	丙戌	乙酉	甲申	癸未	壬午	辛巳	庚辰	己卯	戊寅	丁丑	丙子	乙亥	甲戌	癸酉	壬申	辛未	27分	09時	06日	癸巳	5月
	辛未	庚午	己巳	戊辰	丁卯	丙寅	乙丑	甲子	癸亥	壬戌	辛酉	庚申	己未	戊午	丁巳	丙辰	乙卯	甲寅	癸丑	壬子	辛亥	庚戌	己酉	戊申	丁未	丙午	乙巳	甲辰	癸卯	壬寅	38分	13時	06日	甲午	6月
壬寅	辛丑	庚子	己亥	戊戌	丁酉	丙申	乙未	甲午	癸巳	壬辰	辛卯	庚寅	己丑	戊子	丁亥	丙戌	乙酉	甲申	癸未	壬午	辛巳	庚辰	己卯	戊寅	丁丑	丙子	乙亥	甲戌	癸酉	壬申	53分	23時	07日	乙未	7月
癸酉	壬申	辛未	庚午	己巳	戊辰	丁卯	丙寅	乙丑	甲子	癸亥	壬戌	辛酉	庚申	己未	戊午	丁巳	丙辰	乙卯	甲寅	癸丑	壬子	辛亥	庚戌	己酉	戊申	丁未	丙午	乙巳	甲辰	癸卯	37分	09時	08日	丙申	8月
	癸卯	壬寅	辛丑	庚子	己亥	戊戌	丁酉	丙申	乙未	甲午	癸巳	壬辰	辛卯	庚寅	己丑	戊子	丁亥	丙戌	乙酉	甲申	癸未	壬午	辛巳	庚辰	己卯	戊寅	丁丑	丙子	乙亥	甲戌	27分	12時	08日	丁酉	9月
甲戌	癸酉	壬申	辛未	庚午	己巳	戊辰	丁卯	丙寅	乙丑	甲子	癸亥	壬戌	辛酉	庚申	己未	戊午	丁巳	丙辰	乙卯	甲寅	癸丑	壬子	辛亥	庚戌	己酉	戊申	丁未	丙午	乙巳	甲辰	01分	04時	09日	戊戌	10月
	甲辰	癸卯	壬寅	辛丑	庚子	己亥	戊戌	丁酉	丙申	乙未	甲午	癸巳	壬辰	辛卯	庚寅	己丑	戊子	丁亥	丙戌	乙酉	甲申	癸未	壬午	辛巳	庚辰	己卯	戊寅	丁丑	丙子	乙亥	08分	07時	08日	己亥	11月
乙亥	甲戌	癸酉	壬申	辛未	庚午	己巳	戊辰	丁卯	丙寅	乙丑	甲子	癸亥	壬戌	辛酉	庚申	己未	戊午	丁巳	丙辰	乙卯	甲寅	癸丑	壬子	辛亥	庚戌	己酉	戊申	丁未	丙午	乙巳	56分	23時	07日	庚子	12月

1992年（平成4年） 壬申

31日	30日	29日	28日	27日	26日	25日	24日	23日	22日	21日	20日	19日	18日	17日	16日	15日	14日	13日	12日	11日	10日	09日	08日	07日	06日	05日	04日	03日	02日	01日	節入り日時			月干支	月
丙午	乙巳	甲辰	癸卯	壬寅	辛丑	庚子	己亥	戊戌	丁酉	丙申	乙未	甲午	癸巳	壬辰	辛卯	庚寅	己丑	戊子	丁亥	丙戌	乙酉	甲申	癸未	壬午	辛巳	庚辰	己卯	戊寅	丁丑	丙子	09分	11時	06日	辛丑	1月
		乙亥	甲戌	癸酉	壬申	辛未	庚午	己巳	戊辰	丁卯	丙寅	乙丑	甲子	癸亥	壬戌	辛酉	庚申	己未	戊午	丁巳	丙辰	乙卯	甲寅	癸丑	壬子	辛亥	庚戌	己酉	戊申	丁未	48分	22時	04日	壬寅	2月
丙午	乙巳	甲辰	癸卯	壬寅	辛丑	庚子	己亥	戊戌	丁酉	丙申	乙未	甲午	癸巳	壬辰	辛卯	庚寅	己丑	戊子	丁亥	丙戌	乙酉	甲申	癸未	壬午	辛巳	庚辰	己卯	戊寅	丁丑	丙子	52分	16時	05日	癸卯	3月
	丙子	乙亥	甲戌	癸酉	壬申	辛未	庚午	己巳	戊辰	丁卯	丙寅	乙丑	甲子	癸亥	壬戌	辛酉	庚申	己未	戊午	丁巳	丙辰	乙卯	甲寅	癸丑	壬子	辛亥	庚戌	己酉	戊申	丁未	45分	21時	04日	甲辰	4月
丁未	丙午	乙巳	甲辰	癸卯	壬寅	辛丑	庚子	己亥	戊戌	丁酉	丙申	乙未	甲午	癸巳	壬辰	辛卯	庚寅	己丑	戊子	丁亥	丙戌	乙酉	甲申	癸未	壬午	辛巳	庚辰	己卯	戊寅	丁丑	09分	15時	05日	乙巳	5月
	丁丑	丙子	乙亥	甲戌	癸酉	壬申	辛未	庚午	己巳	戊辰	丁卯	丙寅	乙丑	甲子	癸亥	壬戌	辛酉	庚申	己未	戊午	丁巳	丙辰	乙卯	甲寅	癸丑	壬子	辛亥	庚戌	己酉	戊申	22分	19時	05日	丙午	6月
戊申	丁未	丙午	乙巳	甲辰	癸卯	壬寅	辛丑	庚子	己亥	戊戌	丁酉	丙申	乙未	甲午	癸巳	壬辰	辛卯	庚寅	己丑	戊子	丁亥	丙戌	乙酉	甲申	癸未	壬午	辛巳	庚辰	己卯	戊寅	40分	05時	07日	丁未	7月
己卯	戊寅	丁丑	丙子	乙亥	甲戌	癸酉	壬申	辛未	庚午	己巳	戊辰	丁卯	丙寅	乙丑	甲子	癸亥	壬戌	辛酉	庚申	己未	戊午	丁巳	丙辰	乙卯	甲寅	癸丑	壬子	辛亥	庚戌	己酉	27分	15時	07日	戊申	8月
	己酉	戊申	丁未	丙午	乙巳	甲辰	癸卯	壬寅	辛丑	庚子	己亥	戊戌	丁酉	丙申	乙未	甲午	癸巳	壬辰	辛卯	庚寅	己丑	戊子	丁亥	丙戌	乙酉	甲申	癸未	壬午	辛巳	庚辰	18分	18時	07日	己酉	9月
庚辰	己卯	戊寅	丁丑	丙子	乙亥	甲戌	癸酉	壬申	辛未	庚午	己巳	戊辰	丁卯	丙寅	乙丑	甲子	癸亥	壬戌	辛酉	庚申	己未	戊午	丁巳	丙辰	乙卯	甲寅	癸丑	壬子	辛亥	庚戌	51分	09時	08日	庚戌	10月
	庚戌	己酉	戊申	丁未	丙午	乙巳	甲辰	癸卯	壬寅	辛丑	庚子	己亥	戊戌	丁酉	丙申	乙未	甲午	癸巳	壬辰	辛卯	庚寅	己丑	戊子	丁亥	丙戌	乙酉	甲申	癸未	壬午	辛巳	57分	12時	07日	辛亥	11月
辛巳	庚辰	己卯	戊寅	丁丑	丙子	乙亥	甲戌	癸酉	壬申	辛未	庚午	己巳	戊辰	丁卯	丙寅	乙丑	甲子	癸亥	壬戌	辛酉	庚申	己未	戊午	丁巳	丙辰	乙卯	甲寅	癸丑	壬子	辛亥	44分	05時	07日	壬子	12月

1993年（平成5年）癸酉

31日	30日	29日	28日	27日	26日	25日	24日	23日	22日	21日	20日	19日	18日	17日	16日	15日	14日	13日	12日	11日	10日	09日	08日	07日	06日	05日	04日	03日	02日	01日	節入り日時	月干支	月
壬子	辛亥	庚戌	己酉	戊申	丁未	丙午	乙巳	甲辰	癸卯	壬寅	辛丑	庚子	己亥	戊戌	丁酉	丙申	乙未	甲午	癸巳	壬辰	辛卯	庚寅	己丑	戊子	丁亥	丙戌	乙酉	甲申	癸未	壬午	57分 16時 05日	癸丑	1月
			庚辰	己卯	戊寅	丁丑	丙子	乙亥	甲戌	癸酉	壬申	辛未	庚午	己巳	戊辰	丁卯	丙寅	乙丑	甲子	癸亥	壬戌	辛酉	庚申	己未	戊午	丁巳	丙辰	乙卯	甲寅	癸丑	37分 04時 04日	甲寅	2月
辛亥	庚戌	己酉	戊申	丁未	丙午	乙巳	甲辰	癸卯	壬寅	辛丑	庚子	己亥	戊戌	丁酉	丙申	乙未	甲午	癸巳	壬辰	辛卯	庚寅	己丑	戊子	丁亥	丙戌	乙酉	甲申	癸未	壬午	辛巳	43分 22時 05日	乙卯	3月
	辛巳	庚辰	己卯	戊寅	丁丑	丙子	乙亥	甲戌	癸酉	壬申	辛未	庚午	己巳	戊辰	丁卯	丙寅	乙丑	甲子	癸亥	壬戌	辛酉	庚申	己未	戊午	丁巳	丙辰	乙卯	甲寅	癸丑	壬子	37分 03時 05日	丙辰	4月
壬子	辛亥	庚戌	己酉	戊申	丁未	丙午	乙巳	甲辰	癸卯	壬寅	辛丑	庚子	己亥	戊戌	丁酉	丙申	乙未	甲午	癸巳	壬辰	辛卯	庚寅	己丑	戊子	丁亥	丙戌	乙酉	甲申	癸未	壬午	02分 21時 05日	丁巳	5月
	壬午	辛巳	庚辰	己卯	戊寅	丁丑	丙子	乙亥	甲戌	癸酉	壬申	辛未	庚午	己巳	戊辰	丁卯	丙寅	乙丑	甲子	癸亥	壬戌	辛酉	庚申	己未	戊午	丁巳	丙辰	乙卯	甲寅	癸丑	15分 01時 06日	戊午	6月
癸丑	壬子	辛亥	庚戌	己酉	戊申	丁未	丙午	乙巳	甲辰	癸卯	壬寅	辛丑	庚子	己亥	戊戌	丁酉	丙申	乙未	甲午	癸巳	壬辰	辛卯	庚寅	己丑	戊子	丁亥	丙戌	乙酉	甲申	癸未	32分 11時 07日	己未	7月
甲申	癸未	壬午	辛巳	庚辰	己卯	戊寅	丁丑	丙子	乙亥	甲戌	癸酉	壬申	辛未	庚午	己巳	戊辰	丁卯	丙寅	乙丑	甲子	癸亥	壬戌	辛酉	庚申	己未	戊午	丁巳	丙辰	乙卯	甲寅	18分 21時 07日	庚申	8月
	甲寅	癸丑	壬子	辛亥	庚戌	己酉	戊申	丁未	丙午	乙巳	甲辰	癸卯	壬寅	辛丑	庚子	己亥	戊戌	丁酉	丙申	乙未	甲午	癸巳	壬辰	辛卯	庚寅	己丑	戊子	丁亥	丙戌	乙酉	08分 00時 08日	辛酉	9月
乙酉	甲申	癸未	壬午	辛巳	庚辰	己卯	戊寅	丁丑	丙子	乙亥	甲戌	癸酉	壬申	辛未	庚午	己巳	戊辰	丁卯	丙寅	乙丑	甲子	癸亥	壬戌	辛酉	庚申	己未	戊午	丁巳	丙辰	乙卯	40分 15時 08日	壬戌	10月
	乙卯	甲寅	癸丑	壬子	辛亥	庚戌	己酉	戊申	丁未	丙午	乙巳	甲辰	癸卯	壬寅	辛丑	庚子	己亥	戊戌	丁酉	丙申	乙未	甲午	癸巳	壬辰	辛卯	庚寅	己丑	戊子	丁亥	丙戌	46分 18時 07日	癸亥	11月
丙戌	乙酉	甲申	癸未	壬午	辛巳	庚辰	己卯	戊寅	丁丑	丙子	乙亥	甲戌	癸酉	壬申	辛未	庚午	己巳	戊辰	丁卯	丙寅	乙丑	甲子	癸亥	壬戌	辛酉	庚申	己未	戊午	丁巳	丙辰	34分 11時 07日	甲子	12月

1994年（平成6年）甲戌

31日	30日	29日	28日	27日	26日	25日	24日	23日	22日	21日	20日	19日	18日	17日	16日	15日	14日	13日	12日	11日	10日	09日	08日	07日	06日	05日	04日	03日	02日	01日	節入り日時	月干支	月
丁巳	丙辰	乙卯	甲寅	癸丑	壬子	辛亥	庚戌	己酉	戊申	丁未	丙午	乙巳	甲辰	癸卯	壬寅	辛丑	庚子	己亥	戊戌	丁酉	丙申	乙未	甲午	癸巳	壬辰	辛卯	庚寅	己丑	戊子	丁亥	48分 22時 05日	乙丑	1月
			乙酉	甲申	癸未	壬午	辛巳	庚辰	己卯	戊寅	丁丑	丙子	乙亥	甲戌	癸酉	壬申	辛未	庚午	己巳	戊辰	丁卯	丙寅	乙丑	甲子	癸亥	壬戌	辛酉	庚申	己未	戊午	31分 10時 04日	丙寅	2月
丙辰	乙卯	甲寅	癸丑	壬子	辛亥	庚戌	己酉	戊申	丁未	丙午	乙巳	甲辰	癸卯	壬寅	辛丑	庚子	己亥	戊戌	丁酉	丙申	乙未	甲午	癸巳	壬辰	辛卯	庚寅	己丑	戊子	丁亥	丙戌	38分 04時 06日	丁卯	3月
	丙戌	乙酉	甲申	癸未	壬午	辛巳	庚辰	己卯	戊寅	丁丑	丙子	乙亥	甲戌	癸酉	壬申	辛未	庚午	己巳	戊辰	丁卯	丙寅	乙丑	甲子	癸亥	壬戌	辛酉	庚申	己未	戊午	丁巳	32分 09時 05日	戊辰	4月
丁巳	丙辰	乙卯	甲寅	癸丑	壬子	辛亥	庚戌	己酉	戊申	丁未	丙午	乙巳	甲辰	癸卯	壬寅	辛丑	庚子	己亥	戊戌	丁酉	丙申	乙未	甲午	癸巳	壬辰	辛卯	庚寅	己丑	戊子	丁亥	54分 02時 06日	己巳	5月
	丁亥	丙戌	乙酉	甲申	癸未	壬午	辛巳	庚辰	己卯	戊寅	丁丑	丙子	乙亥	甲戌	癸酉	壬申	辛未	庚午	己巳	戊辰	丁卯	丙寅	乙丑	甲子	癸亥	壬戌	辛酉	庚申	己未	戊午	05分 07時 06日	庚午	6月
戊午	丁巳	丙辰	乙卯	甲寅	癸丑	壬子	辛亥	庚戌	己酉	戊申	丁未	丙午	乙巳	甲辰	癸卯	壬寅	辛丑	庚子	己亥	戊戌	丁酉	丙申	乙未	甲午	癸巳	壬辰	辛卯	庚寅	己丑	戊子	19分 17時 07日	辛未	7月
己丑	戊子	丁亥	丙戌	乙酉	甲申	癸未	壬午	辛巳	庚辰	己卯	戊寅	丁丑	丙子	乙亥	甲戌	癸酉	壬申	辛未	庚午	己巳	戊辰	丁卯	丙寅	乙丑	甲子	癸亥	壬戌	辛酉	庚申	己未	04分 03時 08日	壬申	8月
	己未	戊午	丁巳	丙辰	乙卯	甲寅	癸丑	壬子	辛亥	庚戌	己酉	戊申	丁未	丙午	乙巳	甲辰	癸卯	壬寅	辛丑	庚子	己亥	戊戌	丁酉	丙申	乙未	甲午	癸巳	壬辰	辛卯	庚寅	55分 05時 08日	癸酉	9月
庚寅	己丑	戊子	丁亥	丙戌	乙酉	甲申	癸未	壬午	辛巳	庚辰	己卯	戊寅	丁丑	丙子	乙亥	甲戌	癸酉	壬申	辛未	庚午	己巳	戊辰	丁卯	丙寅	乙丑	甲子	癸亥	壬戌	辛酉	庚申	29分 21時 08日	甲戌	10月
	庚申	己未	戊午	丁巳	丙辰	乙卯	甲寅	癸丑	壬子	辛亥	庚戌	己酉	戊申	丁未	丙午	乙巳	甲辰	癸卯	壬寅	辛丑	庚子	己亥	戊戌	丁酉	丙申	乙未	甲午	癸巳	壬辰	辛卯	36分 00時 08日	乙亥	11月
辛卯	庚寅	己丑	戊子	丁亥	丙戌	乙酉	甲申	癸未	壬午	辛巳	庚辰	己卯	戊寅	丁丑	丙子	乙亥	甲戌	癸酉	壬申	辛未	庚午	己巳	戊辰	丁卯	丙寅	乙丑	甲子	癸亥	壬戌	辛酉	23分 17時 07日	丙子	12月

1995年（平成7年）乙亥

31日	30日	29日	28日	27日	26日	25日	24日	23日	22日	21日	20日	19日	18日	17日	16日	15日	14日	13日	12日	11日	10日	09日	08日	07日	06日	05日	04日	03日	02日	01日	節入り日時	月干支	月
壬戌	辛酉	庚申	己未	戊午	丁巳	丙辰	乙卯	甲寅	癸丑	壬子	辛亥	庚戌	己酉	戊申	丁未	丙午	乙巳	甲辰	癸卯	壬寅	辛丑	庚子	己亥	戊戌	丁酉	丙申	乙未	甲午	癸巳	壬辰	34分04時06日	丁丑	1月
			庚寅	己丑	戊子	丁亥	丙戌	乙酉	甲申	癸未	壬午	辛巳	庚辰	己卯	戊寅	丁丑	丙子	乙亥	甲戌	癸酉	壬申	辛未	庚午	己巳	戊辰	丁卯	丙寅	乙丑	甲子	癸亥	13分16時04日	戊寅	2月
辛酉	庚申	己未	戊午	丁巳	丙辰	乙卯	甲寅	癸丑	壬子	辛亥	庚戌	己酉	戊申	丁未	丙午	乙巳	甲辰	癸卯	壬寅	辛丑	庚子	己亥	戊戌	丁酉	丙申	乙未	甲午	癸巳	壬辰	辛卯	16分10時06日	己卯	3月
	辛卯	庚寅	己丑	戊子	丁亥	丙戌	乙酉	甲申	癸未	壬午	辛巳	庚辰	己卯	戊寅	丁丑	丙子	乙亥	甲戌	癸酉	壬申	辛未	庚午	己巳	戊辰	丁卯	丙寅	乙丑	甲子	癸亥	壬戌	08分15時05日	庚辰	4月
壬戌	辛酉	庚申	己未	戊午	丁巳	丙辰	乙卯	甲寅	癸丑	壬子	辛亥	庚戌	己酉	戊申	丁未	丙午	乙巳	甲辰	癸卯	壬寅	辛丑	庚子	己亥	戊戌	丁酉	丙申	乙未	甲午	癸巳	壬辰	30分08時06日	辛巳	5月
	壬辰	辛卯	庚寅	己丑	戊子	丁亥	丙戌	乙酉	甲申	癸未	壬午	辛巳	庚辰	己卯	戊寅	丁丑	丙子	乙亥	甲戌	癸酉	壬申	辛未	庚午	己巳	戊辰	丁卯	丙寅	乙丑	甲子	癸亥	42分12時06日	壬午	6月
癸亥	壬戌	辛酉	庚申	己未	戊午	丁巳	丙辰	乙卯	甲寅	癸丑	壬子	辛亥	庚戌	己酉	戊申	丁未	丙午	乙巳	甲辰	癸卯	壬寅	辛丑	庚子	己亥	戊戌	丁酉	丙申	乙未	甲午	癸巳	01分23時07日	癸未	7月
甲午	癸巳	壬辰	辛卯	庚寅	己丑	戊子	丁亥	丙戌	乙酉	甲申	癸未	壬午	辛巳	庚辰	己卯	戊寅	丁丑	丙子	乙亥	甲戌	癸酉	壬申	辛未	庚午	己巳	戊辰	丁卯	丙寅	乙丑	甲子	52分08時08日	甲申	8月
	甲子	癸亥	壬戌	辛酉	庚申	己未	戊午	丁巳	丙辰	乙卯	甲寅	癸丑	壬子	辛亥	庚戌	己酉	戊申	丁未	丙午	乙巳	甲辰	癸卯	壬寅	辛丑	庚子	己亥	戊戌	丁酉	丙申	乙未	49分11時08日	乙酉	9月
乙未	甲午	癸巳	壬辰	辛卯	庚寅	己丑	戊子	丁亥	丙戌	乙酉	甲申	癸未	壬午	辛巳	庚辰	己卯	戊寅	丁丑	丙子	乙亥	甲戌	癸酉	壬申	辛未	庚午	己巳	戊辰	丁卯	丙寅	乙丑	27分03時09日	丙戌	10月
	乙丑	甲子	癸亥	壬戌	辛酉	庚申	己未	戊午	丁巳	丙辰	乙卯	甲寅	癸丑	壬子	辛亥	庚戌	己酉	戊申	丁未	丙午	乙巳	甲辰	癸卯	壬寅	辛丑	庚子	己亥	戊戌	丁酉	丙申	36分06時08日	丁亥	11月
丙申	乙未	甲午	癸巳	壬辰	辛卯	庚寅	己丑	戊子	丁亥	丙戌	乙酉	甲申	癸未	壬午	辛巳	庚辰	己卯	戊寅	丁丑	丙子	乙亥	甲戌	癸酉	壬申	辛未	庚午	己巳	戊辰	丁卯	丙寅	22分23時07日	戊子	12月

1996年（平成8年）丙子

31日	30日	29日	28日	27日	26日	25日	24日	23日	22日	21日	20日	19日	18日	17日	16日	15日	14日	13日	12日	11日	10日	09日	08日	07日	06日	05日	04日	03日	02日	01日	節入り日時	月干支	月
丁卯	丙寅	乙丑	甲子	癸亥	壬戌	辛酉	庚申	己未	戊午	丁巳	丙辰	乙卯	甲寅	癸丑	壬子	辛亥	庚戌	己酉	戊申	丁未	丙午	乙巳	甲辰	癸卯	壬寅	辛丑	庚子	己亥	戊戌	丁酉	31分10時06日	己丑	1月
		丙申	乙未	甲午	癸巳	壬辰	辛卯	庚寅	己丑	戊子	丁亥	丙戌	乙酉	甲申	癸未	壬午	辛巳	庚辰	己卯	戊寅	丁丑	丙子	乙亥	甲戌	癸酉	壬申	辛未	庚午	己巳	戊辰	08分22時04日	庚寅	2月
丁卯	丙寅	乙丑	甲子	癸亥	壬戌	辛酉	庚申	己未	戊午	丁巳	丙辰	乙卯	甲寅	癸丑	壬子	辛亥	庚戌	己酉	戊申	丁未	丙午	乙巳	甲辰	癸卯	壬寅	辛丑	庚子	己亥	戊戌	丁酉	10分16時05日	辛卯	3月
	丁酉	丙申	乙未	甲午	癸巳	壬辰	辛卯	庚寅	己丑	戊子	丁亥	丙戌	乙酉	甲申	癸未	壬午	辛巳	庚辰	己卯	戊寅	丁丑	丙子	乙亥	甲戌	癸酉	壬申	辛未	庚午	己巳	戊辰	02分21時04日	壬辰	4月
戊辰	丁卯	丙寅	乙丑	甲子	癸亥	壬戌	辛酉	庚申	己未	戊午	丁巳	丙辰	乙卯	甲寅	癸丑	壬子	辛亥	庚戌	己酉	戊申	丁未	丙午	乙巳	甲辰	癸卯	壬寅	辛丑	庚子	己亥	戊戌	26分14時05日	癸巳	5月
	戊戌	丁酉	丙申	乙未	甲午	癸巳	壬辰	辛卯	庚寅	己丑	戊子	丁亥	丙戌	乙酉	甲申	癸未	壬午	辛巳	庚辰	己卯	戊寅	丁丑	丙子	乙亥	甲戌	癸酉	壬申	辛未	庚午	己巳	41分18時05日	甲午	6月
己巳	戊辰	丁卯	丙寅	乙丑	甲子	癸亥	壬戌	辛酉	庚申	己未	戊午	丁巳	丙辰	乙卯	甲寅	癸丑	壬子	辛亥	庚戌	己酉	戊申	丁未	丙午	乙巳	甲辰	癸卯	壬寅	辛丑	庚子	己亥	00分05時07日	乙未	7月
庚子	己亥	戊戌	丁酉	丙申	乙未	甲午	癸巳	壬辰	辛卯	庚寅	己丑	戊子	丁亥	丙戌	乙酉	甲申	癸未	壬午	辛巳	庚辰	己卯	戊寅	丁丑	丙子	乙亥	甲戌	癸酉	壬申	辛未	庚午	49分14時07日	丙申	8月
	庚午	己巳	戊辰	丁卯	丙寅	乙丑	甲子	癸亥	壬戌	辛酉	庚申	己未	戊午	丁巳	丙辰	乙卯	甲寅	癸丑	壬子	辛亥	庚戌	己酉	戊申	丁未	丙午	乙巳	甲辰	癸卯	壬寅	辛丑	42分17時07日	丁酉	9月
辛丑	庚子	己亥	戊戌	丁酉	丙申	乙未	甲午	癸巳	壬辰	辛卯	庚寅	己丑	戊子	丁亥	丙戌	乙酉	甲申	癸未	壬午	辛巳	庚辰	己卯	戊寅	丁丑	丙子	乙亥	甲戌	癸酉	壬申	辛未	19分09時08日	戊戌	10月
	辛未	庚午	己巳	戊辰	丁卯	丙寅	乙丑	甲子	癸亥	壬戌	辛酉	庚申	己未	戊午	丁巳	丙辰	乙卯	甲寅	癸丑	壬子	辛亥	庚戌	己酉	戊申	丁未	丙午	乙巳	甲辰	癸卯	壬寅	27分12時07日	己亥	11月
壬寅	辛丑	庚子	己亥	戊戌	丁酉	丙申	乙未	甲午	癸巳	壬辰	辛卯	庚寅	己丑	戊子	丁亥	丙戌	乙酉	甲申	癸未	壬午	辛巳	庚辰	己卯	戊寅	丁丑	丙子	乙亥	甲戌	癸酉	壬申	14分05時07日	庚子	12月

1997年（平成9年） 丁丑

31日	30日	29日	28日	27日	26日	25日	24日	23日	22日	21日	20日	19日	18日	17日	16日	15日	14日	13日	12日	11日	10日	09日	08日	07日	06日	05日	04日	03日	02日	01日	節入り日時			月干支	月
癸酉	壬申	辛未	庚午	己巳	戊辰	丁卯	丙寅	乙丑	甲子	癸亥	壬戌	辛酉	庚申	己未	戊午	丁巳	丙辰	乙卯	甲寅	癸丑	壬子	辛亥	庚戌	己酉	戊申	丁未	丙午	乙巳	甲辰	癸卯	24分	16時	05日	辛丑	1月
			辛丑	庚子	己亥	戊戌	丁酉	丙申	乙未	甲午	癸巳	壬辰	辛卯	庚寅	己丑	戊子	丁亥	丙戌	乙酉	甲申	癸未	壬午	辛巳	庚辰	己卯	戊寅	丁丑	丙子	乙亥	甲戌	02分	04時	04日	壬寅	2月
壬申	辛未	庚午	己巳	戊辰	丁卯	丙寅	乙丑	甲子	癸亥	壬戌	辛酉	庚申	己未	戊午	丁巳	丙辰	乙卯	甲寅	癸丑	壬子	辛亥	庚戌	己酉	戊申	丁未	丙午	乙巳	甲辰	癸卯	壬寅	04分	22時	05日	癸卯	3月
	壬寅	辛丑	庚子	己亥	戊戌	丁酉	丙申	乙未	甲午	癸巳	壬辰	辛卯	庚寅	己丑	戊子	丁亥	丙戌	乙酉	甲申	癸未	壬午	辛巳	庚辰	己卯	戊寅	丁丑	丙子	乙亥	甲戌	癸酉	56分	02時	05日	甲辰	4月
癸酉	壬申	辛未	庚午	己巳	戊辰	丁卯	丙寅	乙丑	甲子	癸亥	壬戌	辛酉	庚申	己未	戊午	丁巳	丙辰	乙卯	甲寅	癸丑	壬子	辛亥	庚戌	己酉	戊申	丁未	丙午	乙巳	甲辰	癸卯	19分	20時	05日	乙巳	5月
	癸卯	壬寅	辛丑	庚子	己亥	戊戌	丁酉	丙申	乙未	甲午	癸巳	壬辰	辛卯	庚寅	己丑	戊子	丁亥	丙戌	乙酉	甲申	癸未	壬午	辛巳	庚辰	己卯	戊寅	丁丑	丙子	乙亥	甲戌	33分	00時	06日	丙午	6月
甲戌	癸酉	壬申	辛未	庚午	己巳	戊辰	丁卯	丙寅	乙丑	甲子	癸亥	壬戌	辛酉	庚申	己未	戊午	丁巳	丙辰	乙卯	甲寅	癸丑	壬子	辛亥	庚戌	己酉	戊申	丁未	丙午	乙巳	甲辰	49分	10時	07日	丁未	7月
乙巳	甲辰	癸卯	壬寅	辛丑	庚子	己亥	戊戌	丁酉	丙申	乙未	甲午	癸巳	壬辰	辛卯	庚寅	己丑	戊子	丁亥	丙戌	乙酉	甲申	癸未	壬午	辛巳	庚辰	己卯	戊寅	丁丑	丙子	乙亥	36分	20時	07日	戊申	8月
	乙亥	甲戌	癸酉	壬申	辛未	庚午	己巳	戊辰	丁卯	丙寅	乙丑	甲子	癸亥	壬戌	辛酉	庚申	己未	戊午	丁巳	丙辰	乙卯	甲寅	癸丑	壬子	辛亥	庚戌	己酉	戊申	丁未	丙午	29分	23時	07日	己酉	9月
丙午	乙巳	甲辰	癸卯	壬寅	辛丑	庚子	己亥	戊戌	丁酉	丙申	乙未	甲午	癸巳	壬辰	辛卯	庚寅	己丑	戊子	丁亥	丙戌	乙酉	甲申	癸未	壬午	辛巳	庚辰	己卯	戊寅	丁丑	丙子	05分	15時	08日	庚戌	10月
	丙子	乙亥	甲戌	癸酉	壬申	辛未	庚午	己巳	戊辰	丁卯	丙寅	乙丑	甲子	癸亥	壬戌	辛酉	庚申	己未	戊午	丁巳	丙辰	乙卯	甲寅	癸丑	壬子	辛亥	庚戌	己酉	戊申	丁未	15分	18時	07日	辛亥	11月
丁未	丙午	乙巳	甲辰	癸卯	壬寅	辛丑	庚子	己亥	戊戌	丁酉	丙申	乙未	甲午	癸巳	壬辰	辛卯	庚寅	己丑	戊子	丁亥	丙戌	乙酉	甲申	癸未	壬午	辛巳	庚辰	己卯	戊寅	丁丑	05分	11時	07日	壬子	12月

1998年（平成10年） 戊寅

31日	30日	29日	28日	27日	26日	25日	24日	23日	22日	21日	20日	19日	18日	17日	16日	15日	14日	13日	12日	11日	10日	09日	08日	07日	06日	05日	04日	03日	02日	01日	節入り日時			月干支	月
戊寅	丁丑	丙子	乙亥	甲戌	癸酉	壬申	辛未	庚午	己巳	戊辰	丁卯	丙寅	乙丑	甲子	癸亥	壬戌	辛酉	庚申	己未	戊午	丁巳	丙辰	乙卯	甲寅	癸丑	壬子	辛亥	庚戌	己酉	戊申	18分	22時	05日	癸丑	1月
			丙午	乙巳	甲辰	癸卯	壬寅	辛丑	庚子	己亥	戊戌	丁酉	丙申	乙未	甲午	癸巳	壬辰	辛卯	庚寅	己丑	戊子	丁亥	丙戌	乙酉	甲申	癸未	壬午	辛巳	庚辰	己卯	57分	09時	04日	甲寅	2月
丁丑	丙子	乙亥	甲戌	癸酉	壬申	辛未	庚午	己巳	戊辰	丁卯	丙寅	乙丑	甲子	癸亥	壬戌	辛酉	庚申	己未	戊午	丁巳	丙辰	乙卯	甲寅	癸丑	壬子	辛亥	庚戌	己酉	戊申	丁未	57分	03時	06日	乙卯	3月
	丁未	丙午	乙巳	甲辰	癸卯	壬寅	辛丑	庚子	己亥	戊戌	丁酉	丙申	乙未	甲午	癸巳	壬辰	辛卯	庚寅	己丑	戊子	丁亥	丙戌	乙酉	甲申	癸未	壬午	辛巳	庚辰	己卯	戊寅	45分	08時	05日	丙辰	4月
戊寅	丁丑	丙子	乙亥	甲戌	癸酉	壬申	辛未	庚午	己巳	戊辰	丁卯	丙寅	乙丑	甲子	癸亥	壬戌	辛酉	庚申	己未	戊午	丁巳	丙辰	乙卯	甲寅	癸丑	壬子	辛亥	庚戌	己酉	戊申	03分	02時	06日	丁巳	5月
	戊申	丁未	丙午	乙巳	甲辰	癸卯	壬寅	辛丑	庚子	己亥	戊戌	丁酉	丙申	乙未	甲午	癸巳	壬辰	辛卯	庚寅	己丑	戊子	丁亥	丙戌	乙酉	甲申	癸未	壬午	辛巳	庚辰	己卯	13分	06時	06日	戊午	6月
己卯	戊寅	丁丑	丙子	乙亥	甲戌	癸酉	壬申	辛未	庚午	己巳	戊辰	丁卯	丙寅	乙丑	甲子	癸亥	壬戌	辛酉	庚申	己未	戊午	丁巳	丙辰	乙卯	甲寅	癸丑	壬子	辛亥	庚戌	己酉	30分	16時	07日	己未	7月
庚戌	己酉	戊申	丁未	丙午	乙巳	甲辰	癸卯	壬寅	辛丑	庚子	己亥	戊戌	丁酉	丙申	乙未	甲午	癸巳	壬辰	辛卯	庚寅	己丑	戊子	丁亥	丙戌	乙酉	甲申	癸未	壬午	辛巳	庚辰	20分	02時	08日	庚申	8月
	庚辰	己卯	戊寅	丁丑	丙子	乙亥	甲戌	癸酉	壬申	辛未	庚午	己巳	戊辰	丁卯	丙寅	乙丑	甲子	癸亥	壬戌	辛酉	庚申	己未	戊午	丁巳	丙辰	乙卯	甲寅	癸丑	壬子	辛亥	16分	05時	08日	辛酉	9月
辛亥	庚戌	己酉	戊申	丁未	丙午	乙巳	甲辰	癸卯	壬寅	辛丑	庚子	己亥	戊戌	丁酉	丙申	乙未	甲午	癸巳	壬辰	辛卯	庚寅	己丑	戊子	丁亥	丙戌	乙酉	甲申	癸未	壬午	辛巳	56分	20時	08日	壬戌	10月
	辛巳	庚辰	己卯	戊寅	丁丑	丙子	乙亥	甲戌	癸酉	壬申	辛未	庚午	己巳	戊辰	丁卯	丙寅	乙丑	甲子	癸亥	壬戌	辛酉	庚申	己未	戊午	丁巳	丙辰	乙卯	甲寅	癸丑	壬子	08分	00時	08日	癸亥	11月
壬子	辛亥	庚戌	己酉	戊申	丁未	丙午	乙巳	甲辰	癸卯	壬寅	辛丑	庚子	己亥	戊戌	丁酉	丙申	乙未	甲午	癸巳	壬辰	辛卯	庚寅	己丑	戊子	丁亥	丙戌	乙酉	甲申	癸未	壬午	02分	17時	07日	甲子	12月

1999年（平成11年）己卯

31日	30日	29日	28日	27日	26日	25日	24日	23日	22日	21日	20日	19日	18日	17日	16日	15日	14日	13日	12日	11日	10日	09日	08日	07日	06日	05日	04日	03日	02日	01日	節入り日時			月干支	月
癸未	壬午	辛巳	庚辰	己卯	戊寅	丁丑	丙子	乙亥	甲戌	癸酉	壬申	辛未	庚午	己巳	戊辰	丁卯	丙寅	乙丑	甲子	癸亥	壬戌	辛酉	庚申	己未	戊午	丁巳	丙辰	乙卯	甲寅	癸丑	17分	04時	06日	乙丑	1月
			辛亥	庚戌	己酉	戊申	丁未	丙午	乙巳	甲辰	癸卯	壬寅	辛丑	庚子	己亥	戊戌	丁酉	丙申	乙未	甲午	癸巳	壬辰	辛卯	庚寅	己丑	戊子	丁亥	丙戌	乙酉	甲申	57分	15時	04日	丙寅	2月
壬午	辛巳	庚辰	己卯	戊寅	丁丑	丙子	乙亥	甲戌	癸酉	壬申	辛未	庚午	己巳	戊辰	丁卯	丙寅	乙丑	甲子	癸亥	壬戌	辛酉	庚申	己未	戊午	丁巳	丙辰	乙卯	甲寅	癸丑	壬子	58分	09時	06日	丁卯	3月
	壬子	辛亥	庚戌	己酉	戊申	丁未	丙午	乙巳	甲辰	癸卯	壬寅	辛丑	庚子	己亥	戊戌	丁酉	丙申	乙未	甲午	癸巳	壬辰	辛卯	庚寅	己丑	戊子	丁亥	丙戌	乙酉	甲申	癸未	45分	14時	05日	戊辰	4月
癸未	壬午	辛巳	庚辰	己卯	戊寅	丁丑	丙子	乙亥	甲戌	癸酉	壬申	辛未	庚午	己巳	戊辰	丁卯	丙寅	乙丑	甲子	癸亥	壬戌	辛酉	庚申	己未	戊午	丁巳	丙辰	乙卯	甲寅	癸丑	01分	08時	06日	己巳	5月
	癸丑	壬子	辛亥	庚戌	己酉	戊申	丁未	丙午	乙巳	甲辰	癸卯	壬寅	辛丑	庚子	己亥	戊戌	丁酉	丙申	乙未	甲午	癸巳	壬辰	辛卯	庚寅	己丑	戊子	丁亥	丙戌	乙酉	甲申	09分	12時	06日	庚午	6月
甲申	癸未	壬午	辛巳	庚辰	己卯	戊寅	丁丑	丙子	乙亥	甲戌	癸酉	壬申	辛未	庚午	己巳	戊辰	丁卯	丙寅	乙丑	甲子	癸亥	壬戌	辛酉	庚申	己未	戊午	丁巳	丙辰	乙卯	甲寅	25分	22時	07日	辛未	7月
乙卯	甲寅	癸丑	壬子	辛亥	庚戌	己酉	戊申	丁未	丙午	乙巳	甲辰	癸卯	壬寅	辛丑	庚子	己亥	戊戌	丁酉	丙申	乙未	甲午	癸巳	壬辰	辛卯	庚寅	己丑	戊子	丁亥	丙戌	乙酉	14分	08時	08日	壬申	8月
	乙酉	甲申	癸未	壬午	辛巳	庚辰	己卯	戊寅	丁丑	丙子	乙亥	甲戌	癸酉	壬申	辛未	庚午	己巳	戊辰	丁卯	丙寅	乙丑	甲子	癸亥	壬戌	辛酉	庚申	己未	戊午	丁巳	丙辰	10分	11時	08日	癸酉	9月
丙辰	乙卯	甲寅	癸丑	壬子	辛亥	庚戌	己酉	戊申	丁未	丙午	乙巳	甲辰	癸卯	壬寅	辛丑	庚子	己亥	戊戌	丁酉	丙申	乙未	甲午	癸巳	壬辰	辛卯	庚寅	己丑	戊子	丁亥	丙戌	48分	02時	09日	甲戌	10月
	丙戌	乙酉	甲申	癸未	壬午	辛巳	庚辰	己卯	戊寅	丁丑	丙子	乙亥	甲戌	癸酉	壬申	辛未	庚午	己巳	戊辰	丁卯	丙寅	乙丑	甲子	癸亥	壬戌	辛酉	庚申	己未	戊午	丁巳	58分	05時	08日	乙亥	11月
丁巳	丙辰	乙卯	甲寅	癸丑	壬子	辛亥	庚戌	己酉	戊申	丁未	丙午	乙巳	甲辰	癸卯	壬寅	辛丑	庚子	己亥	戊戌	丁酉	丙申	乙未	甲午	癸巳	壬辰	辛卯	庚寅	己丑	戊子	丁亥	47分	22時	07日	丙子	12月

2000年（平成12年）庚辰

31日	30日	29日	28日	27日	26日	25日	24日	23日	22日	21日	20日	19日	18日	17日	16日	15日	14日	13日	12日	11日	10日	09日	08日	07日	06日	05日	04日	03日	02日	01日	節入り日時			月干支	月
戊子	丁亥	丙戌	乙酉	甲申	癸未	壬午	辛巳	庚辰	己卯	戊寅	丁丑	丙子	乙亥	甲戌	癸酉	壬申	辛未	庚午	己巳	戊辰	丁卯	丙寅	乙丑	甲子	癸亥	壬戌	辛酉	庚申	己未	戊午	01分	10時	06日	丁丑	1月
		丁巳	丙辰	乙卯	甲寅	癸丑	壬子	辛亥	庚戌	己酉	戊申	丁未	丙午	乙巳	甲辰	癸卯	壬寅	辛丑	庚子	己亥	戊戌	丁酉	丙申	乙未	甲午	癸巳	壬辰	辛卯	庚寅	己丑	40分	21時	04日	戊寅	2月
戊子	丁亥	丙戌	乙酉	甲申	癸未	壬午	辛巳	庚辰	己卯	戊寅	丁丑	丙子	乙亥	甲戌	癸酉	壬申	辛未	庚午	己巳	戊辰	丁卯	丙寅	乙丑	甲子	癸亥	壬戌	辛酉	庚申	己未	戊午	43分	15時	05日	己卯	3月
	戊午	丁巳	丙辰	乙卯	甲寅	癸丑	壬子	辛亥	庚戌	己酉	戊申	丁未	丙午	乙巳	甲辰	癸卯	壬寅	辛丑	庚子	己亥	戊戌	丁酉	丙申	乙未	甲午	癸巳	壬辰	辛卯	庚寅	己丑	32分	20時	04日	庚辰	4月
己丑	戊子	丁亥	丙戌	乙酉	甲申	癸未	壬午	辛巳	庚辰	己卯	戊寅	丁丑	丙子	乙亥	甲戌	癸酉	壬申	辛未	庚午	己巳	戊辰	丁卯	丙寅	乙丑	甲子	癸亥	壬戌	辛酉	庚申	己未	50分	13時	05日	辛巳	5月
	己未	戊午	丁巳	丙辰	乙卯	甲寅	癸丑	壬子	辛亥	庚戌	己酉	戊申	丁未	丙午	乙巳	甲辰	癸卯	壬寅	辛丑	庚子	己亥	戊戌	丁酉	丙申	乙未	甲午	癸巳	壬辰	辛卯	庚寅	59分	17時	05日	壬午	6月
庚寅	己丑	戊子	丁亥	丙戌	乙酉	甲申	癸未	壬午	辛巳	庚辰	己卯	戊寅	丁丑	丙子	乙亥	甲戌	癸酉	壬申	辛未	庚午	己巳	戊辰	丁卯	丙寅	乙丑	甲子	癸亥	壬戌	辛酉	庚申	14分	04時	07日	癸未	7月
辛酉	庚申	己未	戊午	丁巳	丙辰	乙卯	甲寅	癸丑	壬子	辛亥	庚戌	己酉	戊申	丁未	丙午	乙巳	甲辰	癸卯	壬寅	辛丑	庚子	己亥	戊戌	丁酉	丙申	乙未	甲午	癸巳	壬辰	辛卯	03分	14時	07日	甲申	8月
	辛卯	庚寅	己丑	戊子	丁亥	丙戌	乙酉	甲申	癸未	壬午	辛巳	庚辰	己卯	戊寅	丁丑	丙子	乙亥	甲戌	癸酉	壬申	辛未	庚午	己巳	戊辰	丁卯	丙寅	乙丑	甲子	癸亥	壬戌	59分	16時	07日	乙酉	9月
壬戌	辛酉	庚申	己未	戊午	丁巳	丙辰	乙卯	甲寅	癸丑	壬子	辛亥	庚戌	己酉	戊申	丁未	丙午	乙巳	甲辰	癸卯	壬寅	辛丑	庚子	己亥	戊戌	丁酉	丙申	乙未	甲午	癸巳	壬辰	38分	08時	08日	丙戌	10月
	壬辰	辛卯	庚寅	己丑	戊子	丁亥	丙戌	乙酉	甲申	癸未	壬午	辛巳	庚辰	己卯	戊寅	丁丑	丙子	乙亥	甲戌	癸酉	壬申	辛未	庚午	己巳	戊辰	丁卯	丙寅	乙丑	甲子	癸亥	48分	11時	07日	丁亥	11月
癸亥	壬戌	辛酉	庚申	己未	戊午	丁巳	丙辰	乙卯	甲寅	癸丑	壬子	辛亥	庚戌	己酉	戊申	丁未	丙午	乙巳	甲辰	癸卯	壬寅	辛丑	庚子	己亥	戊戌	丁酉	丙申	乙未	甲午	癸巳	37分	04時	07日	戊子	12月

2001年（平成13年）辛巳

31日	30日	29日	28日	27日	26日	25日	24日	23日	22日	21日	20日	19日	18日	17日	16日	15日	14日	13日	12日	11日	10日	09日	08日	07日	06日	05日	04日	03日	02日	01日	節入り日時	月干支	月
甲午	癸巳	壬辰	辛卯	庚寅	己丑	戊子	丁亥	丙戌	乙酉	甲申	癸未	壬午	辛巳	庚辰	己卯	戊寅	丁丑	丙子	乙亥	甲戌	癸酉	壬申	辛未	庚午	己巳	戊辰	丁卯	丙寅	乙丑	甲子	49分15時05日	己丑	1月
			壬戌	辛酉	庚申	己未	戊午	丁巳	丙辰	乙卯	甲寅	癸丑	壬子	辛亥	庚戌	己酉	戊申	丁未	丙午	乙巳	甲辰	癸卯	壬寅	辛丑	庚子	己亥	戊戌	丁酉	丙申	乙未	29分03時04日	庚寅	2月
癸巳	壬辰	辛卯	庚寅	己丑	戊子	丁亥	丙戌	乙酉	甲申	癸未	壬午	辛巳	庚辰	己卯	戊寅	丁丑	丙子	乙亥	甲戌	癸酉	壬申	辛未	庚午	己巳	戊辰	丁卯	丙寅	乙丑	甲子	癸亥	32分21時05日	辛卯	3月
	癸亥	壬戌	辛酉	庚申	己未	戊午	丁巳	丙辰	乙卯	甲寅	癸丑	壬子	辛亥	庚戌	己酉	戊申	丁未	丙午	乙巳	甲辰	癸卯	壬寅	辛丑	庚子	己亥	戊戌	丁酉	丙申	乙未	甲午	24分02時05日	壬辰	4月
甲午	癸巳	壬辰	辛卯	庚寅	己丑	戊子	丁亥	丙戌	乙酉	甲申	癸未	壬午	辛巳	庚辰	己卯	戊寅	丁丑	丙子	乙亥	甲戌	癸酉	壬申	辛未	庚午	己巳	戊辰	丁卯	丙寅	乙丑	甲子	45分19時05日	癸巳	5月
	甲子	癸亥	壬戌	辛酉	庚申	己未	戊午	丁巳	丙辰	乙卯	甲寅	癸丑	壬子	辛亥	庚戌	己酉	戊申	丁未	丙午	乙巳	甲辰	癸卯	壬寅	辛丑	庚子	己亥	戊戌	丁酉	丙申	乙未	54分23時05日	甲午	6月
乙未	甲午	癸巳	壬辰	辛卯	庚寅	己丑	戊子	丁亥	丙戌	乙酉	甲申	癸未	壬午	辛巳	庚辰	己卯	戊寅	丁丑	丙子	乙亥	甲戌	癸酉	壬申	辛未	庚午	己巳	戊辰	丁卯	丙寅	乙丑	07分10時07日	乙未	7月
丙寅	乙丑	甲子	癸亥	壬戌	辛酉	庚申	己未	戊午	丁巳	丙辰	乙卯	甲寅	癸丑	壬子	辛亥	庚戌	己酉	戊申	丁未	丙午	乙巳	甲辰	癸卯	壬寅	辛丑	庚子	己亥	戊戌	丁酉	丙申	52分19時07日	丙申	8月
	丙申	乙未	甲午	癸巳	壬辰	辛卯	庚寅	己丑	戊子	丁亥	丙戌	乙酉	甲申	癸未	壬午	辛巳	庚辰	己卯	戊寅	丁丑	丙子	乙亥	甲戌	癸酉	壬申	辛未	庚午	己巳	戊辰	丁卯	46分22時07日	丁酉	9月
丁卯	丙寅	乙丑	甲子	癸亥	壬戌	辛酉	庚申	己未	戊午	丁巳	丙辰	乙卯	甲寅	癸丑	壬子	辛亥	庚戌	己酉	戊申	丁未	丙午	乙巳	甲辰	癸卯	壬寅	辛丑	庚子	己亥	戊戌	丁酉	25分14時08日	戊戌	10月
	丁酉	丙申	乙未	甲午	癸巳	壬辰	辛卯	庚寅	己丑	戊子	丁亥	丙戌	乙酉	甲申	癸未	壬午	辛巳	庚辰	己卯	戊寅	丁丑	丙子	乙亥	甲戌	癸酉	壬申	辛未	庚午	己巳	戊辰	37分17時07日	己亥	11月
戊辰	丁卯	丙寅	乙丑	甲子	癸亥	壬戌	辛酉	庚申	己未	戊午	丁巳	丙辰	乙卯	甲寅	癸丑	壬子	辛亥	庚戌	己酉	戊申	丁未	丙午	乙巳	甲辰	癸卯	壬寅	辛丑	庚子	己亥	戊戌	29分10時07日	庚子	12月

2002年（平成14年）壬午

31日	30日	29日	28日	27日	26日	25日	24日	23日	22日	21日	20日	19日	18日	17日	16日	15日	14日	13日	12日	11日	10日	09日	08日	07日	06日	05日	04日	03日	02日	01日	節入り日時	月干支	月
己亥	戊戌	丁酉	丙申	乙未	甲午	癸巳	壬辰	辛卯	庚寅	己丑	戊子	丁亥	丙戌	乙酉	甲申	癸未	壬午	辛巳	庚辰	己卯	戊寅	丁丑	丙子	乙亥	甲戌	癸酉	壬申	辛未	庚午	己巳	43分21時05日	辛丑	1月
			丁卯	丙寅	乙丑	甲子	癸亥	壬戌	辛酉	庚申	己未	戊午	丁巳	丙辰	乙卯	甲寅	癸丑	壬子	辛亥	庚戌	己酉	戊申	丁未	丙午	乙巳	甲辰	癸卯	壬寅	辛丑	庚子	24分09時04日	壬寅	2月
戊戌	丁酉	丙申	乙未	甲午	癸巳	壬辰	辛卯	庚寅	己丑	戊子	丁亥	丙戌	乙酉	甲申	癸未	壬午	辛巳	庚辰	己卯	戊寅	丁丑	丙子	乙亥	甲戌	癸酉	壬申	辛未	庚午	己巳	戊辰	28分03時06日	癸卯	3月
	戊辰	丁卯	丙寅	乙丑	甲子	癸亥	壬戌	辛酉	庚申	己未	戊午	丁巳	丙辰	乙卯	甲寅	癸丑	壬子	辛亥	庚戌	己酉	戊申	丁未	丙午	乙巳	甲辰	癸卯	壬寅	辛丑	庚子	己亥	18分08時05日	甲辰	4月
己亥	戊戌	丁酉	丙申	乙未	甲午	癸巳	壬辰	辛卯	庚寅	己丑	戊子	丁亥	丙戌	乙酉	甲申	癸未	壬午	辛巳	庚辰	己卯	戊寅	丁丑	丙子	乙亥	甲戌	癸酉	壬申	辛未	庚午	己巳	37分01時06日	乙巳	5月
	己巳	戊辰	丁卯	丙寅	乙丑	甲子	癸亥	壬戌	辛酉	庚申	己未	戊午	丁巳	丙辰	乙卯	甲寅	癸丑	壬子	辛亥	庚戌	己酉	戊申	丁未	丙午	乙巳	甲辰	癸卯	壬寅	辛丑	庚子	45分05時06日	丙午	6月
庚子	己亥	戊戌	丁酉	丙申	乙未	甲午	癸巳	壬辰	辛卯	庚寅	己丑	戊子	丁亥	丙戌	乙酉	甲申	癸未	壬午	辛巳	庚辰	己卯	戊寅	丁丑	丙子	乙亥	甲戌	癸酉	壬申	辛未	庚午	56分15時07日	丁未	7月
辛未	庚午	己巳	戊辰	丁卯	丙寅	乙丑	甲子	癸亥	壬戌	辛酉	庚申	己未	戊午	丁巳	丙辰	乙卯	甲寅	癸丑	壬子	辛亥	庚戌	己酉	戊申	丁未	丙午	乙巳	甲辰	癸卯	壬寅	辛丑	39分01時08日	戊申	8月
	辛丑	庚子	己亥	戊戌	丁酉	丙申	乙未	甲午	癸巳	壬辰	辛卯	庚寅	己丑	戊子	丁亥	丙戌	乙酉	甲申	癸未	壬午	辛巳	庚辰	己卯	戊寅	丁丑	丙子	乙亥	甲戌	癸酉	壬申	31分04時08日	己酉	9月
壬申	辛未	庚午	己巳	戊辰	丁卯	丙寅	乙丑	甲子	癸亥	壬戌	辛酉	庚申	己未	戊午	丁巳	丙辰	乙卯	甲寅	癸丑	壬子	辛亥	庚戌	己酉	戊申	丁未	丙午	乙巳	甲辰	癸卯	壬寅	09分20時08日	庚戌	10月
	壬寅	辛丑	庚子	己亥	戊戌	丁酉	丙申	乙未	甲午	癸巳	壬辰	辛卯	庚寅	己丑	戊子	丁亥	丙戌	乙酉	甲申	癸未	壬午	辛巳	庚辰	己卯	戊寅	丁丑	丙子	乙亥	甲戌	癸酉	22分23時07日	辛亥	11月
癸酉	壬申	辛未	庚午	己巳	戊辰	丁卯	丙寅	乙丑	甲子	癸亥	壬戌	辛酉	庚申	己未	戊午	丁巳	丙辰	乙卯	甲寅	癸丑	壬子	辛亥	庚戌	己酉	戊申	丁未	丙午	乙巳	甲辰	癸卯	14分16時07日	壬子	12月

2003年（平成15年）癸未

31日	30日	29日	28日	27日	26日	25日	24日	23日	22日	21日	20日	19日	18日	17日	16日	15日	14日	13日	12日	11日	10日	09日	08日	07日	06日	05日	04日	03日	02日	01日	節入り日時	月干支	月
甲辰	癸卯	壬寅	辛丑	庚子	己亥	戊戌	丁酉	丙申	乙未	甲午	癸巳	壬辰	辛卯	庚寅	己丑	戊子	丁亥	丙戌	乙酉	甲申	癸未	壬午	辛巳	庚辰	己卯	戊寅	丁丑	丙子	乙亥	甲戌	28分03時06日	癸丑	1月
			壬申	辛未	庚午	己巳	戊辰	丁卯	丙寅	乙丑	甲子	癸亥	壬戌	辛酉	庚申	己未	戊午	丁巳	丙辰	乙卯	甲寅	癸丑	壬子	辛亥	庚戌	己酉	戊申	丁未	丙午	乙巳	05分15時04日	甲寅	2月
癸卯	壬寅	辛丑	庚子	己亥	戊戌	丁酉	丙申	乙未	甲午	癸巳	壬辰	辛卯	庚寅	己丑	戊子	丁亥	丙戌	乙酉	甲申	癸未	壬午	辛巳	庚辰	己卯	戊寅	丁丑	丙子	乙亥	甲戌	癸酉	05分09時06日	乙卯	3月
	癸酉	壬申	辛未	庚午	己巳	戊辰	丁卯	丙寅	乙丑	甲子	癸亥	壬戌	辛酉	庚申	己未	戊午	丁巳	丙辰	乙卯	甲寅	癸丑	壬子	辛亥	庚戌	己酉	戊申	丁未	丙午	乙巳	甲辰	52分13時05日	丙辰	4月
甲辰	癸卯	壬寅	辛丑	庚子	己亥	戊戌	丁酉	丙申	乙未	甲午	癸巳	壬辰	辛卯	庚寅	己丑	戊子	丁亥	丙戌	乙酉	甲申	癸未	壬午	辛巳	庚辰	己卯	戊寅	丁丑	丙子	乙亥	甲戌	10分07時06日	丁巳	5月
	甲戌	癸酉	壬申	辛未	庚午	己巳	戊辰	丁卯	丙寅	乙丑	甲子	癸亥	壬戌	辛酉	庚申	己未	戊午	丁巳	丙辰	乙卯	甲寅	癸丑	壬子	辛亥	庚戌	己酉	戊申	丁未	丙午	乙巳	20分11時06日	戊午	6月
乙巳	甲辰	癸卯	壬寅	辛丑	庚子	己亥	戊戌	丁酉	丙申	乙未	甲午	癸巳	壬辰	辛卯	庚寅	己丑	戊子	丁亥	丙戌	乙酉	甲申	癸未	壬午	辛巳	庚辰	己卯	戊寅	丁丑	丙子	乙亥	36分21時07日	己未	7月
丙子	乙亥	甲戌	癸酉	壬申	辛未	庚午	己巳	戊辰	丁卯	丙寅	乙丑	甲子	癸亥	壬戌	辛酉	庚申	己未	戊午	丁巳	丙辰	乙卯	甲寅	癸丑	壬子	辛亥	庚戌	己酉	戊申	丁未	丙午	24分07時08日	庚申	8月
	丙午	乙巳	甲辰	癸卯	壬寅	辛丑	庚子	己亥	戊戌	丁酉	丙申	乙未	甲午	癸巳	壬辰	辛卯	庚寅	己丑	戊子	丁亥	丙戌	乙酉	甲申	癸未	壬午	辛巳	庚辰	己卯	戊寅	丁丑	20分10時08日	辛酉	9月
丁丑	丙子	乙亥	甲戌	癸酉	壬申	辛未	庚午	己巳	戊辰	丁卯	丙寅	乙丑	甲子	癸亥	壬戌	辛酉	庚申	己未	戊午	丁巳	丙辰	乙卯	甲寅	癸丑	壬子	辛亥	庚戌	己酉	戊申	丁未	01分02時09日	壬戌	10月
	丁未	丙午	乙巳	甲辰	癸卯	壬寅	辛丑	庚子	己亥	戊戌	丁酉	丙申	乙未	甲午	癸巳	壬辰	辛卯	庚寅	己丑	戊子	丁亥	丙戌	乙酉	甲申	癸未	壬午	辛巳	庚辰	己卯	戊寅	13分05時08日	癸亥	11月
戊寅	丁丑	丙子	乙亥	甲戌	癸酉	壬申	辛未	庚午	己巳	戊辰	丁卯	丙寅	乙丑	甲子	癸亥	壬戌	辛酉	庚申	己未	戊午	丁巳	丙辰	乙卯	甲寅	癸丑	壬子	辛亥	庚戌	己酉	戊申	05分22時07日	甲子	12月

2004年（平成16年）甲申

31日	30日	29日	28日	27日	26日	25日	24日	23日	22日	21日	20日	19日	18日	17日	16日	15日	14日	13日	12日	11日	10日	09日	08日	07日	06日	05日	04日	03日	02日	01日	節入り日時	月干支	月
己酉	戊申	丁未	丙午	乙巳	甲辰	癸卯	壬寅	辛丑	庚子	己亥	戊戌	丁酉	丙申	乙未	甲午	癸巳	壬辰	辛卯	庚寅	己丑	戊子	丁亥	丙戌	乙酉	甲申	癸未	壬午	辛巳	庚辰	己卯	19分09時06日	乙丑	1月
		戊寅	丁丑	丙子	乙亥	甲戌	癸酉	壬申	辛未	庚午	己巳	戊辰	丁卯	丙寅	乙丑	甲子	癸亥	壬戌	辛酉	庚申	己未	戊午	丁巳	丙辰	乙卯	甲寅	癸丑	壬子	辛亥	庚戌	56分20時04日	丙寅	2月
己酉	戊申	丁未	丙午	乙巳	甲辰	癸卯	壬寅	辛丑	庚子	己亥	戊戌	丁酉	丙申	乙未	甲午	癸巳	壬辰	辛卯	庚寅	己丑	戊子	丁亥	丙戌	乙酉	甲申	癸未	壬午	辛巳	庚辰	己卯	56分14時05日	丁卯	3月
	己卯	戊寅	丁丑	丙子	乙亥	甲戌	癸酉	壬申	辛未	庚午	己巳	戊辰	丁卯	丙寅	乙丑	甲子	癸亥	壬戌	辛酉	庚申	己未	戊午	丁巳	丙辰	乙卯	甲寅	癸丑	壬子	辛亥	庚戌	43分19時04日	戊辰	4月
庚戌	己酉	戊申	丁未	丙午	乙巳	甲辰	癸卯	壬寅	辛丑	庚子	己亥	戊戌	丁酉	丙申	乙未	甲午	癸巳	壬辰	辛卯	庚寅	己丑	戊子	丁亥	丙戌	乙酉	甲申	癸未	壬午	辛巳	庚辰	02分13時05日	己巳	5月
	庚辰	己卯	戊寅	丁丑	丙子	乙亥	甲戌	癸酉	壬申	辛未	庚午	己巳	戊辰	丁卯	丙寅	乙丑	甲子	癸亥	壬戌	辛酉	庚申	己未	戊午	丁巳	丙辰	乙卯	甲寅	癸丑	壬子	辛亥	14分17時05日	庚午	6月
辛亥	庚戌	己酉	戊申	丁未	丙午	乙巳	甲辰	癸卯	壬寅	辛丑	庚子	己亥	戊戌	丁酉	丙申	乙未	甲午	癸巳	壬辰	辛卯	庚寅	己丑	戊子	丁亥	丙戌	乙酉	甲申	癸未	壬午	辛巳	31分03時07日	辛未	7月
壬午	辛巳	庚辰	己卯	戊寅	丁丑	丙子	乙亥	甲戌	癸酉	壬申	辛未	庚午	己巳	戊辰	丁卯	丙寅	乙丑	甲子	癸亥	壬戌	辛酉	庚申	己未	戊午	丁巳	丙辰	乙卯	甲寅	癸丑	壬子	20分13時07日	壬申	8月
	壬子	辛亥	庚戌	己酉	戊申	丁未	丙午	乙巳	甲辰	癸卯	壬寅	辛丑	庚子	己亥	戊戌	丁酉	丙申	乙未	甲午	癸巳	壬辰	辛卯	庚寅	己丑	戊子	丁亥	丙戌	乙酉	甲申	癸未	13分16時07日	癸酉	9月
癸未	壬午	辛巳	庚辰	己卯	戊寅	丁丑	丙子	乙亥	甲戌	癸酉	壬申	辛未	庚午	己巳	戊辰	丁卯	丙寅	乙丑	甲子	癸亥	壬戌	辛酉	庚申	己未	戊午	丁巳	丙辰	乙卯	甲寅	癸丑	49分07時08日	甲戌	10月
	癸丑	壬子	辛亥	庚戌	己酉	戊申	丁未	丙午	乙巳	甲辰	癸卯	壬寅	辛丑	庚子	己亥	戊戌	丁酉	丙申	乙未	甲午	癸巳	壬辰	辛卯	庚寅	己丑	戊子	丁亥	丙戌	乙酉	甲申	59分10時07日	乙亥	11月
甲申	癸未	壬午	辛巳	庚辰	己卯	戊寅	丁丑	丙子	乙亥	甲戌	癸酉	壬申	辛未	庚午	己巳	戊辰	丁卯	丙寅	乙丑	甲子	癸亥	壬戌	辛酉	庚申	己未	戊午	丁巳	丙辰	乙卯	甲寅	49分03時07日	丙子	12月

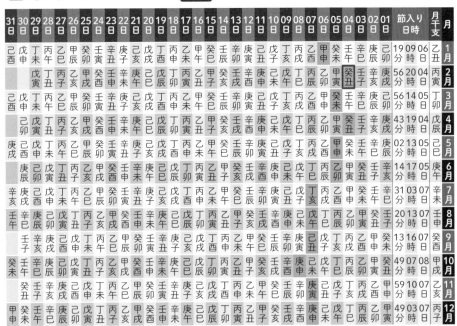

2005年（平成17年）乙酉

31日	30日	29日	28日	27日	26日	25日	24日	23日	22日	21日	20日	19日	18日	17日	16日	15日	14日	13日	12日	11日	10日	09日	08日	07日	06日	05日	04日	03日	02日	01日	節入り日時			月干支	月
乙卯	甲寅	癸丑	壬子	辛亥	庚戌	己酉	戊申	丁未	丙午	乙巳	甲辰	癸卯	壬寅	辛丑	庚子	己亥	戊戌	丁酉	丙申	乙未	甲午	癸巳	壬辰	辛卯	庚寅	己丑	戊子	丁亥	丙戌	乙酉	03分	15時	05日	丁丑	1月
			癸未	壬午	辛巳	庚辰	己卯	戊寅	丁丑	丙子	乙亥	甲戌	癸酉	壬申	辛未	庚午	己巳	戊辰	丁卯	丙寅	乙丑	甲子	癸亥	壬戌	辛酉	庚申	己未	戊午	丁巳	丙辰	43分	02時	04日	戊寅	2月
甲寅	癸丑	壬子	辛亥	庚戌	己酉	戊申	丁未	丙午	乙巳	甲辰	癸卯	壬寅	辛丑	庚子	己亥	戊戌	丁酉	丙申	乙未	甲午	癸巳	壬辰	辛卯	庚寅	己丑	戊子	丁亥	丙戌	乙酉	甲申	45分	20時	05日	己卯	3月
	甲申	癸未	壬午	辛巳	庚辰	己卯	戊寅	丁丑	丙子	乙亥	甲戌	癸酉	壬申	辛未	庚午	己巳	戊辰	丁卯	丙寅	乙丑	甲子	癸亥	壬戌	辛酉	庚申	己未	戊午	丁巳	丙辰	乙卯	34分	01時	05日	庚辰	4月
乙卯	甲寅	癸丑	壬子	辛亥	庚戌	己酉	戊申	丁未	丙午	乙巳	甲辰	癸卯	壬寅	辛丑	庚子	己亥	戊戌	丁酉	丙申	乙未	甲午	癸巳	壬辰	辛卯	庚寅	己丑	戊子	丁亥	丙戌	乙酉	53分	18時	05日	辛巳	5月
	乙酉	甲申	癸未	壬午	辛巳	庚辰	己卯	戊寅	丁丑	丙子	乙亥	甲戌	癸酉	壬申	辛未	庚午	己巳	戊辰	丁卯	丙寅	乙丑	甲子	癸亥	壬戌	辛酉	庚申	己未	戊午	丁巳	丙辰	02分	23時	05日	壬午	6月
丙辰	乙卯	甲寅	癸丑	壬子	辛亥	庚戌	己酉	戊申	丁未	丙午	乙巳	甲辰	癸卯	壬寅	辛丑	庚子	己亥	戊戌	丁酉	丙申	乙未	甲午	癸巳	壬辰	辛卯	庚寅	己丑	戊子	丁亥	丙戌	17分	09時	07日	癸未	7月
丁亥	丙戌	乙酉	甲申	癸未	壬午	辛巳	庚辰	己卯	戊寅	丁丑	丙子	乙亥	甲戌	癸酉	壬申	辛未	庚午	己巳	戊辰	丁卯	丙寅	乙丑	甲子	癸亥	壬戌	辛酉	庚申	己未	戊午	丁巳	03分	19時	07日	甲申	8月
	丁巳	丙辰	乙卯	甲寅	癸丑	壬子	辛亥	庚戌	己酉	戊申	丁未	丙午	乙巳	甲辰	癸卯	壬寅	辛丑	庚子	己亥	戊戌	丁酉	丙申	乙未	甲午	癸巳	壬辰	辛卯	庚寅	己丑	戊子	57分	21時	07日	乙酉	9月
戊子	丁亥	丙戌	乙酉	甲申	癸未	壬午	辛巳	庚辰	己卯	戊寅	丁丑	丙子	乙亥	甲戌	癸酉	壬申	辛未	庚午	己巳	戊辰	丁卯	丙寅	乙丑	甲子	癸亥	壬戌	辛酉	庚申	己未	戊午	33分	13時	08日	丙戌	10月
	戊午	丁巳	丙辰	乙卯	甲寅	癸丑	壬子	辛亥	庚戌	己酉	戊申	丁未	丙午	乙巳	甲辰	癸卯	壬寅	辛丑	庚子	己亥	戊戌	丁酉	丙申	乙未	甲午	癸巳	壬辰	辛卯	庚寅	己丑	42分	16時	07日	丁亥	11月
己丑	戊子	丁亥	丙戌	乙酉	甲申	癸未	壬午	辛巳	庚辰	己卯	戊寅	丁丑	丙子	乙亥	甲戌	癸酉	壬申	辛未	庚午	己巳	戊辰	丁卯	丙寅	乙丑	甲子	癸亥	壬戌	辛酉	庚申	己未	33分	09時	07日	戊子	12月

2006年（平成18年）丙戌

31日	30日	29日	28日	27日	26日	25日	24日	23日	22日	21日	20日	19日	18日	17日	16日	15日	14日	13日	12日	11日	10日	09日	08日	07日	06日	05日	04日	03日	02日	01日	節入り日時			月干支	月
庚申	己未	戊午	丁巳	丙辰	乙卯	甲寅	癸丑	壬子	辛亥	庚戌	己酉	戊申	丁未	丙午	乙巳	甲辰	癸卯	壬寅	辛丑	庚子	己亥	戊戌	丁酉	丙申	乙未	甲午	癸巳	壬辰	辛卯	庚寅	47分	20時	05日	己丑	1月
			戊子	丁亥	丙戌	乙酉	甲申	癸未	壬午	辛巳	庚辰	己卯	戊寅	丁丑	丙子	乙亥	甲戌	癸酉	壬申	辛未	庚午	己巳	戊辰	丁卯	丙寅	乙丑	甲子	癸亥	壬戌	辛酉	27分	08時	04日	庚寅	2月
己未	戊午	丁巳	丙辰	乙卯	甲寅	癸丑	壬子	辛亥	庚戌	己酉	戊申	丁未	丙午	乙巳	甲辰	癸卯	壬寅	辛丑	庚子	己亥	戊戌	丁酉	丙申	乙未	甲午	癸巳	壬辰	辛卯	庚寅	己丑	29分	02時	06日	辛卯	3月
	己丑	戊子	丁亥	丙戌	乙酉	甲申	癸未	壬午	辛巳	庚辰	己卯	戊寅	丁丑	丙子	乙亥	甲戌	癸酉	壬申	辛未	庚午	己巳	戊辰	丁卯	丙寅	乙丑	甲子	癸亥	壬戌	辛酉	庚申	15分	07時	05日	壬辰	4月
庚申	己未	戊午	丁巳	丙辰	乙卯	甲寅	癸丑	壬子	辛亥	庚戌	己酉	戊申	丁未	丙午	乙巳	甲辰	癸卯	壬寅	辛丑	庚子	己亥	戊戌	丁酉	丙申	乙未	甲午	癸巳	壬辰	辛卯	庚寅	31分	00時	06日	癸巳	5月
	庚寅	己丑	戊子	丁亥	丙戌	乙酉	甲申	癸未	壬午	辛巳	庚辰	己卯	戊寅	丁丑	丙子	乙亥	甲戌	癸酉	壬申	辛未	庚午	己巳	戊辰	丁卯	丙寅	乙丑	甲子	癸亥	壬戌	辛酉	37分	04時	06日	甲午	6月
辛酉	庚申	己未	戊午	丁巳	丙辰	乙卯	甲寅	癸丑	壬子	辛亥	庚戌	己酉	戊申	丁未	丙午	乙巳	甲辰	癸卯	壬寅	辛丑	庚子	己亥	戊戌	丁酉	丙申	乙未	甲午	癸巳	壬辰	辛卯	51分	14時	07日	乙未	7月
壬辰	辛卯	庚寅	己丑	戊子	丁亥	丙戌	乙酉	甲申	癸未	壬午	辛巳	庚辰	己卯	戊寅	丁丑	丙子	乙亥	甲戌	癸酉	壬申	辛未	庚午	己巳	戊辰	丁卯	丙寅	乙丑	甲子	癸亥	壬戌	41分	00時	08日	丙申	8月
	壬戌	辛酉	庚申	己未	戊午	丁巳	丙辰	乙卯	甲寅	癸丑	壬子	辛亥	庚戌	己酉	戊申	丁未	丙午	乙巳	甲辰	癸卯	壬寅	辛丑	庚子	己亥	戊戌	丁酉	丙申	乙未	甲午	癸巳	39分	03時	08日	丁酉	9月
癸巳	壬辰	辛卯	庚寅	己丑	戊子	丁亥	丙戌	乙酉	甲申	癸未	壬午	辛巳	庚辰	己卯	戊寅	丁丑	丙子	乙亥	甲戌	癸酉	壬申	辛未	庚午	己巳	戊辰	丁卯	丙寅	乙丑	甲子	癸亥	21分	19時	08日	戊戌	10月
	癸亥	壬戌	辛酉	庚申	己未	戊午	丁巳	丙辰	乙卯	甲寅	癸丑	壬子	辛亥	庚戌	己酉	戊申	丁未	丙午	乙巳	甲辰	癸卯	壬寅	辛丑	庚子	己亥	戊戌	丁酉	丙申	乙未	甲午	35分	22時	07日	己亥	11月
甲午	癸巳	壬辰	辛卯	庚寅	己丑	戊子	丁亥	丙戌	乙酉	甲申	癸未	壬午	辛巳	庚辰	己卯	戊寅	丁丑	丙子	乙亥	甲戌	癸酉	壬申	辛未	庚午	己巳	戊辰	丁卯	丙寅	乙丑	甲子	27分	15時	07日	庚子	12月

2007年（平成19年）丁亥

31日	30日	29日	28日	27日	26日	25日	24日	23日	22日	21日	20日	19日	18日	17日	16日	15日	14日	13日	12日	11日	10日	09日	08日	07日	06日	05日	04日	03日	02日	01日	節入り日時			月干支	月
乙丑	甲子	癸亥	壬戌	辛酉	庚申	己未	戊午	丁巳	丙辰	乙卯	甲寅	癸丑	壬子	辛亥	庚戌	己酉	戊申	丁未	丙午	乙巳	甲辰	癸卯	壬寅	辛丑	庚子	己亥	戊戌	丁酉	丙申	乙未	40分	02時	06日	辛丑	1月
			癸巳	壬辰	辛卯	庚寅	己丑	戊子	丁亥	丙戌	乙酉	甲申	癸未	壬午	辛巳	庚辰	己卯	戊寅	丁丑	丙子	乙亥	甲戌	癸酉	壬申	辛未	庚午	己巳	戊辰	丁卯	丙寅	18分	14時	04日	壬寅	2月
甲子	癸亥	壬戌	辛酉	庚申	己未	戊午	丁巳	丙辰	乙卯	甲寅	癸丑	壬子	辛亥	庚戌	己酉	戊申	丁未	丙午	乙巳	甲辰	癸卯	壬寅	辛丑	庚子	己亥	戊戌	丁酉	丙申	乙未	甲午	18分	08時	06日	癸卯	3月
	甲午	癸巳	壬辰	辛卯	庚寅	己丑	戊子	丁亥	丙戌	乙酉	甲申	癸未	壬午	辛巳	庚辰	己卯	戊寅	丁丑	丙子	乙亥	甲戌	癸酉	壬申	辛未	庚午	己巳	戊辰	丁卯	丙寅	乙丑	05分	13時	05日	甲辰	4月
乙丑	甲子	癸亥	壬戌	辛酉	庚申	己未	戊午	丁巳	丙辰	乙卯	甲寅	癸丑	壬子	辛亥	庚戌	己酉	戊申	丁未	丙午	乙巳	甲辰	癸卯	壬寅	辛丑	庚子	己亥	戊戌	丁酉	丙申	乙未	20分	06時	06日	乙巳	5月
	乙未	甲午	癸巳	壬辰	辛卯	庚寅	己丑	戊子	丁亥	丙戌	乙酉	甲申	癸未	壬午	辛巳	庚辰	己卯	戊寅	丁丑	丙子	乙亥	甲戌	癸酉	壬申	辛未	庚午	己巳	戊辰	丁卯	丙寅	27分	10時	06日	丙午	6月
丙寅	乙丑	甲子	癸亥	壬戌	辛酉	庚申	己未	戊午	丁巳	丙辰	乙卯	甲寅	癸丑	壬子	辛亥	庚戌	己酉	戊申	丁未	丙午	乙巳	甲辰	癸卯	壬寅	辛丑	庚子	己亥	戊戌	丁酉	丙申	42分	20時	07日	丁未	7月
丁酉	丙申	乙未	甲午	癸巳	壬辰	辛卯	庚寅	己丑	戊子	丁亥	丙戌	乙酉	甲申	癸未	壬午	辛巳	庚辰	己卯	戊寅	丁丑	丙子	乙亥	甲戌	癸酉	壬申	辛未	庚午	己巳	戊辰	丁卯	31分	06時	08日	戊申	8月
	丁卯	丙寅	乙丑	甲子	癸亥	壬戌	辛酉	庚申	己未	戊午	丁巳	丙辰	乙卯	甲寅	癸丑	壬子	辛亥	庚戌	己酉	戊申	丁未	丙午	乙巳	甲辰	癸卯	壬寅	辛丑	庚子	己亥	戊戌	29分	09時	08日	己酉	9月
戊戌	丁酉	丙申	乙未	甲午	癸巳	壬辰	辛卯	庚寅	己丑	戊子	丁亥	丙戌	乙酉	甲申	癸未	壬午	辛巳	庚辰	己卯	戊寅	丁丑	丙子	乙亥	甲戌	癸酉	壬申	辛未	庚午	己巳	戊辰	12分	01時	09日	庚戌	10月
	戊辰	丁卯	丙寅	乙丑	甲子	癸亥	壬戌	辛酉	庚申	己未	戊午	丁巳	丙辰	乙卯	甲寅	癸丑	壬子	辛亥	庚戌	己酉	戊申	丁未	丙午	乙巳	甲辰	癸卯	壬寅	辛丑	庚子	己亥	24分	04時	08日	辛亥	11月
己亥	戊戌	丁酉	丙申	乙未	甲午	癸巳	壬辰	辛卯	庚寅	己丑	戊子	丁亥	丙戌	乙酉	甲申	癸未	壬午	辛巳	庚辰	己卯	戊寅	丁丑	丙子	乙亥	甲戌	癸酉	壬申	辛未	庚午	己巳	14分	21時	07日	壬子	12月

2008年（平成20年）戊子

31日	30日	29日	28日	27日	26日	25日	24日	23日	22日	21日	20日	19日	18日	17日	16日	15日	14日	13日	12日	11日	10日	09日	08日	07日	06日	05日	04日	03日	02日	01日	節入り日時			月干支	月
庚午	己巳	戊辰	丁卯	丙寅	乙丑	甲子	癸亥	壬戌	辛酉	庚申	己未	戊午	丁巳	丙辰	乙卯	甲寅	癸丑	壬子	辛亥	庚戌	己酉	戊申	丁未	丙午	乙巳	甲辰	癸卯	壬寅	辛丑	庚子	25分	08時	06日	癸丑	1月
		己亥	戊戌	丁酉	丙申	乙未	甲午	癸巳	壬辰	辛卯	庚寅	己丑	戊子	丁亥	丙戌	乙酉	甲申	癸未	壬午	辛巳	庚辰	己卯	戊寅	丁丑	丙子	乙亥	甲戌	癸酉	壬申	辛未	00分	20時	04日	甲寅	2月
庚午	己巳	戊辰	丁卯	丙寅	乙丑	甲子	癸亥	壬戌	辛酉	庚申	己未	戊午	丁巳	丙辰	乙卯	甲寅	癸丑	壬子	辛亥	庚戌	己酉	戊申	丁未	丙午	乙巳	甲辰	癸卯	壬寅	辛丑	庚子	59分	13時	05日	乙卯	3月
	庚子	己亥	戊戌	丁酉	丙申	乙未	甲午	癸巳	壬辰	辛卯	庚寅	己丑	戊子	丁亥	丙戌	乙酉	甲申	癸未	壬午	辛巳	庚辰	己卯	戊寅	丁丑	丙子	乙亥	甲戌	癸酉	壬申	辛未	46分	18時	04日	丙辰	4月
辛未	庚午	己巳	戊辰	丁卯	丙寅	乙丑	甲子	癸亥	壬戌	辛酉	庚申	己未	戊午	丁巳	丙辰	乙卯	甲寅	癸丑	壬子	辛亥	庚戌	己酉	戊申	丁未	丙午	乙巳	甲辰	癸卯	壬寅	辛丑	03分	12時	05日	丁巳	5月
	辛丑	庚子	己亥	戊戌	丁酉	丙申	乙未	甲午	癸巳	壬辰	辛卯	庚寅	己丑	戊子	丁亥	丙戌	乙酉	甲申	癸未	壬午	辛巳	庚辰	己卯	戊寅	丁丑	丙子	乙亥	甲戌	癸酉	壬申	12分	16時	05日	戊午	6月
壬申	辛未	庚午	己巳	戊辰	丁卯	丙寅	乙丑	甲子	癸亥	壬戌	辛酉	庚申	己未	戊午	丁巳	丙辰	乙卯	甲寅	癸丑	壬子	辛亥	庚戌	己酉	戊申	丁未	丙午	乙巳	甲辰	癸卯	壬寅	27分	02時	07日	己未	7月
癸卯	壬寅	辛丑	庚子	己亥	戊戌	丁酉	丙申	乙未	甲午	癸巳	壬辰	辛卯	庚寅	己丑	戊子	丁亥	丙戌	乙酉	甲申	癸未	壬午	辛巳	庚辰	己卯	戊寅	丁丑	丙子	乙亥	甲戌	癸酉	16分	12時	07日	庚申	8月
	癸酉	壬申	辛未	庚午	己巳	戊辰	丁卯	丙寅	乙丑	甲子	癸亥	壬戌	辛酉	庚申	己未	戊午	丁巳	丙辰	乙卯	甲寅	癸丑	壬子	辛亥	庚戌	己酉	戊申	丁未	丙午	乙巳	甲辰	14分	15時	07日	辛酉	9月
甲辰	癸卯	壬寅	辛丑	庚子	己亥	戊戌	丁酉	丙申	乙未	甲午	癸巳	壬辰	辛卯	庚寅	己丑	戊子	丁亥	丙戌	乙酉	甲申	癸未	壬午	辛巳	庚辰	己卯	戊寅	丁丑	丙子	乙亥	甲戌	57分	06時	08日	壬戌	10月
	甲戌	癸酉	壬申	辛未	庚午	己巳	戊辰	丁卯	丙寅	乙丑	甲子	癸亥	壬戌	辛酉	庚申	己未	戊午	丁巳	丙辰	乙卯	甲寅	癸丑	壬子	辛亥	庚戌	己酉	戊申	丁未	丙午	乙巳	11分	10時	07日	癸亥	11月
乙巳	甲辰	癸卯	壬寅	辛丑	庚子	己亥	戊戌	丁酉	丙申	乙未	甲午	癸巳	壬辰	辛卯	庚寅	己丑	戊子	丁亥	丙戌	乙酉	甲申	癸未	壬午	辛巳	庚辰	己卯	戊寅	丁丑	丙子	乙亥	02分	03時	07日	甲子	12月

2009年（平成21年）己丑

31日	30日	29日	28日	27日	26日	25日	24日	23日	22日	21日	20日	19日	18日	17日	16日	15日	14日	13日	12日	11日	10日	09日	08日	07日	06日	05日	04日	03日	02日	01日	節入り日時			月干支	月
丙子	乙亥	甲戌	癸酉	壬申	辛未	庚午	己巳	戊辰	丁卯	丙寅	乙丑	甲子	癸亥	壬戌	辛酉	庚申	己未	戊午	丁巳	丙辰	乙卯	甲寅	癸丑	壬子	辛亥	庚戌	己酉	戊申	丁未	丙午	14分	14時	05日	乙丑	1月
			甲辰	癸卯	壬寅	辛丑	庚子	己亥	戊戌	丁酉	丙申	乙未	甲午	癸巳	壬辰	辛卯	庚寅	己丑	戊子	丁亥	丙戌	乙酉	甲申	癸未	壬午	辛巳	庚辰	己卯	戊寅	丁丑	50分	01時	04日	丙寅	2月
乙亥	甲戌	癸酉	壬申	辛未	庚午	己巳	戊辰	丁卯	丙寅	乙丑	甲子	癸亥	壬戌	辛酉	庚申	己未	戊午	丁巳	丙辰	乙卯	甲寅	癸丑	壬子	辛亥	庚戌	己酉	戊申	丁未	丙午	乙巳	48分	19時	05日	丁卯	3月
	乙巳	甲辰	癸卯	壬寅	辛丑	庚子	己亥	戊戌	丁酉	丙申	乙未	甲午	癸巳	壬辰	辛卯	庚寅	己丑	戊子	丁亥	丙戌	乙酉	甲申	癸未	壬午	辛巳	庚辰	己卯	戊寅	丁丑	丙子	34分	00時	05日	戊辰	4月
丙子	乙亥	甲戌	癸酉	壬申	辛未	庚午	己巳	戊辰	丁卯	丙寅	乙丑	甲子	癸亥	壬戌	辛酉	庚申	己未	戊午	丁巳	丙辰	乙卯	甲寅	癸丑	壬子	辛亥	庚戌	己酉	戊申	丁未	丙午	51分	17時	05日	己巳	5月
	丙午	乙巳	甲辰	癸卯	壬寅	辛丑	庚子	己亥	戊戌	丁酉	丙申	乙未	甲午	癸巳	壬辰	辛卯	庚寅	己丑	戊子	丁亥	丙戌	乙酉	甲申	癸未	壬午	辛巳	庚辰	己卯	戊寅	丁丑	59分	21時	05日	庚午	6月
丁丑	丙子	乙亥	甲戌	癸酉	壬申	辛未	庚午	己巳	戊辰	丁卯	丙寅	乙丑	甲子	癸亥	壬戌	辛酉	庚申	己未	戊午	丁巳	丙辰	乙卯	甲寅	癸丑	壬子	辛亥	庚戌	己酉	戊申	丁未	13分	08時	07日	辛未	7月
戊申	丁未	丙午	乙巳	甲辰	癸卯	壬寅	辛丑	庚子	己亥	戊戌	丁酉	丙申	乙未	甲午	癸巳	壬辰	辛卯	庚寅	己丑	戊子	丁亥	丙戌	乙酉	甲申	癸未	壬午	辛巳	庚辰	己卯	戊寅	01分	18時	07日	壬申	8月
	戊寅	丁丑	丙子	乙亥	甲戌	癸酉	壬申	辛未	庚午	己巳	戊辰	丁卯	丙寅	乙丑	甲子	癸亥	壬戌	辛酉	庚申	己未	戊午	丁巳	丙辰	乙卯	甲寅	癸丑	壬子	辛亥	庚戌	己酉	58分	20時	07日	癸酉	9月
己酉	戊申	丁未	丙午	乙巳	甲辰	癸卯	壬寅	辛丑	庚子	己亥	戊戌	丁酉	丙申	乙未	甲午	癸巳	壬辰	辛卯	庚寅	己丑	戊子	丁亥	丙戌	乙酉	甲申	癸未	壬午	辛巳	庚辰	己卯	40分	12時	08日	甲戌	10月
	己卯	戊寅	丁丑	丙子	乙亥	甲戌	癸酉	壬申	辛未	庚午	己巳	戊辰	丁卯	丙寅	乙丑	甲子	癸亥	壬戌	辛酉	庚申	己未	戊午	丁巳	丙辰	乙卯	甲寅	癸丑	壬子	辛亥	庚戌	56分	15時	07日	乙亥	11月
庚戌	己酉	戊申	丁未	丙午	乙巳	甲辰	癸卯	壬寅	辛丑	庚子	己亥	戊戌	丁酉	丙申	乙未	甲午	癸巳	壬辰	辛卯	庚寅	己丑	戊子	丁亥	丙戌	乙酉	甲申	癸未	壬午	辛巳	庚辰	52分	08時	07日	丙子	12月

2010年（平成22年）庚寅

31日	30日	29日	28日	27日	26日	25日	24日	23日	22日	21日	20日	19日	18日	17日	16日	15日	14日	13日	12日	11日	10日	09日	08日	07日	06日	05日	04日	03日	02日	01日	節入り日時			月干支	月
辛巳	庚辰	己卯	戊寅	丁丑	丙子	乙亥	甲戌	癸酉	壬申	辛未	庚午	己巳	戊辰	丁卯	丙寅	乙丑	甲子	癸亥	壬戌	辛酉	庚申	己未	戊午	丁巳	丙辰	乙卯	甲寅	癸丑	壬子	辛亥	09分	20時	05日	丁丑	1月
			己酉	戊申	丁未	丙午	乙巳	甲辰	癸卯	壬寅	辛丑	庚子	己亥	戊戌	丁酉	丙申	乙未	甲午	癸巳	壬辰	辛卯	庚寅	己丑	戊子	丁亥	丙戌	乙酉	甲申	癸未	壬午	48分	07時	04日	戊寅	2月
庚辰	己卯	戊寅	丁丑	丙子	乙亥	甲戌	癸酉	壬申	辛未	庚午	己巳	戊辰	丁卯	丙寅	乙丑	甲子	癸亥	壬戌	辛酉	庚申	己未	戊午	丁巳	丙辰	乙卯	甲寅	癸丑	壬子	辛亥	庚戌	46分	01時	06日	己卯	3月
	庚戌	己酉	戊申	丁未	丙午	乙巳	甲辰	癸卯	壬寅	辛丑	庚子	己亥	戊戌	丁酉	丙申	乙未	甲午	癸巳	壬辰	辛卯	庚寅	己丑	戊子	丁亥	丙戌	乙酉	甲申	癸未	壬午	辛巳	30分	06時	05日	庚辰	4月
辛巳	庚辰	己卯	戊寅	丁丑	丙子	乙亥	甲戌	癸酉	壬申	辛未	庚午	己巳	戊辰	丁卯	丙寅	乙丑	甲子	癸亥	壬戌	辛酉	庚申	己未	戊午	丁巳	丙辰	乙卯	甲寅	癸丑	壬子	辛亥	44分	23時	05日	辛巳	5月
	辛亥	庚戌	己酉	戊申	丁未	丙午	乙巳	甲辰	癸卯	壬寅	辛丑	庚子	己亥	戊戌	丁酉	丙申	乙未	甲午	癸巳	壬辰	辛卯	庚寅	己丑	戊子	丁亥	丙戌	乙酉	甲申	癸未	壬午	49分	03時	06日	壬午	6月
壬午	辛巳	庚辰	己卯	戊寅	丁丑	丙子	乙亥	甲戌	癸酉	壬申	辛未	庚午	己巳	戊辰	丁卯	丙寅	乙丑	甲子	癸亥	壬戌	辛酉	庚申	己未	戊午	丁巳	丙辰	乙卯	甲寅	癸丑	壬子	02分	14時	07日	癸未	7月
癸丑	壬子	辛亥	庚戌	己酉	戊申	丁未	丙午	乙巳	甲辰	癸卯	壬寅	辛丑	庚子	己亥	戊戌	丁酉	丙申	乙未	甲午	癸巳	壬辰	辛卯	庚寅	己丑	戊子	丁亥	丙戌	乙酉	甲申	癸未	49分	23時	07日	甲申	8月
	癸未	壬午	辛巳	庚辰	己卯	戊寅	丁丑	丙子	乙亥	甲戌	癸酉	壬申	辛未	庚午	己巳	戊辰	丁卯	丙寅	乙丑	甲子	癸亥	壬戌	辛酉	庚申	己未	戊午	丁巳	丙辰	乙卯	甲寅	45分	02時	08日	乙酉	9月
甲寅	癸丑	壬子	辛亥	庚戌	己酉	戊申	丁未	丙午	乙巳	甲辰	癸卯	壬寅	辛丑	庚子	己亥	戊戌	丁酉	丙申	乙未	甲午	癸巳	壬辰	辛卯	庚寅	己丑	戊子	丁亥	丙戌	乙酉	甲申	26分	18時	08日	丙戌	10月
	甲申	癸未	壬午	辛巳	庚辰	己卯	戊寅	丁丑	丙子	乙亥	甲戌	癸酉	壬申	辛未	庚午	己巳	戊辰	丁卯	丙寅	乙丑	甲子	癸亥	壬戌	辛酉	庚申	己未	戊午	丁巳	丙辰	乙卯	42分	21時	07日	丁亥	11月
乙卯	甲寅	癸丑	壬子	辛亥	庚戌	己酉	戊申	丁未	丙午	乙巳	甲辰	癸卯	壬寅	辛丑	庚子	己亥	戊戌	丁酉	丙申	乙未	甲午	癸巳	壬辰	辛卯	庚寅	己丑	戊子	丁亥	丙戌	乙酉	38分	14時	07日	戊子	12月

2011年（平成23年）辛卯

31日	30日	29日	28日	27日	26日	25日	24日	23日	22日	21日	20日	19日	18日	17日	16日	15日	14日	13日	12日	11日	10日	09日	08日	07日	06日	05日	04日	03日	02日	01日	節入り日時			月干支	月
丙戌	乙酉	甲申	癸未	壬午	辛巳	庚辰	己卯	戊寅	丁丑	丙子	乙亥	甲戌	癸酉	壬申	辛未	庚午	己巳	戊辰	丁卯	丙寅	乙丑	甲子	癸亥	壬戌	辛酉	庚申	己未	戊午	丁巳	丙辰	55分	01時	06日	己丑	1月
			甲寅	癸丑	壬子	辛亥	庚戌	己酉	戊申	丁未	丙午	乙巳	甲辰	癸卯	壬寅	辛丑	庚子	己亥	戊戌	丁酉	丙申	乙未	甲午	癸巳	壬辰	辛卯	庚寅	己丑	戊子	丁亥	33分	13時	04日	庚寅	2月
乙酉	甲申	癸未	壬午	辛巳	庚辰	己卯	戊寅	丁丑	丙子	乙亥	甲戌	癸酉	壬申	辛未	庚午	己巳	戊辰	丁卯	丙寅	乙丑	甲子	癸亥	壬戌	辛酉	庚申	己未	戊午	丁巳	丙辰	乙卯	30分	07時	06日	辛卯	3月
	乙卯	甲寅	癸丑	壬子	辛亥	庚戌	己酉	戊申	丁未	丙午	乙巳	甲辰	癸卯	壬寅	辛丑	庚子	己亥	戊戌	丁酉	丙申	乙未	甲午	癸巳	壬辰	辛卯	庚寅	己丑	戊子	丁亥	丙戌	12分	12時	05日	壬辰	4月
丙戌	乙酉	甲申	癸未	壬午	辛巳	庚辰	己卯	戊寅	丁丑	丙子	乙亥	甲戌	癸酉	壬申	辛未	庚午	己巳	戊辰	丁卯	丙寅	乙丑	甲子	癸亥	壬戌	辛酉	庚申	己未	戊午	丁巳	丙辰	23分	05時	06日	癸巳	5月
	丙辰	乙卯	甲寅	癸丑	壬子	辛亥	庚戌	己酉	戊申	丁未	丙午	乙巳	甲辰	癸卯	壬寅	辛丑	庚子	己亥	戊戌	丁酉	丙申	乙未	甲午	癸巳	壬辰	辛卯	庚寅	己丑	戊子	丁亥	27分	09時	06日	甲午	6月
丁亥	丙戌	乙酉	甲申	癸未	壬午	辛巳	庚辰	己卯	戊寅	丁丑	丙子	乙亥	甲戌	癸酉	壬申	辛未	庚午	己巳	戊辰	丁卯	丙寅	乙丑	甲子	癸亥	壬戌	辛酉	庚申	己未	戊午	丁巳	42分	19時	07日	乙未	7月
戊午	丁巳	丙辰	乙卯	甲寅	癸丑	壬子	辛亥	庚戌	己酉	戊申	丁未	丙午	乙巳	甲辰	癸卯	壬寅	辛丑	庚子	己亥	戊戌	丁酉	丙申	乙未	甲午	癸巳	壬辰	辛卯	庚寅	己丑	戊子	33分	05時	08日	丙申	8月
	戊子	丁亥	丙戌	乙酉	甲申	癸未	壬午	辛巳	庚辰	己卯	戊寅	丁丑	丙子	乙亥	甲戌	癸酉	壬申	辛未	庚午	己巳	戊辰	丁卯	丙寅	乙丑	甲子	癸亥	壬戌	辛酉	庚申	己未	34分	08時	08日	丁酉	9月
己未	戊午	丁巳	丙辰	乙卯	甲寅	癸丑	壬子	辛亥	庚戌	己酉	戊申	丁未	丙午	乙巳	甲辰	癸卯	壬寅	辛丑	庚子	己亥	戊戌	丁酉	丙申	乙未	甲午	癸巳	壬辰	辛卯	庚寅	己丑	19分	00時	09日	戊戌	10月
	己丑	戊子	丁亥	丙戌	乙酉	甲申	癸未	壬午	辛巳	庚辰	己卯	戊寅	丁丑	丙子	乙亥	甲戌	癸酉	壬申	辛未	庚午	己巳	戊辰	丁卯	丙寅	乙丑	甲子	癸亥	壬戌	辛酉	庚申	35分	03時	08日	己亥	11月
庚申	己未	戊午	丁巳	丙辰	乙卯	甲寅	癸丑	壬子	辛亥	庚戌	己酉	戊申	丁未	丙午	乙巳	甲辰	癸卯	壬寅	辛丑	庚子	己亥	戊戌	丁酉	丙申	乙未	甲午	癸巳	壬辰	辛卯	庚寅	29分	20時	07日	庚子	12月

2012年（平成24年）壬辰

31日	30日	29日	28日	27日	26日	25日	24日	23日	22日	21日	20日	19日	18日	17日	16日	15日	14日	13日	12日	11日	10日	09日	08日	07日	06日	05日	04日	03日	02日	01日	節入り日時			月干支	月
辛卯	庚寅	己丑	戊子	丁亥	丙戌	乙酉	甲申	癸未	壬午	辛巳	庚辰	己卯	戊寅	丁丑	丙子	乙亥	甲戌	癸酉	壬申	辛未	庚午	己巳	戊辰	丁卯	丙寅	乙丑	甲子	癸亥	壬戌	辛酉	44分	07時	06日	辛丑	1月
		庚申	己未	戊午	丁巳	丙辰	乙卯	甲寅	癸丑	壬子	辛亥	庚戌	己酉	戊申	丁未	丙午	乙巳	甲辰	癸卯	壬寅	辛丑	庚子	己亥	戊戌	丁酉	丙申	乙未	甲午	癸巳	壬辰	22分	19時	04日	壬寅	2月
辛卯	庚寅	己丑	戊子	丁亥	丙戌	乙酉	甲申	癸未	壬午	辛巳	庚辰	己卯	戊寅	丁丑	丙子	乙亥	甲戌	癸酉	壬申	辛未	庚午	己巳	戊辰	丁卯	丙寅	乙丑	甲子	癸亥	壬戌	辛酉	21分	13時	05日	癸卯	3月
	辛酉	庚申	己未	戊午	丁巳	丙辰	乙卯	甲寅	癸丑	壬子	辛亥	庚戌	己酉	戊申	丁未	丙午	乙巳	甲辰	癸卯	壬寅	辛丑	庚子	己亥	戊戌	丁酉	丙申	乙未	甲午	癸巳	壬辰	06分	18時	04日	甲辰	4月
壬辰	辛卯	庚寅	己丑	戊子	丁亥	丙戌	乙酉	甲申	癸未	壬午	辛巳	庚辰	己卯	戊寅	丁丑	丙子	乙亥	甲戌	癸酉	壬申	辛未	庚午	己巳	戊辰	丁卯	丙寅	乙丑	甲子	癸亥	壬戌	20分	11時	05日	乙巳	5月
	壬戌	辛酉	庚申	己未	戊午	丁巳	丙辰	乙卯	甲寅	癸丑	壬子	辛亥	庚戌	己酉	戊申	丁未	丙午	乙巳	甲辰	癸卯	壬寅	辛丑	庚子	己亥	戊戌	丁酉	丙申	乙未	甲午	癸巳	26分	15時	05日	丙午	6月
癸巳	壬辰	辛卯	庚寅	己丑	戊子	丁亥	丙戌	乙酉	甲申	癸未	壬午	辛巳	庚辰	己卯	戊寅	丁丑	丙子	乙亥	甲戌	癸酉	壬申	辛未	庚午	己巳	戊辰	丁卯	丙寅	乙丑	甲子	癸亥	41分	01時	07日	丁未	7月
甲子	癸亥	壬戌	辛酉	庚申	己未	戊午	丁巳	丙辰	乙卯	甲寅	癸丑	壬子	辛亥	庚戌	己酉	戊申	丁未	丙午	乙巳	甲辰	癸卯	壬寅	辛丑	庚子	己亥	戊戌	丁酉	丙申	乙未	甲午	31分	11時	07日	戊申	8月
	甲午	癸巳	壬辰	辛卯	庚寅	己丑	戊子	丁亥	丙戌	乙酉	甲申	癸未	壬午	辛巳	庚辰	己卯	戊寅	丁丑	丙子	乙亥	甲戌	癸酉	壬申	辛未	庚午	己巳	戊辰	丁卯	丙寅	乙丑	29分	14時	07日	己酉	9月
乙丑	甲子	癸亥	壬戌	辛酉	庚申	己未	戊午	丁巳	丙辰	乙卯	甲寅	癸丑	壬子	辛亥	庚戌	己酉	戊申	丁未	丙午	乙巳	甲辰	癸卯	壬寅	辛丑	庚子	己亥	戊戌	丁酉	丙申	乙未	12分	06時	08日	庚戌	10月
	乙未	甲午	癸巳	壬辰	辛卯	庚寅	己丑	戊子	丁亥	丙戌	乙酉	甲申	癸未	壬午	辛巳	庚辰	己卯	戊寅	丁丑	丙子	乙亥	甲戌	癸酉	壬申	辛未	庚午	己巳	戊辰	丁卯	丙寅	26分	09時	07日	辛亥	11月
丙寅	乙丑	甲子	癸亥	壬戌	辛酉	庚申	己未	戊午	丁巳	丙辰	乙卯	甲寅	癸丑	壬子	辛亥	庚戌	己酉	戊申	丁未	丙午	乙巳	甲辰	癸卯	壬寅	辛丑	庚子	己亥	戊戌	丁酉	丙申	19分	02時	07日	壬子	12月

2013年（平成25年）癸巳

31日	30日	29日	28日	27日	26日	25日	24日	23日	22日	21日	20日	19日	18日	17日	16日	15日	14日	13日	12日	11日	10日	09日	08日	07日	06日	05日	04日	03日	02日	01日	節入り日時			月干支	月
丁酉	丙申	乙未	甲午	癸巳	壬辰	辛卯	庚寅	己丑	戊子	丁亥	丙戌	乙酉	甲申	癸未	壬午	辛巳	庚辰	己卯	戊寅	丁丑	丙子	乙亥	甲戌	癸酉	壬申	辛未	庚午	己巳	戊辰	丁卯	34分	13時	05日	癸丑	1月
			乙丑	甲子	癸亥	壬戌	辛酉	庚申	己未	戊午	丁巳	丙辰	乙卯	甲寅	癸丑	壬子	辛亥	庚戌	己酉	戊申	丁未	丙午	乙巳	甲辰	癸卯	壬寅	辛丑	庚子	己亥	戊戌	13分	01時	04日	甲寅	2月
丙申	乙未	甲午	癸巳	壬辰	辛卯	庚寅	己丑	戊子	丁亥	丙戌	乙酉	甲申	癸未	壬午	辛巳	庚辰	己卯	戊寅	丁丑	丙子	乙亥	甲戌	癸酉	壬申	辛未	庚午	己巳	戊辰	丁卯	丙寅	15分	19時	05日	乙卯	3月
	丙寅	乙丑	甲子	癸亥	壬戌	辛酉	庚申	己未	戊午	丁巳	丙辰	乙卯	甲寅	癸丑	壬子	辛亥	庚戌	己酉	戊申	丁未	丙午	乙巳	甲辰	癸卯	壬寅	辛丑	庚子	己亥	戊戌	丁酉	02分	00時	05日	丙辰	4月
丁酉	丙申	乙未	甲午	癸巳	壬辰	辛卯	庚寅	己丑	戊子	丁亥	丙戌	乙酉	甲申	癸未	壬午	辛巳	庚辰	己卯	戊寅	丁丑	丙子	乙亥	甲戌	癸酉	壬申	辛未	庚午	己巳	戊辰	丁卯	18分	17時	05日	丁巳	5月
	丁卯	丙寅	乙丑	甲子	癸亥	壬戌	辛酉	庚申	己未	戊午	丁巳	丙辰	乙卯	甲寅	癸丑	壬子	辛亥	庚戌	己酉	戊申	丁未	丙午	乙巳	甲辰	癸卯	壬寅	辛丑	庚子	己亥	戊戌	23分	21時	05日	戊午	6月
戊戌	丁酉	丙申	乙未	甲午	癸巳	壬辰	辛卯	庚寅	己丑	戊子	丁亥	丙戌	乙酉	甲申	癸未	壬午	辛巳	庚辰	己卯	戊寅	丁丑	丙子	乙亥	甲戌	癸酉	壬申	辛未	庚午	己巳	戊辰	35分	07時	07日	己未	7月
己巳	戊辰	丁卯	丙寅	乙丑	甲子	癸亥	壬戌	辛酉	庚申	己未	戊午	丁巳	丙辰	乙卯	甲寅	癸丑	壬子	辛亥	庚戌	己酉	戊申	丁未	丙午	乙巳	甲辰	癸卯	壬寅	辛丑	庚子	己亥	20分	17時	07日	庚申	8月
	己亥	戊戌	丁酉	丙申	乙未	甲午	癸巳	壬辰	辛卯	庚寅	己丑	戊子	丁亥	丙戌	乙酉	甲申	癸未	壬午	辛巳	庚辰	己卯	戊寅	丁丑	丙子	乙亥	甲戌	癸酉	壬申	辛未	庚午	16分	20時	07日	辛酉	9月
庚午	己巳	戊辰	丁卯	丙寅	乙丑	甲子	癸亥	壬戌	辛酉	庚申	己未	戊午	丁巳	丙辰	乙卯	甲寅	癸丑	壬子	辛亥	庚戌	己酉	戊申	丁未	丙午	乙巳	甲辰	癸卯	壬寅	辛丑	庚子	58分	11時	08日	壬戌	10月
	庚子	己亥	戊戌	丁酉	丙申	乙未	甲午	癸巳	壬辰	辛卯	庚寅	己丑	戊子	丁亥	丙戌	乙酉	甲申	癸未	壬午	辛巳	庚辰	己卯	戊寅	丁丑	丙子	乙亥	甲戌	癸酉	壬申	辛未	14分	15時	07日	癸亥	11月
辛未	庚午	己巳	戊辰	丁卯	丙寅	乙丑	甲子	癸亥	壬戌	辛酉	庚申	己未	戊午	丁巳	丙辰	乙卯	甲寅	癸丑	壬子	辛亥	庚戌	己酉	戊申	丁未	丙午	乙巳	甲辰	癸卯	壬寅	辛丑	09分	08時	07日	甲子	12月

2014年（平成26年）甲午

31日	30日	29日	28日	27日	26日	25日	24日	23日	22日	21日	20日	19日	18日	17日	16日	15日	14日	13日	12日	11日	10日	09日	08日	07日	06日	05日	04日	03日	02日	01日	節入り日時			月干支	月
壬寅	辛丑	庚子	己亥	戊戌	丁酉	丙申	乙未	甲午	癸巳	壬辰	辛卯	庚寅	己丑	戊子	丁亥	丙戌	乙酉	甲申	癸未	壬午	辛巳	庚辰	己卯	戊寅	丁丑	丙子	乙亥	甲戌	癸酉	壬申	24分	19時	05日	乙丑	1月
			庚午	己巳	戊辰	丁卯	丙寅	乙丑	甲子	癸亥	壬戌	辛酉	庚申	己未	戊午	丁巳	丙辰	乙卯	甲寅	癸丑	壬子	辛亥	庚戌	己酉	戊申	丁未	丙午	乙巳	甲辰	癸卯	03分	07時	04日	丙寅	2月
辛丑	庚子	己亥	戊戌	丁酉	丙申	乙未	甲午	癸巳	壬辰	辛卯	庚寅	己丑	戊子	丁亥	丙戌	乙酉	甲申	癸未	壬午	辛巳	庚辰	己卯	戊寅	丁丑	丙子	乙亥	甲戌	癸酉	壬申	辛未	02分	01時	06日	丁卯	3月
	辛未	庚午	己巳	戊辰	丁卯	丙寅	乙丑	甲子	癸亥	壬戌	辛酉	庚申	己未	戊午	丁巳	丙辰	乙卯	甲寅	癸丑	壬子	辛亥	庚戌	己酉	戊申	丁未	丙午	乙巳	甲辰	癸卯	壬寅	47分	05時	05日	戊辰	4月
壬寅	辛丑	庚子	己亥	戊戌	丁酉	丙申	乙未	甲午	癸巳	壬辰	辛卯	庚寅	己丑	戊子	丁亥	丙戌	乙酉	甲申	癸未	壬午	辛巳	庚辰	己卯	戊寅	丁丑	丙子	乙亥	甲戌	癸酉	壬申	59分	22時	05日	己巳	5月
	壬申	辛未	庚午	己巳	戊辰	丁卯	丙寅	乙丑	甲子	癸亥	壬戌	辛酉	庚申	己未	戊午	丁巳	丙辰	乙卯	甲寅	癸丑	壬子	辛亥	庚戌	己酉	戊申	丁未	丙午	乙巳	甲辰	癸卯	03分	03時	06日	庚午	6月
癸卯	壬寅	辛丑	庚子	己亥	戊戌	丁酉	丙申	乙未	甲午	癸巳	壬辰	辛卯	庚寅	己丑	戊子	丁亥	丙戌	乙酉	甲申	癸未	壬午	辛巳	庚辰	己卯	戊寅	丁丑	丙子	乙亥	甲戌	癸酉	15分	13時	07日	辛未	7月
甲戌	癸酉	壬申	辛未	庚午	己巳	戊辰	丁卯	丙寅	乙丑	甲子	癸亥	壬戌	辛酉	庚申	己未	戊午	丁巳	丙辰	乙卯	甲寅	癸丑	壬子	辛亥	庚戌	己酉	戊申	丁未	丙午	乙巳	甲辰	02分	23時	07日	壬申	8月
	甲辰	癸卯	壬寅	辛丑	庚子	己亥	戊戌	丁酉	丙申	乙未	甲午	癸巳	壬辰	辛卯	庚寅	己丑	戊子	丁亥	丙戌	乙酉	甲申	癸未	壬午	辛巳	庚辰	己卯	戊寅	丁丑	丙子	乙亥	01分	02時	08日	癸酉	9月
乙亥	甲戌	癸酉	壬申	辛未	庚午	己巳	戊辰	丁卯	丙寅	乙丑	甲子	癸亥	壬戌	辛酉	庚申	己未	戊午	丁巳	丙辰	乙卯	甲寅	癸丑	壬子	辛亥	庚戌	己酉	戊申	丁未	丙午	乙巳	47分	17時	08日	甲戌	10月
	乙巳	甲辰	癸卯	壬寅	辛丑	庚子	己亥	戊戌	丁酉	丙申	乙未	甲午	癸巳	壬辰	辛卯	庚寅	己丑	戊子	丁亥	丙戌	乙酉	甲申	癸未	壬午	辛巳	庚辰	己卯	戊寅	丁丑	丙子	07分	21時	07日	乙亥	11月
丙子	乙亥	甲戌	癸酉	壬申	辛未	庚午	己巳	戊辰	丁卯	丙寅	乙丑	甲子	癸亥	壬戌	辛酉	庚申	己未	戊午	丁巳	丙辰	乙卯	甲寅	癸丑	壬子	辛亥	庚戌	己酉	戊申	丁未	丙午	04分	14時	07日	丙子	12月

2015年（平成27年）乙未

31日	30日	29日	28日	27日	26日	25日	24日	23日	22日	21日	20日	19日	18日	17日	16日	15日	14日	13日	12日	11日	10日	09日	08日	07日	06日	05日	04日	03日	02日	01日	節入り日時			月干支	月
丁未	丙午	乙巳	甲辰	癸卯	壬寅	辛丑	庚子	己亥	戊戌	丁酉	丙申	乙未	甲午	癸巳	壬辰	辛卯	庚寅	己丑	戊子	丁亥	丙戌	乙酉	甲申	癸未	壬午	辛巳	庚辰	己卯	戊寅	丁丑	21分	01時	06日	丁丑	1月
			乙亥	甲戌	癸酉	壬申	辛未	庚午	己巳	戊辰	丁卯	丙寅	乙丑	甲子	癸亥	壬戌	辛酉	庚申	己未	戊午	丁巳	丙辰	乙卯	甲寅	癸丑	壬子	辛亥	庚戌	己酉	戊申	58分	12時	04日	戊寅	2月
丙午	乙巳	甲辰	癸卯	壬寅	辛丑	庚子	己亥	戊戌	丁酉	丙申	乙未	甲午	癸巳	壬辰	辛卯	庚寅	己丑	戊子	丁亥	丙戌	乙酉	甲申	癸未	壬午	辛巳	庚辰	己卯	戊寅	丁丑	丙子	56分	06時	06日	己卯	3月
	丙子	乙亥	甲戌	癸酉	壬申	辛未	庚午	己巳	戊辰	丁卯	丙寅	乙丑	甲子	癸亥	壬戌	辛酉	庚申	己未	戊午	丁巳	丙辰	乙卯	甲寅	癸丑	壬子	辛亥	庚戌	己酉	戊申	丁未	39分	11時	05日	庚辰	4月
丁未	丙午	乙巳	甲辰	癸卯	壬寅	辛丑	庚子	己亥	戊戌	丁酉	丙申	乙未	甲午	癸巳	壬辰	辛卯	庚寅	己丑	戊子	丁亥	丙戌	乙酉	甲申	癸未	壬午	辛巳	庚辰	己卯	戊寅	丁丑	53分	04時	06日	辛巳	5月
	丁丑	丙子	乙亥	甲戌	癸酉	壬申	辛未	庚午	己巳	戊辰	丁卯	丙寅	乙丑	甲子	癸亥	壬戌	辛酉	庚申	己未	戊午	丁巳	丙辰	乙卯	甲寅	癸丑	壬子	辛亥	庚戌	己酉	戊申	58分	08時	06日	壬午	6月
戊申	丁未	丙午	乙巳	甲辰	癸卯	壬寅	辛丑	庚子	己亥	戊戌	丁酉	丙申	乙未	甲午	癸巳	壬辰	辛卯	庚寅	己丑	戊子	丁亥	丙戌	乙酉	甲申	癸未	壬午	辛巳	庚辰	己卯	戊寅	12分	19時	07日	癸未	7月
己卯	戊寅	丁丑	丙子	乙亥	甲戌	癸酉	壬申	辛未	庚午	己巳	戊辰	丁卯	丙寅	乙丑	甲子	癸亥	壬戌	辛酉	庚申	己未	戊午	丁巳	丙辰	乙卯	甲寅	癸丑	壬子	辛亥	庚戌	己酉	01分	05時	08日	甲申	8月
	己酉	戊申	丁未	丙午	乙巳	甲辰	癸卯	壬寅	辛丑	庚子	己亥	戊戌	丁酉	丙申	乙未	甲午	癸巳	壬辰	辛卯	庚寅	己丑	戊子	丁亥	丙戌	乙酉	甲申	癸未	壬午	辛巳	庚辰	00分	08時	08日	乙酉	9月
庚辰	己卯	戊寅	丁丑	丙子	乙亥	甲戌	癸酉	壬申	辛未	庚午	己巳	戊辰	丁卯	丙寅	乙丑	甲子	癸亥	壬戌	辛酉	庚申	己未	戊午	丁巳	丙辰	乙卯	甲寅	癸丑	壬子	辛亥	庚戌	43分	23時	08日	丙戌	10月
	庚戌	己酉	戊申	丁未	丙午	乙巳	甲辰	癸卯	壬寅	辛丑	庚子	己亥	戊戌	丁酉	丙申	乙未	甲午	癸巳	壬辰	辛卯	庚寅	己丑	戊子	丁亥	丙戌	乙酉	甲申	癸未	壬午	辛巳	59分	02時	08日	丁亥	11月
辛巳	庚辰	己卯	戊寅	丁丑	丙子	乙亥	甲戌	癸酉	壬申	辛未	庚午	己巳	戊辰	丁卯	丙寅	乙丑	甲子	癸亥	壬戌	辛酉	庚申	己未	戊午	丁巳	丙辰	乙卯	甲寅	癸丑	壬子	辛亥	53分	19時	07日	戊子	12月

2016年（平成28年）丙申

31日	30日	29日	28日	27日	26日	25日	24日	23日	22日	21日	20日	19日	18日	17日	16日	15日	14日	13日	12日	11日	10日	09日	08日	07日	06日	05日	04日	03日	02日	01日	節入り日時			月干支	月
壬子	辛亥	庚戌	己酉	戊申	丁未	丙午	乙巳	甲辰	癸卯	壬寅	辛丑	庚子	己亥	戊戌	丁酉	丙申	乙未	甲午	癸巳	壬辰	辛卯	庚寅	己丑	戊子	丁亥	丙戌	乙酉	甲申	癸未	壬午	08分	07時	06日	己丑	1月
		辛巳	庚辰	己卯	戊寅	丁丑	丙子	乙亥	甲戌	癸酉	壬申	辛未	庚午	己巳	戊辰	丁卯	丙寅	乙丑	甲子	癸亥	壬戌	辛酉	庚申	己未	戊午	丁巳	丙辰	乙卯	甲寅	癸丑	46分	18時	04日	庚寅	2月
壬子	辛亥	庚戌	己酉	戊申	丁未	丙午	乙巳	甲辰	癸卯	壬寅	辛丑	庚子	己亥	戊戌	丁酉	丙申	乙未	甲午	癸巳	壬辰	辛卯	庚寅	己丑	戊子	丁亥	丙戌	乙酉	甲申	癸未	壬午	44分	12時	05日	辛卯	3月
	壬午	辛巳	庚辰	己卯	戊寅	丁丑	丙子	乙亥	甲戌	癸酉	壬申	辛未	庚午	己巳	戊辰	丁卯	丙寅	乙丑	甲子	癸亥	壬戌	辛酉	庚申	己未	戊午	丁巳	丙辰	乙卯	甲寅	癸丑	27分	17時	04日	壬辰	4月
癸丑	壬子	辛亥	庚戌	己酉	戊申	丁未	丙午	乙巳	甲辰	癸卯	壬寅	辛丑	庚子	己亥	戊戌	丁酉	丙申	乙未	甲午	癸巳	壬辰	辛卯	庚寅	己丑	戊子	丁亥	丙戌	乙酉	甲申	癸未	42分	10時	05日	癸巳	5月
	癸未	壬午	辛巳	庚辰	己卯	戊寅	丁丑	丙子	乙亥	甲戌	癸酉	壬申	辛未	庚午	己巳	戊辰	丁卯	丙寅	乙丑	甲子	癸亥	壬戌	辛酉	庚申	己未	戊午	丁巳	丙辰	乙卯	甲寅	48分	14時	05日	甲午	6月
甲寅	癸丑	壬子	辛亥	庚戌	己酉	戊申	丁未	丙午	乙巳	甲辰	癸卯	壬寅	辛丑	庚子	己亥	戊戌	丁酉	丙申	乙未	甲午	癸巳	壬辰	辛卯	庚寅	己丑	戊子	丁亥	丙戌	乙酉	甲申	03分	01時	07日	乙未	7月
乙酉	甲申	癸未	壬午	辛巳	庚辰	己卯	戊寅	丁丑	丙子	乙亥	甲戌	癸酉	壬申	辛未	庚午	己巳	戊辰	丁卯	丙寅	乙丑	甲子	癸亥	壬戌	辛酉	庚申	己未	戊午	丁巳	丙辰	乙卯	53分	10時	07日	丙申	8月
	乙卯	甲寅	癸丑	壬子	辛亥	庚戌	己酉	戊申	丁未	丙午	乙巳	甲辰	癸卯	壬寅	辛丑	庚子	己亥	戊戌	丁酉	丙申	乙未	甲午	癸巳	壬辰	辛卯	庚寅	己丑	戊子	丁亥	丙戌	51分	13時	07日	丁酉	9月
丙戌	乙酉	甲申	癸未	壬午	辛巳	庚辰	己卯	戊寅	丁丑	丙子	乙亥	甲戌	癸酉	壬申	辛未	庚午	己巳	戊辰	丁卯	丙寅	乙丑	甲子	癸亥	壬戌	辛酉	庚申	己未	戊午	丁巳	丙辰	33分	05時	08日	戊戌	10月
	丙辰	乙卯	甲寅	癸丑	壬子	辛亥	庚戌	己酉	戊申	丁未	丙午	乙巳	甲辰	癸卯	壬寅	辛丑	庚子	己亥	戊戌	丁酉	丙申	乙未	甲午	癸巳	壬辰	辛卯	庚寅	己丑	戊子	丁亥	48分	08時	07日	己亥	11月
丁亥	丙戌	乙酉	甲申	癸未	壬午	辛巳	庚辰	己卯	戊寅	丁丑	丙子	乙亥	甲戌	癸酉	壬申	辛未	庚午	己巳	戊辰	丁卯	丙寅	乙丑	甲子	癸亥	壬戌	辛酉	庚申	己未	戊午	丁巳	41分	01時	07日	庚子	12月

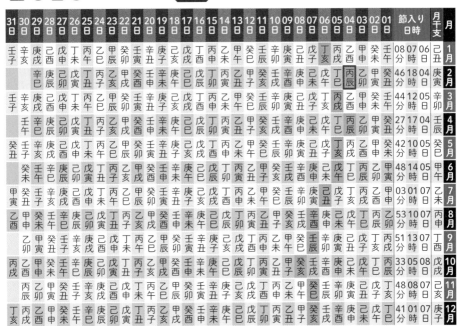

2017年（平成29年）丁酉

31日	30日	29日	28日	27日	26日	25日	24日	23日	22日	21日	20日	19日	18日	17日	16日	15日	14日	13日	12日	11日	10日	09日	08日	07日	06日	05日	04日	03日	02日	01日	節入り日時			月干支	月
戊午	丁巳	丙辰	乙卯	甲寅	癸丑	壬子	辛亥	庚戌	己酉	戊申	丁未	丙午	乙巳	甲辰	癸卯	壬寅	辛丑	庚子	己亥	戊戌	丁酉	丙申	乙未	甲午	癸巳	壬辰	辛卯	庚寅	己丑	戊子	56分	12時	05日	辛丑	1月
			丙戌	乙酉	甲申	癸未	壬午	辛巳	庚辰	己卯	戊寅	丁丑	丙子	乙亥	甲戌	癸酉	壬申	辛未	庚午	己巳	戊辰	丁卯	丙寅	乙丑	甲子	癸亥	壬戌	辛酉	庚申	己未	34分	00時	04日	壬寅	2月
丁巳	丙辰	乙卯	甲寅	癸丑	壬子	辛亥	庚戌	己酉	戊申	丁未	丙午	乙巳	甲辰	癸卯	壬寅	辛丑	庚子	己亥	戊戌	丁酉	丙申	乙未	甲午	癸巳	壬辰	辛卯	庚寅	己丑	戊子	丁亥	33分	18時	05日	癸卯	3月
	丁亥	丙戌	乙酉	甲申	癸未	壬午	辛巳	庚辰	己卯	戊寅	丁丑	丙子	乙亥	甲戌	癸酉	壬申	辛未	庚午	己巳	戊辰	丁卯	丙寅	乙丑	甲子	癸亥	壬戌	辛酉	庚申	己未	戊午	17分	23時	04日	甲辰	4月
戊午	丁巳	丙辰	乙卯	甲寅	癸丑	壬子	辛亥	庚戌	己酉	戊申	丁未	丙午	乙巳	甲辰	癸卯	壬寅	辛丑	庚子	己亥	戊戌	丁酉	丙申	乙未	甲午	癸巳	壬辰	辛卯	庚寅	己丑	戊子	31分	16時	05日	乙巳	5月
	戊子	丁亥	丙戌	乙酉	甲申	癸未	壬午	辛巳	庚辰	己卯	戊寅	丁丑	丙子	乙亥	甲戌	癸酉	壬申	辛未	庚午	己巳	戊辰	丁卯	丙寅	乙丑	甲子	癸亥	壬戌	辛酉	庚申	己未	37分	20時	05日	丙午	6月
己未	戊午	丁巳	丙辰	乙卯	甲寅	癸丑	壬子	辛亥	庚戌	己酉	戊申	丁未	丙午	乙巳	甲辰	癸卯	壬寅	辛丑	庚子	己亥	戊戌	丁酉	丙申	乙未	甲午	癸巳	壬辰	辛卯	庚寅	己丑	51分	06時	07日	丁未	7月
庚寅	己丑	戊子	丁亥	丙戌	乙酉	甲申	癸未	壬午	辛巳	庚辰	己卯	戊寅	丁丑	丙子	乙亥	甲戌	癸酉	壬申	辛未	庚午	己巳	戊辰	丁卯	丙寅	乙丑	甲子	癸亥	壬戌	辛酉	庚申	40分	16時	07日	戊申	8月
	庚申	己未	戊午	丁巳	丙辰	乙卯	甲寅	癸丑	壬子	辛亥	庚戌	己酉	戊申	丁未	丙午	乙巳	甲辰	癸卯	壬寅	辛丑	庚子	己亥	戊戌	丁酉	丙申	乙未	甲午	癸巳	壬辰	辛卯	39分	19時	07日	己酉	9月
辛卯	庚寅	己丑	戊子	丁亥	丙戌	乙酉	甲申	癸未	壬午	辛巳	庚辰	己卯	戊寅	丁丑	丙子	乙亥	甲戌	癸酉	壬申	辛未	庚午	己巳	戊辰	丁卯	丙寅	乙丑	甲子	癸亥	壬戌	辛酉	22分	11時	08日	庚戌	10月
	辛酉	庚申	己未	戊午	丁巳	丙辰	乙卯	甲寅	癸丑	壬子	辛亥	庚戌	己酉	戊申	丁未	丙午	乙巳	甲辰	癸卯	壬寅	辛丑	庚子	己亥	戊戌	丁酉	丙申	乙未	甲午	癸巳	壬辰	38分	14時	07日	辛亥	11月
壬辰	辛卯	庚寅	己丑	戊子	丁亥	丙戌	乙酉	甲申	癸未	壬午	辛巳	庚辰	己卯	戊寅	丁丑	丙子	乙亥	甲戌	癸酉	壬申	辛未	庚午	己巳	戊辰	丁卯	丙寅	乙丑	甲子	癸亥	壬戌	33分	07時	07日	壬子	12月

2018年（平成30年）戊戌

31日	30日	29日	28日	27日	26日	25日	24日	23日	22日	21日	20日	19日	18日	17日	16日	15日	14日	13日	12日	11日	10日	09日	08日	07日	06日	05日	04日	03日	02日	01日	節入り日時			月干支	月
癸亥	壬戌	辛酉	庚申	己未	戊午	丁巳	丙辰	乙卯	甲寅	癸丑	壬子	辛亥	庚戌	己酉	戊申	丁未	丙午	乙巳	甲辰	癸卯	壬寅	辛丑	庚子	己亥	戊戌	丁酉	丙申	乙未	甲午	癸巳	49分	18時	05日	癸丑	1月
			辛卯	庚寅	己丑	戊子	丁亥	丙戌	乙酉	甲申	癸未	壬午	辛巳	庚辰	己卯	戊寅	丁丑	丙子	乙亥	甲戌	癸酉	壬申	辛未	庚午	己巳	戊辰	丁卯	丙寅	乙丑	甲子	28分	06時	04日	甲寅	2月
壬戌	辛酉	庚申	己未	戊午	丁巳	丙辰	乙卯	甲寅	癸丑	壬子	辛亥	庚戌	己酉	戊申	丁未	丙午	乙巳	甲辰	癸卯	壬寅	辛丑	庚子	己亥	戊戌	丁酉	丙申	乙未	甲午	癸巳	壬辰	28分	00時	06日	乙卯	3月
	壬辰	辛卯	庚寅	己丑	戊子	丁亥	丙戌	乙酉	甲申	癸未	壬午	辛巳	庚辰	己卯	戊寅	丁丑	丙子	乙亥	甲戌	癸酉	壬申	辛未	庚午	己巳	戊辰	丁卯	丙寅	乙丑	甲子	癸亥	13分	05時	05日	丙辰	4月
癸亥	壬戌	辛酉	庚申	己未	戊午	丁巳	丙辰	乙卯	甲寅	癸丑	壬子	辛亥	庚戌	己酉	戊申	丁未	丙午	乙巳	甲辰	癸卯	壬寅	辛丑	庚子	己亥	戊戌	丁酉	丙申	乙未	甲午	癸巳	25分	22時	05日	丁巳	5月
	癸巳	壬辰	辛卯	庚寅	己丑	戊子	丁亥	丙戌	乙酉	甲申	癸未	壬午	辛巳	庚辰	己卯	戊寅	丁丑	丙子	乙亥	甲戌	癸酉	壬申	辛未	庚午	己巳	戊辰	丁卯	丙寅	乙丑	甲子	29分	02時	06日	戊午	6月
甲子	癸亥	壬戌	辛酉	庚申	己未	戊午	丁巳	丙辰	乙卯	甲寅	癸丑	壬子	辛亥	庚戌	己酉	戊申	丁未	丙午	乙巳	甲辰	癸卯	壬寅	辛丑	庚子	己亥	戊戌	丁酉	丙申	乙未	甲午	42分	12時	07日	己未	7月
乙未	甲午	癸巳	壬辰	辛卯	庚寅	己丑	戊子	丁亥	丙戌	乙酉	甲申	癸未	壬午	辛巳	庚辰	己卯	戊寅	丁丑	丙子	乙亥	甲戌	癸酉	壬申	辛未	庚午	己巳	戊辰	丁卯	丙寅	乙丑	31分	22時	07日	庚申	8月
	乙丑	甲子	癸亥	壬戌	辛酉	庚申	己未	戊午	丁巳	丙辰	乙卯	甲寅	癸丑	壬子	辛亥	庚戌	己酉	戊申	丁未	丙午	乙巳	甲辰	癸卯	壬寅	辛丑	庚子	己亥	戊戌	丁酉	丙申	30分	01時	08日	辛酉	9月
丙申	乙未	甲午	癸巳	壬辰	辛卯	庚寅	己丑	戊子	丁亥	丙戌	乙酉	甲申	癸未	壬午	辛巳	庚辰	己卯	戊寅	丁丑	丙子	乙亥	甲戌	癸酉	壬申	辛未	庚午	己巳	戊辰	丁卯	丙寅	15分	17時	08日	壬戌	10月
	丙寅	乙丑	甲子	癸亥	壬戌	辛酉	庚申	己未	戊午	丁巳	丙辰	乙卯	甲寅	癸丑	壬子	辛亥	庚戌	己酉	戊申	丁未	丙午	乙巳	甲辰	癸卯	壬寅	辛丑	庚子	己亥	戊戌	丁酉	32分	20時	07日	癸亥	11月
丁酉	丙申	乙未	甲午	癸巳	壬辰	辛卯	庚寅	己丑	戊子	丁亥	丙戌	乙酉	甲申	癸未	壬午	辛巳	庚辰	己卯	戊寅	丁丑	丙子	乙亥	甲戌	癸酉	壬申	辛未	庚午	己巳	戊辰	丁卯	26分	13時	07日	甲子	12月

2019年（平成31年・令和元年）己亥

31日	30日	29日	28日	27日	26日	25日	24日	23日	22日	21日	20日	19日	18日	17日	16日	15日	14日	13日	12日	11日	10日	09日	08日	07日	06日	05日	04日	03日	02日	01日	節入り日時			月干支	月
戊辰	丁卯	丙寅	乙丑	甲子	癸亥	壬戌	辛酉	庚申	己未	戊午	丁巳	丙辰	乙卯	甲寅	癸丑	壬子	辛亥	庚戌	己酉	戊申	丁未	丙午	乙巳	甲辰	癸卯	壬寅	辛丑	庚子	己亥	戊戌	39分	00時	06日	丁丑	1月
			丙申	乙未	甲午	癸巳	壬辰	辛卯	庚寅	己丑	戊子	丁亥	丙戌	乙酉	甲申	癸未	壬午	辛巳	庚辰	己卯	戊寅	丁丑	丙子	乙亥	甲戌	癸酉	壬申	辛未	庚午	己巳	14分	12時	04日	戊寅	2月
丁卯	丙寅	乙丑	甲子	癸亥	壬戌	辛酉	庚申	己未	戊午	丁巳	丙辰	乙卯	甲寅	癸丑	壬子	辛亥	庚戌	己酉	戊申	丁未	丙午	乙巳	甲辰	癸卯	壬寅	辛丑	庚子	己亥	戊戌	丁酉	10分	06時	06日	己卯	3月
	丁酉	丙申	乙未	甲午	癸巳	壬辰	辛卯	庚寅	己丑	戊子	丁亥	丙戌	乙酉	甲申	癸未	壬午	辛巳	庚辰	己卯	戊寅	丁丑	丙子	乙亥	甲戌	癸酉	壬申	辛未	庚午	己巳	戊辰	51分	10時	05日	庚辰	4月
戊辰	丁卯	丙寅	乙丑	甲子	癸亥	壬戌	辛酉	庚申	己未	戊午	丁巳	丙辰	乙卯	甲寅	癸丑	壬子	辛亥	庚戌	己酉	戊申	丁未	丙午	乙巳	甲辰	癸卯	壬寅	辛丑	庚子	己亥	戊戌	03分	04時	06日	辛巳	5月
	戊戌	丁酉	丙申	乙未	甲午	癸巳	壬辰	辛卯	庚寅	己丑	戊子	丁亥	丙戌	乙酉	甲申	癸未	壬午	辛巳	庚辰	己卯	戊寅	丁丑	丙子	乙亥	甲戌	癸酉	壬申	辛未	庚午	己巳	06分	08時	06日	壬午	6月
己巳	戊辰	丁卯	丙寅	乙丑	甲子	癸亥	壬戌	辛酉	庚申	己未	戊午	丁巳	丙辰	乙卯	甲寅	癸丑	壬子	辛亥	庚戌	己酉	戊申	丁未	丙午	乙巳	甲辰	癸卯	壬寅	辛丑	庚子	己亥	20分	18時	07日	癸未	7月
庚子	己亥	戊戌	丁酉	丙申	乙未	甲午	癸巳	壬辰	辛卯	庚寅	己丑	戊子	丁亥	丙戌	乙酉	甲申	癸未	壬午	辛巳	庚辰	己卯	戊寅	丁丑	丙子	乙亥	甲戌	癸酉	壬申	辛未	庚午	13分	04時	08日	甲申	8月
	庚午	己巳	戊辰	丁卯	丙寅	乙丑	甲子	癸亥	壬戌	辛酉	庚申	己未	戊午	丁巳	丙辰	乙卯	甲寅	癸丑	壬子	辛亥	庚戌	己酉	戊申	丁未	丙午	乙巳	甲辰	癸卯	壬寅	辛丑	17分	07時	08日	乙酉	9月
辛丑	庚子	己亥	戊戌	丁酉	丙申	乙未	甲午	癸巳	壬辰	辛卯	庚寅	己丑	戊子	丁亥	丙戌	乙酉	甲申	癸未	壬午	辛巳	庚辰	己卯	戊寅	丁丑	丙子	乙亥	甲戌	癸酉	壬申	辛未	06分	23時	08日	丙戌	10月
	辛未	庚午	己巳	戊辰	丁卯	丙寅	乙丑	甲子	癸亥	壬戌	辛酉	庚申	己未	戊午	丁巳	丙辰	乙卯	甲寅	癸丑	壬子	辛亥	庚戌	己酉	戊申	丁未	丙午	乙巳	甲辰	癸卯	壬寅	24分	02時	08日	丁亥	11月
壬寅	辛丑	庚子	己亥	戊戌	丁酉	丙申	乙未	甲午	癸巳	壬辰	辛卯	庚寅	己丑	戊子	丁亥	丙戌	乙酉	甲申	癸未	壬午	辛巳	庚辰	己卯	戊寅	丁丑	丙子	乙亥	甲戌	癸酉	壬申	18分	19時	07日	戊子	12月

2020年（令和2年）庚子

31日	30日	29日	28日	27日	26日	25日	24日	23日	22日	21日	20日	19日	18日	17日	16日	15日	14日	13日	12日	11日	10日	09日	08日	07日	06日	05日	04日	03日	02日	01日	節入り日時			月干支	月
癸酉	壬申	辛未	庚午	己巳	戊辰	丁卯	丙寅	乙丑	甲子	癸亥	壬戌	辛酉	庚申	己未	戊午	丁巳	丙辰	乙卯	甲寅	癸丑	壬子	辛亥	庚戌	己酉	戊申	丁未	丙午	乙巳	甲辰	癸卯	30分	06時	06日	丁丑	1月
		壬寅	辛丑	庚子	己亥	戊戌	丁酉	丙申	乙未	甲午	癸巳	壬辰	辛卯	庚寅	己丑	戊子	丁亥	丙戌	乙酉	甲申	癸未	壬午	辛巳	庚辰	己卯	戊寅	丁丑	丙子	乙亥	甲戌	03分	18時	04日	戊寅	2月
癸酉	壬申	辛未	庚午	己巳	戊辰	丁卯	丙寅	乙丑	甲子	癸亥	壬戌	辛酉	庚申	己未	戊午	丁巳	丙辰	乙卯	甲寅	癸丑	壬子	辛亥	庚戌	己酉	戊申	丁未	丙午	乙巳	甲辰	癸卯	57分	11時	05日	己卯	3月
	癸卯	壬寅	辛丑	庚子	己亥	戊戌	丁酉	丙申	乙未	甲午	癸巳	壬辰	辛卯	庚寅	己丑	戊子	丁亥	丙戌	乙酉	甲申	癸未	壬午	辛巳	庚辰	己卯	戊寅	丁丑	丙子	乙亥	甲戌	38分	16時	04日	庚辰	4月
甲戌	癸酉	壬申	辛未	庚午	己巳	戊辰	丁卯	丙寅	乙丑	甲子	癸亥	壬戌	辛酉	庚申	己未	戊午	丁巳	丙辰	乙卯	甲寅	癸丑	壬子	辛亥	庚戌	己酉	戊申	丁未	丙午	乙巳	甲辰	51分	09時	05日	辛巳	5月
	甲辰	癸卯	壬寅	辛丑	庚子	己亥	戊戌	丁酉	丙申	乙未	甲午	癸巳	壬辰	辛卯	庚寅	己丑	戊子	丁亥	丙戌	乙酉	甲申	癸未	壬午	辛巳	庚辰	己卯	戊寅	丁丑	丙子	乙亥	58分	13時	05日	壬午	6月
乙亥	甲戌	癸酉	壬申	辛未	庚午	己巳	戊辰	丁卯	丙寅	乙丑	甲子	癸亥	壬戌	辛酉	庚申	己未	戊午	丁巳	丙辰	乙卯	甲寅	癸丑	壬子	辛亥	庚戌	己酉	戊申	丁未	丙午	乙巳	14分	00時	07日	癸未	7月
丙午	乙巳	甲辰	癸卯	壬寅	辛丑	庚子	己亥	戊戌	丁酉	丙申	乙未	甲午	癸巳	壬辰	辛卯	庚寅	己丑	戊子	丁亥	丙戌	乙酉	甲申	癸未	壬午	辛巳	庚辰	己卯	戊寅	丁丑	丙子	06分	10時	07日	甲申	8月
	丙子	乙亥	甲戌	癸酉	壬申	辛未	庚午	己巳	戊辰	丁卯	丙寅	乙丑	甲子	癸亥	壬戌	辛酉	庚申	己未	戊午	丁巳	丙辰	乙卯	甲寅	癸丑	壬子	辛亥	庚戌	己酉	戊申	丁未	08分	13時	07日	乙酉	9月
丁未	丙午	乙巳	甲辰	癸卯	壬寅	辛丑	庚子	己亥	戊戌	丁酉	丙申	乙未	甲午	癸巳	壬辰	辛卯	庚寅	己丑	戊子	丁亥	丙戌	乙酉	甲申	癸未	壬午	辛巳	庚辰	己卯	戊寅	丁丑	55分	04時	08日	丙戌	10月
	丁丑	丙子	乙亥	甲戌	癸酉	壬申	辛未	庚午	己巳	戊辰	丁卯	丙寅	乙丑	甲子	癸亥	壬戌	辛酉	庚申	己未	戊午	丁巳	丙辰	乙卯	甲寅	癸丑	壬子	辛亥	庚戌	己酉	戊申	14分	08時	07日	丁亥	11月
戊申	丁未	丙午	乙巳	甲辰	癸卯	壬寅	辛丑	庚子	己亥	戊戌	丁酉	丙申	乙未	甲午	癸巳	壬辰	辛卯	庚寅	己丑	戊子	丁亥	丙戌	乙酉	甲申	癸未	壬午	辛巳	庚辰	己卯	戊寅	09分	01時	07日	戊子	12月

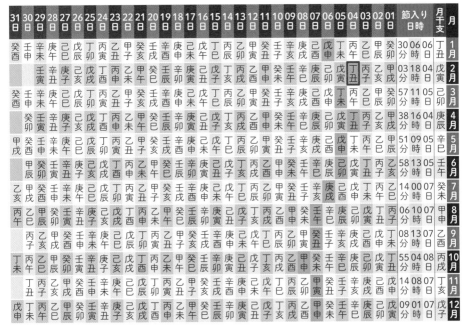

2021年（令和3年）辛丑

31日	30日	29日	28日	27日	26日	25日	24日	23日	22日	21日	20日	19日	18日	17日	16日	15日	14日	13日	12日	11日	10日	09日	08日	07日	06日	05日	04日	03日	02日	01日	節入り日時			月干支	月
己卯	戊寅	丁丑	丙子	乙亥	甲戌	癸酉	壬申	辛未	庚午	己巳	戊辰	丁卯	丙寅	乙丑	甲子	癸亥	壬戌	辛酉	庚申	己未	戊午	丁巳	丙辰	乙卯	甲寅	癸丑	壬子	辛亥	庚戌	己酉	23分	12時	05日	己丑	1月
			丁未	丙午	乙巳	甲辰	癸卯	壬寅	辛丑	庚子	己亥	戊戌	丁酉	丙申	乙未	甲午	癸巳	壬辰	辛卯	庚寅	己丑	戊子	丁亥	丙戌	乙酉	甲申	癸未	壬午	辛巳	庚辰	59分	23時	03日	庚寅	2月
戊寅	丁丑	丙子	乙亥	甲戌	癸酉	壬申	辛未	庚午	己巳	戊辰	丁卯	丙寅	乙丑	甲子	癸亥	壬戌	辛酉	庚申	己未	戊午	丁巳	丙辰	乙卯	甲寅	癸丑	壬子	辛亥	庚戌	己酉	戊申	54分	17時	05日	辛卯	3月
	戊申	丁未	丙午	乙巳	甲辰	癸卯	壬寅	辛丑	庚子	己亥	戊戌	丁酉	丙申	乙未	甲午	癸巳	壬辰	辛卯	庚寅	己丑	戊子	丁亥	丙戌	乙酉	甲申	癸未	壬午	辛巳	庚辰	己卯	35分	22時	04日	壬辰	4月
己卯	戊寅	丁丑	丙子	乙亥	甲戌	癸酉	壬申	辛未	庚午	己巳	戊辰	丁卯	丙寅	乙丑	甲子	癸亥	壬戌	辛酉	庚申	己未	戊午	丁巳	丙辰	乙卯	甲寅	癸丑	壬子	辛亥	庚戌	己酉	47分	15時	05日	癸巳	5月
	己酉	戊申	丁未	丙午	乙巳	甲辰	癸卯	壬寅	辛丑	庚子	己亥	戊戌	丁酉	丙申	乙未	甲午	癸巳	壬辰	辛卯	庚寅	己丑	戊子	丁亥	丙戌	乙酉	甲申	癸未	壬午	辛巳	庚辰	52分	19時	05日	甲午	6月
庚辰	己卯	戊寅	丁丑	丙子	乙亥	甲戌	癸酉	壬申	辛未	庚午	己巳	戊辰	丁卯	丙寅	乙丑	甲子	癸亥	壬戌	辛酉	庚申	己未	戊午	丁巳	丙辰	乙卯	甲寅	癸丑	壬子	辛亥	庚戌	05分	06時	07日	乙未	7月
辛亥	庚戌	己酉	戊申	丁未	丙午	乙巳	甲辰	癸卯	壬寅	辛丑	庚子	己亥	戊戌	丁酉	丙申	乙未	甲午	癸巳	壬辰	辛卯	庚寅	己丑	戊子	丁亥	丙戌	乙酉	甲申	癸未	壬午	辛巳	54分	15時	07日	丙申	8月
	辛巳	庚辰	己卯	戊寅	丁丑	丙子	乙亥	甲戌	癸酉	壬申	辛未	庚午	己巳	戊辰	丁卯	丙寅	乙丑	甲子	癸亥	壬戌	辛酉	庚申	己未	戊午	丁巳	丙辰	乙卯	甲寅	癸丑	壬子	53分	18時	07日	丁酉	9月
壬子	辛亥	庚戌	己酉	戊申	丁未	丙午	乙巳	甲辰	癸卯	壬寅	辛丑	庚子	己亥	戊戌	丁酉	丙申	乙未	甲午	癸巳	壬辰	辛卯	庚寅	己丑	戊子	丁亥	丙戌	乙酉	甲申	癸未	壬午	39分	10時	08日	戊戌	10月
	壬午	辛巳	庚辰	己卯	戊寅	丁丑	丙子	乙亥	甲戌	癸酉	壬申	辛未	庚午	己巳	戊辰	丁卯	丙寅	乙丑	甲子	癸亥	壬戌	辛酉	庚申	己未	戊午	丁巳	丙辰	乙卯	甲寅	癸丑	59分	13時	07日	己亥	11月
癸丑	壬子	辛亥	庚戌	己酉	戊申	丁未	丙午	乙巳	甲辰	癸卯	壬寅	辛丑	庚子	己亥	戊戌	丁酉	丙申	乙未	甲午	癸巳	壬辰	辛卯	庚寅	己丑	戊子	丁亥	丙戌	乙酉	甲申	癸未	57分	06時	07日	庚子	12月

2022年（令和4年）壬寅

31日	30日	29日	28日	27日	26日	25日	24日	23日	22日	21日	20日	19日	18日	17日	16日	15日	14日	13日	12日	11日	10日	09日	08日	07日	06日	05日	04日	03日	02日	01日	節入り日時			月干支	月
甲申	癸未	壬午	辛巳	庚辰	己卯	戊寅	丁丑	丙子	乙亥	甲戌	癸酉	壬申	辛未	庚午	己巳	戊辰	丁卯	丙寅	乙丑	甲子	癸亥	壬戌	辛酉	庚申	己未	戊午	丁巳	丙辰	乙卯	甲寅	14分	18時	05日	辛丑	1月
			壬子	辛亥	庚戌	己酉	戊申	丁未	丙午	乙巳	甲辰	癸卯	壬寅	辛丑	庚子	己亥	戊戌	丁酉	丙申	乙未	甲午	癸巳	壬辰	辛卯	庚寅	己丑	戊子	丁亥	丙戌	乙酉	51分	05時	04日	壬寅	2月
癸未	壬午	辛巳	庚辰	己卯	戊寅	丁丑	丙子	乙亥	甲戌	癸酉	壬申	辛未	庚午	己巳	戊辰	丁卯	丙寅	乙丑	甲子	癸亥	壬戌	辛酉	庚申	己未	戊午	丁巳	丙辰	乙卯	甲寅	癸丑	44分	23時	05日	癸卯	3月
	癸丑	壬子	辛亥	庚戌	己酉	戊申	丁未	丙午	乙巳	甲辰	癸卯	壬寅	辛丑	庚子	己亥	戊戌	丁酉	丙申	乙未	甲午	癸巳	壬辰	辛卯	庚寅	己丑	戊子	丁亥	丙戌	乙酉	甲申	20分	04時	05日	甲辰	4月
甲申	癸未	壬午	辛巳	庚辰	己卯	戊寅	丁丑	丙子	乙亥	甲戌	癸酉	壬申	辛未	庚午	己巳	戊辰	丁卯	丙寅	乙丑	甲子	癸亥	壬戌	辛酉	庚申	己未	戊午	丁巳	丙辰	乙卯	甲寅	26分	21時	05日	乙巳	5月
	甲寅	癸丑	壬子	辛亥	庚戌	己酉	戊申	丁未	丙午	乙巳	甲辰	癸卯	壬寅	辛丑	庚子	己亥	戊戌	丁酉	丙申	乙未	甲午	癸巳	壬辰	辛卯	庚寅	己丑	戊子	丁亥	丙戌	乙酉	26分	01時	06日	丙午	6月
乙酉	甲申	癸未	壬午	辛巳	庚辰	己卯	戊寅	丁丑	丙子	乙亥	甲戌	癸酉	壬申	辛未	庚午	己巳	戊辰	丁卯	丙寅	乙丑	甲子	癸亥	壬戌	辛酉	庚申	己未	戊午	丁巳	丙辰	乙卯	38分	11時	07日	丁未	7月
丙辰	乙卯	甲寅	癸丑	壬子	辛亥	庚戌	己酉	戊申	丁未	丙午	乙巳	甲辰	癸卯	壬寅	辛丑	庚子	己亥	戊戌	丁酉	丙申	乙未	甲午	癸巳	壬辰	辛卯	庚寅	己丑	戊子	丁亥	丙戌	29分	21時	07日	戊申	8月
	丙戌	乙酉	甲申	癸未	壬午	辛巳	庚辰	己卯	戊寅	丁丑	丙子	乙亥	甲戌	癸酉	壬申	辛未	庚午	己巳	戊辰	丁卯	丙寅	乙丑	甲子	癸亥	壬戌	辛酉	庚申	己未	戊午	丁巳	32分	00時	08日	己酉	9月
丁巳	丙辰	乙卯	甲寅	癸丑	壬子	辛亥	庚戌	己酉	戊申	丁未	丙午	乙巳	甲辰	癸卯	壬寅	辛丑	庚子	己亥	戊戌	丁酉	丙申	乙未	甲午	癸巳	壬辰	辛卯	庚寅	己丑	戊子	丁亥	22分	16時	08日	庚戌	10月
	丁亥	丙戌	乙酉	甲申	癸未	壬午	辛巳	庚辰	己卯	戊寅	丁丑	丙子	乙亥	甲戌	癸酉	壬申	辛未	庚午	己巳	戊辰	丁卯	丙寅	乙丑	甲子	癸亥	壬戌	辛酉	庚申	己未	戊午	45分	19時	07日	辛亥	11月
戊午	丁巳	丙辰	乙卯	甲寅	癸丑	壬子	辛亥	庚戌	己酉	戊申	丁未	丙午	乙巳	甲辰	癸卯	壬寅	辛丑	庚子	己亥	戊戌	丁酉	丙申	乙未	甲午	癸巳	壬辰	辛卯	庚寅	己丑	戊子	46分	12時	07日	壬子	12月

2023年（令和5年）癸卯

31日	30日	29日	28日	27日	26日	25日	24日	23日	22日	21日	20日	19日	18日	17日	16日	15日	14日	13日	12日	11日	10日	09日	08日	07日	06日	05日	04日	03日	02日	01日	節入り日時			月干支	月
己丑	戊子	丁亥	丙戌	乙酉	甲申	癸未	壬午	辛巳	庚辰	己卯	戊寅	丁丑	丙子	乙亥	甲戌	癸酉	壬申	辛未	庚午	己巳	戊辰	丁卯	丙寅	乙丑	甲子	癸亥	壬戌	辛酉	庚申	己未	05分	00時	06日	癸丑	1月
			丁巳	丙辰	乙卯	甲寅	癸丑	壬子	辛亥	庚戌	己酉	戊申	丁未	丙午	乙巳	甲辰	癸卯	壬寅	辛丑	庚子	己亥	戊戌	丁酉	丙申	乙未	甲午	癸巳	壬辰	辛卯	庚寅	42分	11時	04日	甲寅	2月
戊子	丁亥	丙戌	乙酉	甲申	癸未	壬午	辛巳	庚辰	己卯	戊寅	丁丑	丙子	乙亥	甲戌	癸酉	壬申	辛未	庚午	己巳	戊辰	丁卯	丙寅	乙丑	甲子	癸亥	壬戌	辛酉	庚申	己未	戊午	36分	05時	06日	乙卯	3月
	戊午	丁巳	丙辰	乙卯	甲寅	癸丑	壬子	辛亥	庚戌	己酉	戊申	丁未	丙午	乙巳	甲辰	癸卯	壬寅	辛丑	庚子	己亥	戊戌	丁酉	丙申	乙未	甲午	癸巳	壬辰	辛卯	庚寅	己丑	13分	10時	05日	丙辰	4月
己丑	戊子	丁亥	丙戌	乙酉	甲申	癸未	壬午	辛巳	庚辰	己卯	戊寅	丁丑	丙子	乙亥	甲戌	癸酉	壬申	辛未	庚午	己巳	戊辰	丁卯	丙寅	乙丑	甲子	癸亥	壬戌	辛酉	庚申	己未	19分	03時	06日	丁巳	5月
	己未	戊午	丁巳	丙辰	乙卯	甲寅	癸丑	壬子	辛亥	庚戌	己酉	戊申	丁未	丙午	乙巳	甲辰	癸卯	壬寅	辛丑	庚子	己亥	戊戌	丁酉	丙申	乙未	甲午	癸巳	壬辰	辛卯	庚寅	18分	07時	06日	戊午	6月
庚寅	己丑	戊子	丁亥	丙戌	乙酉	甲申	癸未	壬午	辛巳	庚辰	己卯	戊寅	丁丑	丙子	乙亥	甲戌	癸酉	壬申	辛未	庚午	己巳	戊辰	丁卯	丙寅	乙丑	甲子	癸亥	壬戌	辛酉	庚申	30分	17時	07日	己未	7月
辛酉	庚申	己未	戊午	丁巳	丙辰	乙卯	甲寅	癸丑	壬子	辛亥	庚戌	己酉	戊申	丁未	丙午	乙巳	甲辰	癸卯	壬寅	辛丑	庚子	己亥	戊戌	丁酉	丙申	乙未	甲午	癸巳	壬辰	辛卯	23分	03時	08日	庚申	8月
	辛卯	庚寅	己丑	戊子	丁亥	丙戌	乙酉	甲申	癸未	壬午	辛巳	庚辰	己卯	戊寅	丁丑	丙子	乙亥	甲戌	癸酉	壬申	辛未	庚午	己巳	戊辰	丁卯	丙寅	乙丑	甲子	癸亥	壬戌	26分	06時	08日	辛酉	9月
壬戌	辛酉	庚申	己未	戊午	丁巳	丙辰	乙卯	甲寅	癸丑	壬子	辛亥	庚戌	己酉	戊申	丁未	丙午	乙巳	甲辰	癸卯	壬寅	辛丑	庚子	己亥	戊戌	丁酉	丙申	乙未	甲午	癸巳	壬辰	15分	22時	08日	壬戌	10月
	壬辰	辛卯	庚寅	己丑	戊子	丁亥	丙戌	乙酉	甲申	癸未	壬午	辛巳	庚辰	己卯	戊寅	丁丑	丙子	乙亥	甲戌	癸酉	壬申	辛未	庚午	己巳	戊辰	丁卯	丙寅	乙丑	甲子	癸亥	35分	01時	07日	癸亥	11月
癸亥	壬戌	辛酉	庚申	己未	戊午	丁巳	丙辰	乙卯	甲寅	癸丑	壬子	辛亥	庚戌	己酉	戊申	丁未	丙午	乙巳	甲辰	癸卯	壬寅	辛丑	庚子	己亥	戊戌	丁酉	丙申	乙未	甲午	癸巳	33分	18時	07日	甲子	12月

2024年（令和6年）甲辰

31日	30日	29日	28日	27日	26日	25日	24日	23日	22日	21日	20日	19日	18日	17日	16日	15日	14日	13日	12日	11日	10日	09日	08日	07日	06日	05日	04日	03日	02日	01日	節入り日時			月干支	月
甲午	癸巳	壬辰	辛卯	庚寅	己丑	戊子	丁亥	丙戌	乙酉	甲申	癸未	壬午	辛巳	庚辰	己卯	戊寅	丁丑	丙子	乙亥	甲戌	癸酉	壬申	辛未	庚午	己巳	戊辰	丁卯	丙寅	乙丑	甲子	49分	05時	06日	乙丑	1月
		癸亥	壬戌	辛酉	庚申	己未	戊午	丁巳	丙辰	乙卯	甲寅	癸丑	壬子	辛亥	庚戌	己酉	戊申	丁未	丙午	乙巳	甲辰	癸卯	壬寅	辛丑	庚子	己亥	戊戌	丁酉	丙申	乙未	27分	17時	04日	丙寅	2月
甲午	癸巳	壬辰	辛卯	庚寅	己丑	戊子	丁亥	丙戌	乙酉	甲申	癸未	壬午	辛巳	庚辰	己卯	戊寅	丁丑	丙子	乙亥	甲戌	癸酉	壬申	辛未	庚午	己巳	戊辰	丁卯	丙寅	乙丑	甲子	23分	11時	05日	丁卯	3月
	甲子	癸亥	壬戌	辛酉	庚申	己未	戊午	丁巳	丙辰	乙卯	甲寅	癸丑	壬子	辛亥	庚戌	己酉	戊申	丁未	丙午	乙巳	甲辰	癸卯	壬寅	辛丑	庚子	己亥	戊戌	丁酉	丙申	乙未	02分	16時	04日	戊辰	4月
乙未	甲午	癸巳	壬辰	辛卯	庚寅	己丑	戊子	丁亥	丙戌	乙酉	甲申	癸未	壬午	辛巳	庚辰	己卯	戊寅	丁丑	丙子	乙亥	甲戌	癸酉	壬申	辛未	庚午	己巳	戊辰	丁卯	丙寅	乙丑	10分	09時	05日	己巳	5月
	乙丑	甲子	癸亥	壬戌	辛酉	庚申	己未	戊午	丁巳	丙辰	乙卯	甲寅	癸丑	壬子	辛亥	庚戌	己酉	戊申	丁未	丙午	乙巳	甲辰	癸卯	壬寅	辛丑	庚子	己亥	戊戌	丁酉	丙申	10分	13時	05日	庚午	6月
丙申	乙未	甲午	癸巳	壬辰	辛卯	庚寅	己丑	戊子	丁亥	丙戌	乙酉	甲申	癸未	壬午	辛巳	庚辰	己卯	戊寅	丁丑	丙子	乙亥	甲戌	癸酉	壬申	辛未	庚午	己巳	戊辰	丁卯	丙寅	20分	23時	06日	辛未	7月
丁卯	丙寅	乙丑	甲子	癸亥	壬戌	辛酉	庚申	己未	戊午	丁巳	丙辰	乙卯	甲寅	癸丑	壬子	辛亥	庚戌	己酉	戊申	丁未	丙午	乙巳	甲辰	癸卯	壬寅	辛丑	庚子	己亥	戊戌	丁酉	09分	09時	07日	壬申	8月
	丁酉	丙申	乙未	甲午	癸巳	壬辰	辛卯	庚寅	己丑	戊子	丁亥	丙戌	乙酉	甲申	癸未	壬午	辛巳	庚辰	己卯	戊寅	丁丑	丙子	乙亥	甲戌	癸酉	壬申	辛未	庚午	己巳	戊辰	11分	12時	07日	癸酉	9月
戊辰	丁卯	丙寅	乙丑	甲子	癸亥	壬戌	辛酉	庚申	己未	戊午	丁巳	丙辰	乙卯	甲寅	癸丑	壬子	辛亥	庚戌	己酉	戊申	丁未	丙午	乙巳	甲辰	癸卯	壬寅	辛丑	庚子	己亥	戊戌	00分	04時	08日	甲戌	10月
	戊戌	丁酉	丙申	乙未	甲午	癸巳	壬辰	辛卯	庚寅	己丑	戊子	丁亥	丙戌	乙酉	甲申	癸未	壬午	辛巳	庚辰	己卯	戊寅	丁丑	丙子	乙亥	甲戌	癸酉	壬申	辛未	庚午	己巳	20分	07時	07日	乙亥	11月
己巳	戊辰	丁卯	丙寅	乙丑	甲子	癸亥	壬戌	辛酉	庚申	己未	戊午	丁巳	丙辰	乙卯	甲寅	癸丑	壬子	辛亥	庚戌	己酉	戊申	丁未	丙午	乙巳	甲辰	癸卯	壬寅	辛丑	庚子	己亥	17分	00時	07日	丙子	12月

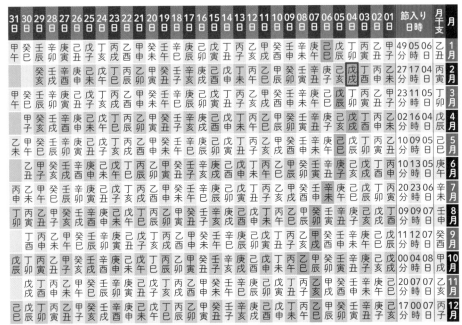

2025年（令和7年）乙巳

31日	30日	29日	28日	27日	26日	25日	24日	23日	22日	21日	20日	19日	18日	17日	16日	15日	14日	13日	12日	11日	10日	09日	08日	07日	06日	05日	04日	03日	02日	01日	節入り日時			月干支	月
庚子	己亥	戊戌	丁酉	丙申	乙未	甲午	癸巳	壬辰	辛卯	庚寅	己丑	戊子	丁亥	丙戌	乙酉	甲申	癸未	壬午	辛巳	庚辰	己卯	戊寅	丁丑	丙子	乙亥	甲戌	癸酉	壬申	辛未	庚午	33分	11時	05日	丁丑	1月
			戊辰	丁卯	丙寅	乙丑	甲子	癸亥	壬戌	辛酉	庚申	己未	戊午	丁巳	丙辰	乙卯	甲寅	癸丑	壬子	辛亥	庚戌	己酉	戊申	丁未	丙午	乙巳	甲辰	癸卯	壬寅	辛丑	10分	23時	03日	戊寅	2月
己亥	戊戌	丁酉	丙申	乙未	甲午	癸巳	壬辰	辛卯	庚寅	己丑	戊子	丁亥	丙戌	乙酉	甲申	癸未	壬午	辛巳	庚辰	己卯	戊寅	丁丑	丙子	乙亥	甲戌	癸酉	壬申	辛未	庚午	己巳	07分	17時	05日	己卯	3月
	己巳	戊辰	丁卯	丙寅	乙丑	甲子	癸亥	壬戌	辛酉	庚申	己未	戊午	丁巳	丙辰	乙卯	甲寅	癸丑	壬子	辛亥	庚戌	己酉	戊申	丁未	丙午	乙巳	甲辰	癸卯	壬寅	辛丑	庚子	48分	21時	04日	庚辰	4月
庚子	己亥	戊戌	丁酉	丙申	乙未	甲午	癸巳	壬辰	辛卯	庚寅	己丑	戊子	丁亥	丙戌	乙酉	甲申	癸未	壬午	辛巳	庚辰	己卯	戊寅	丁丑	丙子	乙亥	甲戌	癸酉	壬申	辛未	庚午	57分	14時	05日	辛巳	5月
	庚午	己巳	戊辰	丁卯	丙寅	乙丑	甲子	癸亥	壬戌	辛酉	庚申	己未	戊午	丁巳	丙辰	乙卯	甲寅	癸丑	壬子	辛亥	庚戌	己酉	戊申	丁未	丙午	乙巳	甲辰	癸卯	壬寅	辛丑	56分	18時	05日	壬午	6月
辛丑	庚子	己亥	戊戌	丁酉	丙申	乙未	甲午	癸巳	壬辰	辛卯	庚寅	己丑	戊子	丁亥	丙戌	乙酉	甲申	癸未	壬午	辛巳	庚辰	己卯	戊寅	丁丑	丙子	乙亥	甲戌	癸酉	壬申	辛未	05分	05時	07日	癸未	7月
壬申	辛未	庚午	己巳	戊辰	丁卯	丙寅	乙丑	甲子	癸亥	壬戌	辛酉	庚申	己未	戊午	丁巳	丙辰	乙卯	甲寅	癸丑	壬子	辛亥	庚戌	己酉	戊申	丁未	丙午	乙巳	甲辰	癸卯	壬寅	51分	14時	07日	甲申	8月
	壬寅	辛丑	庚子	己亥	戊戌	丁酉	丙申	乙未	甲午	癸巳	壬辰	辛卯	庚寅	己丑	戊子	丁亥	丙戌	乙酉	甲申	癸未	壬午	辛巳	庚辰	己卯	戊寅	丁丑	丙子	乙亥	甲戌	癸酉	52分	17時	07日	乙酉	9月
癸酉	壬申	辛未	庚午	己巳	戊辰	丁卯	丙寅	乙丑	甲子	癸亥	壬戌	辛酉	庚申	己未	戊午	丁巳	丙辰	乙卯	甲寅	癸丑	壬子	辛亥	庚戌	己酉	戊申	丁未	丙午	乙巳	甲辰	癸卯	41分	09時	08日	丙戌	10月
	癸卯	壬寅	辛丑	庚子	己亥	戊戌	丁酉	丙申	乙未	甲午	癸巳	壬辰	辛卯	庚寅	己丑	戊子	丁亥	丙戌	乙酉	甲申	癸未	壬午	辛巳	庚辰	己卯	戊寅	丁丑	丙子	乙亥	甲戌	04分	13時	07日	丁亥	11月
甲戌	癸酉	壬申	辛未	庚午	己巳	戊辰	丁卯	丙寅	乙丑	甲子	癸亥	壬戌	辛酉	庚申	己未	戊午	丁巳	丙辰	乙卯	甲寅	癸丑	壬子	辛亥	庚戌	己酉	戊申	丁未	丙午	乙巳	甲辰	04分	06時	07日	戊子	12月

2026年（令和8年）丙午

31日	30日	29日	28日	27日	26日	25日	24日	23日	22日	21日	20日	19日	18日	17日	16日	15日	14日	13日	12日	11日	10日	09日	08日	07日	06日	05日	04日	03日	02日	01日	節入り日時			月干支	月
乙巳	甲辰	癸卯	壬寅	辛丑	庚子	己亥	戊戌	丁酉	丙申	乙未	甲午	癸巳	壬辰	辛卯	庚寅	己丑	戊子	丁亥	丙戌	乙酉	甲申	癸未	壬午	辛巳	庚辰	己卯	戊寅	丁丑	丙子	乙亥	23分	17時	05日	己丑	1月
			癸酉	壬申	辛未	庚午	己巳	戊辰	丁卯	丙寅	乙丑	甲子	癸亥	壬戌	辛酉	庚申	己未	戊午	丁巳	丙辰	乙卯	甲寅	癸丑	壬子	辛亥	庚戌	己酉	戊申	丁未	丙午	02分	05時	04日	庚寅	2月
甲辰	癸卯	壬寅	辛丑	庚子	己亥	戊戌	丁酉	丙申	乙未	甲午	癸巳	壬辰	辛卯	庚寅	己丑	戊子	丁亥	丙戌	乙酉	甲申	癸未	壬午	辛巳	庚辰	己卯	戊寅	丁丑	丙子	乙亥	甲戌	59分	22時	05日	辛卯	3月
	甲戌	癸酉	壬申	辛未	庚午	己巳	戊辰	丁卯	丙寅	乙丑	甲子	癸亥	壬戌	辛酉	庚申	己未	戊午	丁巳	丙辰	乙卯	甲寅	癸丑	壬子	辛亥	庚戌	己酉	戊申	丁未	丙午	乙巳	40分	03時	05日	壬辰	4月
乙巳	甲辰	癸卯	壬寅	辛丑	庚子	己亥	戊戌	丁酉	丙申	乙未	甲午	癸巳	壬辰	辛卯	庚寅	己丑	戊子	丁亥	丙戌	乙酉	甲申	癸未	壬午	辛巳	庚辰	己卯	戊寅	丁丑	丙子	乙亥	48分	20時	05日	癸巳	5月
	乙亥	甲戌	癸酉	壬申	辛未	庚午	己巳	戊辰	丁卯	丙寅	乙丑	甲子	癸亥	壬戌	辛酉	庚申	己未	戊午	丁巳	丙辰	乙卯	甲寅	癸丑	壬子	辛亥	庚戌	己酉	戊申	丁未	丙午	48分	00時	06日	甲午	6月
丙午	乙巳	甲辰	癸卯	壬寅	辛丑	庚子	己亥	戊戌	丁酉	丙申	乙未	甲午	癸巳	壬辰	辛卯	庚寅	己丑	戊子	丁亥	丙戌	乙酉	甲申	癸未	壬午	辛巳	庚辰	己卯	戊寅	丁丑	丙子	57分	10時	07日	乙未	7月
丁丑	丙子	乙亥	甲戌	癸酉	壬申	辛未	庚午	己巳	戊辰	丁卯	丙寅	乙丑	甲子	癸亥	壬戌	辛酉	庚申	己未	戊午	丁巳	丙辰	乙卯	甲寅	癸丑	壬子	辛亥	庚戌	己酉	戊申	丁未	42分	20時	07日	丙申	8月
	丁未	丙午	乙巳	甲辰	癸卯	壬寅	辛丑	庚子	己亥	戊戌	丁酉	丙申	乙未	甲午	癸巳	壬辰	辛卯	庚寅	己丑	戊子	丁亥	丙戌	乙酉	甲申	癸未	壬午	辛巳	庚辰	己卯	戊寅	41分	23時	07日	丁酉	9月
戊寅	丁丑	丙子	乙亥	甲戌	癸酉	壬申	辛未	庚午	己巳	戊辰	丁卯	丙寅	乙丑	甲子	癸亥	壬戌	辛酉	庚申	己未	戊午	丁巳	丙辰	乙卯	甲寅	癸丑	壬子	辛亥	庚戌	己酉	戊申	29分	15時	08日	戊戌	10月
	戊申	丁未	丙午	乙巳	甲辰	癸卯	壬寅	辛丑	庚子	己亥	戊戌	丁酉	丙申	乙未	甲午	癸巳	壬辰	辛卯	庚寅	己丑	戊子	丁亥	丙戌	乙酉	甲申	癸未	壬午	辛巳	庚辰	己卯	52分	18時	07日	己亥	11月
己卯	戊寅	丁丑	丙子	乙亥	甲戌	癸酉	壬申	辛未	庚午	己巳	戊辰	丁卯	丙寅	乙丑	甲子	癸亥	壬戌	辛酉	庚申	己未	戊午	丁巳	丙辰	乙卯	甲寅	癸丑	壬子	辛亥	庚戌	己酉	52分	11時	07日	庚子	12月

2027年（令和9年） 丁未

月	月干支	節入り日時	01日	02日	03日	04日	05日	06日	07日	08日	09日	10日	11日	12日	13日	14日	15日	16日	17日	18日	19日	20日	21日	22日	23日	24日	25日	26日	27日	28日	29日	30日	31日
1月	辛丑	05日23時10分	庚辰	辛巳	壬午	癸未	甲申	乙酉	丙戌	丁亥	戊子	己丑	庚寅	辛卯	壬辰	癸巳	甲午	乙未	丙申	丁酉	戊戌	己亥	庚子	辛丑	壬寅	癸卯	甲辰	乙巳	丙午	丁未	戊申	己酉	庚戌
2月	壬寅	04日10時46分	辛亥	壬子	癸丑	甲寅	乙卯	丙辰	丁巳	戊午	己未	庚申	辛酉	壬戌	癸亥	甲子	乙丑	丙寅	丁卯	戊辰	己巳	庚午	辛未	壬申	癸酉	甲戌	乙亥	丙子	丁丑	戊寅			
3月	癸卯	06日04時39分	己卯	庚辰	辛巳	壬午	癸未	甲申	乙酉	丙戌	丁亥	戊子	己丑	庚寅	辛卯	壬辰	癸巳	甲午	乙未	丙申	丁酉	戊戌	己亥	庚子	辛丑	壬寅	癸卯	甲辰	乙巳	丙午	丁未	戊申	己酉
4月	甲辰	05日09時17分	庚戌	辛亥	壬子	癸丑	甲寅	乙卯	丙辰	丁巳	戊午	己未	庚申	辛酉	壬戌	癸亥	甲子	乙丑	丙寅	丁卯	戊辰	己巳	庚午	辛未	壬申	癸酉	甲戌	乙亥	丙子	丁丑	戊寅	己卯	
5月	乙巳	06日02時25分	庚辰	辛巳	壬午	癸未	甲申	乙酉	丙戌	丁亥	戊子	己丑	庚寅	辛卯	壬辰	癸巳	甲午	乙未	丙申	丁酉	戊戌	己亥	庚子	辛丑	壬寅	癸卯	甲辰	乙巳	丙午	丁未	戊申	己酉	庚戌
6月	丙午	06日06時25分	辛亥	壬子	癸丑	甲寅	乙卯	丙辰	丁巳	戊午	己未	庚申	辛酉	壬戌	癸亥	甲子	乙丑	丙寅	丁卯	戊辰	己巳	庚午	辛未	壬申	癸酉	甲戌	乙亥	丙子	丁丑	戊寅	己卯	庚辰	
7月	丁未	07日16時37分	辛巳	壬午	癸未	甲申	乙酉	丙戌	丁亥	戊子	己丑	庚寅	辛卯	壬辰	癸巳	甲午	乙未	丙申	丁酉	戊戌	己亥	庚子	辛丑	壬寅	癸卯	甲辰	乙巳	丙午	丁未	戊申	己酉	庚戌	辛亥
8月	戊申	08日02時26分	壬子	癸丑	甲寅	乙卯	丙辰	丁巳	戊午	己未	庚申	辛酉	壬戌	癸亥	甲子	乙丑	丙寅	丁卯	戊辰	己巳	庚午	辛未	壬申	癸酉	甲戌	乙亥	丙子	丁丑	戊寅	己卯	庚辰	辛巳	壬午
9月	己酉	08日05時28分	癸未	甲申	乙酉	丙戌	丁亥	戊子	己丑	庚寅	辛卯	壬辰	癸巳	甲午	乙未	丙申	丁酉	戊戌	己亥	庚子	辛丑	壬寅	癸卯	甲辰	乙巳	丙午	丁未	戊申	己酉	庚戌	辛亥	壬子	
10月	庚戌	08日21時17分	癸丑	甲寅	乙卯	丙辰	丁巳	戊午	己未	庚申	辛酉	壬戌	癸亥	甲子	乙丑	丙寅	丁卯	戊辰	己巳	庚午	辛未	壬申	癸酉	甲戌	乙亥	丙子	丁丑	戊寅	己卯	庚辰	辛巳	壬午	癸未
11月	辛亥	08日00時38分	甲申	乙酉	丙戌	丁亥	戊子	己丑	庚寅	辛卯	壬辰	癸巳	甲午	乙未	丙申	丁酉	戊戌	己亥	庚子	辛丑	壬寅	癸卯	甲辰	乙巳	丙午	丁未	戊申	己酉	庚戌	辛亥	壬子	癸丑	
12月	壬子	07日17時37分	甲寅	乙卯	丙辰	丁巳	戊午	己未	庚申	辛酉	壬戌	癸亥	甲子	乙丑	丙寅	丁卯	戊辰	己巳	庚午	辛未	壬申	癸酉	甲戌	乙亥	丙子	丁丑	戊寅	己卯	庚辰	辛巳	壬午	癸未	甲申

2028年（令和10年） 戊申

月	月干支	節入り日時	01日	02日	03日	04日	05日	06日	07日	08日	09日	10日	11日	12日	13日	14日	15日	16日	17日	18日	19日	20日	21日	22日	23日	24日	25日	26日	27日	28日	29日	30日	31日
1月	癸丑	06日04時54分	乙酉	丙戌	丁亥	戊子	己丑	庚寅	辛卯	壬辰	癸巳	甲午	乙未	丙申	丁酉	戊戌	己亥	庚子	辛丑	壬寅	癸卯	甲辰	乙巳	丙午	丁未	戊申	己酉	庚戌	辛亥	壬子	癸丑	甲寅	乙卯
2月	甲寅	04日16時31分	丙辰	丁巳	戊午	己未	庚申	辛酉	壬戌	癸亥	甲子	乙丑	丙寅	丁卯	戊辰	己巳	庚午	辛未	壬申	癸酉	甲戌	乙亥	丙子	丁丑	戊寅	己卯	庚辰	辛巳	壬午	癸未	甲申		
3月	乙卯	05日10時24分	乙酉	丙戌	丁亥	戊子	己丑	庚寅	辛卯	壬辰	癸巳	甲午	乙未	丙申	丁酉	戊戌	己亥	庚子	辛丑	壬寅	癸卯	甲辰	乙巳	丙午	丁未	戊申	己酉	庚戌	辛亥	壬子	癸丑	甲寅	乙卯
4月	丙辰	04日15時03分	丙辰	丁巳	戊午	己未	庚申	辛酉	壬戌	癸亥	甲子	乙丑	丙寅	丁卯	戊辰	己巳	庚午	辛未	壬申	癸酉	甲戌	乙亥	丙子	丁丑	戊寅	己卯	庚辰	辛巳	壬午	癸未	甲申	乙酉	
5月	丁巳	05日08時12分	丙戌	丁亥	戊子	己丑	庚寅	辛卯	壬辰	癸巳	甲午	乙未	丙申	丁酉	戊戌	己亥	庚子	辛丑	壬寅	癸卯	甲辰	乙巳	丙午	丁未	戊申	己酉	庚戌	辛亥	壬子	癸丑	甲寅	乙卯	丙辰
6月	戊午	05日12時16分	丁巳	戊午	己未	庚申	辛酉	壬戌	癸亥	甲子	乙丑	丙寅	丁卯	戊辰	己巳	庚午	辛未	壬申	癸酉	甲戌	乙亥	丙子	丁丑	戊寅	己卯	庚辰	辛巳	壬午	癸未	甲申	乙酉	丙戌	
7月	己未	06日22時30分	丁亥	戊子	己丑	庚寅	辛卯	壬辰	癸巳	甲午	乙未	丙申	丁酉	戊戌	己亥	庚子	辛丑	壬寅	癸卯	甲辰	乙巳	丙午	丁未	戊申	己酉	庚戌	辛亥	壬子	癸丑	甲寅	乙卯	丙辰	丁巳
8月	庚申	07日08時21分	戊午	己未	庚申	辛酉	壬戌	癸亥	甲子	乙丑	丙寅	丁卯	戊辰	己巳	庚午	辛未	壬申	癸酉	甲戌	乙亥	丙子	丁丑	戊寅	己卯	庚辰	辛巳	壬午	癸未	甲申	乙酉	丙戌	丁亥	戊子
9月	辛酉	07日11時22分	己丑	庚寅	辛卯	壬辰	癸巳	甲午	乙未	丙申	丁酉	戊戌	己亥	庚子	辛丑	壬寅	癸卯	甲辰	乙巳	丙午	丁未	戊申	己酉	庚戌	辛亥	壬子	癸丑	甲寅	乙卯	丙辰	丁巳	戊午	
10月	壬戌	08日03時08分	己未	庚申	辛酉	壬戌	癸亥	甲子	乙丑	丙寅	丁卯	戊辰	己巳	庚午	辛未	壬申	癸酉	甲戌	乙亥	丙子	丁丑	戊寅	己卯	庚辰	辛巳	壬午	癸未	甲申	乙酉	丙戌	丁亥	戊子	己丑
11月	癸亥	07日06時27分	庚寅	辛卯	壬辰	癸巳	甲午	乙未	丙申	丁酉	戊戌	己亥	庚子	辛丑	壬寅	癸卯	甲辰	乙巳	丙午	丁未	戊申	己酉	庚戌	辛亥	壬子	癸丑	甲寅	乙卯	丙辰	丁巳	戊午	己未	
12月	甲子	06日23時24分	庚申	辛酉	壬戌	癸亥	甲子	乙丑	丙寅	丁卯	戊辰	己巳	庚午	辛未	壬申	癸酉	甲戌	乙亥	丙子	丁丑	戊寅	己卯	庚辰	辛巳	壬午	癸未	甲申	乙酉	丙戌	丁亥	戊子	己丑	庚寅

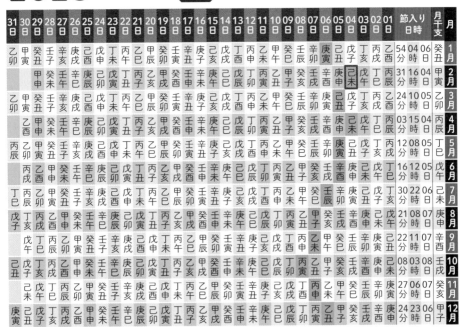

2029年（令和11年）己酉

31日	30日	29日	28日	27日	26日	25日	24日	23日	22日	21日	20日	19日	18日	17日	16日	15日	14日	13日	12日	11日	10日	09日	08日	07日	06日	05日	04日	03日	02日	01日	節入り日時	月干支	月
辛酉	庚申	己未	戊午	丁巳	丙辰	乙卯	甲寅	癸丑	壬子	辛亥	庚戌	己酉	戊申	丁未	丙午	乙巳	甲辰	癸卯	壬寅	辛丑	庚子	己亥	戊戌	丁酉	丙申	乙未	甲午	癸巳	壬辰	辛卯	42分10時05日	乙丑	1月
			己丑	戊子	丁亥	丙戌	乙酉	甲申	癸未	壬午	辛巳	庚辰	己卯	戊寅	丁丑	丙子	乙亥	甲戌	癸酉	壬申	辛未	庚午	己巳	戊辰	丁卯	丙寅	乙丑	甲子	癸亥	壬戌	20分22時03日	丙寅	2月
庚申	己未	戊午	丁巳	丙辰	乙卯	甲寅	癸丑	壬子	辛亥	庚戌	己酉	戊申	丁未	丙午	乙巳	甲辰	癸卯	壬寅	辛丑	庚子	己亥	戊戌	丁酉	丙申	乙未	甲午	癸巳	壬辰	辛卯	庚寅	17分16時05日	丁卯	3月
	庚寅	己丑	戊子	丁亥	丙戌	乙酉	甲申	癸未	壬午	辛巳	庚辰	己卯	戊寅	丁丑	丙子	乙亥	甲戌	癸酉	壬申	辛未	庚午	己巳	戊辰	丁卯	丙寅	乙丑	甲子	癸亥	壬戌	辛酉	58分20時04日	戊辰	4月
辛酉	庚申	己未	戊午	丁巳	丙辰	乙卯	甲寅	癸丑	壬子	辛亥	庚戌	己酉	戊申	丁未	丙午	乙巳	甲辰	癸卯	壬寅	辛丑	庚子	己亥	戊戌	丁酉	丙申	乙未	甲午	癸巳	壬辰	辛卯	07分14時05日	己巳	5月
	辛卯	庚寅	己丑	戊子	丁亥	丙戌	乙酉	甲申	癸未	壬午	辛巳	庚辰	己卯	戊寅	丁丑	丙子	乙亥	甲戌	癸酉	壬申	辛未	庚午	己巳	戊辰	丁卯	丙寅	乙丑	甲子	癸亥	壬戌	10分18時05日	庚午	6月
壬戌	辛酉	庚申	己未	戊午	丁巳	丙辰	乙卯	甲寅	癸丑	壬子	辛亥	庚戌	己酉	戊申	丁未	丙午	乙巳	甲辰	癸卯	壬寅	辛丑	庚子	己亥	戊戌	丁酉	丙申	乙未	甲午	癸巳	壬辰	22分04時07日	辛未	7月
癸巳	壬辰	辛卯	庚寅	己丑	戊子	丁亥	丙戌	乙酉	甲申	癸未	壬午	辛巳	庚辰	己卯	戊寅	丁丑	丙子	乙亥	甲戌	癸酉	壬申	辛未	庚午	己巳	戊辰	丁卯	丙寅	乙丑	甲子	癸亥	11分14時07日	壬申	8月
	癸亥	壬戌	辛酉	庚申	己未	戊午	丁巳	丙辰	乙卯	甲寅	癸丑	壬子	辛亥	庚戌	己酉	戊申	丁未	丙午	乙巳	甲辰	癸卯	壬寅	辛丑	庚子	己亥	戊戌	丁酉	丙申	乙未	甲午	12分17時07日	癸酉	9月
甲午	癸巳	壬辰	辛卯	庚寅	己丑	戊子	丁亥	丙戌	乙酉	甲申	癸未	壬午	辛巳	庚辰	己卯	戊寅	丁丑	丙子	乙亥	甲戌	癸酉	壬申	辛未	庚午	己巳	戊辰	丁卯	丙寅	乙丑	甲子	58分08時08日	甲戌	10月
	甲子	癸亥	壬戌	辛酉	庚申	己未	戊午	丁巳	丙辰	乙卯	甲寅	癸丑	壬子	辛亥	庚戌	己酉	戊申	丁未	丙午	乙巳	甲辰	癸卯	壬寅	辛丑	庚子	己亥	戊戌	丁酉	丙申	乙未	16分12時07日	乙亥	11月
乙未	甲午	癸巳	壬辰	辛卯	庚寅	己丑	戊子	丁亥	丙戌	乙酉	甲申	癸未	壬午	辛巳	庚辰	己卯	戊寅	丁丑	丙子	乙亥	甲戌	癸酉	壬申	辛未	庚午	己巳	戊辰	丁卯	丙寅	乙丑	13分05時07日	丙子	12月

2030年（令和12年）庚戌

31日	30日	29日	28日	27日	26日	25日	24日	23日	22日	21日	20日	19日	18日	17日	16日	15日	14日	13日	12日	11日	10日	09日	08日	07日	06日	05日	04日	03日	02日	01日	節入り日時	月干支	月
丙寅	乙丑	甲子	癸亥	壬戌	辛酉	庚申	己未	戊午	丁巳	丙辰	乙卯	甲寅	癸丑	壬子	辛亥	庚戌	己酉	戊申	丁未	丙午	乙巳	甲辰	癸卯	壬寅	辛丑	庚子	己亥	戊戌	丁酉	丙申	30分16時05日	丁丑	1月
			甲午	癸巳	壬辰	辛卯	庚寅	己丑	戊子	丁亥	丙戌	乙酉	甲申	癸未	壬午	辛巳	庚辰	己卯	戊寅	丁丑	丙子	乙亥	甲戌	癸酉	壬申	辛未	庚午	己巳	戊辰	丁卯	08分04時04日	戊寅	2月
乙丑	甲子	癸亥	壬戌	辛酉	庚申	己未	戊午	丁巳	丙辰	乙卯	甲寅	癸丑	壬子	辛亥	庚戌	己酉	戊申	丁未	丙午	乙巳	甲辰	癸卯	壬寅	辛丑	庚子	己亥	戊戌	丁酉	丙申	乙未	03分22時05日	己卯	3月
	乙未	甲午	癸巳	壬辰	辛卯	庚寅	己丑	戊子	丁亥	丙戌	乙酉	甲申	癸未	壬午	辛巳	庚辰	己卯	戊寅	丁丑	丙子	乙亥	甲戌	癸酉	壬申	辛未	庚午	己巳	戊辰	丁卯	丙寅	41分02時05日	庚辰	4月
丙寅	乙丑	甲子	癸亥	壬戌	辛酉	庚申	己未	戊午	丁巳	丙辰	乙卯	甲寅	癸丑	壬子	辛亥	庚戌	己酉	戊申	丁未	丙午	乙巳	甲辰	癸卯	壬寅	辛丑	庚子	己亥	戊戌	丁酉	丙申	46分19時05日	辛巳	5月
	丙申	乙未	甲午	癸巳	壬辰	辛卯	庚寅	己丑	戊子	丁亥	丙戌	乙酉	甲申	癸未	壬午	辛巳	庚辰	己卯	戊寅	丁丑	丙子	乙亥	甲戌	癸酉	壬申	辛未	庚午	己巳	戊辰	丁卯	44分23時05日	壬午	6月
丁卯	丙寅	乙丑	甲子	癸亥	壬戌	辛酉	庚申	己未	戊午	丁巳	丙辰	乙卯	甲寅	癸丑	壬子	辛亥	庚戌	己酉	戊申	丁未	丙午	乙巳	甲辰	癸卯	壬寅	辛丑	庚子	己亥	戊戌	丁酉	55分09時07日	癸未	7月
戊戌	丁酉	丙申	乙未	甲午	癸巳	壬辰	辛卯	庚寅	己丑	戊子	丁亥	丙戌	乙酉	甲申	癸未	壬午	辛巳	庚辰	己卯	戊寅	丁丑	丙子	乙亥	甲戌	癸酉	壬申	辛未	庚午	己巳	戊辰	47分19時07日	甲申	8月
	戊辰	丁卯	丙寅	乙丑	甲子	癸亥	壬戌	辛酉	庚申	己未	戊午	丁巳	丙辰	乙卯	甲寅	癸丑	壬子	辛亥	庚戌	己酉	戊申	丁未	丙午	乙巳	甲辰	癸卯	壬寅	辛丑	庚子	己亥	52分22時07日	乙酉	9月
己亥	戊戌	丁酉	丙申	乙未	甲午	癸巳	壬辰	辛卯	庚寅	己丑	戊子	丁亥	丙戌	乙酉	甲申	癸未	壬午	辛巳	庚辰	己卯	戊寅	丁丑	丙子	乙亥	甲戌	癸酉	壬申	辛未	庚午	己巳	45分14時08日	丙戌	10月
	己巳	戊辰	丁卯	丙寅	乙丑	甲子	癸亥	壬戌	辛酉	庚申	己未	戊午	丁巳	丙辰	乙卯	甲寅	癸丑	壬子	辛亥	庚戌	己酉	戊申	丁未	丙午	乙巳	甲辰	癸卯	壬寅	辛丑	庚子	08分18時07日	丁亥	11月
庚子	己亥	戊戌	丁酉	丙申	乙未	甲午	癸巳	壬辰	辛卯	庚寅	己丑	戊子	丁亥	丙戌	乙酉	甲申	癸未	壬午	辛巳	庚辰	己卯	戊寅	丁丑	丙子	乙亥	甲戌	癸酉	壬申	辛未	庚午	07分11時07日	戊子	12月

2031年（令和13年） 辛亥

31日	30日	29日	28日	27日	26日	25日	24日	23日	22日	21日	20日	19日	18日	17日	16日	15日	14日	13日	12日	11日	10日	09日	08日	07日	06日	05日	04日	03日	02日	01日	節入り日時	月干支	月
辛未	庚午	己巳	戊辰	丁卯	丙寅	乙丑	甲子	癸亥	壬戌	辛酉	庚申	己未	戊午	丁巳	丙辰	乙卯	甲寅	癸丑	壬子	辛亥	庚戌	己酉	戊申	丁未	丙午	乙巳	甲辰	癸卯	壬寅	辛丑	23分22時05日	己丑	1月
			己亥	戊戌	丁酉	丙申	乙未	甲午	癸巳	壬辰	辛卯	庚寅	己丑	戊子	丁亥	丙戌	乙酉	甲申	癸未	壬午	辛巳	庚辰	己卯	戊寅	丁丑	丙子	乙亥	甲戌	癸酉	壬申	58分09時04日	庚寅	2月
庚午	己巳	戊辰	丁卯	丙寅	乙丑	甲子	癸亥	壬戌	辛酉	庚申	己未	戊午	丁巳	丙辰	乙卯	甲寅	癸丑	壬子	辛亥	庚戌	己酉	戊申	丁未	丙午	乙巳	甲辰	癸卯	壬寅	辛丑	庚子	51分03時06日	辛卯	3月
	庚子	己亥	戊戌	丁酉	丙申	乙未	甲午	癸巳	壬辰	辛卯	庚寅	己丑	戊子	丁亥	丙戌	乙酉	甲申	癸未	壬午	辛巳	庚辰	己卯	戊寅	丁丑	丙子	乙亥	甲戌	癸酉	壬申	辛未	28分08時05日	壬辰	4月
辛未	庚午	己巳	戊辰	丁卯	丙寅	乙丑	甲子	癸亥	壬戌	辛酉	庚申	己未	戊午	丁巳	丙辰	乙卯	甲寅	癸丑	壬子	辛亥	庚戌	己酉	戊申	丁未	丙午	乙巳	甲辰	癸卯	壬寅	辛丑	35分01時06日	癸巳	5月
	辛丑	庚子	己亥	戊戌	丁酉	丙申	乙未	甲午	癸巳	壬辰	辛卯	庚寅	己丑	戊子	丁亥	丙戌	乙酉	甲申	癸未	壬午	辛巳	庚辰	己卯	戊寅	丁丑	丙子	乙亥	甲戌	癸酉	壬申	35分05時06日	甲午	6月
壬申	辛未	庚午	己巳	戊辰	丁卯	丙寅	乙丑	甲子	癸亥	壬戌	辛酉	庚申	己未	戊午	丁巳	丙辰	乙卯	甲寅	癸丑	壬子	辛亥	庚戌	己酉	戊申	丁未	丙午	乙巳	甲辰	癸卯	壬寅	48分15時07日	乙未	7月
癸卯	壬寅	辛丑	庚子	己亥	戊戌	丁酉	丙申	乙未	甲午	癸巳	壬辰	辛卯	庚寅	己丑	戊子	丁亥	丙戌	乙酉	甲申	癸未	壬午	辛巳	庚辰	己卯	戊寅	丁丑	丙子	乙亥	甲戌	癸酉	43分01時08日	丙申	8月
	癸酉	壬申	辛未	庚午	己巳	戊辰	丁卯	丙寅	乙丑	甲子	癸亥	壬戌	辛酉	庚申	己未	戊午	丁巳	丙辰	乙卯	甲寅	癸丑	壬子	辛亥	庚戌	己酉	戊申	丁未	丙午	乙巳	甲辰	50分04時08日	丁酉	9月
甲辰	癸卯	壬寅	辛丑	庚子	己亥	戊戌	丁酉	丙申	乙未	甲午	癸巳	壬辰	辛卯	庚寅	己丑	戊子	丁亥	丙戌	乙酉	甲申	癸未	壬午	辛巳	庚辰	己卯	戊寅	丁丑	丙子	乙亥	甲戌	43分20時08日	戊戌	10月
	甲戌	癸酉	壬申	辛未	庚午	己巳	戊辰	丁卯	丙寅	乙丑	甲子	癸亥	壬戌	辛酉	庚申	己未	戊午	丁巳	丙辰	乙卯	甲寅	癸丑	壬子	辛亥	庚戌	己酉	戊申	丁未	丙午	乙巳	05分00時08日	己亥	11月
乙巳	甲辰	癸卯	壬寅	辛丑	庚子	己亥	戊戌	丁酉	丙申	乙未	甲午	癸巳	壬辰	辛卯	庚寅	己丑	戊子	丁亥	丙戌	乙酉	甲申	癸未	壬午	辛巳	庚辰	己卯	戊寅	丁丑	丙子	乙亥	02分17時07日	庚子	12月

2032年（令和14年） 壬子

31日	30日	29日	28日	27日	26日	25日	24日	23日	22日	21日	20日	19日	18日	17日	16日	15日	14日	13日	12日	11日	10日	09日	08日	07日	06日	05日	04日	03日	02日	01日	節入り日時	月干支	月
丙子	乙亥	甲戌	癸酉	壬申	辛未	庚午	己巳	戊辰	丁卯	丙寅	乙丑	甲子	癸亥	壬戌	辛酉	庚申	己未	戊午	丁巳	丙辰	乙卯	甲寅	癸丑	壬子	辛亥	庚戌	己酉	戊申	丁未	丙午	16分04時06日	辛丑	1月
		乙巳	甲辰	癸卯	壬寅	辛丑	庚子	己亥	戊戌	丁酉	丙申	乙未	甲午	癸巳	壬辰	辛卯	庚寅	己丑	戊子	丁亥	丙戌	乙酉	甲申	癸未	壬午	辛巳	庚辰	己卯	戊寅	丁丑	49分15時04日	壬寅	2月
丙子	乙亥	甲戌	癸酉	壬申	辛未	庚午	己巳	戊辰	丁卯	丙寅	乙丑	甲子	癸亥	壬戌	辛酉	庚申	己未	戊午	丁巳	丙辰	乙卯	甲寅	癸丑	壬子	辛亥	庚戌	己酉	戊申	丁未	丙午	40分09時05日	癸卯	3月
	丙午	乙巳	甲辰	癸卯	壬寅	辛丑	庚子	己亥	戊戌	丁酉	丙申	乙未	甲午	癸巳	壬辰	辛卯	庚寅	己丑	戊子	丁亥	丙戌	乙酉	甲申	癸未	壬午	辛巳	庚辰	己卯	戊寅	丁丑	17分14時04日	甲辰	4月
丁丑	丙子	乙亥	甲戌	癸酉	壬申	辛未	庚午	己巳	戊辰	丁卯	丙寅	乙丑	甲子	癸亥	壬戌	辛酉	庚申	己未	戊午	丁巳	丙辰	乙卯	甲寅	癸丑	壬子	辛亥	庚戌	己酉	戊申	丁未	25分07時05日	乙巳	5月
	丁未	丙午	乙巳	甲辰	癸卯	壬寅	辛丑	庚子	己亥	戊戌	丁酉	丙申	乙未	甲午	癸巳	壬辰	辛卯	庚寅	己丑	戊子	丁亥	丙戌	乙酉	甲申	癸未	壬午	辛巳	庚辰	己卯	戊寅	28分11時05日	丙午	6月
戊寅	丁丑	丙子	乙亥	甲戌	癸酉	壬申	辛未	庚午	己巳	戊辰	丁卯	丙寅	乙丑	甲子	癸亥	壬戌	辛酉	庚申	己未	戊午	丁巳	丙辰	乙卯	甲寅	癸丑	壬子	辛亥	庚戌	己酉	戊申	40分21時06日	丁未	7月
己酉	戊申	丁未	丙午	乙巳	甲辰	癸卯	壬寅	辛丑	庚子	己亥	戊戌	丁酉	丙申	乙未	甲午	癸巳	壬辰	辛卯	庚寅	己丑	戊子	丁亥	丙戌	乙酉	甲申	癸未	壬午	辛巳	庚辰	己卯	32分07時07日	戊申	8月
	己卯	戊寅	丁丑	丙子	乙亥	甲戌	癸酉	壬申	辛未	庚午	己巳	戊辰	丁卯	丙寅	乙丑	甲子	癸亥	壬戌	辛酉	庚申	己未	戊午	丁巳	丙辰	乙卯	甲寅	癸丑	壬子	辛亥	庚戌	37分10時07日	己酉	9月
庚戌	己酉	戊申	丁未	丙午	乙巳	甲辰	癸卯	壬寅	辛丑	庚子	己亥	戊戌	丁酉	丙申	乙未	甲午	癸巳	壬辰	辛卯	庚寅	己丑	戊子	丁亥	丙戌	乙酉	甲申	癸未	壬午	辛巳	庚辰	30分02時08日	庚戌	10月
	庚辰	己卯	戊寅	丁丑	丙子	乙亥	甲戌	癸酉	壬申	辛未	庚午	己巳	戊辰	丁卯	丙寅	乙丑	甲子	癸亥	壬戌	辛酉	庚申	己未	戊午	丁巳	丙辰	乙卯	甲寅	癸丑	壬子	辛亥	54分05時07日	辛亥	11月
辛亥	庚戌	己酉	戊申	丁未	丙午	乙巳	甲辰	癸卯	壬寅	辛丑	庚子	己亥	戊戌	丁酉	丙申	乙未	甲午	癸巳	壬辰	辛卯	庚寅	己丑	戊子	丁亥	丙戌	乙酉	甲申	癸未	壬午	辛巳	53分22時06日	壬子	12月

2033年（令和15年）癸丑

31日	30日	29日	28日	27日	26日	25日	24日	23日	22日	21日	20日	19日	18日	17日	16日	15日	14日	13日	12日	11日	10日	09日	08日	07日	06日	05日	04日	03日	02日	01日	節入り日時			月干支	月
壬午	辛巳	庚辰	己卯	戊寅	丁丑	丙子	乙亥	甲戌	癸酉	壬申	辛未	庚午	己巳	戊辰	丁卯	丙寅	乙丑	甲子	癸亥	壬戌	辛酉	庚申	己未	戊午	丁巳	丙辰	乙卯	甲寅	癸丑	壬子	08分	10時	05日	癸丑	1月
			庚戌	己酉	戊申	丁未	丙午	乙巳	甲辰	癸卯	壬寅	辛丑	庚子	己亥	戊戌	丁酉	丙申	乙未	甲午	癸巳	壬辰	辛卯	庚寅	己丑	戊子	丁亥	丙戌	乙酉	甲申	癸未	41分	21時	03日	甲寅	2月
辛巳	庚辰	己卯	戊寅	丁丑	丙子	乙亥	甲戌	癸酉	壬申	辛未	庚午	己巳	戊辰	丁卯	丙寅	乙丑	甲子	癸亥	壬戌	辛酉	庚申	己未	戊午	丁巳	丙辰	乙卯	甲寅	癸丑	壬子	辛亥	32分	15時	05日	乙卯	3月
	辛亥	庚戌	己酉	戊申	丁未	丙午	乙巳	甲辰	癸卯	壬寅	辛丑	庚子	己亥	戊戌	丁酉	丙申	乙未	甲午	癸巳	壬辰	辛卯	庚寅	己丑	戊子	丁亥	丙戌	乙酉	甲申	癸未	壬午	08分	20時	04日	丙辰	4月
壬午	辛巳	庚辰	己卯	戊寅	丁丑	丙子	乙亥	甲戌	癸酉	壬申	辛未	庚午	己巳	戊辰	丁卯	丙寅	乙丑	甲子	癸亥	壬戌	辛酉	庚申	己未	戊午	丁巳	丙辰	乙卯	甲寅	癸丑	壬子	13分	13時	05日	丁巳	5月
	壬子	辛亥	庚戌	己酉	戊申	丁未	丙午	乙巳	甲辰	癸卯	壬寅	辛丑	庚子	己亥	戊戌	丁酉	丙申	乙未	甲午	癸巳	壬辰	辛卯	庚寅	己丑	戊子	丁亥	丙戌	乙酉	甲申	癸未	13分	17時	05日	戊午	6月
癸未	壬午	辛巳	庚辰	己卯	戊寅	丁丑	丙子	乙亥	甲戌	癸酉	壬申	辛未	庚午	己巳	戊辰	丁卯	丙寅	乙丑	甲子	癸亥	壬戌	辛酉	庚申	己未	戊午	丁巳	丙辰	乙卯	甲寅	癸丑	24分	03時	07日	己未	7月
甲寅	癸丑	壬子	辛亥	庚戌	己酉	戊申	丁未	丙午	乙巳	甲辰	癸卯	壬寅	辛丑	庚子	己亥	戊戌	丁酉	丙申	乙未	甲午	癸巳	壬辰	辛卯	庚寅	己丑	戊子	丁亥	丙戌	乙酉	甲申	15分	13時	07日	庚申	8月
	甲申	癸未	壬午	辛巳	庚辰	己卯	戊寅	丁丑	丙子	乙亥	甲戌	癸酉	壬申	辛未	庚午	己巳	戊辰	丁卯	丙寅	乙丑	甲子	癸亥	壬戌	辛酉	庚申	己未	戊午	丁巳	丙辰	乙卯	20分	16時	07日	辛酉	9月
乙卯	甲寅	癸丑	壬子	辛亥	庚戌	己酉	戊申	丁未	丙午	乙巳	甲辰	癸卯	壬寅	辛丑	庚子	己亥	戊戌	丁酉	丙申	乙未	甲午	癸巳	壬辰	辛卯	庚寅	己丑	戊子	丁亥	丙戌	乙酉	13分	08時	08日	壬戌	10月
	乙酉	甲申	癸未	壬午	辛巳	庚辰	己卯	戊寅	丁丑	丙子	乙亥	甲戌	癸酉	壬申	辛未	庚午	己巳	戊辰	丁卯	丙寅	乙丑	甲子	癸亥	壬戌	辛酉	庚申	己未	戊午	丁巳	丙辰	41分	11時	07日	癸亥	11月
丙辰	乙卯	甲寅	癸丑	壬子	辛亥	庚戌	己酉	戊申	丁未	丙午	乙巳	甲辰	癸卯	壬寅	辛丑	庚子	己亥	戊戌	丁酉	丙申	乙未	甲午	癸巳	壬辰	辛卯	庚寅	己丑	戊子	丁亥	丙戌	44分	04時	07日	甲子	12月

2034年（令和16年）甲寅

31日	30日	29日	28日	27日	26日	25日	24日	23日	22日	21日	20日	19日	18日	17日	16日	15日	14日	13日	12日	11日	10日	09日	08日	07日	06日	05日	04日	03日	02日	01日	節入り日時			月干支	月
丁亥	丙戌	乙酉	甲申	癸未	壬午	辛巳	庚辰	己卯	戊寅	丁丑	丙子	乙亥	甲戌	癸酉	壬申	辛未	庚午	己巳	戊辰	丁卯	丙寅	乙丑	甲子	癸亥	壬戌	辛酉	庚申	己未	戊午	丁巳	04分	16時	05日	乙丑	1月
			乙卯	甲寅	癸丑	壬子	辛亥	庚戌	己酉	戊申	丁未	丙午	乙巳	甲辰	癸卯	壬寅	辛丑	庚子	己亥	戊戌	丁酉	丙申	乙未	甲午	癸巳	壬辰	辛卯	庚寅	己丑	戊子	41分	03時	04日	丙寅	2月
丙戌	乙酉	甲申	癸未	壬午	辛巳	庚辰	己卯	戊寅	丁丑	丙子	乙亥	甲戌	癸酉	壬申	辛未	庚午	己巳	戊辰	丁卯	丙寅	乙丑	甲子	癸亥	壬戌	辛酉	庚申	己未	戊午	丁巳	丙辰	32分	21時	05日	丁卯	3月
	丙辰	乙卯	甲寅	癸丑	壬子	辛亥	庚戌	己酉	戊申	丁未	丙午	乙巳	甲辰	癸卯	壬寅	辛丑	庚子	己亥	戊戌	丁酉	丙申	乙未	甲午	癸巳	壬辰	辛卯	庚寅	己丑	戊子	丁亥	06分	02時	05日	戊辰	4月
丁亥	丙戌	乙酉	甲申	癸未	壬午	辛巳	庚辰	己卯	戊寅	丁丑	丙子	乙亥	甲戌	癸酉	壬申	辛未	庚午	己巳	戊辰	丁卯	丙寅	乙丑	甲子	癸亥	壬戌	辛酉	庚申	己未	戊午	丁巳	09分	19時	05日	己巳	5月
	丁巳	丙辰	乙卯	甲寅	癸丑	壬子	辛亥	庚戌	己酉	戊申	丁未	丙午	乙巳	甲辰	癸卯	壬寅	辛丑	庚子	己亥	戊戌	丁酉	丙申	乙未	甲午	癸巳	壬辰	辛卯	庚寅	己丑	戊子	06分	23時	05日	庚午	6月
戊子	丁亥	丙戌	乙酉	甲申	癸未	壬午	辛巳	庚辰	己卯	戊寅	丁丑	丙子	乙亥	甲戌	癸酉	壬申	辛未	庚午	己巳	戊辰	丁卯	丙寅	乙丑	甲子	癸亥	壬戌	辛酉	庚申	己未	戊午	17分	09時	07日	辛未	7月
己未	戊午	丁巳	丙辰	乙卯	甲寅	癸丑	壬子	辛亥	庚戌	己酉	戊申	丁未	丙午	乙巳	甲辰	癸卯	壬寅	辛丑	庚子	己亥	戊戌	丁酉	丙申	乙未	甲午	癸巳	壬辰	辛卯	庚寅	己丑	09分	19時	07日	壬申	8月
	己丑	戊子	丁亥	丙戌	乙酉	甲申	癸未	壬午	辛巳	庚辰	己卯	戊寅	丁丑	丙子	乙亥	甲戌	癸酉	壬申	辛未	庚午	己巳	戊辰	丁卯	丙寅	乙丑	甲子	癸亥	壬戌	辛酉	庚申	14分	22時	07日	癸酉	9月
庚申	己未	戊午	丁巳	丙辰	乙卯	甲寅	癸丑	壬子	辛亥	庚戌	己酉	戊申	丁未	丙午	乙巳	甲辰	癸卯	壬寅	辛丑	庚子	己亥	戊戌	丁酉	丙申	乙未	甲午	癸巳	壬辰	辛卯	庚寅	07分	14時	08日	甲戌	10月
	庚寅	己丑	戊子	丁亥	丙戌	乙酉	甲申	癸未	壬午	辛巳	庚辰	己卯	戊寅	丁丑	丙子	乙亥	甲戌	癸酉	壬申	辛未	庚午	己巳	戊辰	丁卯	丙寅	乙丑	甲子	癸亥	壬戌	辛酉	33分	17時	07日	乙亥	11月
辛酉	庚申	己未	戊午	丁巳	丙辰	乙卯	甲寅	癸丑	壬子	辛亥	庚戌	己酉	戊申	丁未	丙午	乙巳	甲辰	癸卯	壬寅	辛丑	庚子	己亥	戊戌	丁酉	丙申	乙未	甲午	癸巳	壬辰	辛卯	36分	10時	07日	丙子	12月

個人データ表

基本データ

誕生日 西暦　　年　　月　　日　　時　　分

出生地　　時差　　修正後出生時間　　時　　分

命式

時柱	日柱	月柱	年柱	
				天干の通変星
時干 [　]	日干 [　]	月干 [　]	年干 [　]	天干（五行）
時支 [　]	日支 [　]	月支 [　]	年支 [　]	地支（五行）

時柱			日柱			月柱			年柱			
												地支の蔵干（五行）
余気	中気	本気	余気	中気	本気	余気	中気	本気	余気	中気	本気	区分
												地支の通変星

天干と地支の五行の数

木　個　火　個　土　個　金　個　水　個

格局

［特別格局 ／ 普通格局］　　格　［極身強 ／ 極身弱 ／ 身強 ／ 身弱］

陰陽

順行［陽男・陰女］ ／ 逆行［陰男・陽女］

節入りまでの日数

日

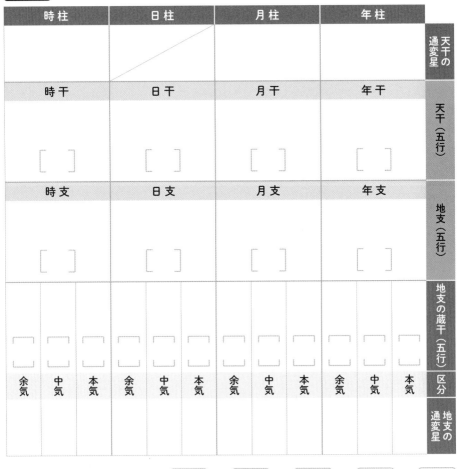

天干の通変星＋地支の通変星（本気）の数

官殺		食傷		印		財		比劫	
正官	偏官	傷官	食神	印綬	偏印	正財	偏財	劫財	比肩
個	個	個	個	個	個	個	個	個	個
合計 個		合計 個		合計 個		合計 個		合計 個	

神

用神　　喜神　　忌神　　仇神

大運

歳	歳	歳	歳	歳	歳	歳	歳	歳	年齢
									天干の通変星 評価
									大運干支
									蔵干（本気）
									地支の通変星 評価
									総合評価

流年

									西暦
									天干の通変星 評価
									年の干支
									蔵干（本気）
									地支の通変星 評価
									総合評価

命式が読める

四柱推命

LESSON BOOK

林 秀靜

株式会社池田書店